"十一五"国家重点图书出版规划项目
教育部人文社会科学重点研究基地重大项目

黄河文明的历史变迁
丛书主编/李玉洁

唐宋时期黄河流域的外来文明

毛阳光 石 涛 李婉婷/著

科学出版社
北京

图书在版编目(CIP)数据

唐宋时期黄河流域的外来文明/毛阳光,石涛,李婉婷著.—北京:科学出版社,2010
(黄河文明的历史变迁/李玉洁主编)
ISBN 978-7-03-023398-1

Ⅰ.唐… Ⅱ.①毛…②石…③李… Ⅲ.①中外关系－文化交流－研究－唐代②中外关系－文化交流－研究－宋代 Ⅳ.K204.3

中国版本图书馆CIP数据核字(2008)第177693号

丛书策划:胡升华　侯俊琳
责任编辑:宋　旭　陈　超　王昌凤/责任校对:刘亚琦
责任印制:李　彤/封面设计:张　放　无极书装

科学出版社 出版
北京东黄城根北街16号
邮政编码:100717
http://www.sciencep.com

北京凌奇印刷有限责任公司 印刷
科学出版社发行　各地新华书店经销

*

2010年3月第 一 版　开本:B5(720×1000)
2022年1月第五次印刷　印张:18
字数:317 000

定价:98.00元
(如有印装质量问题,我社负责调换)

"黄河文明的历史变迁丛书"
编委会

学术顾问	李学勤　朱绍侯　姚瀛艇　郝本性
	晁福林　王　巍
主　　任	李小建　苗长虹
副 主 任	覃成林　高有鹏　牛建强　刘东勋
主　　编	李玉洁
编　　委	苗书梅　程遂营　王蕴智　张新斌
	郑慧生　涂白奎　袁俊杰　薛瑞泽
	陈朝云　孔　学　郑贞富　陈彩琴
	石　涛　周保平　毛阳光　马玉臣
	李海龙　王德安　吴爱琴　宋军令
	杜　鹃　郭　霞　李玲玲　李婉婷
	史志龙　杨　玄　崔增磊　何　新
	吕西红

总 序 一

坐落于黄河之滨的古都开封的河南大学，是闻名遐迩的百年名校。教育部近年在河南大学设立了人文社会科学重点研究基地——黄河文明与可持续发展研究中心，中心人才济济，覆盖了众多相关学科，已经取得了令人瞩目的良好成绩。该中心李玉洁教授组织编写的"黄河文明的历史变迁丛书"，即将在科学出版社出版，不难预料其将在学术界产生显著的影响。

黄河文明是辉煌绵远的中华文明的核心组成部分。对黄河文明的考察研究，当然对阐述中华文明的优秀传统有着重大的意义。大家知道，以分区域的方法来探讨我国的历史和文明，是改革开放以来学术界突出的发展趋势之一。回顾这些年历史学研究的明显变化，是强调"多元一体"的观点，揭示中国自古是多民族、多地区的国家，灿烂的中华文明乃多民族、多地区的人民共同缔造。同时，考古学研究也反复证明中华文明是多源、多线的，构成了文化区系的理论。这样就开拓了学者的视野，推动了学科的进步，特别是对中原以外地区的研究，形成了前所未有的繁荣局面。

然而，提倡加强中原以外地区历史文明的研究，绝不应走向另一个极端，即抹杀中原地区在文明史上的重要性。黄河文明的历史意义是不可忽略的。回忆十几年前，我和浙江的徐吉军先生曾与多位学者专家合作，出版了一部《长江文化史》，幸而得到了大家的欢迎。随后我们考虑到中原地区的重要，又安排编写了《黄河文化史》。在后面这部书的序言里，我专门说到，中华文明固然是多源头、多区域的，但也必须承认，在不同时期，不同地区会起特殊的历史作用。具体地讲，在文明发展的若干关键时段，特定的地区会成为中心或者枢纽。例如，中华文明奠基的夏、商、周三代，以及以后的许多王朝的中心都在黄河中下游地区。对于这样的时期，将黄河文明置于特别重要的地位，确实是应该的。何况在三代以后，这一地区的影响仍然持续，需要探索的问题依旧很多。

关于黄河文明，我认为应该考虑这样三个问题：

第一，黄河文明在中国历史上占有怎样的地位？

第二,黄河文明为什么能够在历史上占有这样的地位?

第三,占有历史上特殊地位的黄河文明有哪些特点?

正因为黄河文明在文明发展史上有其独特的作用,教育部才在河南大学专设这方面的研究中心,并且由李玉洁教授主编完成这套"黄河文明的历史变迁丛书"。这套丛书共分九个子课题进行研究,从若干角度研讨了黄河文明的特点及形成这些特点的因素,从各个方面阐释黄河文明的历史地位和重要性。大家都知道"八方风雨会中州"这句话,中原地区之所以在历史上有特殊的重要性,关键的原因正在于其地理位置在当时的"天下"中央,居八方辐辏之地,在经济和文化的交流上占了优势。这套丛书主要从三个方面进行研究:

(1)丛书首先对黄河流域文明的要素:金属、文字、城邑以及凌驾于社会之上的公共权力的形成进行研究。

《黄河流域的青铜文明》一书,对中国古代青铜器的出现、铸造工艺、繁荣与影响进行研究,并把眼光集中于夏商周时期,那时青铜器的演变序列业已大体清楚,该书对有关的青铜文明问题作了深入的论述。

作为文明最重要标志的文字,《殷商甲骨文研究》就中国现已发现的最早的文字载体——甲骨文作了全面的论述,其中不乏新见解。

《黄河流域史前聚落与城址研究》对黄河上、中、下游的聚落与城址进行探讨,研究了聚落与城址形成的地理地貌和发展轨迹。

《中国古史传说的英雄时代》论述古史传说的神话性质及某些传说中的历史真实,把历史传说与考古材料相结合,对黄河流域古史传说中的英雄时代及其凌驾于社会之上的公共权力的形成进行系统的论述和研究,有诸多新意。

(2)丛书还对黄河文明的特质进行研究,即探讨黄河文明与其他地区文化的差异之处。历史上的中国,经济以农业为基本,文化以儒学为主流,而黄河文明即与二者有密切关联。

《黄河流域的农耕文明》对黄河流域农耕文明的起源、发展进行研讨,并且对黄河流域出现的农书、农神、农商思想与古代社会的关系进行研究,重点阐述植根于农业经济的黄河文化的特色。

儒学在中国长期的封建社会中是主导的思想理论。《儒学与中国政治》一书,论述儒学的起源、发展,研究了儒学与中国政治的密切关系。

(3)秦汉以后,黄河文化不断地吸收各地区的文化,得到了飞跃的发展。丛书在对黄河流域的文明起源问题探讨之后,对黄河流域的历史变迁进行研究。

《秦汉魏晋南北朝黄河文化与草原文化的交融》研究了秦汉魏晋南北朝时期黄河文化与胡文化的交流与融合。

《唐宋时期黄河流域的外来文明》研究了唐宋时期黄河文化与外来文明的融合。

《黄河文化与西风东渐》研究了明清时期黄河文化对西方文化进行全方位的吸收过程，黄河文化被注入了新的活力。

丛书对黄河文化与国内外文化的融合问题进行研究。这些书虽非出自一人之手，却将有关问题比较系统地串联起来，勾勒出相当明晰的轮廓，其中不乏新鲜的观点和见解。

读了这几本书，自能对黄河文明的历史地位获得进一步的认识。由这样的视角去观察黄河文明与文化，前人还很少做过。

黄河文明是非常博大的研究领域，"黄河文明的历史变迁丛书"已经开了一个好头，丛书都很值得一读。希望继续编写下去，我们且拭目以待。

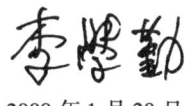

2009年1月20日

总 序 二

黄河文明的历史地位

关于文明的起源，学术界曾出现了"满天星斗"说、"文明多元"论等，这些都是非常正确的。我们国家地域辽阔，中华文明是各地区、各民族的人民经过几千年辛勤的劳动共同创造的。然而根据学术界所认可的文明起源的要素和标准来看，华夏文明最早是在黄河流域出现、形成的。在文明形成的初期，黄河中下游地区处于"天下之中"的地位，这也是不可否认的事实。

国内外许多学者都提出了关于文明起源的见解。英国剑桥大学的考古人类学教授丹尼尔在《最初的文明：关于文明起源的考古学研究》中提出，文明的产生有三项要素：文字、城市、复杂的礼仪中心。日本学者贝冢茂树在1977年出版的《中国古代史学的发展》一书补记中提出，青铜器、文字、宫殿基址是文明产生的三要素。中国考古学家夏鼐先生在《中国文明的起源》一书中提出，青铜器、文字、城堡是文明产生的三个标志和要素，并且得到了学术界大多数学者的认可。

恩格斯在1884年出版的《家庭、私有制和国家的起源》一书中提出，文明和国家的形成主要有两项要素：①凌驾于社会之上的公共权力的建立；②按地区划分它的国民。恩格斯说"文明时代的基础是一个阶级对另一个阶级的剥削"[1]，他用阶级斗争的学说去解释文明的产生。这些理论奠定了马克思主义关于文明起源的政治学的理论基础，是判定文明产生的标准。

一、华夏文明最早在黄河流域形成

黄河是大自然献给中华民族的厚礼，是我们伟大民族的母亲河。黄河发

---

① 马克思，恩格斯.1972.马克思恩格斯选集（四）.北京：人民出版社.167，166，173

唐宋时期黄河流域的外来文明

源于巴颜喀拉山脉北麓，从青海高原奔腾而下，流经五千多公里，在黄河的中下游地区形成宽广美丽而富饶的冲积大平原，为黄河文明的诞生提供了优越的地理环境。

黄河中下游地区四季分明，是最适合古人类生存和生活的地区。大约一万七千多年以前，黄河流域就有人类生存了。华夏民族的祖先在这里勇敢顽强地劳动和开拓，创造了辉煌的文明和文化。传说中的"三皇五帝"、夏商周三代及我国历史上的诸多王朝皆建都在黄河流域。是时，这里是人文荟萃之地，号称"天下之中"，又称为"中原"、"中州"，乃至我们伟大的祖国被称为"中国"也与此有关。黄河是中华民族的摇篮。

文明的要素——金属、文字和城堡，最早在黄河流域出现和形成。黄河中下游地区形成了我国最早的文明的中心。

仰韶文化时期，黄河流域就出现了青铜器物。仰韶文化姜寨遗址出土有铜片，还发现有黄铜管，其时代约在公元前4700年左右。

铜器，在黄河流域龙山文化的遗址中多有发现，如郑州牛寨遗址发现了熔铜炉壁附有铅锡青铜块①，淮阳平粮台三期H15发现了铜渣②，登封王城岗四期H617内出土青铜器残片③，临汝煤山遗址出土铜坩埚、熔铜炉残壁及铜液痕迹④，鹿邑栾台遗址二期早期发现青铜器等。⑤ 这些资料表明当时黄河中游青铜器冶炼和使用比较普遍，已经进入早期铜器时代。在黄河中游的龙山文化遗址中已出现了国家和文明的重要标志。山西临汾陶寺墓葬中发现了一只铜铃（或铜铎），虽出自晚期墓葬，但这是一件工艺复杂的复范型大型铜器，表明在此之前，青铜冶炼铸造技术应该已经有一个很长的过程了。陶寺遗址大型墓中出土了特磬，并且有5座大墓中出土了用鳄鱼皮蒙面的鼍鼓，鼓身为挖空树干，通高1米许，上下口径43～57厘米，外表彩绘花纹。这种乐器首先发现在黄河流域龙山时代的文化中，可能最初为陶唐氏所发明。

目前，新石器时代考古所发现的青铜器只在黄河流域出现，其他地区或者只有很少的几个铜片，或者只是在淤泥中出现的一点铜锈痕迹，而且仅是一处孤证，或者根本没有出现过与青铜器有关的器具和器物。黄河流域以外地区的青铜文明远远落后于中原地区。

---

① 王震中.1998.中国文明起源的比较研究.西安：陕西人民出版社
② 河南省文物研究所，周口地区文化局文物科.1983.河南淮阳平粮台龙山文化城址试掘简报.文物，(3)：36
③ 安金槐.1983.登封王城岗遗址的发掘.文物，(3)：3
④ 1982.河南临汝煤山发掘报告.考古学报，(4)：446～453
⑤ 河南省文物研究所.1994.河南考古四十年.郑州：河南人民出版社

关于文字的起源应追溯到新石器时代器物上的刻画符号。河南舞阳的贾湖遗址出土的龟甲和石柄上就已经出现刻画符号。龟甲上刻有"⌒"、"日"、"八"、"屮"、"ϟ"、"○"、"茻"、"匕"、"彐"、"十"等。①

1963 年出版的《西安半坡》中公布了半坡遗址出土的大批陶器上有刻画符号。有的符号较简单，有的稍复杂。在仰韶文化类型遗址的陶器中多有这种符号，目前在渭水流域的西安、临潼、郃阳、铜川、宝鸡和甘肃秦安都有发现。②

大汶口文化类型的莒县陵阳河遗址出土的大口尊上发现了陶尊文字 17 个。其时代在公元前 4000 年左右。有关资料介绍："自 60 年代以来，陵阳河发现刻文陶尊均出于河滩一组墓地（富有者墓地），共 10 件。采品 6 件，完整器 5 件。刻文分别为'♀'、'♕'、'𐃁'、'♕'、'⊐('、'𐃘'、'𐃙'。另一件为 1979 年发掘采集的陶尊残片，刻文为'𐃚'……M25 的一件刻文为'𐃛'。陵阳河发现的陶尊刻文，共计 12 个个体。如将刻文归类统计，得图像一，图像文字凡七。"③ 我国许多学者，如唐兰先生、王树明先生等对这些文字均有考释，认为这是现行文字的远祖，陵阳河的陶尊文字与殷墟甲骨文字有渊源关系。

与原始文字有渊源关系的远古符号也在黄河流域大量出现，河南舞阳的贾湖，山东大汶口，陕西西安、临潼、郃阳、铜川、宝鸡和甘肃秦安等遗址出土的大批陶器上的刻画符号，与中国古文字具有一脉相承的渊源关系。殷商时期，大批的甲骨文在殷墟（今河南安阳市）出土，在世界古文字研究方面具有重要的意义。

黄河流域在仰韶文化晚期已发现古城堡。郑州西山古城址是仰韶文化的遗存，距今 5300～4800 年。④ 黄河中游龙山文化时期的城堡更为普遍，如河南淮阳平粮台古城址、登封王城岗古城址、郾城郝家台、安阳后岗、淅川下寺等。

河南淮阳平粮台城址距今 4500 年左右。城址呈正方形，长宽均为 185 米，城周长 740 米，建筑面积约 5 万平方米。城墙采用小版筑堆筑法营造，可见圆形夯窝。城有南北两城门。南门有用土坯垒砌的两个门卫房，中间是

---

① 王蕴智.2003. 远古符号综类摹萃. 中原文物，(6)：11
② 李学勤.1997. 走出疑古时代. 沈阳：辽宁大学出版社
③ 王树明.1986. 山东省史前文化论文集·谈陵阳河与大朱村出土的陶尊文字. 济南：齐鲁书社.249
④ 河南省文物研究所.1994. 河南考古四十年. 郑州：河南人民出版社

路土，路土下有铺设好的排水管道，城内有建筑在夯土台上的用土坯垒砌的排房。高台上的第4号房基的房址，东西残宽15米多，南北进深5.7米，室内北边有一宽约0.92米的走廊，南边再用隔墙分为四间。可以推测，在夯土高台上居住的人绝非一般平民。①

　　登封王城岗古城址位于河南省登封市告成镇西部，距今约4400年，这是两个并列的古城。大城的复原面积约34.8万平方米，是迄今为止在河南发现的规模最大的龙山文化晚期城址。② 王城岗古城址的城内有殉人、殉兽的奠基坑13个。这些奠基坑多者用7具人骨奠基，少者1具，共有28具人骨架。王城岗龙山文化三期发现一薄胎磨光的平底杯，杯的底外部有烧前刻画的一个文字，形似"共"字。王城岗龙山文化四期，发现一青铜容器的残片，编号为WT196H617：14，残宽6.5厘米，残高5.7厘米，厚0.2厘米，很像铜鬶的腹与袋状足的部分残片。经北京科技大学冶金室检验是锡铜青铜铸件。③

　　安阳后岗遗址发现一段宽2~4米，长70余米的龙山文化时期的城墙。该遗址约5万平方米。遗址分布着直径约3~5米的圆形白灰面房基和木板地面房基，这些房基的下面有用小孩作牺牲的奠基，埋1个幼童的8座，埋2个幼童的4座，埋3个幼童的2座，埋4个幼童的1座，仅在发掘的600平方米内，埋幼童26个。这个遗址的年代在公元前2700年~前2200年。河南辉县孟庄龙山文化古城址，面积约16万平方米，有护城河等，具有军事性质。

　　黄河下游龙山文化类型的遗址亦发现许多古城址。山东章丘龙山镇的城子崖城址，总面积17.55万平方米。1984年在寿光县边线王村发现一古城址。城址分大小两处，小城在大城之内，居中偏南。大城面积约5.7万平方米，四边城墙之中部各有一门道，门宽约10米。城内面积1万平方米左右。大城址距今3800年左右，小城距今3900年左右。④ 1991年邹平丁公村发现一古城址，面积11万平方米。城址年代在距今约4600~4000年。⑤ 另外淄博的田旺村亦发现一个面积20余万平方米的龙山文化古城址。⑥

---

　　① 河南省文物研究所，周口地区文化局文物科．1983．河南淮阳平粮龙山文化城址试掘简报．文物，(3)：37
　　② 北京大学考古文博学院，河南文物研究所．2006．河南登封王城岗遗址2002、2004年发掘简报．考古，(9)：4
　　③ 河南文物研究所，中国历史博物馆考古部．1992．登封王城岗与阳城．北京：文物出版社．38
　　④ 杜在忠．1988-7-15．边线王龙山文化城堡的发现及其意义．中国文物报
　　⑤ 邹平．1992-1-12．丁公村发现龙山文化城址．中国文物报
　　⑥ 齐天．1992-3-18．田旺龙山文化城址面世．大众日报

从以上黄河流域发现的龙山文化时期的古城址来看，城址中或有城门和门卫房，或有护城河，是具有军事性质的城堡。城内（如平粮台城址中）高台上的高大建筑物表明城内居民存在阶级和阶层的差别。登封王城岗城址和安阳后岗城址中用幼童作奠基的殉人，表明激烈的社会冲突已经形成，高居于平民之上的公共权力已经形成。龙山文化时期长江流域的古城堡虽然显示了贫富分化的现象，但远不如黄河流域表现得那样尖锐和激烈，似乎还处在军事民主制时期。① 在黄河流域，早期国家已经形成了。

二、黄河流域出现的凌驾于社会之上的公共权力

黄河流域是最适合人类生存的地方，自古以来就流传着许多鸿蒙初辟时期的神话，如盘古、女娲等都是神话中的开天辟地或抟土造人的英雄。这些神话传说表现出华夏民族对世界的最初认识和美好的想象。远古时期，黄河流域活跃着许多部族，并各有自己的领袖。这些部族领袖往往被神化成半人半神的英雄。我国古代史籍中有许多关于远古时代英雄的传说，其中有三皇时期的传说，如燧人氏、伏羲氏、神农氏、葛天氏、柏皇氏等；还有五帝时期的传说，如黄帝、炎帝、太皞、少皞、蚩尤、颛顼、帝喾、帝尧、帝舜等。他们皆是黄河流域的部族领袖。这些传说构成中华民族形成发展的完整序列，记载了中华民族光辉的成长历程。

五帝时期，在黄河流域已经出现了早期国家的雏形。这些部族首领皆拥有号令征伐、收取贡赋、征发劳役的权力，而且这个时期，地域关系已经形成，有了非常明确的政治选举制度。这些部族首领已经拥有了马克思主义理论所认为的凌驾于社会之上的公共权力。这些现象说明黄河流域的部族自五帝时期就具备了早期国家的特征。

1. 号令征伐的权力

号令征伐是公共权力形成的典型表现形式。《史记·五帝本纪》云："轩辕之时，神农氏世衰。……于是轩辕乃习用干戈，以征不享，诸侯咸来宾从。""天下有不顺者，黄帝从而征之，平者去之，披山通道，未尝宁居。"这里很明显，黄帝轩辕氏对不顺从者，"征之"、"去之"，使"诸侯咸来宾从"。号令征伐，使诸侯"宾从"，就是一种凌驾于社会之上的公共权力。正因为拥有这种公共权力，黄帝才能与炎帝战于阪泉之野，与蚩尤战于涿鹿之野，最后消灭了敌对势力，使自己的权力得以巩固。

黄帝与炎帝、黄帝与蚩尤、颛顼氏与少皞氏都曾有过激烈的部落冲突。

---

① 张绪球.1994.屈家岭文化古城的发现和初步研究.考古，(7)：634

帝尧时期，曾进行过征伐三苗的战争。《国语·楚语下》曰："其后三苗复九黎之德，尧复育重、黎之后，不忘旧者，使复典之。"韦昭注："其后，高辛氏之季年。三苗，九黎之后。高辛氏衰，三苗为乱，行其凶德，如九黎之为也。尧兴而诛之。"

《史记·五帝本纪》记载，帝尧时期，天降大雨，黄河泛滥。尧于是召四岳（四个部族酋长）商议治水事宜。四岳推荐鲧，但鲧治水九年而无功。《史记·夏本纪》记载："舜登用，摄行天子之政，巡狩。行视鲧之治水无状，乃殛鲧于羽山以死。天下皆以舜之诛为是。于是舜举鲧子禹，而使续鲧之业。"舜可以殛鲧以死，并有权令鲧的儿子禹接替治水。舜还任用"八元"、"八恺"，"使主后土，以揆百事……乃流四凶族，迁于四裔"①。《尚书·虞书·舜典》云：帝舜"流共工于幽州，放驩兜于崇山，窜三苗于三危"。舜作为一个部族领袖可以流放或杀掉一个下级部族的首领，表明公共权力的形成。黄帝、颛顼、高辛、尧、舜等皆有号令征伐的权力。依靠这种权力，他们才能在战争中打败敌方，从而攫取更高的权力。

2. 收取贡赋

《史记·夏本纪》记载："自虞、夏时，贡赋备矣。"又云："众土交正，致慎财赋，咸则三壤成赋。"由此可知，虞舜时期已经开始向百姓征收贡赋，并有了完备的贡赋制度。收取贡赋是公共权力形成的典型特征。黄帝、颛顼、高辛、尧、舜已经具有国君（或国王）的权力了。

3. 征发劳役

《史记·五帝本纪》记载，帝舜杀了鲧之后，又任用鲧的儿子禹治水。大禹治水时，"唯禹之功为大，披九山，通九泽，决九河，定九州，各以其职来贡，不失厥宜"。尧、舜、鲧、禹等人的治水，当然需要征发很多人去服劳役。征发劳役亦是公共权力形成的特征。

4. 地域关系的形成

黄帝时期，曾东征西伐，打败了炎帝、蚩尤，颛顼氏与太皞氏、少皞氏等都发生过激烈的战争和冲突。被打败的部族则皆迁徙他处，其部族支裔四散，迁至偏远地区。如少皞氏在失败之后，其主要力量迁徙汾水流域，仍有一部分还在东夷地区，那些留下的居民则只能服从于胜利者的管辖。毫无疑问，黄帝、颛顼、尧、舜时期，其国民已按地区划分。地域关系已经形成。《史记·五帝本纪》载：黄帝"置左右大监，监于万国"。这里所说的"万国"，当是黄帝治下的各个地区的小邦国。

---

① 司马迁.1982.史记·五帝本纪.北京：中华书局

5. 禅让制度与世袭制度

尧、舜、禹等部族领袖在权力的承继方面实行禅让制度，部族首领是通过禅让选举而产生的。《论语·尧曰》载，尧曰："咨！尔舜，天之历数在尔躬，允执其中，四海困穷，天禄永终。"舜在传位给禹的时候也说了同样的话。《论语·颜渊》云："舜有天下，选于众，举皋陶。""汤有天下，选于众，举伊尹。"《尚书·尧典序》曰："昔在帝尧，聪明文思，光宅天下，将逊于位，让于虞舜，作尧典。"但是禅让制度曾遭到战国学者的质疑，不相信古代实行过禅让制度。《孟子·万章》记载，"万章曰：'尧以天下为舜，有诸?'孟子曰：'否，天子不能以天下与人。'"《韩非子·说疑》云："舜逼尧，禹逼舜，汤放桀，武王伐纣，此四王者，人臣弑其君者也。"

我们且不说尧舜禹时期的帝位是"让"，还是"逼"，但五帝之前，包括五帝时期的部族首领肯定曾经实行过禅让制度，这是不容置疑的。尧舜禹时期的禅让现象是中国远古时代禅让制度的继承和继续。禅让制度确实是中国早期国家的一个重要特征。夏代开始了传子制的世袭制度，很多人认为传子制才是国家形成的标志，并在此基础上认为夏代才形成了国家。

如果说传子制是国家形成的特征标志，那么希腊的国家首脑从来就没有传子制，其首席执政官和其他执政官皆是由选举而产生的。而谁又能说古代希腊不是国家呢?!

马克思主义的国家学说认为，国家产生的标志是凌驾于社会之上的公共权力的建立和地域关系的出现。传子制不是国家产生的标志。

我国古史传说中的黄帝、太皞、少皞、颛顼、帝喾、尧、舜等，具有号令征伐、收取贡赋、征发劳役等凌驾于社会之上的权力。他们拥有的辖地上，不仅有本部族成员，而且已经按地区划分其国民。他们是活动在黄河流域的国家领袖，即国王。是时，黄河流域最早出现了青铜文化、文字，较早出现了城堡。古史传说中，华夏民族的领袖也多活动在黄河流域，华夏文明最早在黄河流域形成。

三、黄河文明的特质

黄河文明的主要特征之一就是农耕文明。黄河文明是以农业为经济基础而发展起来的。"农业是整个古代世界的决定性的生产部门。"[①] 研究黄河流域农耕文明的形成及特征，对深入了解文明进程、文化兴衰以及这个文明体系中人民的精神世界都有重要的意义。

---

① 马克思，恩格斯.1972.马克思恩格斯选集.北京：人民出版社.145

黄河流域发现了大量的古文化遗址,如磁山、裴李岗文化、仰韶文化、大汶口文化、龙山文化、马家窑文化、齐家文化等。农业是这些远古文化的主要内涵。自新石器时期开始,华夏民族已经成为农业定居的民族。黄河流域是世界上最早也是最重要的农业发源地之一。

在长期艰苦的劳动中,黄河流域的人民发明了农业,在野草中培育了五谷等各类农作物;发明了农业生产工具,并使之不断地改进,将其从木、石质改进为金属工具;创造了历法,制定了二十四节气,认识了天象与农业的关系;发明了丝绸,中国是世界闻名的丝绸之国;华夏民族有自己的农神崇拜。在黄河流域这块热土上,华夏民族辛勤勇敢地劳动,用他们的智慧和汗水,建造了自己的家园。

由于凌驾于社会之上的公共权力的出现和形成,封建国家制定了各种农业政策和赋税制度。黄河流域产生的农业思想,特别是中国封建王朝推行重农抑商的政策和思想,对中国古代社会有重要的影响。商业被限制,客观上也束缚了农业的发展。重农抑商的政策和思想,其目的在于巩固加强其专制统治,实际上则阻碍了中国社会的发展和进步,是中国封建社会长期停滞不前的重要原因之一。

儒学是中国文化的主流,也是黄河文明的重要特质。儒学是封建专制国家赖以统治的理论基础,与中国政治有着非常密切的关系。

儒家学说的核心是礼和仁的思想。儒家所说的礼,是一种标志尊卑贵贱等级的制度。《礼记·坊记》曰:"子云,夫礼者,所以章疑别微,以为民坊者也。故贵贱有等,衣服有别,朝廷有位,则民有所让。子云,天无二日,土无二王,家无二主,尊无二上,示民有君臣之别也。"

所谓仁,就是以仁德之心对待人民。儒家主张仁政,反对苛政。儒家学说要求帝王和国家的大小官员勤政爱民、奉公守法,要求人们严格约束自己的行为,做人做事要有廉耻之心,维护做官的清德,不欺暗室,有强烈的忧患意识,认为这样的人才能治理好国家。儒学从政治上讲,确实是为帝王统治服务的学说。然而,儒学能够在中国延续两千余年而不衰,除了封建帝王的推崇和提倡之外,能够被广大群众所接受也是重要的原因。

儒家提倡的道德观,如忠、孝、仁、义、廉、耻、宽、恕等,是我国人民两千年来恪守的道德伦理基础。儒学的伦理道德、重义轻利、敬老爱幼、乐于进取、强烈的忧患意识和参与意识,铸就了中华民族的共同心态和理想人格,也激励着中国的志士仁人去建功立业、英勇奋斗,使中华民族具有强大的凝聚力。

儒家学说提倡的"礼"保证了封建国家的等级制,维护了皇帝和各级贵族的利益；而"仁"又能使平民百姓们认可接受。这样封建国家的秩序就得以稳定。儒家学说是适用于中国封建社会的政治学说，对中国封建社会的政治发展起着积极的作用。

四、黄河文明的历史变迁

夏、商、周三代之后，早期国家逐渐成熟，进入了发展时期。春秋战国以后，中国的专制制度逐渐形成，随着秦汉王朝的统一，黄河文明进入了大发展时期。

秦汉魏晋南北朝是黄河文化发展的重要时期，也是黄河文化与胡文化交流、融合的重要时期。本课题通过秦汉魏晋南北朝时期不同时段少数民族与黄河流域的社会交往，论述了秦汉时期少数民族文化与黄河文化的融合过程。张骞通西域之后，一条以洛阳、长安为起点，直达安息、大秦的交通线形成，这就是历史上有名的丝绸之路。西域的葡萄、西瓜、乐器、胡马，传入黄河流域；黄河流域的铁器、丝绸、医药、造纸、印刷术、农业技术传入西域，大大丰富了黄河文化和世界文化的宝库。根据《汉书·西域传》的记载，新疆地区的罽宾国"地平温和：有目宿、杂草；奇木：檀、槐、梓、竹、漆；种五谷、蒲陶诸果；粪治园田，地下湿，生稻；冬食生菜。其民巧，雕文刻镂，治宫室，织罽，刺文绣，好治食。有金、银、铜、锡，以为器。市列以金银为钱，文为骑马，幕为人面。出封牛、水牛、象、大狗、沐猴、孔爵、珠玑、珊瑚、虎魄、璧、流离"。大秦国即罗马古国。《后汉书·大秦传》记载，大秦国物产丰富，"多金银奇宝：夜光璧、明月珠、骇鸡犀、珊瑚、琥珀、琉璃、琅玕、九色玉石、朱丹、青碧。刺金缕绣织成金缕罽、杂色绫，作黄金涂、火浣布。又有水羊毳，野蚕茧所作细布。合诸香煎其汁，谓之苏合。以金银为钱：银钱十，当金钱一；与安息、天竺交市，海中获利十倍。其人质直，市无二价。谷食常贱，国用富饶"。黄河流域的许多地方开始响起了来自草原地区的"胡声"。

魏晋时期，特别是十六国时期，匈奴、鲜卑、羯、氐、羌等少数民族进入黄河流域，使黄河文化在这一特殊形式下复苏，对黄河文化的繁荣有重要的影响；而到北朝时期，鲜卑族入主黄河流域，给黄河文化注入了新鲜的血液。少数民族地区的所谓"胡桌"、"胡椅"、"胡床"、"胡服"，传入黄河流域，大大丰富了黄河流域人民的生活。这些最终揭示出黄河文化是在这一特殊历史时期融合少数民族文化而形成的多层次文明。

唐宋时代是黄河文化发展和成熟的重要时期。是时，突厥、铁勒等游牧民族、朝鲜半岛移民、西域以及西亚、中亚胡人等外来移民相继进入黄河流

域。外来文明在黄河文化的演进历程中非常重要。唐宋时期，黄河文化与外来文明有强烈的互动作用，不仅使黄河流域出现了多种宗教信仰，如景教、摩尼教、祆教、犹太教传入中国，佛教也出现了不同的宗派，如唯识宗、密宗等，更重要的是黄河流域的科学技术得到进一步的发展，如天文学、医学、药物、植物、动物、香料、玻璃器、玛瑙、玉器、纺织品、货币、音乐、舞蹈、雕塑、绘画、建筑艺术等外来文明促进了黄河流域社会生活诸方面的发展，同时对黄河流域的饮食、服饰、体育、社会风俗、农业生产、交通运输、城市繁荣、经济作物的种植等都产生巨大的影响。唐宋时期黄河流域的政治、经济、文化与外来文明的交流往来，对黄河流域社会文化的发展产生了极大的影响。

明清时期，西方传教士在黄河流域的宗教和科学传播活动，为古老的黄河文化注入了西方近代科学文化的内容。明清时期，西方的宗教、天文学、数学、地理学、机械学、建筑学、物理学、医学、文学艺术、矿业技术、邮电、铁路交通、军事科学、教育思想、教育体制、社会风尚、近代农业科技等相继传入中国，美洲的农作物，如番薯、玉米、烟草等在黄河流域迅速传播、种植和推广，大大丰富了黄河流域农作物的种类，改变了黄河流域人民的饮食结构。更重要的是西方的民主思想也传入中国。鸦片战争之后，黄河文化开始了对西方文化的全方位吸收与融合，创建了新式学校、新式军队，产生和发展了一些近代工商业。新式的交通、通信工具等有了初步的发展，西方政治文化也得到一定程度的传播和实践，西式社会风尚开始在黄河流域出现并流行。

如今，古老的黄河文明与黄河文化在自身的基础上，通过对外来文明的合理吸收，不断地发展和变化，发生了强烈的历史变迁，出现了近代化的特质和内涵，黄河文化正在走向全面繁荣和昌盛。

李玉洁

2009 年 10 月 26 日

前　　言

　　在展开这个题目的探讨之前，首先要对文明的基本概念略作解说。"文明"是一个使用频率非常高的概念，然而其定义却始终莫衷一是，一直是学者讨论的热点。许多学者都给出了各具特色的文明的定义，如布罗代尔等强调文明的物质内容，他在《文明史纲》中指出"文明是集体生活所共有的各种特征"，"指某种为所有文明所共享却不可均分的东西：人类的共同遗产。火、文字、算术、耕种和饲养——这些东西已不再拘泥于任一起源；他们已经成为单数形式文明的集体属性"。[①] 另一类如汤因比、亨廷顿等强调它的精神内容。也有学者认为文明同时具有物质和精神层面的内容，著名的文明史学家威尔·杜兰认为："文明是增进文化创造的社会秩序，它包含四大因素：经济的供应、政治的组织、伦理的传统以及智识与艺术的追求。"[②] 福泽谕吉则认为："文明的涵义，既可以作广义讲，又可以作狭义解释。若按狭义来说，就是单纯地以人力增加人类的物质需要或增多衣食住的外表装饰。若按广义解释，那就不仅在于追求衣食住的享受，而且要鼓励修德，把人类提高到高尚的境界。""所谓文明是指人的身体安乐，道德高尚；或者指衣食富足，品质高贵而说的。"[③] 除了斯宾格勒认为文明是文化的僵死阶段和没落阶段之外，许多学者认同文明一词的进步性，如布罗代尔指出："该词最初确指对知识进步，技术进步，道德进步和社会进步的一种朦胧向往，也就是所谓的'启蒙思想'。"[④] 伯恩斯等在《世界文明史》中也指出："文明是一种先进文化，我们可以说，一个文化一旦达到了文字已在很大程度上得到使用，人文科学和自然科学已有某些进步，政治的、社会的和经济的制度已经发展到至少足以解决一个复杂社会的秩序、安全和效能的某些问题这样

[①] 布罗代尔.2003.文明史纲.桂林：广西师范大学出版社.26，27
[②] 威尔·杜兰.1972.世界文明史·文明的建立.台北：幼狮文化公司.3
[③] 福泽谕吉.1982.文明论概论.北京：商务印书馆.30，32
[④] 布罗代尔.1997.文明史：过去解释现时.北京：中央编译出版社.125

一个阶段,那么这个文化就应当可以称为文明。"①

就我国学界而言,虽然目前还没有一个权威的定义,然而多数学者认为文明是人类积极的成果,代表着社会的进步,具有物质与精神层面的内容。《中国大百科全书·哲学卷》中指出,文明是"人类改造世界的物质和精神成果的总和,社会进步和人类开化的标志"。周春生在《文明史概论》中这样定义文明:"文明是具有进步价值取向的人类求生存、求发展的创造活动和成果。"② 本书中所阐释的文明即具有上述文明定义的内涵。

本书讲述的是唐宋时期黄河流域的外来文明。所谓外来文明就是产生于其他国家和地区的物质、精神和制度方面的成果。众所周知,人类的历史就是一部文明的发展史,而人类文明又是多元发展的,因而在文明的发展历程中,产生于不同环境与地域的各种文明之间的交流是一个不可避免的话题。因为,没有交往就没有文明的发展,任何一种文明只有积极吸收各种外来文明,做到不故步自封,才能够可持续地发展下去。因此,人类自身的历史又是各种不同文明及文化相互接触、碰撞、交流的历史,是文明间互通有无的过程,交流中的每一方都处于传播和接受中。文明交流是人类活动的重要内容。古往今来,世界各地区的文明都存在一定程度的交流。正因为如此,历史上的诸多文明并不是封闭的,而是开放的,各文明之间不断地进行着交流。文明的交流是指组成文明的诸因素如语言、宗教、科学、技术、政治经济组织、风俗习惯等,不断进行传播和接受,它们在形成文明纵向发展的同时,也在横向上相互运动,这是引起文明变化的一个重要原因。文明的交流可以使各文明创造的物质和精神成果在短期内为人类共享,而不必再去重新发现,人类文明的前进步伐因此大大加快。③ 在交流的过程中不同文明接受外来文明的挑战,并在这个过程中不断地发展。

黄河既是一条自然的河,也是一条文明的河。④ 葛剑雄在《河流伦理与人类文明的延续》中曾指出:在中国历史上,在人类文明史上,黄河不是两个简单的汉字,也不仅仅代表一条河流,而是代表一种文明,是人类文明一个重要的组成部分。⑤ 而黄河文明是指黄河流域人民在长期的社会实践中创造的物质财富和精神财富的总和。尽管近年来越来越多的考古发现证明中华

---

① 爱德华·麦克诺尔伯恩斯,菲利普·李·拉尔夫.1987.世界文明史.第一卷.北京:商务印书馆.26
② 周春生.2006.文明史概论.上海:上海教育出版社.66
③ 马克垚.2004.世界文明史·导言.北京:北京大学出版社.15
④ 鲁枢元,陈先德.2001.黄河文化丛书·黄河史.郑州:河南人民出版社.9
⑤ 葛剑雄.2005.河流伦理与人类文明的延续.中国三峡建设,(2):92

文明的源头是多元的，不仅有黄河流域，还包括长江流域。① 但黄河流域作为中华文明的摇篮之一，在此基础上产生的黄河文化在中华文明产生与发展过程中的主导地位毋庸置疑。早在夏商周时期，黄河文化在政治制度、农业、手工业、思想文化、艺术、科技等领域已经取得了辉煌的成就。之后，黄河文化又经历了秦汉魏晋南北朝的统一和分裂，一方面，黄河文明在秦汉时期得到进一步的巩固和发展，中央集权制度和土地私有制以及儒家思想主导地位得以确立，文化、思想、科技等领域的成就斐然；另一方面，黄河文明发展的另一特点就是随着丝绸之路的开通，外来文明开始对黄河文明产生显著的影响，如佛教的传入对思想文化领域产生了重要的影响。作为体系完善而成熟的宗教，佛教为黄河文明添加了新的成分，并逐渐和中国传统的思想文化相结合，佛教的兴盛还促进了佛教雕塑艺术的发展。除此之外，外来的医学、天文以及饮食、服饰等也对黄河文明产生了较大的影响。魏晋南北朝时期，尽管战乱频仍，政局动荡，但大量少数民族进入黄河流域。在逐渐汉化的同时，少数民族的制度与黄河流域制度文明相碰撞和融合，在此基础上出现的政治制度扭转了魏晋以来官僚制度的颓势，为隋唐、五代、宋制度文明的完善奠定了基础。

唐宋时期是中国古代历史上一个非常重要的时期，是中国历史由中古转向近世的转型期，中国社会发生了许多深层次的变革，这一点已经为众多学者所公认。日本学者内藤湖南在《概括的唐宋时代观》一文中指出："中国中世和近世的大转变出现在唐宋之际，是读史者应该特别注意的地方。"②

这一时期，尤其是唐代，随着国家的强盛、丝绸之路的畅通，中外文明交流日益频繁，大量外来人口和文明进入黄河流域。因此，在黄河流域的主要城市如长安、洛阳、凉州、太原、汴州、蒲州都可以看到在这里仕宦的胡族贵族以及来到这里传教和经商的异族僧侣、商人，随着他们进入黄河文明的腹心地带，他们也将本民族自身原有的文明成果携带到了这里。这样，来自印度、中亚、西亚以及北方草原的文明都对黄河流域的传统文明产生了影响。因此，这一时期的黄河文明既成就辉煌却又不故步自封，在其发展历程中成为一个既继承了前代的文明成果，又能够兼容并蓄地吸收外来文明的时代。张广达指出，唐代文明之所以朝气蓬勃就是因为"能兼容并包地摄取其他民族甚至外来的各种文化营养"③。向达指出："李唐一代之历史，上及汉、魏、六朝之余波，下启两宋文明之新运，而其取精用宏，于继袭旧文物

---

① 苏秉琦.1999.中国文明起源新探.上海：上海三联书店.35~37
② 刘俊文.1992.日本学者研究中国史论著选译.第一卷.通论.北京：中华书局.18
③ 张广达.1986.唐代的中外文化汇聚和晚清的中西文化冲突.中国社会科学，(3)：38

而外,并能采撷外来之精英,两宋学术思想之所以能别焕新彩,不能不溯其源于此也。"① 五代和北宋时期,黄河中下游地区对外交流的主要途径逐渐由陆路转为海路,在对外来文明的接收上,沿海地区比重明显加大。另外,由于周边形势的变化,多个民族政权的建立以及对中原王朝的威胁日益加重。又由于民族政权对峙而造成的心理戒备,使得统治者在接受外来文明的态度上相对保守。所有这些都使得黄河中下游地区外来文明进入的势头大大减弱。此时,大量外来移民涌入的盛况已经不再,但五代和北宋政权仍与周边各民族政权及东亚、南亚、西亚许多国家保持着联系和往来,朝贡和海外贸易的情况史不绝书,因而,作为这一时期政治、经济和文化的核心地区,黄河流域的对外交流仍旧频繁。而此时黄河中下游地区长期安定的局面使得许多唐代外来文明成果被进一步消化、吸收,并成为黄河文明的一部分。

日本学者山本达郎指出在隋、唐、五代、宋时期,"隋唐律令格式以及从中演变而来的一整套典章制度,经过汉地五六百年的消化吸收而发展起来的佛教诸宗和宋代理学,以汉字为代表的中原文明,影响到当时的许多民族,东方文明之所以被称为东方文明,应当说其主要特征是在这段时期内形成的"②。所以说,唐宋时期是中华文明史上的两座高峰。而在这样的历史时期内,以黄河文明为中心的中华文明进入一个新的阶段,这里既有文明的整合,又有文明的创新。黄河文明,一方面吸收和折中魏晋南北朝文明的成果,尤其是在职官体制和经济、法律、军事制度等方面;另一方面又能够以宽广的胸怀踊跃接纳和吸收外来文明,兼容并包,在与外来文明的交融中产生新的元素和发展动力。因而,这一时期的黄河文明得以继续发展并走向鼎盛。

这里所说的外来文明是指黄河流域传统的农耕文明之外的文明成果,它既包括从西域传来的中亚、西亚文明和南亚印度文明,也包括唐、宋周边的一些游牧民族,如唐朝曾征服和统治过的突厥、回纥等北方草原游牧部落所创造的文明成果,到了五代和宋代则指北方的契丹、党项、河西回鹘,东北亚的高丽,东南亚诸国以及由海上丝绸之路转输而来的大食等国的文明成果。

本书的研究是建立在众多学者研究的基础之上的。唐代外来文明无论是从数量上还是从种类上,都达到了古代中外文明交流的顶峰,且文献资料非常丰富,有新旧《唐书》、《唐会要》、《册府元龟》、《资治通鉴》等史书,还包括大量的唐人诗文和笔记小说。因此,相关论述的外来文明研究成果丰硕。早在 20 世纪 30 年代,向达就发表了研究长安与西域文明关系及影响的

---

① 向达.1957.唐代长安与西域文明.北京:生活·读书·新知三联书店.1
② 山本达郎.从唐到宋——东亚史上的转变时期.转引自张广达.1995 年.西域史地丛稿初编.上海:上海古籍出版社.281

长文《唐代长安与西域文明》。①而西方学者的成果则有1919年出版的美国学者劳费尔的《中国伊朗编》,该书以语言学为手段,从植物、矿物等方面研究了中华文明与西亚、中亚文明的关系。之后,1963年出版的美国学者谢弗的《唐代的外来文明》以宏大的篇幅研究、考证了唐代的外来物质文明,集中展现了西方学者在唐代中外物质文明交流研究领域所取得的突出成就。②季羡林则以熬糖法的传入为切入点系统研究了印度文明对唐代文明的影响。③除此之外,还有许多学者的专著和论文也涉及这一时期的外来乐舞、宗教、绘画、金银器、饮食等方面的研究,这里不再一一列举。

五代、北宋时期黄河流域外来文明输入的情况,较为集中地保存在《旧五代史》、《册府元龟》以及《宋史》的外国诸传中,其余的资料,则零散地分布在各种文集和笔记小说里。由于资料的缺乏与琐碎,今人对这一时期黄河中下游地区外来文明的研究还很不够,多数只是在中外交通史及断代史书中作简要论述。另外,一些论著和论文对此也有所涉及,如林天蔚《宋代香药贸易史》、黄纯艳《宋代海外贸易》涉及宋代的香药贸易及海外贸易对宋人生活的影响④,马建春《中世纪阿拉伯伊斯兰医药学的东传》则涉及东传的阿拉伯药方对宋代医学的影响。⑤

和以往集中于长安地区外来文明的个案研究或立足于全国的整体研究不同,本书研究的意义在于系统展示唐宋时期黄河流域中下游地区外来文明进入的情况及其产生的影响,从唐宋黄河文明的发展历程上来全面探讨外来文明与唐宋时代黄河流域文明之间的关系、外来文明在古代黄河文明的演进历程中起到的作用和影响及黄河文明对外来文明的应对措施等问题。

本书在撰写中引入了大量本领域的考古发掘资料。20世纪以来,随着我国考古事业的发展和进步,大量唐、五代、宋时期的墓葬、宫殿、寺院等建筑遗址被发掘,许多这一时期具有外来文明因素的器物、壁画和石刻资料不断出土,这些无疑都是唐宋黄河流域社会外来文明流行的真实写照。尤其是,大量中古时期外来移民的墓志和碑刻资料的大量刊布,为研究唐宋时期的黄河流域外来移民群体提供了珍贵的文本资料。这使学术界研究从原来对传统文献的爬梳与考证转向传统文献与考古新发现相结合、印证,以及多学科交叉应用的道

---

① 向达.燕京学报.1933年专号之二.唐代长安与西域文明.1~116
② 谢弗.1995.唐代的外来文明.吴玉贵译.北京:中国社会科学出版社
③ 季羡林.1998.糖史.季羡林文集.第九、十卷.南昌:江西人民出版社
④ 林天蔚.1986.宋代香药贸易史.台北:中国文化大学出版部;黄纯艳.2003.宋代海外贸易.北京:社会科学文献出版社
⑤ 马建春.2008.中世纪阿拉伯伊斯兰医药学的东传.收入氏著.大食·西域与古代中国.上海:上海古籍出版社

路上来。韩香的《唐代长安与中亚文明》在吸收前辈研究成果的基础上将范围延伸到比西域更为广阔的中亚和西亚,视野更为开阔,在这方面作了有益的尝试和拓展。①葛承雍《唐韵胡音与外来文明》是其研究唐代长安外来移民、宗教、建筑等方面的论文结集,其中也使用了大量的石刻和考古资料。②再如齐东方的《唐代金银器研究》,结合唐代文献,通过对金银器器型学的分析来探讨唐代金银器中的外来因素,指出唐代金银器的拜占庭、波斯和粟特渊源。③

在论述唐宋时期黄河流域的外来文明时,有一点必须予以说明。黄河是我国北方地区最为重要的大河,其流域面积广大,从地理区位上说,它包括黄河发源和流经的今青海、四川、甘肃、内蒙古、宁夏、山西、陕西、河南、山东等地区。这些地区在古代既有农耕地区,也有游牧地区。而本书中所涉及的黄河流域,则偏重于文化生态层面的考虑,主要是唐宋时期黄河流域农业经济发达、文化最为昌盛的中下游地区,即所谓的黄河文明区。依据大河文明理论的观点,大河流域的中下游地区往往是文明产生和发展的地方。黄河中下游地区自古以来就是中华文明的摇篮,农耕文明的发源地,不仅有深厚的农业经济基础,也有长期文明成果的积淀,是黄河文明产生、发展的地方。而在唐宋时期,这里政治地位重要,经济发达,交通便利,大量外来使节、移民居住在这里。因而,这里又是外来文明进入的主要地区。

另外,从唐一直到宋这样一个长时段的历史进程中,黄河流域的行政建制发生了很大变化。本书在行文中将按照各个时代所确立的黄河流域地方行政建制来陈述。鉴于唐宋时期中央政权在黄河流域统治范围的不同,本书所叙述的黄河流域范围也有时代的差异。例如,唐代部分就涉及位于黄河上游的陇右道东部地区,在唐代前期这一地区的农业经济有了进一步的发展,而且这里是陆上丝绸之路的重要通道,也是外来文明传入和汇聚的地方;而到了五代和北宋时期,这里已经被回鹘和西夏政权先后占据,因而本文在这一时期对这部分就较少涉及了。

最后,本着文责自负的原则,这里将本书的分工情况作简要介绍:本书唐、五代部分由毛阳光承担,宋代部分由石涛和李婉婷完成,最后的统稿工作由毛阳光完成。希望读者们不名赐教。

毛阳光　石　涛　李婉婷
2009 年 3 月

---

① 韩香. 2006. 唐代长安与中亚文明. 北京:中国社会科学出版社
② 葛承雍. 2006. 唐韵胡音与外来文明. 北京:中华书局
③ 齐东方. 1999. 唐代金银器研究. 北京:中国社会科学出版社

目　录

总序一　（李学勤）　/i
总序二　黄河文明的历史地位（李玉洁）　/v
前言　/xv
第一章　唐代黄河流域概况　/1
　　第一节　唐代黄河流域的经济　/1
　　第二节　唐代黄河流域对外交通的发展　/8
　　第三节　唐代黄河流域对外交往的繁荣　/11
第二章　唐代黄河流域的外来移民及其分布　/14
　　第一节　黄河流域外来移民概况　/17
　　　　一、突厥、铁勒等游牧民族　/17
　　　　二、朝鲜半岛移民　/20
　　　　三、西域以及中亚、西亚胡人的迁移　/22
　　　　四、其他游牧民族　/28
　　第二节　长安与洛阳等城市的外来移民　/29
　　　　一、长安的外来移民　/30
　　　　二、洛阳的外来移民　/40
　　　　三、黄河流域其他城市的外来移民　/46
第三章　外来文明与唐代黄河流域的社会　/48
　　第一节　黄河流域的外来宗教　/48
　　　　一、景教　/48
　　　　二、摩尼教　/51
　　　　三、祆教　/53
　　　　四、佛教宗派　/56
　　第二节　黄河流域的外来科学技术　/59
　　　　一、天文学　/59

　　二、医学　/63
第三节　黄河流域的外来艺术　/65
　　一、音乐与舞蹈　/65
　　二、黄河流域的外来雕塑与绘画　/82
　　三、黄河流域的外来建筑艺术　/90
第四节　外来文明与黄河流域社会生活　/94
　　一、饮食　/94
　　二、服饰　/98
　　三、游艺运动　/105
　　四、交通工具　/111
　　五、社会风俗　/112
第五节　各种外来物品输入　/133
　　一、外来动物　/133
　　二、外来香料　/142
　　三、外来植物　/143
　　四、外来药物　/144
　　五、外来金银器　/147
　　六、玻璃、玛瑙及玉器　/158
　　七、其他外来器物　/166
　　八、纺织品　/167
　　九、外来货币　/168

第四章　外来文明对唐代黄河流域社会的影响　/172
第一节　外来文明对黄河流域的社会影响的特点　/172
　　一、影响的区域特征——以城市为中心　/172
　　二、多元化外来文明的影响　/176
　　三、影响时段主要集中于唐前期　/177
　　四、影响领域的局限　/181
第二节　黄河文明对外来文明的吸收　/185

第五章　五代时期黄河流域的外来文明　/189

第六章　宋代黄河流域概况　/199
第一节　宋代黄河流域的经济　/200
　　一、农业的发展　/200
　　二、经济作物的种植　/202
　　三、手工业概况　/204

第二节 宋代黄河流域城市的繁荣 /206
第三节 宋代黄河流域的交通运输 /209

第七章 宋代黄河流域的对外关系概述 /213
第一节 宋辽关系 /213
第二节 宋夏关系 /215
第三节 宋与高丽的关系 /216
第四节 宋与欧亚其他国家的关系 /219

第八章 宋代黄河流域外来物品的输入 /222
第一节 民族政权对峙下黄河流域外来物品的输入 /222
一、通过榷场贸易进入黄河流域的物品 /223
二、辽、西夏走私进入黄河流域的物品 /224
第二节 朝贡贸易和海外贸易中黄河流域外来物品的输入 /225
一、服饰织物 /227
二、奇珍异宝 /228
三、动物 /231
四、文化用品 /233
五、香药 /235

第九章 外来文明与宋代黄河流域社会生活 /238
第一节 外来文明与开封社会 /238
一、马球 /238
二、音乐和舞蹈 /240
三、饮食 /241
四、外来服饰 /241
第二节 香药对黄河流域医学的影响 /243
第三节 黄河流域的外来作物与植物 /245
第四节 外来天文学的影响 /246
第五节 外来宗教信仰 /247
一、祆教祠庙 /247
二、东京开封的犹太教 /250

结语 /252

参考文献 /254

第一章
唐代黄河流域概况

唐自公元618年建国以来，尤其是经过了太宗、高宗、武后、玄宗等几代皇帝百余年的苦心经营后，国家政局稳定，经济发展迅速。而这一时期，黄河流域仍旧是全国经济和文化最为发达的地区，在生产力的迅猛发展下，这一时期的黄河文化在诸多领域也达到了前所未有的高度。

文明之间的交流是必要的，但又是脆弱的。它会受到客观条件的制约和限制，如区域间的自然环境、所在国家政局和社会的稳定、经济的发达、交通的便利和可进入程度等。在唐代，加快黄河文明与外来文明交流的这几方面的有利条件都出现了。

第一节　唐代黄河流域的经济

按照唐初贞观元年十道监察区的设置，属于黄河流域的共有五道，分别是关内道、河南道、河东道、河北道、陇右道。唐玄宗开元二十一年（733年），唐政府又从关内道细分出京畿道，河南道细分出都畿道。其中，陇右道东部地区处于黄河上游流域，而关内道的北部地区和中部地区都属于黄河流域；河东道大部地区属于黄河中游地区；而河南道的北部和中东部地区属于黄河流域。唐代河北道地区也非常辽阔，这里涉及的是属于黄河下游地区的河北道南部地区。

黄河流域自古以来就是重要的农业区。隋末由于长期的战争以及灾荒的打击，以往富庶的黄河流域陷入了深重的灾难之中，尤其是下游地区，由于战争所导致的大量人口的死亡或者逃亡，经济遭到严重破坏。如河南、山东、河北地区，隋炀帝时期的户口是470万户，集中了全国一半以上的户口，然而到了贞观年间这里的户数仅仅剩下70万户。因此，史书这样记载了黄河中下游地区的萧条景象："今自伊、洛以东至于海岱，烟火尚稀，灌

莽极目。"① 唐初大臣马周也指出:"今百姓承丧乱之后,比于隋时才十分之一。"②

然而,唐朝建立之后,经过高祖、太宗、高宗、武后、玄宗等数代皇帝百余年的苦心经营,在诸多领域取得了令人瞩目的成就。在政治上,继续推行三省六部制,建立了有效的政务处理系统;继续以科举考试选拔人才,选贤任能,打击门阀士族,也扩大了统治集团的基础。在军事上,推行兵农合一的府兵制,减少国家军费的开支,也减轻了百姓的负担。在土地方面,实行均田,自耕农能够拥有一定数量的土地,提高了他们的生产积极性。对外方面,先后平灭了东突厥、高昌、西突厥和薛延陀等,解除了边境的威胁并控制了西域地区,开通了丝绸之路;对于归降的部落设置羁縻州,由他们的首领担任刺史进行管理。在统治者的励精图治之下,唐朝的国力蒸蒸日上,而此时黄河流域的经济也逐渐发展起来。

唐代黄河流域的发展,一方面得益于本地区原来就良好的农业基础以及各级统治者的重视,另一方面也和这一时期黄河的安流有关。唐代的黄河流域在中国古代黄河发展和变迁的历史上是一个黄金时期。本来黄河的泛滥总会给两岸人民的生命财产带来巨大的损害,然而由于魏晋南北朝以来黄河中游边区和河套地区变农为牧,北方的森林、植被和草原得到了恢复,到了隋代,山西、陕西的北部还是以畜牧业为主。这样,自东汉以来的800多年间,黄河一直保持着安流的局面。③ 隋代统治时间短暂,黄河一直安流。而到了唐代,由于国家对水利事业的重视,黄河决溢的情况并不多见。从史书记载来看,唐代黄河的决溢主要如表1-1所示。

表1-1 唐代黄河决溢情况表

时间	地点与损失情况	资料来源
贞观十一年九月	陕州河北县及太原仓,毁河阳中潬	《旧唐书》卷三七《五行志》
永徽六年十月	齐州河溢	《新唐书》卷三六《五行志三》
永淳二年三月	黄河水溺河阳县城,水面高于城内五六尺	《旧唐书》卷三七《五行志》
长寿元年八月	河溢,坏河阳县	《新唐书》卷四《则天皇后纪》
长寿二年五月	河溢棣州	《新唐书》卷四《则天皇后纪》
圣历二年秋	河溢怀州	《新唐书》卷三六《五行志三》

① 司马光.1956.资治通鉴.卷一九四.太宗贞观六年.北京:中华书局.6094
② 刘昫.1975.旧唐书.卷七四.马周传.北京:中华书局.2615
③ 谭其骧.1962.何以黄河在东汉以后会出现一个长期安流的局面.学术月刊,(2):31~33

续表

时间	地点与损失情况	资料来源
开元十年	博州、棣州河决	《新唐书》卷三六《五行志三》
开元十四年七月	怀、卫、郑、滑、汴、濮、许等州澍雨,河及支川皆溢,人皆巢舟以居,死者千计,资产苗稼无孑遗	《旧唐书》卷三七《五行志》
天宝十三载	济州	《元和郡县图志》卷十《郓州》
乾元二年	齐州长清、禹城	《太平寰宇记》卷十九《齐州》
大历十二年八月	河决,漂溺田稼	《旧唐书》卷三七《五行志》
建中元年	河溢	《新唐书》卷七《德宗纪》
元和七年正月	振武界黄河溢,毁东受降城	《新唐书》卷三六《五行志三》
元和八年	河溢天德军	《元和郡县图志》卷四《丰州》
大和二年	河决,坏棣州城	《新唐书》卷三六《五行志三》
开成三年夏	河决,浸郑、滑外城	《新唐书》卷三六《五行志三》
咸通中	滑临黄河,频年水潦,河流泛溢,坏西北堤	《旧唐书》卷一七二《萧仿传》
景福二年	棣州河决	《太平寰宇记》卷六四《滨州》
乾宁三年四月	河圯于滑州	《新唐书》卷三六《五行志三》

有唐一代,黄河虽然发生了19次决溢,其中乾元二年(759年)和乾宁三年(896年)的两次还有人为因素,但和两汉时期黄河发生灾害的影响相比,唐代黄河决溢对本地区农业和人民生活的影响并不大,况且未久即安流,也没有造成很大的影响。① 可以说,这一时期黄河的安流给过度依赖自然气候的传统农业带来了巨大的便利。而沿河州县趁此机缘大力发展农田水利,使得区域经济得到了很好的提升。

而此时黄河上游的大部分地区,即唐代陇右道东部地区山川、河流较多,并有较为茂密的森林地区,还是当时的半农半牧区。因此,隋代贺娄子干就指出:"且陇西、河右,土旷民稀,边境未宁,不可广为田种。……陇右之人以畜牧为事。"② 但在隋末唐初,由于战乱的影响,这一地区"城邑萧条"。此后唐政府在这里的秦州(甘肃天水)、渭州(甘肃陇西)、兰州

---

① 史念海.1998.隋唐时期重要的自然环境的变迁及其与人为作用的关系.见:收入氏著.唐代历史地理研究.北京:中国社会科学出版社.63~87
② 魏征等.1973.隋书.卷五三.贺娄子干传.北京:中华书局.1352

（甘肃兰州）以及河曲地区豢养军马，娄师德、冉视等地方官员又在这里进行屯田。经过屯田和营田，一些地方经济得到较快发展，如河州（甘肃和政）"大田多稼，人和岁丰，饷军廪师，处勤余裕"①。这样，当地的畜牧业和农业都有了进一步的发展。经过多年的经营，到玄宗时期，陇右道各州的人口数量比唐初都有了明显的增长。唐人郑处诲曾经在《明皇杂录》中这样描绘过开元之际的陇右："自安远门西尽唐境万二千里，闾阎相望，桑麻翳野，天下称富庶者无如陇右。"虽然有些夸大其词，但也反映了这时陇右地区经济的发展。这一地区的农业和牧业很好地弥补了农业地区的不足，也是唐政府保卫农业区的屏障。由于陇右道是黄河流域一直向西到欧洲的丝绸之路的交通要道，丝绸之路由东南向西北贯穿了陇右道全境，丝路贸易的繁荣也对陇右经济的发展产生了一定的影响，如重镇凉州（甘肃武威）因此而胡商云集，货物流通。所以，欧阳修在《新五代史》卷七四中指出："当唐之盛时，河西三十三州，凉州最大，土沃物繁而人富乐。"

关内道处于黄河中游，黄河从关内道的西部会州（甘肃靖远）流入，流经本道北部的河套地区，再向南流，进入河南道。关内道的关中地区，人口密集，经济发达，自古以来就是传统的农耕区，拥有良好的农业经济基础，由于隋唐时期统治集团实行关中本位政策，这里成为国家政治、经济、军事、文化的核心地区，受到唐朝统治集团的高度重视。这首先表现在大量水利设施的兴建上。为了发展农业，地方官利用关中地区丰富的水资源——泾水、渭水、沣水、灞水、浐水，修建了大量的人工水渠，形成了以长安城为中心的灌溉网。除此之外，关中地区的水利工程还有利用渭水支流汧水修建的升原渠，利用渭水灌溉的成国渠、郑白渠，渭河下游的利俗渠、罗文渠和敷水渠。还有引渭水入黄河的漕渠，灌溉了渭水以南的大片农田。黄河的水流也被用来灌溉农田，其中同州（陕西大荔）就利用黄河水灌田 6000 多顷。② 关内道的北部地区虽然自然环境条件较差，人口稀少，但这里的河套地区土地肥沃，加之有黄河的灌溉，农业经济较为发达。据统计，唐代关内道共兴修水利工程 42 项。③ 除此之外，唐政府还通过大量土地的开垦、农业技术的改进使得关中地区的农业得到了进一步的发展。关内道西部地区的岐州（陕西凤翔）、邠州（陕西彬县）、宁州（甘肃宁县）、泾州（甘肃泾川）等处，唐初在这里设置马坊，豢养战马，畜牧业较为发达。关内道还有长安

---

① 董诰等．1983．全唐文．卷二二八．张说．河州刺史冉府君神道碑．北京：中华书局．2310
② 王溥．1955．唐会要．卷八九．凿疏利人．北京：中华书局．1619
③ 华北水利电力学院《中国水利史稿》编写组．1987．中国水利史稿．中册．北京：水利电力出版社．25

这样的国际化大都市，官私手工业都非常发达，其中纺织业、建筑业、粮食加工业、金银器制造业、酿酒业都非常突出。长安的商业也非常发达，这里有许多富商大贾，而东市和西市更是云集了来自各地乃至外国的客商。

河东道处在黄河流域的中游地区，黄河从本道西部自北向南流过。唐代的河东道政治地位非常重要，正所谓"全晋山河，陶唐风俗，外以威怀七狄，内以承卫二京"①。北部的太原（山西太原）是唐朝的勃兴之地，又是唐朝的北都。而且，这里的经济地位亦很重要，河东道的中部和南部地区是当时的农业区，经济较为发达，早在唐前期已经是"河东富实，京邑所资"。唐前期，由于关中地区粮食供应不足，唐政府多次从河东的汾、晋地区运输粮食到关中，"河东、陕运两使，每年常运一百八十万石米送京"②。唐代中前期，地方官吏在这里大兴屯田和水利事业，如太原、河中（山西永济）、晋州（山西临汾）、绛州（山西新绛）都有一定数量的水利灌溉工程，促进了当地农业经济的发展。③

河南道处于黄河的下游地区，黄河从本道的西部向东流经河南道，并将这里分为河南和河北地区。这里的西部和中部经济非常发达，在隋代原本是最为富庶的地方，然而隋末战乱之后，这一地区也人口稀少，经济凋敝。唐前期，尤其是高宗、武后时期大量新移民以及降户的进入，区域水利工程的兴建，使本区域的农业经济得到了恢复。到永徽五年（654年），"是岁大稔，洛州粟斗两钱半，粳米斗十一钱"④。洛阳（河南洛阳）作为唐前期的政治中心之一，农业经济发达，商业和手工业也非常发达。这里还是运河的交通枢纽，漕运便利，"舟车之所会，流通江汴之漕，控引河、淇之运"⑤。洛阳及其周边有含嘉仓以及河阳仓、崖柏仓等较大规模的粮仓贮藏粮食，形成了以洛阳为中心的转运仓格局，因而成为唐前期皇帝在关中地区遭遇饥荒时频繁光顾的地方。玄宗开元二十一年（733年），经过裴耀卿等人的努力，在三门峡"凿山十八里以陆运"，避免了粮船的倾覆，使得洛陕之间的漕运状况大为改善。

河北道，黄河从本道南部向东北流入大海。唐代的河北道面积非常辽远，北起大兴安岭以北，南到黄河北岸，因为黄河流经河北道的南部，这里所论述的河北道主要是指河北道的南部地区。这里河流纵横，土地肥沃，具

---

① 李昉等.1966.文苑英华.卷四五二.授张弘靖太原节度使制.北京：中华书局.2294
② 董浩等.1983.全唐文.卷三一.停今年漕运诏.北京：中华书局.346
③ 华北水利电力学院《中国水利史稿》编写组.1987.中国水利史稿.中册.北京：中国水利电力出版社.73~74
④ 司马光.1956.资治通鉴.卷一九九.北京：中华书局.6286
⑤ 董浩等.1983.全唐文.卷二八.幸东都诏.北京：中华书局.23

有良好的农业基础，早在隋代就是经济发达地区，人口数量仅次于河南道。在经历了隋末战乱的短暂曲折之后，唐初这里的经济又得以恢复和发展。地方官吏借助纵横交错的河道在这一地区兴修了许多地方水利工程，如相州（河南安阳）的高平渠、金凤渠、利物渠，冀州（河北冀县）的通利渠等。另外，魏州（河北大名）、卫州（河南卫辉）、贝州（河北清河）、洺州（河北永年）等地也都有相当数量的水利工程，截至玄宗开元时期共达30余项。这里交通便利，大运河北段的永济渠贯穿河北道南部，还有漳水等大河，是唐前期经济发达地区。而黄河流域地区的富庶情况，可以从当时的正仓和义仓储备看出端倪。如天宝八载（749年），河南道正仓粮储582万余石，关内道正仓粮储182万余石，河北道正仓粮储182万余石，河东道正仓粮储358万余石；而义仓粮储中河南道1542万余石，河北道1754万余石，关内道594万余石，河东道731万石。无论是正仓粮还是义仓粮都是按照见在丁口和田亩数征收的，由此可见当时黄河流域地区的富庶。① 人口数也是衡量这一时期黄河流域繁荣的重要标志。玄宗天宝年间，河南道人口大量增长，增幅居全国首位，其中洛州、汴州、宋州（河南商丘）、曹州人口都超过了10万户。而河北道的相州、博州、贝州、冀州、德州等州的增长达到了5倍。这一时期，河南、河北的民户占到全国人口的37%。根据梁方仲《中国历代户口、田地、田赋统计》的记载：天宝初年，全国5万户以上的州，北方有42个，南方仅有20个；10万户以上的州北方有11个，而南方仅有5个。黄河流域人数超过10万户的城市有长安、洛阳、并州（山西太原）、汴州、曹州、相州、魏州、冀州、贝州和沧州（河北沧县）等。所以，唐玄宗曾经这样评价说："大河南北，人户殷繁，衣食之原，租赋尤广。"② 唐人张守珪也指出，河南、河北两道"枕倚大河，南接神州，北通天邑，郡县雄剧，人物昌阜"③。

另外，黄河中下游地区的手工业和商业也非常发达。黄河下游的河南道和河北道还是当时主要的三大桑蚕丝绸产区之一。④ 中宗景龙年间的诏敕中就提到："河南、河北，桑蚕倍多。"如河南道许多州县的桑蚕业非常发达，盛产绢帛，其中包括河南府（河南洛阳）的绫，郑州（河南郑州）、汴州（河南开封）、曹州（山东定陶）、濮州（山东甄城）、郓州（山东东平）的绢，陕州（河南三门峡）、汝州（河南汝州）的䌷、绝，滑州（河南滑县）

---

① 杜佑.1988.通典.卷十二.食货典·轻重.北京：中华书局.292~293
② 董浩等.1983.全唐文.卷三一.谕河南河北租米折留本州诏.北京：中华书局.346
③ 董浩等.1983.全唐文.卷二六九.请河北遭旱涝准式折免表.北京：中华书局.2733
④ 汪篯.1981.汪篯隋唐史论稿.北京：中国社会科学出版社.297

的方纹绫，兖州（山东兖州）的镜花绫，青州（山东青州）的仙文绫。①河北道的许多沿黄州县盛产各种丝织品，如博州（山东聊城）、魏州、洺州的平䌷，魏州还有绵䌷，卫州、赵州（河北赵县）、冀州的绵，冀州、德州（山东陵县）、棣州（山东惠民）的绢，相州的纱等。②根据《唐六典》的记载，当时品质上乘的绢产地大部分都位于黄河流域的下游地区，如河南道的郑州、汴州、曹州、怀州（河南沁阳）、滑州，河北道的魏州、卫州、相州、冀州、贝州、博州等30余州。③许多地区的产品因而成为贡品。另外，这一地区的陶瓷业也比较发达，巩县（河南巩义）的黄冶窑盛产白瓷和三彩器，河北道邢州（河北邢台）盛产闻名天下的白瓷。

黄河这一时期的稳定，导致其南北两侧水道的稳定与畅通，连带这一区域交通也畅通无阻。而隋代大运河的开凿更加大了人们对黄河的治理和利用程度，隋政府分别在黄河流域开凿了通济渠和永济渠。通济渠又名御河，开凿于大业元年（605年），是大运河中开凿最早也最为重要的一部分，是沟通黄河水系和淮河水系的重要工程。通济渠的修建促进了中原地区与江淮地区的经济文化交流。大业四年（608年），为了沟通北段运河，隋炀帝又征发河北诸郡男女百余万开凿永济渠，引沁水南达于黄河，北通涿郡（北京市西南）。永济渠和通济渠的开凿沟通了这一地区的重要水系，同时也为这一地区经济、商业以及交通的发展带来了前所未有的机遇。许多城市因为便利的交通运输而成为新的都会。

如河南道的汴州，由于汴渠流经汴州城下，这里地处交通要冲："河南，汴为雄郡，自江、淮达于河、洛，舟车辐辏，人庶浩繁。"④唐人刘宽夫指出："大梁当天下之要，总舟车之繁，控河朔之咽喉，通淮湖之运漕。"⑤另外，黄河下游的宋州，位于通济渠通往汴州的要道上，杜甫《遣怀》诗中曾这样描述盛唐时期宋州的繁华："名今陈留亚，剧则贝魏俱。邑中九万家，高栋照街衢。舟车半天下，主客多欢娱。"⑥

而河北道地区的一些城市也因为运河交通的便利而更加繁华，如位于永济渠旁的魏州，永徽中，魏州刺史、楚王李灵龟"开永济渠入新市，控引商

---

① 李吉甫. 1983. 元和郡县图志. 卷五. 河南道一. 北京：中华书局. 130；李林甫. 1992. 唐六典. 卷三. 户部. 北京：中华书局. 66
② 李林甫. 1992. 唐六典. 卷三. 户部. 北京：中华书局. 67
③ 李林甫. 1992. 唐六典. 卷二十. 太府寺. 北京：中华书局. 541
④ 刘昫. 1975. 旧唐书. 卷一九〇中. 齐澣传. 北京：中华书局. 5037
⑤ 李昉等. 1966. 文苑英华. 卷八〇三. 汴州纠曹厅壁记. 北京：中华书局. 4246~4247
⑥ 曹寅. 1999. 全唐诗. 卷二二二. 北京：中华书局. 2364

唐宋时期黄河流域的外来文明

旅，百姓利之"①。之后的开元二十八年（740年），刺史卢晖又开凿了西渠，"徙永济渠，自石灰窠引流至城西，注魏桥，以通江、淮之货"②。由于成为永济渠沟通南北的交通枢纽，魏州得到了迅速的发展，李白在《魏郡别苏明府因北游》中曾这样描述玄宗时代魏州的盛景："魏郡接燕赵，美女夸芙蓉。淇水流碧玉，舟车日奔冲。青楼夹两岸，万室喧歌钟。天下称豪贵，游此每相逢。"③ 同样，王维这样称赞魏州："天波忽开拆，郡邑千万家。行复见城市，宛然有桑麻。"④

可以说，这一时期的黄河流域政局稳定，经济发展快速。稳定的政治环境、繁荣的农业经济促进了地区文化的稳定发展，也为开展黄河流域文明与外来文明的交流奠定了深厚的基础。

第二节　唐代黄河流域对外交通的发展

顺畅的文化交流受到区域间交通条件的影响和制约，唐代对外交往的频繁正是和这一时期中外交通的发达密不可分的。

德宗贞元时期，宰相贾耽曾列举了由唐朝通往四夷的七条道路："一曰营州入安东道，二曰登州海行入高丽渤海道，三曰夏州塞外通大同云中道，四曰中受降城入回鹘道，五曰安西入西域道，六曰安南通天竺道，七曰广州通海夷道。"⑤ 其中的登州入高丽渤海道、夏州通大同云中道、中受降城入回鹘道、安西入西域道，都与这一时期黄河流域的对外交通有着莫大的联系。其他几条道路虽然起点不同，但终点也都是黄河流域的长安和洛阳。

这其中，最为重要的就是"安西入西域道"。这是唐代中西方政治、经济、文化交流的主要通道。唐朝初年，面对东突厥和西突厥在西方的威胁，经过唐初高祖与唐太宗两代的苦心经营，太宗贞观四年（630年）唐太宗利用东突厥自然灾害与内部的分裂一举消灭了东突厥汗国，解除了北方来自突厥的威胁。此后，唐太宗又先后击败并平灭了吐谷浑和高昌。之后高宗继续经营西域，于显庆二年（657年）最终平灭了西突厥，并在原西突厥统治的地区设置了众多羁縻都督府、州，初步奠定了唐朝在西域的政治统治格局，

---

① 王钦若等.1960.册府元龟.卷四九七.邦计部·河渠二.北京：中华书局.5950
② 欧阳修，宋祁.1975.新唐书.卷三九.地理志三.北京：中华书局.1008
③ 曹寅.1999.全唐诗.卷一七四.北京：中华书局.1786
④ 曹寅.1999.全唐诗.卷一二五.渡河到清河作.北京：中华书局.1251
⑤ 欧阳修，宋祁.1975.新唐书.卷四三下.地理志七下.北京：中华书局.1143

形成了以伊、西、庭三州为核心，以安西都护府为保障，以羁縻府州为依托的多层次的统治结构①，重新开通了连接中西方的丝绸之路。通过这条道路，从唐朝都城长安向西，有南道、北道、青海道三条道路都可通达今天甘肃的敦煌，然后从敦煌经北道、中道和南道三条道路分别到达地中海、波斯湾和印度洋地区。而此时唐朝强大的国力也保障了丝绸之路的通畅。② 安史之乱后，河西诸地被吐蕃控制，唐朝和西方各国的贸易往来被隔断。此后，经过回鹘与吐蕃之间长期的战争，到9世纪初叶，回鹘最终夺取了这里，重新打通了东西之间的陆上通道。回鹘汗国灭亡后，西迁的回鹘各部仍控制着这条交通要道。因此，一直到唐末，这条通道都是东西方陆路交通的重要命脉。

而夏州通大同云中道和中受降城入回鹘道都是当时关内联系北部游牧部落的重要通道。前者是指由夏州北行渡过黄河到大同城，之后东北行至诺真水汊，再东南行至古云中城；而在其北还有中受降城入回鹘道，也就是著名的参天可汗道，这是在公元646年，回纥（元和四年后改称回鹘）联合其他铁勒部落当时的薛延陀之后，尊奉唐太宗为"天可汗"，之后回纥等申请于回纥以南、突厥以北开辟的交通道路。根据贾耽的记载，"中受降城正北如东八十里，有呼延谷，谷南口有呼延栅，谷北口有归唐栅，车道也，入回鹘使所经。又五百里至鹨鹈泉，又十里入碛，经麚鹿山、鹿耳山、错甲山，八百里至山燕子井。又西北经密粟山、达旦泊、野马泊、可汗泉、横岭、绵泉、镜泊，七百里至回鹘衙帐"③。另外一条则是在鹨鹈泉，"北经公主城、眉间城、怛罗思山、赤崖、盐泊、浑义河、炉门山、木烛岭，千五百里亦至回鹘衙帐"。这条道路不仅加强了唐朝和漠北部落的联系，同时也被在中亚居住、进行商业贸易的粟特人积极地利用。唐后期，由于河西走廊被吐蕃占据，丝绸之路东段受到极大的阻碍，因而回鹘道就成为沟通黄河流域和西域的重要通道。

而在东亚地区，唐朝先帮助新罗消灭了百济，之后又同新罗灭亡了高丽。几经波折，新罗最终统一了朝鲜半岛。统一的新罗长期和唐王朝保持着密切的联系，不断向唐朝派出留学生学习唐朝先进的政治制度和文化。而从唐朝到新罗，可以通过陆路"营州入安东道"，经营州（辽宁朝阳）经过安东都护府东南行到新罗。

在唐代，随着吐蕃的兴起和对外交往的发展，前往印度的道路也被开辟出来。据记载，这条道路大体走向是由青海道河州北渡黄河，经鄯州（青海

---

① 李斌城. 2002. 唐代文化. 北京：中国社会科学出版社. 1687
② 李斌城. 2002. 唐代文化. 北京：中国社会科学出版社. 1689
③ 欧阳修，宋祁. 1975. 新唐书. 卷四三下. 地理志七下. 北京：中华书局. 1145

乐都)、鄯城(青海西宁)到青海湖,转而西南行,大致经格尔木,越昆仑山口、唐古拉山口,进入今天的西藏,进而经安多、那曲,进抵拉萨,再由拉萨西南行,经日喀则进入尼泊尔,并进而抵达中天竺。由于此路便捷而且易行,从而成为唐前期黄河流域和印度交往的重要通道。由于吐蕃尼婆罗道的开通,唐朝与天竺的交往这一时期也非常频繁,这其中玄奘与王玄策先后到达,玄奘还将取经路上的见闻撰写成了《大唐西域记》,记载取经途中经历或听说的100多个城邦或国家的情况。除此之外,进入天竺的道路还有"安南通天竺道",这条道路先由安南路经剑南道到达南诏都城羊苴咩城,然后西行经永昌郡故城、诸葛亮城,而后向西或西南行皆可到达天竺诸国,这条道路是唐后期黄河流域与天竺地区的交通命脉。①

除了陆路交通之外,唐朝的海路交通也得到了进一步的发展。这一时期分别有广州通往南海诸国的通道,这条道路经过南海,穿过马六甲海峡,可到达南海的室利佛室国(今印尼苏门答腊岛),经过印度洋后最终可到达波斯湾的大食。此外,还有海路通往朝鲜半岛和日本,这条道路是由河南道东部的登州东北泛海,过大谢岛300里后北渡乌湖海至都里镇后,再沿海岸曲折东南行,最终到达新罗;然后再经朝鲜半岛南端东行,过济州海峡到达日本列岛。到了唐中期,由于朝鲜半岛局势的变化,由唐朝到达日本主要通过长江口和淮河沿海地区直航日本。

另外,黄河流域各地之间的交通也非常便利。作为这一时期的都城,以长安为中心的交通线向外辐射到全国各地。对于长安与洛阳、汴州之间的陆路交通,唐政府尤为重视,"从上都至汴州为大路驿"②。而东都洛阳是唐前期运河交通的枢纽,是由长安过往山东和江淮的重要通道,陆路和水路交通非常便利。除了官方的传驿之外,《通典》卷七《食货》还记载了盛唐时期的情况:"东至汴宋,西至岐州,夹路列店肆待客,酒馔丰溢。每店皆有驴赁客乘,倏忽数十里,谓之驿驴。南诣荆襄,北至太原、范阳,西至蜀川、凉府,皆有店肆,以供商旅。"而大运河的开通以及各内河河道的畅通,使得"弘舸巨舰,千轴万艘,交贸往还,昧旦永日"③。唐代黄河流域交通的便利为外来使臣、移民以及商人、僧侣顺利进入黄河流域各地区提供了便利条件。

正是由于以上交通道路的畅通,大量的外国人沿着这些通道历经艰难险阻来到黄河流域的城市,而千姿百态、风采各异的外来文明也沿着这些道路

---

① 王小甫等.2006.古代中外文化交流史.北京:高等教育出版社.145~153
② 王溥.唐会要.卷六一.馆驿.北京:中华书局.1061
③ 刘昫.1975.旧唐书.卷九四.崔融传.北京:中华书局.2998

传播到了黄河流域的各个地区。鲍防的《杂感》诗中有这样的描写:"汉家海内承平久,万国戎王皆稽首。天马常衔苜蓿花,胡人岁献葡萄酒。五月荔枝初破颜,朝离象郡夕函关。"① 诗人的赞美之词是对这一时期黄河流域顺畅的中外交通最好的注释。

第三节 唐代黄河流域对外交往的繁荣

历史学家斯塔夫里阿诺斯提出:"如果其他地理因素相同,那么人类取得进步的关键就在于各民族之间的可接近性。"②不同区域间文化的交流取决于有关民族的社会发展状况和现实政治的影响。北朝以来,黄河流域的北魏、北周、北齐、隋等政权一直非常重视对外经济和文化的交流,加之这一时期丝绸之路的繁荣和畅通,东西方的交流空前加强。自武德元年(618年)李渊建立唐朝,经过数代皇帝的努力,唐国力逐渐强大,先利用突厥的矛盾在贞观四年(630年)消灭了东突厥汗国,解除了来自北方的威胁。之后,唐朝开始向西方发展,经营西域。在高宗显庆二年(657年)平定西突厥后,唐政府在天山南北、葱岭以西的广大地区设置了羁縻府州。东亚方面,唐朝与新罗联合灭掉了高丽和百济,并在辽东设立了安东都护府。这使得其疆域空前广大。据《新唐书》卷三七《地理志》的记载:"举唐之盛时,开元、天宝之际,东至安东,西至安西,南至日南,北至单于府,盖南北如汉之盛,东不及而西过之。"

而稳定的社会环境所创造的高度的物质文明与精神文明也增强了统治者的自信心。李唐宗室本来就源出胡汉融合之关陇集团,"其女系母统杂有胡族血胤",对胡汉之间的隔阂本身就不是十分在意。所以,李世民曾经说"自古皆贵中华,贱夷、狄,朕独爱之如一"③,还曾说:"我今为天下主,无问中国及四夷皆养活之,不安者我必令安,不乐者我必令乐。"④ 唐朝统治者以"天可汗"的姿态怀柔远人。因此,唐代被认为是丝绸之路贸易和文化交流的黄金时代,这一时期东西方的经济、文化交流也是前无古人的。陈寅恪指出:"李唐一族之所以崛起,盖取塞外野蛮精悍之血,注入中原文化颓

---

① 曹寅. 1999. 全唐诗. 卷三〇七. 北京:中华书局. 3484
② 斯塔夫里阿诺斯. 1988. 全球通史——1500 年以前的世界. 上海:上海社会科学院出版社. 57
③ 司马光. 1956. 资治通鉴. 卷一九八. 北京:中华书局. 6247
④ 王钦若等. 1960. 册府元龟. 卷一七〇. 来远. 北京:中华书局. 2051

废之躯,旧染既除,新机重启,扩大恢张,遂能别创空前之世局。"①正因为这样前无古人的气度,王维的《和贾舍人早朝大明宫之作》中才会有"九天阊阖开宫殿,万国衣冠拜冕旒"的记述。

由于这一时期唐朝强大的国力及灿烂的文明,唐朝对周边各族、各国具有莫大的吸引力。黄河中下游的长安和洛阳因当时重要的政治、经济和文化地位,成为此时各国使臣的目的地。以各种名义奉使进入黄河流域的外族、外国使节数量相当大,早在贞观末年已经是"四夷大小君长争遣使入献见,道路不绝,每元正朝贺,常数百千人"②。出土于陕西乾县章怀太子墓中的《客使图》(图1-1)就形象地描绘了当时各国使臣来到唐朝,受到外交官员接待的场景。到了国力鼎盛的玄宗时期,经常前来朝贡的周边少数民族政权以及东亚、中亚、西亚、南亚诸国共有70多个。③

图1-1　陕西乾陵章怀太子墓客使图

根据文献的记载,这一时期和唐朝保持交往的除了周边的突厥、回纥、铁勒、契丹、渤海、吐蕃、南诏等政权外,还有东亚的日本和新罗,西域地区的龟兹(新疆库车)、于阗(新疆和田)、疏勒(新疆喀什)、焉耆(新疆

---

① 陈寅恪. 1982. 李唐氏族推测之后记. 收入氏著. 金明馆丛稿二编. 上海:上海古籍出版社. 303

② 司马光. 1956. 资治通鉴. 卷一九八. 贞观二十二年十二月. 北京:中华书局. 6253

③ 李林甫. 1992. 唐六典. 卷四. 尚书礼部·主客郎中. 北京:中华书局. 129~130

焉耆），乃至中亚和西亚的康国（乌兹别克斯坦撒马尔罕）、安国（乌兹别克斯坦布哈拉）、曹国（乌兹别克斯坦伊什特汗）、米国（乌兹别克斯坦主麻巴扎）、何国（乌兹别克斯坦阿克塔什）、石国（乌兹别克斯坦塔什干）、史国（乌兹别克斯坦沙赫夏勃兹）、拔汗那（乌兹别克斯坦费尔干纳）、吐火罗（塔吉克斯坦南及阿富汗北部）、骨咄（塔吉克斯坦库利亚布）、谢䫻（阿富汗加兹尼）、波斯（伊朗）、大食（伊朗）和拂菻（土耳其伊斯坦布尔），东南亚的林邑（越南中部）、真腊（柬埔寨）、诃陵（印尼爪哇岛）、骠国（缅甸）、陀洹（缅甸土瓦）、堕和罗（泰国湄南河下游），南亚地区的尼婆罗（尼泊尔）、天竺诸国、罽宾国（阿富汗东巴格拉姆）、师子国（斯里兰卡）、识匿（塔吉克斯坦舒格南）、箇失蜜（克什米尔）等国。

第二章
唐代黄河流域的外来移民及其分布

从传统文献和考古资料都可以看到：这一时期黄河流域的广大地区分布着相当数量的外来移民。唐代对外来人口制定了一系列的制度来加以管理。如对进入唐朝的外来移民，唐《户令》规定："诸没落外蕃得还，及化外人归朝者，所在州镇给衣食，具状送省奏闻。化外人于宽乡附贯安置。"① 而《赋役令》中则规定："外蕃之人投化者，复十年。其夷獠新招慰及部曲、奴婢放附户贯者，复三年。应给赐物，于初到州给三段，余本贯给。"② 对于那些归附的羁縻州部落，高祖武德七年（624年）规定："蕃胡内附者，上户丁税钱十文，次户五文，下户免之。"③《唐六典》中的记载更为详尽："凡诸国蕃胡内附者，亦定为九等，四等已上为上户，七等已上为次户，八等已下为下户；上户丁税银钱十文，次户五文，下户免之。附贯经二年已上者，上户丁输羊二口，次户一口，下户三户共一口。"④

唐律中还规定，"诸化外人，同类相犯者，各依本俗法；异类相犯者，以法律论"⑤，在法律上尊重外来人口的风俗习惯。在婚姻方面，唐代对居住在长安的外国使臣允许他们娶汉族女子，只是规定"诸蕃使人所娶得汉妇为妾者，并不得将还蕃"⑥。

而对于居住在唐朝的外来商人，唐政府也允许他们自由贸易。如大和八年（834年），唐文宗在诏令中指出："其岭南、福建及扬州蕃客，亦委节度观察使常加存问。除舶脚收市进奉外，任其来往流通，自为交易，不得重加率税。"⑦ 开元八年（720年）八月，玄宗诏在两京和诸州拣选兵士，选择标准上"务求灼然骁勇，不须限以蕃汉"。而为唐朝征战四方的番将数量也相

---

① 仁井田陞. 1989. 唐令拾遗. 长春：长春出版社. 146~147
② 仁井田陞. 1989. 唐令拾遗. 长春：长春出版社. 610
③ 刘昫. 1975. 旧唐书. 卷四八. 食货志上. 北京：中华书局. 2088~2089
④ 李林甫. 1992. 唐六典. 卷三. 尚书户部. 北京：中华书局. 77
⑤ 长孙无忌等. 1983. 唐律疏议. 卷六. 名例. 北京：中华书局. 478
⑥ 王溥. 1955. 唐会要. 卷一〇〇. 杂录. 北京：中华书局. 1796
⑦ 李昉等. 1966. 文苑英华. 卷四四一. 太和八年疾愈德音. 北京：中华书局. 2231

当大,在唐代历史中起到了重要的作用。对于灾害中受灾的胡人,唐朝也予以安抚和救济,如玄宗时期河北地区水灾,玄宗在《宣慰河北州县制》中就指出安抚对象有"诸蕃投降人"①。开元八年(720年),对于关内、河东、河西地区新降附的胡族,玄宗下诏曰:"部落中有疾苦,便量给医药,无令田陇废业,含养失所。"②

由于这一时期唐朝强大的国力以及发达的经济和文化,唐朝对周边各族、各国具有莫大的吸引力,这一时期奉使入朝的外国使节数量相当大。唐朝设置鸿胪寺、典客署等机构来进行管理,给外国使节办理饮食、医疗、丧葬、翻译、回程等事务。这其中许多国王、王子和使臣来到唐朝后接受了唐朝封赠的官职,许多就留在长安和洛阳的宫廷担任宿卫,居住在这里。许多使臣还得到了皇帝的接见。如长安三年(703年),武则天就曾在长安麟德殿举行宴会招待日本使臣真人。③对于那些在使命过程中亡故的使节,官府负责他们的后事,"使给一百贯充葬。副使及妻,数内减三十贯。其墓地,州县与买,官给价直,其坟墓所由营造"④。那些经商的外国商人、传教的僧人以及外国留学生也都在诸多方面得到唐朝政府的善待,他们中的许多人此后就居留在长安等地并葬在这里。

在唐代黄河流域的外来移民中也有因战争而迁来的,如在唐初太宗和高宗时期对突厥和高丽、百济的战争中有相当数量的贵族和百姓被迁入黄河中下游的长安和洛阳及周边地区。

而对于周边突厥、铁勒、契丹、回纥等集体归附的部落,唐代多采取"全其部落,顺其土俗,以实空虚之地,使为中国扞蔽"的政策,并不主动去改变他们的生活方式,而是在周边地区设置羁縻州,"即其部落列置州县,其大者为都督府,以其首领为都督、刺史皆得世袭"⑤。唐朝先后在沿边设置羁縻府州857个。对于那些归附的部落首领,唐政府大都授予他们一定品级的官职和封号,或让他们宿卫宫禁,或让他们率军征战四方,一些人因此而进入上层统治集团。他们的子孙大多成为移民后裔。

陈寅恪先生曾经在《唐代政治史述论稿》中指出:"汉人与胡人之分别,在北朝时代文化较血统尤为重要。凡汉化之人即目为汉人,凡胡化之人即目为胡人,其血统如何,在所不论","此为北朝汉人、胡人之分别,不论

---

① 董浩等.1983.全唐文.卷二三.北京:中华书局.266
② 宋敏求.1959.唐大诏令集.卷一二八.赐入朝新降蕃酋敕.北京:商务印书馆.689
③ 刘昫.1975.旧唐书.卷一九九上.日本传.北京:中华书局.5340
④ 王溥.1955.唐会要.卷六六.鸿胪寺.北京:中华书局.1151
⑤ 欧阳修,宋祁.1975.新唐书.卷四三下.地理志.北京:中华书局.1119

其血统，只视其所受教化为汉抑为胡而定之确证，诚可谓有教无类矣"。① 可以说，这种观念在恢宏壮阔的唐代被继承下来，唐人对于外来移民的子孙后裔一视同仁，并不因为他们血统、相貌上的差异而歧视他们，如《唐六典》就记载胡人"内附后所生子，即同百姓，不得为蕃户也"。他们正式成为唐朝的编户百姓。无怪乎唐太宗在贞观二十二年（648 年）得意地对大臣说："汉武帝穷兵三十余年，疲弊中国，所获无几。岂如今日绥之以德，使穷发之地尽为编户乎！"② 开元九年（721 年）四月，被唐政府安置在六胡州的胡人发动了反抗唐政府的军事行动，战事平定后，玄宗在诏书中就指出："兰池胡久从编附，皆是淳柔百姓，乃同华夏四人。"③ 可见唐政府对外来移民及其后裔的尊重。因而，唐代文人李华才有"国朝一家天下，华夷如一"的观点。④

正因为如此，大量进入黄河流域的外来移民在唐朝从事着各种职业。从传世文献中，出土的碑刻，墓葬的墓志、明器、壁画上，我们能够知道他们中既有侍卫宫廷、征战四方的将领和士兵，又有长途跋涉、经营东西贸易的商贾，还有不远万里传播信仰的宗教僧侣，从事表演的乐人和舞者，侍奉主人起居、出行、玩乐的奴仆，如昆仑奴等，还有一些掌握异域医学、天文历算、手工等专业技术的外国人。他们成为这一时期黄河流域社会生活中重要的组成部分。

诚然，唐代的对外政策存在着一定的局限性，统治者的对外开放主要是出于政治目的的考虑，针对的是进入唐朝的外来人口，而大量外国使臣的到来仅仅是为了满足统治者以天朝上国自居的虚荣心。在对入华的外来使臣以及商旅、僧人大开方便之门的同时，唐朝百姓的外出活动却受到严格的限制。⑤ 不过在这种片面的开放政策下，大量进入到这里的外来人口毕竟得到了较为宽松、融洽的生存环境。于是，黄河流域上、中、下游都居住着大量的外来移民，这些移民来自不同的国家和族属，他们相貌各异，生活方式以及风俗习惯各不相同，他们的进入使得黄河流域，尤其是黄河中下游地区成为一块各民族共同生活的乐土。唐朝与各民族、各国的政治及经济交往得到了空前的发展，也为黄河文化汲取外来文明的成果创造了有利的外部条件。而外来移民的涌入无疑加快了外来文明进入这里的速度。

---

① 陈寅恪.1997.唐代政治史述论稿.上海：上海古籍出版社.16~17
② 司马光.1956.资治通鉴.卷一九八.贞观二十二年十二月.北京：中华书局.6253
③ 王钦若等.1960.册府元龟.卷九八六.外臣部·征讨五.北京：中华书局.11584
④ 董浩等.1983.全唐文.卷三一六.寿州刺史厅壁记.北京：中华书局.3208
⑤ 魏明孔.1989.唐代对外政策的开放性与封闭性及其评价.兰州社会科学，（2）：76

第一节　黄河流域外来移民概况

一、突厥、铁勒等游牧民族

首先应该提到的是这一时期黄河流域有大量的突厥人。从公元6世纪就崛起于北方的突厥，这一时期实力强大，黄河流域的北周与北齐政权先后与之交好。隋朝时期，由于内讧，突厥分裂为东西突厥汗国，此后突利可汗归附隋朝，隋迁其部众于黄河南的夏、胜二州之间。然而其对北方政权的影响仍旧很强，尤其是东突厥逐渐强大，始毕可汗多次骚扰隋朝边境。面对突厥的强势，隋末战乱时期的北方割据政权如薛举、王世充、梁师都、刘武周、高开道、窦建德等都纷纷倚重突厥的支持自立，因而杜佑在《通典·边防典》中就指出唐初的突厥，"控弦百万，戎狄之盛，近代未有也"。李渊父子也不例外，早在大业十三年（617年）五月太原起兵之时，李渊就"遣刘文静使于突厥始毕可汗，令率兵相应"，之后又称臣于突厥。唐军进军关中时，始毕可汗也出兵相助，"遣康稍利率兵五百人、马二千匹，与刘文静会于麾下"。① 之后"又遣二千骑助军，从平京城"②。李渊占据关中后也多次遣使和亲，如武德元年（618年）八月，命宗室李琛与太常卿郑元璹"赍女妓遗突厥始毕可汗，以结和亲"③，此后又遣李瓌"赍布帛数万段与结和亲"④。尽管如此，突厥还是经常侵扰唐的边境，甚至在武德七年兵锋到达距离长安数百里的豳州。武德九年（626年），李世民刚刚取得帝位，颉利可汗就率领十余万骑进抵长安附近的渭水便桥。太宗亲临与之结盟，之后颉利可汗由于担心孤军深入，在李世民的厚赐之下方才退兵。贞观三年（629年），突厥连年遭遇自然灾害，"频年大雪，六畜多死，国中大馁，颉利用度不给，复重敛诸部，由是下不堪命，内外多叛之"⑤。唐太宗乘机遣李靖、李勣等领军与薛延陀部联合夹击突厥，最终大破突厥，俘获颉利可汗，东突厥灭亡。而突厥部众约十余万口大多归附唐朝，以颉利可汗为首的大量东突厥贵族进入长安，"因而入居长安者近万家"⑥。

---

① 刘昫.1975.旧唐书.卷一.高祖纪.北京：中华书局.3
② 刘昫.1975.旧唐书.卷一九四.突厥传上.北京：中华书局.5153
③ 刘昫.1975.旧唐书.卷六〇.李琛传.北京：中华书局.2347
④ 刘昫.1975.旧唐书.卷六〇.李瓌传.北京：中华书局.2350
⑤ 刘昫.1975.旧唐书.卷一九四.突厥传上.北京：中华书局.5159
⑥ 司马光.1956.资治通鉴.卷一九三.太宗贞观四年.北京：中华书局.6078

除了长安之外,突厥许多部众则被安置在黄河流域地区的关内道北部的河南地以及河东道北部,可继续保持原有的生活方式,如贞观四年(630年),唐政府在河套地区设置化州、祐州、长州都督府来安置东突厥降附的余众。这一点在出土墓志中也能得到印证,如《阿史那哲墓志》就记载其祖父阿史那摸末,"唐初率所部万余家归附,处部河南之地,以灵州为境"①。此后由于唐政府担心这里的突厥部落产生事端,就立李思摩为可汗率领他们北迁。几年后,由于李思摩不能服众,部下背叛,于是李思摩又回到长安,其部落后迁居到夏州(陕西靖边)和胜州(内蒙古十二连城)地区。之后,许多降附的突厥部落也都居住在这里,"咸亨中,突厥诸部落来降附者,多处之丰、胜、灵、夏、朔、代等六州,谓之降户"。

除此之外,贞观六年(633年),唐政府还在关内道西北置缘州,安置突厥降户,寄治于平高县界他楼城。② 贞观十年(637年),突厥可汗阿史那社尔归附唐朝,唐政府将其部落安置于灵州(宁夏灵武)。③ 归附后的突厥人在经济生活上也发生了变化,如武则天神功元年(697年),在突厥默啜可汗的要求下,唐朝"乃悉驱六州降户数千帐以与默啜,并给谷种四万斛,杂彩五万段,农器三千事,铁四万斤"④。可见,一些突厥部众已经开始了农耕的生活方式。

此后,还有许多的突厥部落不断内附。武则天统治时期,天授元年(690年)西突厥可汗阿史那斛瑟罗在后突厥的威胁下迁入内地,虽然具体地点史书失载,但也应该在黄河流域地区。玄宗开元三年(715年),"突厥十姓降者前后万余帐",他们都被唐政府安置在关内道北部黄河以南地区。

而陇右道东部地区也散居着一定数量的突厥移民,高宗、武后时期西突厥阿史那弥射归附,唐政府将其安置在凉州地区。

除突厥部落之外,这一时期迁居到黄河流域的游牧部落还有铁勒,如贞观六年(632年)十一月,铁勒契苾部酋长契苾何力随其母率众6000余家诣沙州(甘肃敦煌)归附,太宗置其部落于陇右道的甘(甘肃张掖)、凉二州⑤,在这里还设置了贺兰州。此后,契苾何力家族的墓志就称其为"武威著姓","本出武威,姑臧人也"。另外,在太宗贞观后期和高宗时期,唐政府还在关内道的灵州、夏州、安北都护府设置了许多羁縻州来安置铁勒部

---

① 阿史那哲墓志.见:周绍良,赵超.2000.唐代墓志汇编续集.开元057.上海:上海古籍出版社.493~494
② 刘昫.1975.旧唐书.卷三八.地理志一.北京:中华书局.1407
③ 欧阳修,宋祁.1975.新唐书.卷一一〇.阿史那社尔传.北京:中华书局.4115
④ 司马光.1956.资治通鉴.卷二〇六.则天后神功元年.北京:中华书局.6516
⑤ 司马光.1956.资治通鉴.卷一九四.太宗贞观六年.北京:中华书局.6099

落，如回纥、薛延陀、浑、同罗、仆固等部。①《旧唐书·崔知温传》记载，崔知温麟德年间为灵州都督府司马，"州界有浑、斛薛部落万余帐，数侵掠居人，百姓咸废农业，习骑射以备之。知温表请徙于河北，斛薛不愿迁移，时将军契苾何力为之言于高宗，遂寝其奏。知温前后十五上，诏竟从之，于是百姓始就耕获"。而通过这种方式，唐王朝也让这些铁勒部落防御北方。许多铁勒部落首领世袭都督之职并镇抚部众，如契苾何力家族世袭贺兰州都督，而出身浑部的浑瑊其曾祖元庆、祖大寿、父释之，皆世代为皋兰州都督。②《契苾氏墓志》记载其为契苾何力之孙女，契苾明之女，其夫为唐右屯卫将军、皋兰州都督浑公，结合文献记载可推，其夫应为浑元庆，契苾氏于神龙二年（706年）卒于皋兰州官舍，可见其从夫居皋兰州统领浑部。③唐后期，铁勒仆固部将领仆固怀恩家族也世代任金微都督。④

河东道也有铁勒部落的迁入，如《旧唐书》卷八三《张俭传》记载：

> 俭前在朔州，属李靖平突厥之后，有思结部落，贫穷离散，俭招慰安集之。……及俭移任，州司谓其将叛，遽以奏闻。朝廷议发兵进讨，仍起俭为使，就观动静。俭单马推诚，入其部落，召诸首领，布以腹心，咸莆匐启颡而至，便移就代州。即令检校代州都督。俭遂劝其营田，每年丰熟。虑其私蓄富实，易生骄侈，表请和籴，拟充贮备，蕃人喜悦，边军大收其利。⑤

则思结迁居代州（山西代县）后，已经开始了农耕生活。玄宗开元四年（716年），回纥、拔曳固、同罗、仆固等部落来附，他们被安置在朔州大武军北。⑥之后这些部落的范围又扩大到大同军和河北道的横野军。⑦

而安史之乱后，由于当时铁勒各部落参与了唐军和安史叛军之间的战争，如安史叛军中就有铁勒阿布思和同罗部落，而仆固怀恩和浑释之等的仆固部和浑部也跟随郭子仪参加平叛，因此此时铁勒各部由原来的关内道、河东道北部散居黄河中下游各地。例如，浑瑊先后参与平定安史之乱以及朱泚之乱，德宗赐宅长安大宁里，其子浑镐、浑镒长期在地方担任刺史，浑镒晚年在长安历任诸卫将军。⑧再如，阿跌部的李光颜和李光进兄弟跟随郭子仪

---

① 欧阳修，宋祁.1975.新唐书.卷四三.地理志七下.北京：中华书局.1119
② 刘昫.1975.旧唐书.卷一三四.浑瑊传.北京：中华书局.3703
③ 吴钢.2004.全唐文补遗.第7辑.契苾氏墓志.西安：三秦出版社.350
④ 刘昫.1975.旧唐书.卷一二一.仆固怀恩传.北京：中华书局.3477
⑤ 刘昫.1975.旧唐书.卷八三.张俭传.北京：中华书局.2776
⑥ 司马光.1956.资治通鉴.卷二一一.开元四年.北京：中华书局.6719
⑦ 司马光.1956.资治通鉴.卷二一二.开元八年.北京：中华书局.6741
⑧ 欧阳修，宋祁.1975.新唐书.卷一五五.浑瑊传.北京：中华书局.4894

平叛,最终在各地任节度使。

而铁勒部的一支回纥在玄宗时期逐渐强大,又在唐平定安史之乱的过程中功勋卓著,此后,回纥与唐联系密切,唐朝将数位公主嫁与回纥可汗,回纥则与唐朝进行绢马贸易。文宗开成四年(839年),由于国内自然灾害与内讧,回鹘发生分裂,其王子嗢没斯率官员及部下2000骑于会昌二年(842年)降附唐朝。其部落被安置在云州(山西大同)和朔州(山西朔州)之间。

二、朝鲜半岛移民

朝鲜半岛自古就与中原王朝在政治、经济上有着密切的联系。唐初,朝鲜半岛三国争雄,面对新罗的求援,出于报隋炀帝征高丽失败之仇以及平定方隅的目的,唐太宗发动了对高丽的战争。高宗初年,唐朝与新罗联合对高丽和百济用兵,最终征服了高丽和百济。大量的高丽、百济的贵族和士兵以及百姓相继被俘或归附,使得这一时期黄河流域居住着许多高丽和百济的贵族官僚和移民。

高宗显庆五年(660年),唐将苏定方率军进攻百济,百济投降。之后百济王扶余义慈、太子扶余隆以及将领58人被送往东都。[①] 而据《三国史记》卷二八的记载,此时被送往京师的王公大臣有88人,另外还有百姓12 807人。不久,百济余众复起,但龙朔二年(662年)仍被刘仁轨击破,百济灭亡。此后,许多百济的百姓则被安置到河南道的徐州(江苏徐州)和兖州等地。[②] 虽然史书记载最终这批百济移民在仪凤二年(677年)被重新安置回辽东建安城,但许多移民仍旧散布在河南道各地,如1960年在河南鲁山县张沟村就出土了百济人难元庆的墓志,据墓志记载,难元庆晚年居住在汝州龙兴县,之后其家族居住在鲁山。[③] 而多数贵族则由于仕宦于唐朝而著籍长安与洛阳。

而早在贞观十九年(645年),太宗亲征高丽时就将前来归降的高丽酋长高延寿、高惠真等3500余人迁入内地。[④] 乾封元年(666年),唐朝趁高丽统治集团内部兄弟阋墙,派军队攻入高丽。总章元年(668年)十一月,

---

[①] 刘昫.1975.旧唐书.卷八三.苏定方传.北京:中华书局.2779;周绍良,赵超.1992.唐代墓志汇编.圣历022.黑齿常之墓志.上海:上海古籍出版社.941~942

[②] 司马光.1956.资治通鉴.卷二〇二.仪凤元年.北京:中华书局.6379

[③] 郝本性,李秀萍.1994.新中国出土墓志·河南卷(壹).下册.北京:文物出版社.219;马驰.2002.难元庆墓志简释.见:赵振华.洛阳出土墓志研究文集.北京:朝华出版社.291

[④] 刘昫.1975.旧唐书.卷一九九上.高丽传.北京:中华书局.5325;司马光.1956.资治通鉴.卷一九八.贞观十九年.北京:中华书局.6226

李勣拔平壤城，唐灭高丽。这样，大量的高丽贵族和部众也归入唐朝，而其中许多高丽贵族得到唐朝政府优待，如国王高藏被任命为司平太常伯，泉男生为右卫大将军，泉男产为司宰少卿。① 他们大多居住在长安或洛阳。

大多数的高丽降附安置又如何呢？总章二年（669年）五月，唐朝"移高丽户二万八千二百，车一千八十乘，牛三千三百头，马二千九百匹，驼六十头，将入内地，莱、营二州般次发遣，量配于江、淮以南及山南、并、凉以西诸州空闲处安置"②。玄宗时期名将高仙芝的父亲高舍鸡"初从河西军，累劳至四镇十将、诸卫将军"。可能他就是安置在这里的高丽降人。③ 之后，由于归顺唐朝的前高丽王高藏谋乱事发，其部众则"散向河南、陇右诸州"④。《唐六典》卷五《尚书兵部》载："秦、成、岷、渭、河、兰六州有高丽、羌兵（皆令当州上佐一人专知统押，每年两度教练，使知部伍，如有警急，即令赴援）。"可见，陇右地区的高丽移民分布在这六州，并为唐朝承担防御边境的职责。这样，归降的高丽百姓许多就居住在黄河流域的凉州、并州地区，河南道也有一部分。

另外，根据陕西西安最新发现的高丽人《似先义逸墓志》的记载，关内道的中部县在唐代也是高丽人的聚居地，只是这批高丽人并非唐初高丽战争的降附者，而可能是北朝时期就迁居到中部的。⑤

朝鲜半岛的高丽和百济灭亡后，新罗逐渐统一了朝鲜半岛的大部分地区。有唐一代，新罗与唐朝一直保持着友好关系。由于新罗在政治制度、社会文化等许多方面都抱着向唐朝学习的态度，许多僧人也到这里学习佛法，这一时期的长安和洛阳都汇聚着相当数量的新罗留学生和僧人。晚唐新罗人崔致远曾指出，开元时期，"登笈之子，分在两京"。可见，当时的两京国子监都有不少的新罗留学生。⑥ 其中一些人也在这里为官，如会昌年间的左神策军押衙李元佐就是新罗人，他居住在永昌坊。⑦ 除了长安和洛阳之外，一些新罗僧人也分布在黄河流域的各城市寺院中，如2000年出土于陕西眉县的《李训夫人王氏墓志》就记载："天宝初，有大云寺新罗和上者，重启道门。夫人礼谒至诚，向便为上足，一心斋戒，十载主持。"则天宝年间岐州

---

① 刘昫. 1975. 旧唐书. 卷一九九上. 高丽传. 北京：中华书局. 5327
② 刘昫. 1975. 旧唐书. 卷五. 高宗纪下. 北京：中华书局. 92
③ 刘昫. 1975. 旧唐书. 卷一〇四. 高仙芝传. 北京：中华书局. 3203
④ 刘昫. 1975. 旧唐书. 卷一九九上. 高丽传. 北京：中华书局. 5328
⑤ 赵力光. 2007. 西安碑林博物馆新藏墓志汇编. 北京：线装书局. 754~755
⑥ 崔致远. 遣宿卫学生首领等入朝状. 见：卢思慎等. 东文选. 卷四七. 首尔：太学社
⑦ 圆仁. 1986. 入唐求法巡礼行记. 卷四. 上海：上海古籍出版社. 174

大云寺就有长期驻锡在那里传授佛法的新罗僧人。① 肃宗时期,灵州怀远县下院也有新罗僧人无漏,他是新罗国王第三子。②

而在唐代新罗移民较多的地区在黄河流域的下游地区,主要是河南道东部。唐后期入唐求法的日本僧人圆仁在其所著《入唐求法巡礼行记》中就记载,在青州、淄州(山东淄博)等地都有新罗侨民的聚居地,青州和淄州还有"新罗院"。③

朝鲜半岛以东则有日本,但由于大海的阻隔,两国的交往受到较大的限制,来到黄河流域居住的日本人数量很少。但和新罗相同,这一时期的日本对唐朝完善的制度和辉煌的文化非常仰慕,多次派遣遣唐使到唐朝长安来,因此一些留学生与学问僧也跟随到长安来学习。

三、西域以及中亚、西亚胡人的迁移

唐代文献中胡人的概念非常宽泛,外来的人与物品都可以称做"胡",而这里所说的胡人特指来自西域的外来移民。这里所说的西域既包括狭义上的葱岭以东地区,也包括中亚、西亚、南亚以及欧洲东部地区。

阿尔泰山以西、波斯以东、兴都库什山以北的西域地区原本被西突厥汗国所统治,随着太宗和高宗时期对西域的经营,唐前期在这一地区设置羁縻都督府州,建立了较为稳固的统治。这样,由黄河流域通往西域的交通线路畅通起来,这一地区的国家与唐朝关系密切,其中既有今天我国新疆地区的于阗、龟兹,也有中亚地区的粟特诸国、吐火罗诸国,还有南亚的天竺诸国。另外,唐朝和西亚的萨珊波斯、大食以及欧洲的拂菻(东罗马帝国)之间的往来也增多了,尤以中亚诸国遣使次数最多,粟特诸国向唐朝遣使达136次,吐火罗诸国向唐遣使85次。④

来到黄河流域的这一类人,大多高鼻深目,身着圆领或翻领窄袖长袍,短发或头戴胡帽。他们的身份背景、层次也各不相同,有出使长安的使节、宿卫宫廷的质子,许多从事商业贸易的商人也沿着丝绸之路进入黄河流域的各个地方,具有佛教、祆教、景教和摩尼教信仰的许多僧侣也不远万里来这里传教。还有北朝时期已经迁居到这里的胡人后裔,也包括跟随突厥等降附的胡人部落,他们在这里仕宦、贸易、传教。这其中,政治上的入侍国王与王子、朝贡的使臣以及进行商业贸易的胡商大多居住在唐朝的首都长安以及

---

① 中国新闻网.2008-2-17.西安碑林发现反映中韩文化的唐代墓志
② 赞宁.1987.宋高僧传.卷二十一.唐朔方灵武下院无漏传.北京:中华书局.545
③ 圆仁.1986.入唐求法巡礼行记.卷二.上海:上海古籍出版社.95,99
④ 李斌城.2002.唐代文化.北京:中国社会科学出版社.1708~1712

东都洛阳等城市；跟随突厥等归附的粟特部落则保持原来的游牧方式被安排在唐朝的周边地区，防守边陲。还有一些身怀特殊技艺的胡人，他们也在这里发挥自己的才能，给黄河流域的传统社会生活增添了新的乐趣。

总的来说，进入黄河流域的胡人大多居住在长安与洛阳等政治和经济上较为重要的城市，也有居住在像凉州这样的原来就聚居胡人，又是丝绸之路交通要道的城市。这些城市人口众多，交通便利，也便于在这里从事商业贸易和其他活动。

这一时期黄河流域分布数量最大的则是来自中亚的粟特人。粟特人是属于伊朗人种的中亚古民族，他们生活在中亚阿姆河和锡尔河之间泽拉夫珊河流域的粟特地区，其主要范围在今乌兹别克斯坦、塔吉克斯坦和吉尔吉斯斯坦。在粟特地区大大小小的绿洲上，分布着康、安、米、曹、何、史、石等国，中国史籍称它们为"昭武九姓"。自两汉魏晋以来，随着丝绸之路的开通，东西方政治、经济、文化的交流逐步加强，大量的中亚胡人进入汉地，其中就包括许多的粟特人。① 在唐代，许多粟特人由于归附、入贡、贸易等原因进入汉地并定居在这里，以国名为姓。

除了长安、洛阳、凉州等城市之外，散居在黄河流域其他城镇的粟特人也不在少数，如河南道除了洛阳之外，偃师县洛城乡白社里就居住有翟公及其妻康氏。② 郑州也有粟特人后裔，根据《康威墓志》记载，"以其开元十年季秋末遘疾，卅日终于郑州荥阳私第，春秋六十"③。孟州也有粟特人后裔，《安珍墓志》记载其在宣宗大中四年（850年）五月卒于孟州河阴县临阛之私第。④ 相州也有粟特人的踪迹，《康哲墓志》记载其家族因祖上仕宦而居住在邺城。⑤ 汴州也有粟特人后裔居住，如安思温的妻子史氏就在天宝八载（749年）卒于陈留郡。⑥ 而且，唐后期一直到北宋，汴州还有胡祆祠，可见这里的粟特人数量也不少。

而河北道的馆陶县则有康固的别业，其晚年居住在这里。⑦ 恒州（河北正定）也有粟特人后裔，《史善法墓志》载："君皇朝颁授恒州中□□令。

---

① 陈海涛.2002. 唐代之前民间中亚粟特人的入华. 史学月刊，(4)：120~122
② 周绍良，赵超.2000. 唐代墓志汇编续集. 康氏之铭. 证圣003. 上海：上海古籍出版社.340
③ 周绍良，赵超.1992. 唐代墓志汇编. 上海：上海古籍出版社.1270
④ 周绍良，赵超.1992. 唐代墓志汇编. 大中043. 上海：上海古籍出版社.2281
⑤ 周绍良，赵超.1992. 唐代墓志汇编. 神龙016. 上海：上海古籍出版社.1052~1053
⑥ 吴钢.2006. 全唐文补遗·千唐志斋新藏专辑. 史夫人墓志. 西安：三秦出版社.221
⑦ 康固墓志. 拓片图版. 见：荣新江，张志清.2005. 从撒马尔干到长安——粟特人在中国的文化遗迹. 北京：北京图书馆出版社.141

春秋七拾有五,长安二年十二月三日终于私第。"① 定州(河北定州)的恒阳县也有粟特人后裔,《石神福墓志》称:"遇安史作乱,漂泊至恒阳。"② 到了唐后期安史之乱后,大量的粟特军人散居在河北道诸藩镇,一些学者指出如成德、魏博都形成了粟特军人集团。另外,河北地区还有胡商,《朝野佥载》卷三记载,定州何名远主管官府驿站,"每于驿边起店停商,专以袭胡为业,赀财巨万,家有绫机五百张"。何名远靠劫掠胡商发家致富,可见此地来往胡商之多。③ 再如,《太平广记》卷二八《郗鉴》记载魏郡市邸也有贩卖珍稀药材的胡商。

关内道的原州(甘肃平凉)由于是丝绸之路上的交通要道,也有粟特移民,近年来在固原南郊发现了隋唐时期史射勿与史索岩两个史姓家族的墓地,墓志表明这两个家族是在北朝时期出于仕宦的原因迁居到原州的,他们居住在原州平高县的万福里、劝善里、招远里。④ 岐州的凤翔也有粟特移民及其后裔,中唐成都净众寺僧人神会"俗姓石,本西域人也。祖父徙居,因家于歧,遂为凤翔人矣"⑤。

河东道地区也有许多粟特人及其后裔,主要集中在河东道的南部地区,这方面情况主要得益于近年来山西地区新石刻文献的出土。早在唐前期,这里就有粟特人居住,如康琮,其墓志自称其家本会稽郡,实际上此会稽并非著名的江南山阴会稽,而是河西敦煌地区的会稽。此会稽郡的由来见《通典》卷一七四《州郡典》瓜州条记载:"苻坚徙江汉之人万余户于敦煌,凉武昭王遂以南人置会稽郡。"而康琮正是来自这里。康琮曾学班超投笔从戎,参加过唐朝在辽东的战事。康琮有子康斌和康圭,妻关氏,其子娶李氏、崔氏和药氏,已经和当地汉族通婚。⑥ 而西安碑林博物馆2005年收藏的出自山西南部长治地区,即唐代河东道潞州都督府地区的墓志中,也有多方唐后期粟特人后裔的墓志,如《安士和墓志》记载安士和"上党潞城人也",其担任潞州车营十将,其家长期居住在上党并葬在这里。⑦ 另外还有李公夫人安氏以及阎叔汶妻米氏,都是居住在潞州的粟特人后裔。根据《阎叔汶及米氏

---

① 周绍良,赵超.1992.唐代墓志汇编.长安035.上海:上海古籍出版社.1016
② 周绍良,赵超.1992.唐代墓志汇编.元和061.上海:上海古籍出版社.1991
③ 张鷟.1997.朝野佥载.卷三.北京:中华书局.75
④ 罗丰.2004.胡汉之间——丝绸之路与西北历史考古.北京:文物出版社.423~475
⑤ 赞宁.1999.宋高僧传.卷九.唐成都府净众寺神会传.北京:中华书局.209
⑥ 大唐故处士骑都尉君志石铭并序。此志出土于长治地区洛阳师范学院河洛文化资料中心藏拓片
⑦ 赵力光.2007.西安碑林博物馆新藏墓志汇编.安士和墓志.北京:线装书局.832~833

墓志铭》的记载，米氏乃"后院军副使贤妹也"，其兄则是潞府军将。① 这些粟特人后裔许多担任地方军职，并且已经和当地的汉族人通婚。

敦煌文书 S. 2052 是撰写于大历年间的《新集天下姓望氏族谱》，其中就记载，唐中期米姓已经是关内道的京兆地区的望族，而泾州则有安氏，河西凉州则有石姓和安姓。② 可见这些地区粟特胡人之多。

而这一时期的粟特人除了分布在黄河流域的城镇之外，还以部落聚居的形式存在于黄河流域的周边地区。南北朝以来，由于突厥兴起，其长期控制了中亚粟特地区，这样大量的粟特人进入到突厥部落中。他们具有较高的地位，参与粟特与中原的商业贸易，而且以部落的形式存在③，有学者称之为"突厥化粟特人"④。而贞观四年（630年），随着唐对东突厥战争的胜利，大量原来依附于突厥的粟特部落也跟随突厥部众降唐。黄河流域的关内道北部是唐代安置归降粟特部落聚居的重要地区。张广达指出，贞观四年东突厥归降之后，跟随其归附唐朝的还有大量的粟特部落，因此当时设置的羁縻州——北抚州和北安州都督都由粟特人史善应和康苏密担任。⑤ 这样，这两个州应该有大量的粟特人，否则不会由他们出任羁縻州刺史。再如《唐维州刺史安侯神道碑》记载，其祖乌唤是颉利可汗帐下将领，其父朏汗，"贞观初率所部五千余人朝，诏置维州，即以朏汗为刺史"。此后，又由其子安附国接任维州刺史。⑥ 学者们认为此维州位置应当也在关内道北部地区。⑦ 此维州也应该是唐政府安置粟特部落所设置的羁縻州。根据唐朝设置羁縻府州"以其部落首领为都督、刺史，皆得世袭"的原则，这里应该有人数众多的粟特部落。

高宗调露元年（679年），单于都护府突厥首领阿史德温傅、奉职二部落始相率反叛，高宗在关内道灵州南境设置鲁、丽、含、塞、依、契六胡州专门安置还留在这里的粟特人。从种种资料来看，这里有大量的粟特移民。例如，1985 年宁夏盐池县出土的《何府君墓志》记载其在武后久视元年

---

① 赵力光. 2007. 西安碑林博物馆新藏墓志汇编. 安氏夫人墓志铭. 阎叔汶及米氏墓志铭. 北京：线装书局. 757~760
② 王仲荦. 1988. 隋唐五代史. 上海：上海人民出版社. 557~558
③ 程越. 1994. 粟特人在突厥与中原交往中的作用. 新疆大学学报，(1)：62~64
④ 森部丰. 唐后期至五代的粟特武人. 见：荣新江等. 2005. 法国汉学：粟特人在中国——历史、考古、语言的新探索. 第十辑. 北京：中华书局. 227
⑤ 张广达. 1986. 唐代六胡州等地的昭武九姓. 北京大学学报. (2)：73
⑥ 李至远. 1983. 唐维州刺史安侯神道碑. 见：董浩等. 1983. 全唐文. 卷四三五. 北京：中华书局. 4435
⑦ 吴松弟. 1997. 中国移民史. 第三卷. 福州：福建人民出版社. 95

(700年)卒于鲁州如鲁县□□里私第①,此人应该就是随突厥降附后被安置在这里的粟特人。再如,出土于河北的《曹闰国墓志》记载,曹闰国"含州河曲人也"②。敦煌出土的《唐景云二年张君义勋告》文书中也记载有含州安神庆、依州曹饭陀、鲁州康□、契州康丑胡。③ 前面提到的安附国在永隆二年(681年)去世后,其子安思恭尚担任鲁州刺史,可见这里还是用粟特人担任刺史来对当地人进行管理的。而出土于河南洛阳龙门的《安菩墓志》称其为"陆胡州大首领",其祖父安钵达干,父安系利,其名明显是具有突厥色彩的粟特人的,可见此家族与突厥的渊源。东突厥被唐平定后,安菩以大首领的身份被唐授予定远将军,并且率领部落抵御北方民族的入侵,而安菩应是迁居到六胡州的安国粟特人部落的首领。④ 无独有偶,2003年出土于河南洛阳的《史孝章墓志》也记载,其家族"子孙繁衍,散食他邑,流入夷落。……藩中人呼阿史那氏,即其苗蔓也"。而《旧唐书》中其父史宪诚的传记则记载其家族是灵州人,则进入突厥的史氏家族使用了突厥贵族的阿史那氏作为自己的姓氏,可见其浓厚的突厥背景。⑤

开元九年(721年)四月,由于这一地区民族矛盾的加剧以及唐政府对当地胡人的压迫,六胡州的粟特人发动叛乱,其首领就是康待宾、安慕容、石神奴、康铁头等,也都是粟特人,当时参加叛乱的胡人有7万余人。⑥ 开元十年(722年),唐政府平定叛乱后将六胡州的粟特人5万余口迁往河南道的汝州、许州(河南许昌)、仙州(河南叶县)等地。开元二十六年(738年),唐政府在盐州(陕西定边)和夏州之间设宥州,并设置延恩、归仁、怀德三县来安置六胡州粟特人,命令因参加叛乱而散居在河南道的胡人"听还故土",这样许多胡人又迁回关内道北部的宥州。⑦ 近年在陕北出土的《安旻墓志》中记载其为"夏州朔方县人",则安旻是居住在夏州的粟特人,此家族是在隋代迁居这里的,可见这里还有散居的粟特人。⑧ 安史之乱后,由于唐朝与吐蕃在这一地区的军事争夺加剧,德宗贞元二年(786年),六胡州的粟特

---

① 宁夏回族自治区博物馆.1988.宁夏盐池唐墓发掘简报.文物,(9):56
② 周绍良,赵超.1992.唐代墓志汇编.大历043.上海:上海古籍出版社.1787
③ 朱雷.1982.跋敦煌所出《唐景云二年张君义勋告》.中国古代史论丛.第3辑.福州:福建人民出版社.331~341
④ 周绍良,赵超.1992.唐代墓志汇编.景龙033.上海:上海古籍出版社.1104~1105
⑤ 唐故邠宁庆等州观察处置等使朝散大夫北海史公墓志铭并序.洛阳师范学院河洛石刻艺术馆藏墓志
⑥ 司马光.1956.资治通鉴.卷二一二.开元九年.北京:中华书局.6745
⑦ 司马光.1956.资治通鉴.卷二一四.开元二十六年.北京:中华书局.6832
⑧ 吴钢.2005.全唐文补遗.第8辑.安旻墓志.西安:三秦出版社.319

人向东投靠河东节度使马燧，之后又迁往河东道的云州和朔州之间。①

天宝十四载（755年），安史之乱爆发，叛军的首领安禄山与史思明都是迁居到营州的粟特胡人，他们手下就有相当数量的粟特人，因此，荣新江指出营州柳城的粟特人聚落成员是安禄山叛乱所依靠的主要军事力量。②从文献记载来看，安禄山叛乱之时的许多将领如史思明、何千年、安太清、安守忠等都是粟特人，这样河北道北部的粟特胡人大量南迁。关内道北部六胡州的一些粟特部落也参与了安史叛军，他们跟随阿史那从礼发动叛乱。③例如，前引《曹闰国墓志》的记载，曹闰国本是六胡州中的含州人，他"行旅边蕲，幼闲戎律。于天宝载，遇禄山作孽，思明袭祸，公从陷其中"④。

安史之乱平定后，大多数粟特武人都留在黄河下游河北地区，成为这一地区藩镇中的重要力量。如成德藩镇，根据永泰二年（766年）立于恒州（河北正定）的《成德节度使李宝臣碑》碑阴题记中76位官员的题名，其中就有孔目官安都滔、节度押衙左厢步军都使同节度副使康日知、节度押衙康如珍、左厢□□□将安忠实、右厢马军□将何□、左厢步军十将何山泉，衙前将康日琮、曹敏之、史招福等9名粟特将领。⑤而曹闰国在归顺后，"不削官品，改授试光禄卿，发留河北成德节下，效其忠剡，守镇恒岳"。另外，《石神福墓志》记载，石神福"遇安史作乱，漂泊至恒阳"，之后任成德左金吾卫大将军兼右厢草马使。⑥

魏博镇的粟特将领也较多，如唐后期先后成为魏博节度使的史宪诚、何进滔，都具有粟特背景，史宪诚远祖为"灵武建康人"，属于灵州粟特人，到史宪诚时已经"三世署魏博将"；何进滔也是灵州粟特人，后在魏博担任军职。⑦现藏河北省大名县石刻馆、唐开成五年（840年）树立在河北大名县城东双台村高12.55米的《何进滔德政碑》，其背侧题记中就有散兵马使兼将何惠幹、何□弁、何国宁、何忠谊，殿中侍御史何重荣，兼监察御史石今修，节度押衙何□□、何重洁、何重迺，检校太子宾客何义升，十将何重俨、安庭建、米惟□、曹孝□、安□，厢虞侯兼将石□、安君。⑧其中的何、

---

① 司马光.1956.资治通鉴.卷二三二.贞元二年.北京：中华书局.7477
② 荣新江.1997.安禄山的种族与宗教信仰.第三届唐代文化学术研讨会论文集.台北.231~241
③ 刘昫.1975.旧唐书.卷一二〇.郭子仪传.北京：中华书局.3451
④ 周绍良，赵超.1992.唐代墓志汇编.大历043.上海：上海古籍出版社.1787
⑤ 新文丰出版公司编辑部.1977.石刻史料新编.常山贞石志.卷十.成德节度使李宝臣碑.台北：新文丰出版公司.13324~13329
⑥ 周超良，赵超.1992.唐代墓志汇编.元和061.石神福墓志.上海：上海古籍出版社
⑦ 森部丰.1998.略论唐代灵州和河北藩镇.中国历史地理论丛，增刊：260~262
⑧ 孙继民.2007.唐何进滔德政碑侧部分题名释录.见：杜文玉.唐史论丛.第九辑.西安：三秦出版社

米、安、石、曹姓应该与粟特人有密切的联系。新出的《米文辩墓志》再一次印证了魏博有大量粟特军人的记载，志主米文辩是魏博步军左厢都知兵马使，而早先其父米珍宝已经在魏博任军职了。① 可见，这一时期的河北道中部分布着大量粟特武人，成为粟特人居住较为密集的地区。

四、其他游牧民族

唐代黄河流域的吐蕃移民是随着吐蕃势力的扩张而逐步进行的。唐前期吐蕃与唐为争夺西域和河西走廊展开激烈争夺。安史之乱爆发后，吐蕃趁镇守这一地区的唐军东调平叛的时机，相继夺去了陇右道和关内道的西部地区，并且不断威胁关中地区。这样，一些吐蕃部落也迁居到这里放牧，这里的吐蕃人逐渐增多。会昌年间，吐蕃内乱，镇守这里的尚延心以河州、渭州部落归附唐朝，并任河、渭都游弈使，统领原来的部众。②

唐代黄河流域的陇右道和关内道还有一定数量的党项族人。在唐前期，随着吐蕃军事力量崛起的威胁以及唐朝军事力量的壮大，一些党项部落也通过归附的方式向黄河中游地区迁移。《旧唐书·地理志》记载关内道的党项羁縻州有51个，如武后天授三年（692年），党项部落万余口内附，唐朝分其地置朝、吴、浮、归等10州，这样这些部众散居关内道的灵州、夏州界内。③ 而胜州也有党项部落，到了圣历初年，"灵、胜二州党项诱北胡寇边"。④ 另外，关内道的银州也有党项部落。⑤ 陇右道的东部地区位于秦州和成州山谷间的马邑州也有党项部落。⑥ 唐后期，河东道也有党项人的活动，会昌年间，李德裕在《请先降使至党项屯集处状》中指出："缘党项自麟府、鄜坊至于太原，遍居河曲，种落实蕃。"可见，当时的关内道北部和河东道太原一带党项部落人数众多。⑦ 而沈亚之在《夏平》一文中也指出："夏之属土，广长几千里，皆流沙，属民皆杂虏。虏之多者曰党项。"⑧

这一时期活跃在东北地区给唐朝带来很大威胁的契丹和奚也有一部分迁居到黄河流域，如对于唐初归附的契丹部落，唐朝在营州地区设置了羁縻州

---

① 孙继民等.2004.新出唐米文辩墓志铭试释.文物，(2)：90~91
② 司马光.1956.资治通鉴.卷二四九.大中十一年.北京：中华书局.8064
③ 刘昫.1975.旧唐书.卷一九八.党项传.北京：中华书局.5292；吴松弟.1997.中国移民史.第三卷.福州：福建人民出版社.75
④ 欧阳修，宋祁.1975.新唐书.卷一一六.陆余庆传.北京：中华书局.4239
⑤ 刘昫.1975.旧唐书.卷三八.地理志.北京：中华书局.1413
⑥ 欧阳修，宋祁.1975.新唐书.卷四三下.地理志七下.北京：中华书局.1132
⑦ 董浩等.1983.全唐文.卷七〇二.北京：中华书局.7209
⑧ 董浩等.1983.全唐文.卷七三七.北京：中华书局.7613

来安置他们。武后万岁通天元年（696年），由于当时的松漠都督李尽忠等叛唐，这一部分人迁居到宋州、青州、徐州等地安置，直到神龙年间才迁回幽州安置。①

唐前期内迁黄河流域的还有吐谷浑人。高宗龙朔三年（663年），由于吐谷浑被吐蕃所灭，可汗诺曷钵率其部落数千帐迁移凉州，"请徙居内地"。原本唐政府打算护送吐谷浑回故地，但由于薛仁贵在大非川惨败于吐蕃，最终在咸亨三年（672年）迁徙其部众于关内道的灵州，并在鸣沙县置安乐州以处之。② 另外，延州都督府还有浑州，也是唐政府在仪凤年间为安置从凉州来归的吐谷浑而设置的。③ 安史之乱后，安乐州被吐蕃攻陷，其部众又向东迁徙，最终散居在朔方、河东地区。④ 夏州都督府还有宁朔州，安置代宗时期来归附的吐谷浑部落。河东道的云州也有吐谷浑部落，唐末吐谷浑酋长赫连铎的父亲就在开成年间率部落三千帐归唐，此后长期驻守云州。⑤

第二节　长安与洛阳等城市的外来移民

这一时期黄河流域的许多城市由于处在丝绸之路的交通要道上，因此，这一时期黄河流域的许多城市也有许多的外来移民。他们给这些城市的生活增添了新的风貌，虽然他们大多数最终和当地百姓通婚，也接受了汉文化，与当地汉族融合，然而这毕竟是一个长期的历史过程。由于自身生活方式、价值观念、宗教信仰乃至身形样貌的差异，他们还是给这些城市的诸多方面带来了新的生机与活力，注入了新的元素。

自汉代以来，长安与洛阳就成为丝绸之路在东方的两个起点，在东西方的交流中发挥着重要的作用，而两个城市所在的黄河流域作为唐代最为富庶的地区，在东西方交流中担当了重要的角色。长安与洛阳是当时的东西两京，政治地位显著，官僚贵族聚集，同时在文化教育上有最高学府，也聚集了大量文人学士。而这里又是人口众多、消费发达的城市，又是丝绸之路东端的起点，便于丝绸、瓷器等货物的转输。因此，这里聚集了大量的外来人口，包括各国入侍的国王、王子与贵族，各国的使臣，归附的部落首领，各

---

① 刘昫.1956.旧唐书.卷三九.地理志.北京：中华书局.1523~1524
② 司马光.1956.资治通鉴.卷二〇二.高宗咸亨三年.北京：中华书局.6368
③ 欧阳修，宋祁.1975.新唐书.卷四三下.地理志七下.北京：中华书局.1125
④ 刘昫.1975.旧唐书.卷一九八.吐谷浑传.北京：中华书局.5300~5301
⑤ 欧阳修，宋祁.1975.新唐书.卷二一二.李匡威传.北京：中华书局.5984

国的商人,传播宗教的僧人,求学的学生,外来的艺人等等,在黄河流域的外来人口中占据了相当大的比重。由于这里外来人口众多,因而是受外来文明影响最大的地区。

一、长安的外来移民

在长安外来移民中较早进入、数量较大的是突厥上层贵族。贞观四年(630年),唐击败东突厥后,大量的突厥上层贵族和部众进入黄河流域,许多居住在长安。根据《资治通鉴》的记载,"因而入居长安者近万家",如果按照一家五口的标准来看,入居长安的突厥人至少有五万人之众。

这其中就包括东突厥首领颉利可汗,其被俘降唐后就居住在长安,唐太宗"仍诏还其家口,馆于太仆,廪食之",后授右卫大将军,赐以田宅,贞观八年(634年)卒于长安。① 2005年西安碑林博物馆征集到颉利可汗之子阿史那婆罗门的墓志,其上记载阿史那婆罗门"勤肃之美著于阶闼,稍迁右屯卫郎将"②,可见其入唐后也担当宿卫之职,长期生活在长安。

其他东突厥降附贵族"皆拜将军、中郎将,布列朝廷,五品已上百余人,殆与朝士相半"③。这样,许多突厥上层贵族归附后多任职并居住在长安,其中著名的如阿史那结社率、执失思力、阿史那思摩、阿史那忠等。这些突厥将领多数在长安负责宫廷宿卫职责,战时也率军队征战,如阿史那结社率任中郎将,担任宫禁守卫职责;阿史那思摩晚年任右武卫大将军,掌管左右卫屯兵,贞观二十一年(647年)卒于长安居德里第,陪葬昭陵;阿史那忠归唐后任左屯卫将军,"遂参禁卫","宿卫四十八年,无纤隙,人比之金日䃅"④。近年来,西安出土了东突厥阿史那摸末的墓志,他是突厥处罗可汗的长子,在贞观三年(629年)降唐后担任右屯卫将军,居住在长安宣阳里。阿史那摸末死后葬于长安万年县的龙首乡,其子阿史那勿施和其孙阿史那哲都葬在这里。⑤

此后,随着唐国力的强大以及突厥内部的纷争,东、西突厥又有阿史那贺鲁、阿史那社尔、阿史那弥射、阿史那步真、阿史那斛瑟罗、阿史那忠孝

---

① 刘昫.1975.旧唐书.卷一九四上.突厥传上.北京:中华书局.5160
② 张安兴.2006-8-11.西安新发现突厥颉利可汗之子墓志.中国文物报.拓片录文参赵力光.2007.西安碑林博物馆新藏墓志汇编.北京:线装书局.76~77
③ 司马光.1956.资治通鉴.卷一九三.贞观四年.北京:中华书局.6078
④ 周绍良,赵超.1992.唐代墓志汇编.上元014.上海:上海古籍出版社.602;欧阳修,宋祁.1975.新唐书.卷一一〇.阿史那忠传.北京:中华书局.4116
⑤ 葛承雍.2006.东突厥阿史那摸末墓志考述.收入氏著.唐韵胡音与外来文明.北京:中华书局.140~147

等被俘或归附。贞观十年（636年）阿史那社尔入朝，授左骁卫大将军，后诏尚衡阳长公主，为驸马都尉，典卫屯兵，卒后陪葬昭陵。其子阿史那道真也担任左屯卫大将军。① 显庆初年被俘的西突厥可汗阿史那贺鲁到长安后被高宗赦免，卒后葬于颉利可汗墓侧。长安三年（703年）奔唐的西突厥阿史那斛瑟罗最终也卒于长安。卒于长安的还有西突厥阿史那弥射之孙阿史那献等。②

1983年在西安枣园村发掘了俾失十囊墓，出土墓志记载他也是归附唐朝的突厥将领，按突厥有卑失部，关内道北部单于都护府的羁縻州中有设置于贞观后期的卑失州，则俾失十囊抑或是来自此部落的番将。俾失十囊开元初年归唐后，"加授右卫大将军，封雁门郡开国公，赐锦袍钿带鱼袋二事，物五百段，并赐甲第一区，便留宿卫"。可见其也担任宿卫职务，居住在长安礼泉里，卒于开元二十六年（738年）十二月。③ 有趣的是，《册府元龟》卷九七四《外臣部·褒异一》有这样的记载：开元四年（716年）四月辛亥，"突厥俾失州大首领伊罗友阙颉斤十囊来降，封其妻阿史那氏为雁门郡夫人"。墓志记载其父名裴罗支阙颉斤，其妻的情况墓志虽然没有记载，但提到："单于可汗美公识量宏远，宽猛合宜，以女妻之，情均爱子。"则俾失十囊的妻子就是阿史那氏。另外，俾失十囊的封号则是雁门郡开国公，其妻被封为雁门郡夫人就是顺理成章的事情了。两相参证，则《册府元龟》中的伊罗友阙颉斤十囊就是俾失十囊。西安出土的唐后期波斯人李素及其妻卑失氏墓志记载，卑失氏曾祖为右骁卫将军卑失昂，或许是俾失十囊的意译，则卑失氏为居住在长安的突厥人后裔。一直到唐后期，长安还有许多突厥人，如葬于代宗广德二年（764年）十一月的《阿史那氏墓志》就记载，阿史那氏居住在长安"布政坊之里第"④。

而高宗时期，唐朝在朝鲜半岛的战事取得胜利后，许多百济和高丽贵族被唐朝授予官职，因而相当一部分著籍长安，如高丽贵族泉男生在长安兴宁坊东南隅有宅第。宋代张礼《游城南记》中曾经提到长安县有高丽曲，"因高丽人居之而名也"⑤。唐代长安城南有韦曲、杜曲，是韦氏、杜氏聚居的地方，而这里高丽人数一定不少，所以才能够以此得名，此地名可能就是唐初形成的。《黑齿常之墓志》记载，百济贵族黑齿常之入唐朝后，"隶为万

---

① 欧阳修，宋祁. 1975. 新唐书. 卷一一〇. 阿史那社尔传. 北京：中华书局. 4115~4116
② 欧阳修，宋祁. 1975. 新唐书. 卷二一五. 突厥传下. 北京：中华书局. 6064~6065
③ 李域铮. 1985. 西安西郊唐俾失十囊墓清理简报. 文博，(4)：1~4；唐故卑失特进墓志铭. 见：赵力光. 2007. 西安碑林博物馆新藏墓志汇编. 北京：线装书局. 428~431
④ 周绍良，赵超. 2000. 唐代墓志汇编续集. 广德002. 上海：上海古籍出版社. 687
⑤ 张礼. 2006. 史念海，曹尔琴校注. 游城南记校注. 西安：三秦出版社. 127

年县人也"①。西安小雁塔保管所收藏一方百济人诺思计墓志,墓志记载诺思计为投降的百济首领,归唐后被赐姓卢,名庭宾,之后历任军职,天宝七载(748年)卒于长安万年县平康里第。② 2006年,洛阳大学还收藏到一方出土于西安的《祢寔进墓志》,墓志记载祢寔进是百济熊川人,其父、祖皆担任百济左平,属一品高官,可见祢寔进的家世门第,祢寔进咸亨三年(672年)死后葬于长安高阳原。③ 这说明,当时长安居住着一批百济归附的贵族和官员。这一时期,新罗与唐朝关系密切,一些新罗贵族也因为入质和侍卫的原因居住在长安,如宪宗元和年间就有宿卫王子金献忠,开成元年(836年)则有王子金义琮来长安宿卫。④

居住在长安的铁勒上层贵族以契苾何力家族最为著名。贞观六年(632年),契苾何力归附后入长安,唐朝授其左领军将军,之后太宗"有诏宿卫北门,检校屯营事"。此后契苾何力屡立战功,死后陪葬昭陵。而此家族大多数成员此后居留长安和洛阳。其子契苾明,任左鹰扬卫大将军,兼贺兰都督于凉州检校部落,证圣元年(695年)卒于姑臧县宅第,后归葬咸阳;契苾光,武则天时为右豹韬卫将军;契苾贞任司膳少卿。⑤ 而契苾明次子契苾嵩统领部落之后也"表请入朝侍奉,留子检校部落"⑥。近年来出土的《契苾通墓志》志主是契苾何力的五代孙,仍有"都督贺兰府事"之职,并担任安北都护、振武军节度使。但其子多在长安以及关内道、河东道、河北道各藩镇任职,如长子契苾公文任鄂王府司马兼监察御史,次子公应任河东节度押衙,左骁雄兵马使。⑦ 经过数代汉地的生活,这支铁勒家族早已摆脱了原来部落的生活方式。

唐玄宗时期,铁勒部的一支回纥逐渐强大,一些回纥人也在长安担任宿卫,如1987年出土于西安西郊的《回纥琼墓志》就记载其父祖任禁军将领,后追随可汗收复两京,后卒于长安群贤里宅第。⑧ 由于在唐平定安史之乱的

---

① 周绍良,赵超.1992.唐代墓志汇编.圣历022.上海:上海古籍出版社.941~942
② 周绍良,赵超.2000.唐代墓志汇编续集.天宝041.上海:上海古籍出版社.610
③ 董延寿,赵振华.2007.洛阳、鲁山、西安出土的唐代百济人墓志探索.东北史地,(2):8~11
④ 刘昫.1975.旧唐书.卷一九九上.新罗传.北京:中华书局.5338~5339
⑤ 刘昫.1975.旧唐书.卷一〇九.契苾何力传.北京:中华书局.3294;娄师德.契苾明碑.载:1983.全唐文.卷一八七.北京:中华书局.1897~1900
⑥ 契苾嵩墓志.见:周绍良,赵超.1992.唐代墓志汇编.开元314.上海:上海古籍出版社.1374~1375
⑦ 契苾通墓志.见:周绍良,赵超.2000.唐代墓志汇编续集.大中044.上海:上海古籍出版社.1000~1001
⑧ 赵力光.2007.西安碑林博物馆新藏唐墓志汇编.北京:线装书局.504

过程中功勋卓著，此后，回纥与唐联系密切。文宗时由于国内自然灾害与内讧，回鹘发生分裂，其王子嗢没斯率部下于会昌二年降附唐朝。武宗诏拜嗢没斯为右金吾卫大将军，爵怀化郡王，并改名李思忠。之后嗢没斯入朝任左监门卫上将军兼抚王傅，被赐第永乐坊。①

居住在长安的来自西域的移民也不在少数。这些移民中许多是入侍并居留在这里的各国质子，如疏勒国王裴纠，武德中来到长安朝见，拜鹰扬大将军，封天山郡公，"留不去，遂籍京兆"②。唐前期进入长安侍卫的不止裴纠一人。再如，裴索也是疏勒人，"乃率宾边土，辞弃乡间，图东南而归圣朝"，被授予冠军大将军行左豹韬卫中郎将，一直到晚年还在长安宿卫宫禁。③ 中宗时期的僧人智严俗姓尉迟，本是于阗国的质子。④ 而玄宗时期的于阗国王尉迟胜，在安禄山叛乱后率军五千入唐平叛，之后主动居留长安充宿卫。"胜既留，乃穿筑池观，厚宾客，士大夫多从之游。"德宗贞元时，其弟于阗王尉迟曜欲立胜之子锐为于阗王，尉迟胜推辞说："锐生京华，不习其俗，不可遣。"⑤

其中一部分粟特人是唐代入侍和归附长安的。1966年出土于西安西郊的《何文哲墓志》记载："公本何国王丕之五代孙，前祖以永徽初年款塞来质，附于王庭。簪缨因盛于本朝，爵赏由光于中土。"⑥ 墓志明确指出：何文哲先祖是来到长安为质的何国国王后裔。1956年出土于西安土门村的《米继芬墓志》记载，其父"讳突骑施，远慕王化，来于王庭。迎□京师，永通国好。特承恩宠，累践班荣。历任辅国大将军□□左领军卫大将军。公承袭质子，身处禁军"⑦。则米继芬的父亲也是归附的米国酋长。出土于洛阳的《史诺匹延墓志》记载："祖父西蕃史国人也。积代英贤，门称贵族，本乡首望，总号达官，渴仰长安，来投朝化。将军生在大唐，京兆人也。"⑧ 则其先辈也是唐朝时进入长安的史国人。再如《康志达墓志》载："本会稽人也（瓜州会稽）。自曾祖曰延庆，皇朝左威卫大将军，徙居为京兆长安人也。"⑨

---

① 欧阳修, 宋祁. 1975. 新唐书. 卷二一七下. 回鹘传下. 北京：中华书局. 6133
② 欧阳修, 宋祁. 1975. 新唐书. 卷一一〇. 裴玢传. 北京：中华书局. 4129
③ 徐坚. 裴公墓志铭. 见：董浩等. 1983. 全唐文. 卷二七二. 北京：中华书局. 2767
④ 赞宁. 1999. 宋高僧传. 卷三. 唐京师奉恩寺智严传. 北京：中华书局. 41
⑤ 欧阳修, 宋祁. 新唐书. 卷一一〇. 尉迟胜传. 北京：中华书局. 4128
⑥ 何文哲墓志. 见：周绍良, 赵超. 2000. 唐代墓志汇编续集. 大和020. 上海：上海古籍出版社. 894
⑦ 米继芬墓志. 见：周绍良, 赵超. 2000. 唐代墓志汇编续集. 永贞003. 上海：上海古籍出版社. 796
⑧ 毛阳光. 2006. 唐代两方史姓墓志考略. 文博, (1)：84
⑨ 吴钢. 1998. 全唐文补遗. 第5辑. 西安：三秦出版社. 431

长安的粟特人中还有一些是较早进入长安的粟特人后裔,如 2002 年出土于西安东郊的《康文通墓志》记载其祖康和隋时为上柱国,父康鸾为唐朝散大夫,康文通武后万岁通天元年(696 年)卒于安邑里,可见这是一支较早进入长安的粟特人家族。①

唐代长安还居住着相当数量的波斯人,这是由于唐初萨珊波斯被大食所灭,其王子卑路斯在咸亨年间来到长安,高宗拜其右武卫将军。这一时期波斯人由于大食的军事进攻,跟随卑路斯来到长安的波斯人应该有一定数量,因此仪凤二年(677 年),卑路斯请求在醴泉坊设波斯寺。②卑路斯之后死于长安,唐朝又封其子泥涅师为波斯王,并派裴行俭护送其回国,但泥涅师在吐火罗客居 20 年而无法立足,在景龙二年(708 年)又回到唐朝,被授予左威卫将军,后病死于长安。③

此后,波斯余部仍旧在中亚吐火罗地区活动,并和唐朝保持着较为密切的联系,玄宗时期还多次朝贡,如开元十三年(725 年)和十八年(730 年),波斯首领穆沙诺两次来朝,"授折冲,留宿卫"④。而在西安西北国棉四厂子弟学校操场出土的《李素墓志》也记载,李素是"西国波斯人也",其祖益初"天宝中,衔自君命,来通国好,承我帝泽,纳充质子,止卫中国,列在戎行"。可见李素祖父是天宝年间波斯余部派遣到长安的使臣。李素由于在天文方面的专长长期在长安司天台任职,最终担任司天监,元和十二年(817 年)卒于长安靖恭里。他的几个儿子都在唐朝长安以及河东等地任职。⑤1955 年在西安西郊土门村出土的《苏谅妻马氏墓志》,志文用汉文与中古波斯文写成。墓志中的左神策军散兵马使苏谅与其妻马氏均是波斯人,他们还信仰祆教,而苏谅乃是萨珊波斯的王族后裔。⑥

近年来,随着西安地区城市建设的快速发展,大量的唐代墓葬被发掘。有研究者曾对陕西西安长安区郭杜镇"紫薇田园都市"墓葬区唐代墓葬的 39 件头骨标本进行过测量,测得其中 M477 的一位老年男性头骨标本就属于欧罗巴人种,在种系特征上属于中亚—两河类型。⑦这进一步从考古学角度

---

① 西安文物保护考古所 . 2004. 唐康文通墓发掘简报 . 文物,(1):29
② 宋敏求 . 1970. 长安志 . 卷十醴泉坊条 . 光绪十七年思贤讲舍刊本
③ 欧阳修,宋祁 . 1975. 新唐书 . 卷二二一 . 波斯传 . 北京:中华书局 . 6259
④ 王钦若等 . 1960. 册府元龟 . 卷九七五 . 外臣部·褒异二 . 北京:中华书局 . 11450.11453
⑤ 隋唐五代墓志汇编总编辑委员会 . 1991. 隋唐五代墓志汇编 . 陕西卷 . 第 4 册 . 天津:天津古籍出版社 . 79
⑥ 陕西文物管理委员会 . 1964. 西安发现晚唐祆教徒的汉、婆罗钵文合璧墓志——唐苏谅妻马氏墓志 . 考古,(9):458~461
⑦ 陈靓 . 2008. 西安紫薇田园都市唐墓人骨种系初探 . 考古与文物,(5):103~104

说明了当时长安城市居民来源的多样性。

在唐朝仕宦的外国人的形象在出土文物中也有体现，如2003年出土于西安南郊郭杜镇唐墓的胡人武官俑，高鼻、深目、虬髯，头戴鹖冠，身着官服，手执笏板；相同类型的三彩俑还出土于西安新西北车站唐墓以及长安县灵昭唐墓。① 1985年陕西三原县唐墓还出土了一件高鼻、深目、虬髯，头戴幞头，身着长袍的彩绘胡人文官俑（图2-1）。他们都反映了这一时期大量中亚胡人入仕唐朝的历史现象。②

安史之乱后，由于河西地区被吐蕃夺取，丝绸之路交通断绝。当时留在长安的各国朝贡使臣数量相当大，这主要是来自中亚地区各国的使节和质子等。当时许多胡人居留长安达40余年，都已经娶妻生子，在长安拥有住宅和田地，许多人靠租赁和借贷牟利，已经不愿意回国，不再具有外交人员的色彩。然而这批人，"人马皆仰给于鸿胪，礼宾委府、县供之，于度支受直。度支不时付直，长安市肆不胜其弊"。贞元三年（787年），经过唐政府的检括，仅仅是有田宅产业而鸿胪寺停止供应的就有4000人。最终宰相李泌将这些胡人分隶左右神策军，其中王子、使者为散兵马使或押牙，其余皆为神策军士卒。③ 这其中就包括何国后裔左军马军副将何文哲。④

长安城还居住着相当数量的唐朝周边地区的归附部落首领及其后裔，如契丹族移民就有在武则天时期归附的李楷洛，"本契丹酋长，武后时入朝，累官左羽林大将军，封蓟郡公"。开元三年（715年），契丹首领李失活率部落内附，四年李失活进入长安。开元十三年（725年），契丹酋长吐于归降，封辽阳郡王，因留宿卫。⑤ 另

图2-1 陕西三原出土胡人文吏俑
（《神韵与辉煌——陕西历史博物馆国宝鉴赏·陶俑卷》）

---

① 李炳武.1998.中华国宝——陕西珍贵文物集成.唐三彩卷.西安：陕西人民教育出版社.144~145，148~149

② 冀东山.2006.神韵与辉煌——陕西历史博物馆国宝鉴赏·陶俑卷.西安：三秦出版社.123

③ 司马光.1956.资治通鉴.卷二三二.贞元三年.北京：中华书局.7493

④ 何文哲墓志铭.见：周绍良，赵超.2000.唐代墓志汇编续集.大和020.上海：上海古籍出版社.894

⑤ 刘昫.1975.旧唐书.卷一九九下.契丹传.北京：中华书局.5352

如，开元年间渤海人大门艺因畏惧其兄大武艺的追杀而归降唐朝，诏拜左骁卫将军，大门艺也应住在长安。①

而进入长安的吐蕃人中论弓仁家族最为著名。论弓仁圣历二年（699年）以部落七千帐归附唐朝，"子孙因家，自银州至于京兆"。之后此家族成员子诚节，孙惟贤、惟明等多担任军职，征战四方。其孙论惟贤在长安靖恭里有私第。②

陆路交通的发达使得这一时期东西方的贸易往来更加便利，因此，许多中亚和西亚的商人不远万里来到这里进行贸易。尤其是来自中亚的康国，"男子年二十，即远之旁国，来适中夏，利之所在，无所不到"③。而长安是黄河流域的政治经济和文化中心，这里聚集着大量的胡商。正是他们的商贸活动使得大量的外来香料、药材、日用器物等货物被运输到黄河流域。长安的胡商主要聚集在长安西市，刘肃《大唐新语》中就提到长安的坊市有不少胡人，而西市就有胡商。④《酉阳杂俎》也提到西市有胡商。⑤ 这其中有许多是粟特商人，如《太平广记》卷二四八《窦义传》中就描写了窦义乐善好施救济长安西市的胡人米亮，不求回报。敦煌文书 P.3813 号《唐判集》中有一道判文就指出：长安县人史婆陀，"家兴贩，资财巨富，身有勋官骁骑尉。其围池屋宇，衣服器玩，家僮侍妾比侯王"⑥。另外，这里也有波斯商人，如《太平广记》卷十六《杜子春》也记载长安的西市还有波斯邸。《北梦琐言》记载长安东市有一块低洼地，有善于经营者低价买进，将其填平后"起一店，停波斯，日获一缗"⑦。

在唐人的眼中，来自异域的胡商见多识广，多经营各种奇珍异宝的贸易。河南省博物馆就收藏了一件送宝舞蹈人红陶模，其是用来在陶器上压印图案的模子，内容是四个做行进状的胡人，其中右起第一人深目高鼻，络腮胡须，短发齐肩，头戴尖顶毡帽，身着窄袖短袍，双手托举的盘中盛有宝珠；其后两名胡人中前一人头戴圆顶卷沿毡帽，着翻领窄袖袍，后一人戴尖顶毡帽，做欢快舞蹈状；而最后一名胡人卷发，着翻领窄袖袍，肩扛一根象

---

① 欧阳修，宋祁．1975．新唐书．卷二一九．渤海传．北京：中华书局．6180
② 吕元膺．骠骑大将军论公神道碑铭．见：董浩等．1983．全唐文．卷四七九．北京：中华书局．4891
③ 刘昫．1975．旧唐书．卷一九八．康国传．北京：中华书局．5310
④ 刘肃．1986．大唐新语．卷九．从善．北京：中华书局．138
⑤ 段成式．1981．酉阳杂俎．续集卷五．寺塔记上．北京：中华书局．253
⑥ 唐耕耦，陆宏基．1990．敦煌社会经济文献真迹释录．第二册．全国图书馆文献微缩复制中心．604~605
⑦ 孙光宪．2002．北梦琐言．卷一〇．窦家酒炙地．北京：中华书局．227

牙。这件陶模是1952年从西安征集到的。① 笔者认为陶模中刻画的正是当时长安的胡商,他们可能正在举行所谓的"宝会"活动,即公开展示和比较各自所拥有的宝物,这是唐代胡商经常举行的活动。

唐中期由于回纥部落的崛起,许多回纥人进入黄河流域,而善于经商的粟特人也随着回纥人到长安经商。"回纥至中国,常参以九姓胡,往往留京师,至千人,居赀殖产甚厚。"②"先是回纥留京师者常千人,商胡伪服而杂居者又倍之,县官日给饔饩,殖货产,开第舍,市肆美利皆归之,日纵贪横。"③ 一些回纥人为非作歹,地方官员也不敢过问,连皇帝也无可奈何。"回纥之留京师者,曹辈掠女子于市,引骑犯含光门,皇城皆阖,(代宗)诏刘清潭慰止。复出暴市物,夺长安令邵说马,有司不敢何诘。"唐德宗即位后,才令他们离开长安归国,这批回纥人和粟特商人千余人行至振武军被振武军使张光晟诱杀。④ 但此后,长安还有回鹘商人,故陈鸿在《东城老父传》中记载,元和年间,"今北胡与京师杂处,娶妻生子。长安中少年有胡心矣"⑤。

直到唐后期,长安仍旧有许多胡商,如乾符二年(875年),宦官田令孜就曾怂恿唐僖宗"籍京师两市蕃旅、华商宝货举送内库"⑥。他们中的一些凭借雄厚的经济实力转而从事"举质取利"的借贷事业的经营。文宗大和五年六月(831年),右龙武将军李甚之子因为贷回鹘钱11 400贯而不偿还,遭到回鹘商人的起诉,李甚被贬为宣州别驾。⑦ 这些回鹘商人实际就是依附回鹘的粟特商人。在文宗专门为此下达的诏书中就提到由于长安城衣冠子弟、诸军使、商人以及百姓都存在"举诸蕃客本钱"的情况,由于长时期不偿还,"蕃客停滞,市易不获"⑧。而这种情况在唐后期的长安一直存在。另外,在唐末乾符二年的赦令中还可以看到举贷的还有波斯蕃人⑨,可见当时长安还有许多胡商从事金融活动。20世纪以来,西安的唐代墓葬中发现了大量的波斯银币和东罗马金币,尽管其中许多都是作为首饰或珍宝被陪葬的,但也多少反映了当时唐代长安国际商业贸易的繁荣。

---

① 吕品.1990.河南省博物馆馆藏唐宋雕塑艺术品浅析.中原文物,(4):1~2
② 欧阳修,宋祁.1975.新唐书.卷二一七上.回鹘传上.北京:中华书局.6121
③ 司马光.1956.资治通鉴.卷二二五.大历十四年.北京:中华书局.7265
④ 司马光.1956.资治通鉴.卷二二六.建中元年.北京:中华书局.7287~7288
⑤ 李昉等.1961.太平广记.卷四八五.北京:中华书局.3994
⑥ 欧阳修,宋祁.1975.新唐书.卷二〇八.宦者传下.北京:中华书局.5885
⑦ 王钦若等.1960.册府元龟.卷九九九.外臣部·互市.北京:中华书局.11727
⑧ 王钦若等.1960.册府元龟.卷九九九.外臣部·互市.北京:中华书局.11727
⑨ 宋敏求.1959.唐大诏令集.卷七二.乾符二年南郊赦.北京:商务印书馆.404

长安的外来移民中还有相当数量的留学生。由于唐朝文化的发达,从太宗时期,就有大批的留学生到长安学习。史书记载:"贞观五年以后,太宗数幸国学、太学,遂增筑学舍1200间。……已而高丽、百济、新罗、高昌、吐蕃。诸国酋长亦遣子弟请入国学。"① 多数留学生学成后归国,也有一些留在长安。这其中数量最多的是新罗的留学生,长安国子监还专门设立了"新罗马道"。② 据严耕望研究,新罗留学生最多时有一二百人在长安学习。③ 这些学生学成后还在唐朝专门为留学生设置的"宾贡科"考试中中第,其中知名的有金云卿、崔致远等人。日本留学生数量也不少,其中知名者如吉备真备、橘逸势等。而有些留学生就居留在长安为官,如阿倍仲麻吕,"慕中国之风,因留不去,改姓名为朝衡,仕历左补阙、仪王友。衡留京师五十年,好书籍,放归乡,逗留不去"④。西安出土的井真成墓志记载,井真成就是随遣唐使入唐的日本留学生,他"才称天纵,故能□命远邦,驰骋上国"。但是由于疾病,井真成于开元二十二年(734年)卒于长安,死后赠官尚衣奉御。⑤

唐代的长安还有大量来自印度和中亚的外国僧人。由于唐代前期开放的宗教政策,各种宗教的僧侣纷纷来到长安传播宗教,翻译经卷,举行各种宗教活动,使长安成为宗教传播的中心。由于有唐一代佛教的兴盛,加之许多皇帝的崇信,来到长安数量最多的是佛教僧侣,他们主要来自印度地区。如早在武德九年(626年)就进入长安的波罗颇伽罗密多罗就在长安大兴善寺译经,贞观七年(633年)卒于胜光寺。⑥ 此后的高宗、武后一直到玄宗时期,在长安译经传教的印度僧人还有阿地瞿多、福生、金刚智、不空等。⑦ 直到唐后期,长安还有许多天竺僧人,如在长安译经的满月、智慧轮,智慧轮咸通年间还参与了唐皇室法门寺迎佛指舍利的活动。⑧ 日僧圆仁在《入唐求法巡礼行记》卷三中就提到,开成到会昌年间长安青龙寺东塔院有南天竺僧宝月,大兴善寺有天竺僧难陀。⑨

除了印度僧人外,长安还有来自其他国家和地区的僧人,如睿宗初年,

---

① 王溥.1955.唐会要.卷三五.学校.北京:中华书局.633
② 崔致远.遣宿卫学生首领等入朝状.东文选.卷47
③ 严耕望.1969.新罗留学生与僧徒.收入氏著.唐史研究丛稿.香港:新亚研究所.435~482
④ 刘昫.1975.旧唐书.卷一九九上.日本传.北京:中华书局.5341
⑤ 王子今.2005.井真成墓志文试补释.西北大学学报,(4):112
⑥ 道宣.1990.续高僧传.卷四.大正藏本.50册.东京:大藏经刊行会
⑦ 唐代长安印度僧人的情况可看葛承雍.2000.唐长安印度僧人之研究.唐研究.第6卷.北京:北京大学出版社
⑧ 赞宁.1999.宋高僧传.卷三.唐京师满月传.北京:中华书局.51~52
⑨ 圆仁.1986.入唐求法巡礼行记.卷三.上海:上海古籍出版社.142、152

义净在长安大荐福寺翻译佛经，随同翻译的就有吐火罗沙门达磨末磨。① 玄宗开元时期，来自西域的利涉在安国寺讲《华严经》。② 宪宗时，于阗僧人般若在礼泉寺译《本生心地观经》八卷。③ 中宗时期从中亚何国来到长安的僧伽居住在长安荐福寺；《一切经音义》的作者疏勒人慧琳则居住在西明寺。④ 代宗时期西域僧人纯陀居住在长安镇国寺。⑤ 有关僧传中记载的进入长安的外国僧人仅仅是冰山一角，在许多历史文献中都能够找到外来僧人的踪迹。例如，圆照《代宗朝赠司空大辨正广智三藏和尚上表制集》卷二记载，大历二年（767 年），高僧不空请度僧五人，其中居住在长安庄严寺、西明寺的三位僧人分别来自中亚的毕国和石国。大历三年（768 年），代宗降诞日，不空奏请度三僧，其中罗文成，贯 "土火罗国"，应该是吐火罗移民；而罗伏磨和曹摩诃虽然籍贯在凉州和京兆，但从姓氏来看，应该是迁居到这里的吐火罗和曹国人的后裔。而天宝十二载（753 年）四月，西域骨咄国人史难之、康丁真上表乞度为僧人，则长安还有骨咄国人出家为僧。⑥

唐前期，长安还有高丽僧人。中宗时，左御史台御史称呼右台御史为 "高丽僧"，"言随汉僧赴斋，不咒愿叹呗，但饮食受嚫而已。讥其掌外台在京辇无所弹劾而俸禄同也"⑦。这正说明高丽僧人数量多，才使其成为官场戏谑的专名。而日本和新罗的僧人以学问僧为主体，他们主要是为了学习佛法。唐朝对这类僧人也给予优待，如规定："既是蕃僧，入朝学问，每年赐绢二十五匹，四季给时服。"⑧ 其中在长安著名的有日本僧人空海和圆仁，空海于贞元二十年（804 年）来到长安西明寺学习密宗，元和初归国；圆仁则在开成、会昌年间居住在长安，经历了 "会昌灭佛"。

除了佛教僧人外，长安还有其他宗教的僧侣在活动，如祆教僧侣何禄在贞观九年（635 年）来到长安，并在崇化坊建立祆寺。同年来到长安的还有景教僧人阿罗本，他本人还得到了唐太宗的尊礼。摩尼教僧人拂多诞是在武则天延载元年来到长安传教的。根据建中二年（781 年）树立的《大秦景教流行中国碑》两侧僧侣的题名，唐后期长安还居住着相当数量的来自波斯的

---

① 赞宁.1999.宋高僧传.卷一.唐京兆大荐福寺义净传.北京：中华书局.2
② 赞宁.1999.宋高僧传.卷十七.唐京兆大安国寺利涉传.北京：中华书局.420
③ 赞宁.1999.宋高僧传.卷三.唐礼泉寺般若传.北京：中华书局.49
④ 赞宁.1999.宋高僧传.卷五.唐京师西明寺慧琳传.北京：中华书局.108
⑤ 赞宁.1999.宋高僧传.卷二九.唐京兆镇国寺僧纯陀传.北京：中华书局.724
⑥ 王钦若等.1960.册府元龟.卷九九九.外臣部·请求.北京：中华书局.11724
⑦ 李昉等.1961.太平广记.卷二五四.左右台御史.北京：中华书局.1977
⑧ 真人元开.1979.唐大和上东征传.北京：中华书局.46

景教僧侣。

二、洛阳的外来移民

随着东汉以来洛阳政治、经济地位的提升,以及丝绸之路上东西方贸易的兴盛,洛阳继西汉时期的长安之后成为丝绸之路的起点。因此,东汉、魏、晋以来,有相当数量的西域胡族,如来自大月氏、安息、康居等国的使臣、僧侣和商人在洛阳居住。永嘉乱后直到东晋十六国时期,洛阳历经战火,残破不堪,地位下降。北魏孝文帝迁都洛阳以后,洛阳又恢复了昔日的繁荣,成为东西政治、贸易往来的重要都市。《洛阳伽蓝记》卷三就记载了当时胡族来华的盛况:"自葱岭已西,至于大秦,百国千城,莫不欢附。商胡贩客,日奔塞下。所谓尽天地之区已。乐中国土风,因而宅者,不可胜数。是以附化之民,万有余家。"

隋唐之际,洛阳被作为东都,政治、经济中心的地位得到了恢复,又成为东西交流的辐辏之区。尤其是在高宗、武后时期,这里一度超越长安成为帝国的政治中心,大量的异域部落首领内附、入质和入贡,商贩们也纷至沓来,进行贸易活动。在洛阳,外来移民的活动再次频繁起来。

这其中就包括许多由于归附、出使、入质唐朝而移居洛阳的外来移民。洛阳由于在高宗后期和武后时期政治地位的提高,因此,有不少担任诸卫将军、负责宫廷宿卫的突厥贵族也居住在这里。例如,洛阳尚善坊就有阿史那忠的住宅,阿史那忠最终卒于此,而阿史那忠的曾孙史瓘的墓志近年在洛阳出土,墓志记载史瓘先后担任亳州成父主簿、青州寿光县丞、绛州垣县令、相州成安县令等地方官,晚年则居住在洛阳兴敬里宅第。① 另外,洛阳敦化坊还有西突厥阿史那斛瑟罗的住宅。② 洛阳还出土了颉利可汗曾孙阿史那感德的墓志,记载其在武后时期在洛阳任右豹韬卫将军担任宿卫,之后又授冠军大将军、行右鹰扬卫大将军,阿史那感德就居住在从政里,死后还葬在洛阳城南。③ 处罗可汗之孙阿史那勿施任右屯卫朔府右郎将,神功元年卒于洛阳新安里官舍。④ 中宗之后,洛阳政治地位下降,但由于玄宗时期有时也临幸洛阳,因此一些突厥贵族也从驾到洛阳,如开元十年(722年)正月,玄宗赴洛阳,担负宿卫之责的阿史那哲此时也在河南府"当上宿卫"。而龙门石窟也有许多阿史那氏等突厥贵族的造像题记,反映出这一时期洛阳成为突

---

① 毛阳光.2006.两方唐代史姓墓志考略.文博,(1):82~83
② 徐松.1985.唐两京城坊考.卷五.北京:中华书局.154
③ 赵振华.2004.唐阿史那感德墓志考释.史林,(5):82~87
④ 吴钢.1995.全唐文补遗.第二辑.阿史那勿施墓志铭.西安:三秦出版社.455

厥贵族移民新的聚居区。

这里也聚集了一批百济的贵族,如百济王扶余义慈被俘后就死在洛阳,后葬在邙山孙皓和陈叔宝墓之侧。扶余隆在高宗永淳元年(682年)卒后葬于洛阳北邙山青善里。① 1929 年,洛阳出土黑齿常之、黑齿俊父子墓志,墓志记载黑齿常之卒后葬于洛阳邙山,而黑齿俊神龙二年(706年)在洛阳县从善里第病卒并葬于邙山,则黑齿俊居住在洛阳。② 洛阳还有百济国王室扶余氏的造像龛,在龙门石牛溪北第 0877 号窟龛左侧,两个并列小龛室下面有"一文郎将妻扶余氏敬造两区"的造像题记。

洛阳还居住并埋葬了相当数量的高丽贵族,如归附唐朝的泉男生虽然在长安兴宁坊有宅第,仪凤四年(679年)因事卒于安东都督府,调露元年(679年)十二月却葬于洛阳邙山。③ 而泉男产在武则天时期担任营缮监大匠员外置同正员,大足元年(701年)三月卒于洛阳私第,四月葬于邙山平阴乡。④ 泉男生之子泉献诚在洛阳定鼎门街东的尊贤坊和集贤坊有宅第,大足元年葬于邙山祖茔;泉男生之曾孙、泉献诚之孙泉毖的墓志也在洛阳出土,墓志记载此家族在玄宗时期居住在长安兴宁坊私第,这也是当年泉男生的故宅,泉毖死后葬于洛阳邙山祖茔。⑤

除了泉氏家族之外,投降唐朝的高丽人还有高质、高慈父子,高足酉,高震,高德等。其中高质、高慈父子担任宿卫,后为唐朝在北方征战,最后在与契丹的战斗中战死。⑥ 而高足酉归附后,"遂家于洛阳永昌县焉",此后长期担任军职,指挥禁军,主要活动在洛阳。⑦ 仪凤年间,被唐朝委任镇守安东的高藏私下与靺鞨相通谋叛,阴谋败露后被唐朝配流邛州,高藏虽然被贬,但其子高连在武后时期已经担任右豹韬大将军,而高连之子高震在代宗

---

① 扶余隆墓志铭. 见:周绍良,赵超. 1992. 唐代墓志汇编. 永淳024. 上海:上海古籍出版社. 702;李之龙. 1999. 跋唐扶余隆墓志文. 华夏考古,(2):93

② 周绍良,赵超. 1992. 唐代墓志汇编. 神龙033. 上海:上海古籍出版社. 1064

③ 泉男生墓志. 见:周绍良,赵超. 1992. 唐代墓志汇编. 调露023. 上海:上海古籍出版社. 668

④ 泉男产墓志. 见:周绍良,赵超. 1992. 唐代墓志汇编. 长安008. 上海:上海古籍出版社. 996

⑤ 泉毖墓志. 见:周绍良,赵超. 1992. 唐代墓志汇编. 开元378. 上海:上海古籍出版社. 2417

⑥ 高质墓志. 吴钢. 2006. 全唐文补遗·千唐志斋新藏专辑. 西安:三秦出版社. 79;高慈墓志. 见:周绍良,赵超. 1992. 唐代墓志汇编. 圣历044. 上海:上海古籍出版社. 959~960

⑦ 高足酉墓志. 见:周绍良,赵超. 2000. 唐代墓志汇编续集. 万岁通天003. 上海:上海古籍出版社. 348~349

时期任工部尚书、右金吾卫大将军，晚年居住在洛阳教业里私第。① 1990 年河南洛阳伊川县白元乡土门村出土了高震之女的墓志，则高氏与唐州慈丘县令邵陕婚配，高氏宅第在洛阳履信里。② 出土于洛阳的《高德墓志》记载，其祖上在唐祚龙兴之际，"恋恩归本，属乎仗内，侍卫紫宸"。根据唐代归附的少数民族大多侍卫宫禁的惯例来看，高德祖上也应该是归附的高丽贵族。高德生平一直担负宿卫宫禁的职责，其宅第在洛阳道政里。③ 除此之外，玄宗时期的将军高丽人王毛仲在洛阳承义坊也有宅第。由于这里居住着大量的高丽人，连武后时期的御史大夫杨再思也被同僚戏称"杨内史面似高丽"。杨再思不以为忤，"请剪纸自帖于巾，却披紫袍，为高丽舞，萦头舒手，举动合节，满座嗤笑"，可见当时风气。④

另外，洛阳也居住有新罗人，如洛阳温柔坊就有新罗王子宅，应该是提供入质唐朝的新罗王子的住所。日本僧人圆珍大中九年（855 年）十二月回国经过洛阳时还曾经到过这里。⑤ 由于唐代在洛阳设有东都国子监，因此洛阳也有来自新罗的留学生。

一些铁勒贵族也以洛阳作为自己的著籍之地。如契苾明本处凉州，"圣朝爱始，赐贯神京。而香逐芝兰，辛随姜桂。今属洛州永昌县"。而其侄契苾尚宾墓志也称"其先武威著姓，今即河南人也"⑥。武后时期在洛阳掌管北门禁军长达 20 多年的蕃将、右羽林大将军李多祚则是东北靺鞨酋长之后裔。

洛阳也有西域移民。这里出土的《裴沙墓志铭》记载疏勒人裴沙在唐前期稳定安西四镇的军事行动中立下战功，入唐后任授忠武将军行左领军卫郎将，致仕后居住在洛阳私第，开元十三年（725 年）葬于邙山。⑦ 洛阳还有许多来自中亚粟特地区的移民。《翟夫人墓志》就记载其夫是康国酋长，康国大首领因使入朝，被授予检校折冲都尉之职。其宅第在洛阳福善坊。⑧《康氏墓志》载康氏是康国大首领之女，其夫"即安国之首领，以皇风憬扇，帝

---

① 高震墓志．见：周绍良，赵超．1992．唐代墓志汇编．大历 075．上海：上海古籍出版社．1814
② 高氏墓志．见：李献奇，郭引强．1996．洛阳新获墓志．北京：文物出版社
③ 高德墓志．见：周绍良，赵超．1992．唐代墓志汇编．天宝 008．上海：上海古籍出版社．1536
④ 刘昫．1975．旧唐书．卷九〇．杨再思传．北京：中华书局．2919
⑤ 圆珍撰．2004．白化文，李鼎霞校注．行历抄校注．石家庄：花山文艺出版社．154
⑥ 吴钢．2005．全唐文补遗．第 8 辑．契苾尚宾墓志．27~28
⑦ 裴沙墓志铭．见：周绍良，赵超．1992．唐代墓志汇编．开元 213．上海：上海古籍出版社．1304
⑧ 翟夫人墓志．见：周绍良，赵超．1992．唐代墓志汇编．天宝 146．上海：上海古籍出版社．1634

道遐融……倾宗举族，稽颡来王。圣朝优宠，授以荣秩"。其夫应该是武则天时期来到洛阳的安国部落首领。① 另如，六胡州安国首领安菩入唐后居住在长安金城坊，武后时期，其妻何氏与子金藏居洛阳惠和坊。② 这一时期居住在洛阳的粟特高官还有惠和坊的安修仁，安兴贵之子右威卫将军安元寿在洛阳河南县也有住宅。③ 中唐时期僧人志满，"姓康氏，洛阳人也"。则志满也是洛阳粟特移民的后裔。④

洛阳新安千唐志斋还收藏有一方中亚吐火罗人罗甑生的墓志，根据墓志记载，其为阴山人，祖日光，曾任秦州都督；父季乐，隋鹰扬郎将。则此家族是北朝时期迁居汉地的。罗甑生显庆四年（659年）卒，妻子康氏，应该是粟特人后裔，仪凤二年（677年）卒于洛阳章善里宅第。其妻为粟特人，其子名神符，而神符也是西域人较为常见的名称，因此学者认为罗甑生是中亚吐火罗人。⑤

流寓在洛阳的波斯人在墓志资料中也有一例，就是清末出土于洛阳的《阿罗憾墓志》，墓志记载其"族望波斯国人也"，阿罗憾于显庆年出使唐朝后被授予将军留长安侍卫宫禁，还曾任拂林国诸蕃招慰大使。阿罗憾于景云元年（710年）95岁时卒于洛阳私第，他还有一子名俱罗，他们应该是武则天时期迁居到洛阳的波斯移民。⑥

这时的洛阳由于是大运河上的枢纽，商业交通便利。武则天时杨齐哲就指出："神都帑藏储粟，积年充实，淮海漕运，日夕流衍。地当六合之中，人悦四方之会。"⑦ 洛阳城中还有著名的南市、北市和西市。其中的南市"东西、南北居二坊之地。其地一百二十行，三千余肆，四壁有四百余店，货贿山积"⑧。而中亚的粟特人向来以善于经商牟利而著称，洛阳作为当时的经济中心，自然吸引了大量的粟特商人来到这里进行贸易，如康婆，"既而世袭衣缨，生资丰渥，家僮数百，藏镪巨万，招延宾□，门多轩盖。锦衣珠

---

① 周绍良，赵超.2000.唐代墓志汇编续集.万岁通天008.上海：上海古籍出版社.353
② 安菩墓志.见：周绍良，赵超.1992.唐代墓志汇编.景龙003.上海：上海古籍出版社.1105
③ 徐松.1985.唐两京城坊考.卷五.惠和坊条.北京：中华书局.157；安元寿墓志.见：周绍良，赵超.2000.唐代墓志汇编续集.光宅003.上海：上海古籍出版社.272
④ 赞宁.1999.宋高僧传.卷十.唐宣州灵汤泉兰若志满传.北京：中华书局.223
⑤ 罗甑生墓志铭.见：周绍良，赵超.1992.唐代墓志汇编.调露016.上海：上海古籍出版社.662~663；刘铭恕.洛阳出土的西域人墓志.见：洛阳市地方史志编辑委员会办公室.1992.洛阳——丝绸之路的起点.郑州：中州古籍出版社.211
⑥ 周绍良，赵超.1992.唐代墓志汇编.景云001.上海：上海古籍出版社.1116
⑦ 董浩.1983.全唐文.卷二六〇.谏幸西京疏.北京：中华书局.2636
⑧ 徐松辑.1994.河南志.北京：中华书局.15

服,人必珍羞;击钟鼎食,出便联骑",也是富甲一方。① 龙门石窟的古阳洞与药方洞之间的1410号"南市香行社像龛"有永昌元年题记,记录了南市香行社商人出资营造佛像的情况。内容如下:"南市香行社社官安僧达,录事孙香表、史玄策、常行师、康惠登、李寸誓、孙元楷、陶善意、吕孝敬、郭弘济、王思泰、刘元佑……何难迪,房玄林……康静智,张玄福,卫善庆,右件社人等一心供养,永昌元年三月八日起手。"其中的安僧达、史玄策、康惠登、何难迪、康静智等人无疑都是洛阳南市经营香料贸易的安、史、康国的粟特商人。② 当时的洛阳城南市有相当数量的粟特商人(图2-2)。无独有偶,北市也有粟特商人,龙门卢舍那大佛南侧1504窟的"北市丝行像龛"题记中有康玄智的题名,康玄智应该是在北市经营丝绸贸易的粟特人。③

图2-2 洛阳出土的胡商俑(《洛阳文物精粹》)

位于洛阳城南的龙门,自北魏一直到隋唐以来都是佛教徒举行佛教活动

---

① 康婆墓志. 见:周绍良,赵超.1992.唐代墓志汇编.贞观139.上海:上海古籍出版社.96
② 此题记以往误为北市香行社题记,如刘景龙,李玉昆.1998.龙门石窟碑刻题记汇录.北京:中国大百科全书出版社.424;毕波根据国家图书馆藏拓片认为应为南市香行社题记.参荣新江,张志清.2004.从撒马尔干到长安——粟特人在中国的文化遗迹.北京:北京图书馆出版社.129
③ 刘景龙,李玉昆.1998.龙门石窟碑刻题记汇录.北京:中国大百科全书出版社.552

的重要场所，这里也保存了唐代居住在洛阳的信仰佛教的粟特人为保佑父母平安而保留下来的大量造像题记，体现了他们的佛教信仰，如0572汴州洞窟外的《安多富造像记》、0591窟《安洰藏造像记》、0669老龙洞南壁的《安爱为父母造像记》、0883石牛溪北壁《安砰叶造像记》，这些无可置疑都是安姓粟特人的造像。

由于洛阳居住着相当数量的粟特人，洛阳粟特人内部之间的通婚，尤其是康姓与安姓、史姓之间，通婚非常普遍，如《康老师墓志》载其妻史氏"即呼论公之孙也"。①《史夫人墓志》称其"祖□□，呼论县开国公"。② 这个呼论公指的是史陁。《史陁墓志》载史陁曾被授予呼论县开国公，担任新林府果毅都尉。③ 这样，史陁的两个孙女分别嫁给了康老师和康某。

另外，高宗、武后以及玄宗时期的洛阳也有大量来自中亚、西亚和印度的僧侣。和长安相同，进入洛阳数量最大的也是佛教僧侣，如康国僧人康法藏武后时期居住在洛阳，并在佛授记寺讲解《华严经》。北天竺僧人宝思惟于长寿二年（693年）来到洛阳，先后在天宫寺、佛授记寺、福先寺译经，后在龙门创天竺寺并卒于此。④ 南天竺高僧菩提流志永淳二年（683年）来华之后在洛阳福先寺译经十一部，后又在长安译经，开元十二年（724年）住洛阳长寿寺，十五年葬于龙门。⑤ 而开元年间来到唐朝的天竺密宗高僧金刚智、善无畏和不空都曾在洛阳译经并传播密宗，如善无畏在开元十二年随唐玄宗来到洛阳，并在大福先寺译出了密宗主要经典《大日经》，开元二十八年（740年）葬于龙门西山。⑥ 金刚智到洛阳后曾用密宗的咒语祈雨，后卒于洛阳广福寺，葬于龙门，而金刚智的弟子不空也跟随师父来到洛阳从事译经活动。

虽然唐后期洛阳的政治地位下降，但此时仍有许多外国僧人，如北天竺僧人智慧晚年就居住在洛阳并葬于龙门。⑦ 另据《不空上表制集》记载，大历二年（767年），高僧不空请度僧五人，其中居住在东京广福寺的僧人就是来自康国的康守忠。

洛阳也有吐火罗僧人活动的踪迹。龙门石窟东山看经寺的摩崖上就有吐火罗僧人宝隆的造像，题记云："今有北天竺三藏弟子宝隆，上奉诸佛，中

---

① 吴钢.2005.全唐文补遗.第8辑.西安：三秦出版社.294~295
② 周绍良，赵超.1992.唐代墓志汇编.显庆169.上海：上海古籍出版社.335~336
③ 周绍良，赵超.1992.唐代墓志汇编.显庆108.上海：上海古籍出版社.297
④ 赞宁.1999.宋高僧传.卷三.唐洛京天竺寺宝思惟传.北京：中华书局.42~43
⑤ 赞宁.1999.宋高僧传.卷三.唐洛京长寿寺菩提流志传.北京：中华书局.43~44
⑥ 赞宁.1999.宋高僧传.卷二.唐洛京圣善寺善无畏传.北京：中华书局.22
⑦ 赞宁.1999.宋高僧传.卷二.唐洛京智慧传.北京：中华书局.24

报四恩,下□□□。敬造释迦牟尼一铺,□为赞曰:大慈大悲,是救是依,灭恶生善,不枉不欺。景云元年九月一日吐火罗僧宝隆造。"龙门石窟西山第484窟的"新罗像龛"则是洛阳的新罗僧人所开凿的。

唐代洛阳也有景教、祆教以及摩尼教寺院,因此这里也有一些信仰这些宗教的僧侣。例如,2006年5月在洛阳东郊新发现了《大秦景教宣元至本经》经幢,根据这座经幢的题记《大秦景教宣元至本经幢记》的记载,主持宗教活动的洛阳大秦寺的寺主法和玄应,俗姓米;威仪大德玄庆,俗姓米;九阶大德志通,俗姓康。从他们的俗姓来看,这些景教教士都是来自中亚的粟特人。①

三、黄河流域其他城市的外来移民

凉州由于是河西走廊上的交通要道,外来人口,尤其是中亚移民甚多,因此这里的异域风情十分浓厚。早在唐初,"凉州为河西都会,襟带西蕃、葱右诸国,商侣往来,无有停绝"②。元稹的《西凉伎》描述了盛唐时凉州物华天宝、异域风情浓厚的场景:

> 吾闻昔日西凉州,人烟扑地桑柘稠。蒲萄酒熟恣行乐,红艳青旗朱粉楼。楼下当垆称卓女,楼头伴客名莫愁。乡人不识离别苦,更卒多为沉滞游。哥舒开府设高宴,八珍九酝当前头。前头百戏竞撩乱,丸剑跳踯霜雪浮。狮子摇光毛彩竖,胡腾醉舞筋骨柔。大宛来献赤汗马,赞普亦奉翠茸裘。③

可见当时凉州中西交流之盛。由于胡人众多,所以岑参说:"凉州七里十万家,胡人半解弹琵琶。"④

凉州的粟特人数量较多,唐初已经是"诸胡种落繁盛"⑤。其中最为著名的就是安氏家族,安修仁与安兴贵兄弟由于在唐初助唐擒获割据凉州的李轨平定河西而进入长安,后被封为左右武侯大将军。尽管如此,凉州仍是安氏的根基所在。因此,安兴贵之子安元寿年轻时,因"家业殷重",还回到凉州经营家业,"悠游乡曲十余年"。其后裔安抱玉"代居河西,善养名马,为时所称",直到代宗时期,因战功才赐姓李氏,"割贯属京兆府长安县"。⑥安史之乱时,武威九姓商胡安门物等还与河西兵马使盖庭伦杀节度使周泌,

---

① 罗炤.2007.洛阳新出土《大秦景教宣元至本经及幢记》石幢的几个问题.文物,(6):34
② 慧立,彦悰.2000.孙毓棠,谢方点校.大慈恩寺三藏法师传.北京:中华书局.11
③ 曹寅.1999.全唐诗.卷四一九.北京:中华书局.4628
④ 岑参.凉州馆中与诸判官夜集.见:曹寅.1999.全唐诗.卷一九九.北京:中华书局.2061
⑤ 刘昫.1975.旧唐书.卷五五.李轨传.北京:中华书局.2249
⑥ 刘昫.1975.旧唐书.卷一三二.李抱玉传.北京:中华书局.3646

聚众六万。武威大城之中,小城有七,胡据其五,二城坚守①,可见当时凉州胡人数量之众。安史之乱后,由于吐蕃的威胁,这里日渐萧条,因此诗人有"毡裘牧马胡雏小,日暮蕃歌三两声"的诗句。②许多胡人则流落异乡,唐中期诗人李端在《胡腾儿》中提到"胡腾身是凉州儿",则诗中胡腾舞艺人也是来自凉州。③

此时河东道的太原作为唐朝的北都,处于太行山与黄河之间,河东道的中部,周边有突厥、契丹等民族,是控制唐代北方安全的边陲重镇,北控幽燕,南瞰关洛,地理位置非常重要,同时交通也非常便利。自北朝以来,这里就居住着相当数量的粟特人。1984 年 10 月出土于太原市北郊区小井峪村的一组龙氏家族的墓志,其中有龙润与其子龙义、龙澄、龙敏以及其孙龙寿、曾孙龙睿的墓志。虽然墓志记载其源出少昊,荣新江考证认为龙氏是西域焉耆国民入居中原所使用的姓氏,因此他们都是来自西域焉耆人的后裔。④而新中国成立以来,从太原南郊金胜村唐墓出土的波斯萨珊银币以及胡人牵驼的壁画可以让我们感受到太原与外来文明的联系。

通过以上对唐代黄河流域外来移民的分析,我们可以看到,唐代由于在民族政策上采取了比较开明的政策,这一时期黄河流域的许多地区都有外国人与外来民族的存在。他们一部分进入城市,以定居的方式与汉族百姓一起生活,在保留一部分本民族的生活习惯的同时,也开始了新的生活方式;另一部分还保持着逐水草而居的游牧生活方式,生活在黄河流域的边缘地带。然而有一点是毋庸置疑的,那就是他们在进入黄河流域的同时,也将异域文明带到了黄河流域,不同文明的碰撞和交流就在这种情况下产生了。

---

① 司马光.1956.资治通鉴.卷二一九.至德二载.北京:中华书局.7015
② 曹寅.1999.全唐诗.卷二六九.耿湋.凉州词.北京:中华书局.2994
③ 曹寅.1999.全唐诗.卷二八四.北京:中华书局.3236
④ 荣新江.2001.隋及唐初并州的萨保府与粟特聚落.文物,(4):87

第三章
外来文明与唐代黄河流域的社会

自从外来移民进入黄河流域,外来文明就对黄河地区唐代文化产生了影响。汉学家谢弗曾指出:所有这些(外来文明)都为盛唐文化的美酒增添了新的风味,而他们自身也混合在了这美酒之中,成为供酒君子品尝的佳酿中一剂甘醇的配料。①

第一节 黄河流域的外来宗教

由于唐朝前期开明的宗教政策,这一时期来自西亚和中亚以及印度的各种宗教随着外来移民和僧侣被传播到黄河流域,这其中既包括被称为"三夷教"的景教、祆教和摩尼教,也包括佛教中从印度新传入的唯识宗和密宗。这些宗教和教派在当时异彩纷呈,而由于理论和内容的差别以及统治者的态度,它们在黄河流域的命运也各不相同。

一、景教

景教是基督教的一个支派,由叙利亚人聂斯脱利所创建,在大秦(东罗马)受排斥,传到波斯。根据唐代文献的记载以及明代天启年间被发现的树立于唐德宗建中二年(781年)的《大秦景教流行中国碑》(以下简称《景教碑》)记载,贞观九年(635年),波斯景教徒阿罗本来华传教,"帝使宰臣房公玄龄宗仗西郊,宾迎入内。翻经书殿,问道禁闱。深知正真,特令传授"②。这样景教才开始在黄河流域流传,最初入唐,名称是"波斯经教",景教是教徒对本教的称呼。到了贞观十二年(638年),太宗下诏:"波斯僧阿罗本,远将经教,来献上京。详其教旨,玄妙无为,生成立要,济物利

---

① 谢弗.1995.唐代的外来文明.吴玉贵译.北京:中国社会科学出版社.4
② 翁绍军校勘注释.1996.汉语景教文典诠释.大秦景教流行中国碑颂.上海:上海三联书店.41~81.以下未注明出处引文皆引此书

人，宜行天下。所司即于义宁坊造大秦寺一所，度僧廿一人。"而且，太宗还命令将自己的画像绘制在寺院的墙壁上。① 这样，长安就有了第一座景教寺院，当时称为波斯寺。

高宗时期，景教得到了进一步的发展，"而于诸州各置景寺，仍崇阿罗本为镇国大法主"。而到了武则天秉政时期，景教在长安和洛阳都受到了此时盛极一时的佛教的排挤，据《景教碑》记载，"圣历年，释子用壮，腾口于东周；先天末，下士大笑，讪谤于西镐"。之后经僧首罗含和大德及烈的努力，"共振玄纲，俱维绝纽"，景教度过了难关。开元时期，由于唐玄宗的支持，景教得以复兴，"法栋暂桡而更崇，道石时倾而复正"。景教僧人则通过进献"奇器异巧"来讨好玄宗皇帝，如开元二年（714年），僧人及烈等人"广造奇器异巧以进"。

根据《景教碑》的记载，此时的景教明显得到了统治者的关注和信任。玄宗曾令宁王等五王亲临景教寺院并建立坛场，天宝初年还命令高力士在景寺中安置高祖、太宗等五圣的画像。天宝三载（744年），景僧佶和、罗含、普论等18位景教教士受命在兴庆宫为玄宗修功德，玄宗还亲自为景教寺院题写匾额，可见这一时期长安景教的盛行与皇家的荣宠。天宝四载（745年）九月，唐政府下令说："波斯经教，出自大秦，传习而来，久行中国。爰初建寺，因以为名。将欲示人，必修其本。其两京波斯寺，宜改为大秦寺，天下诸府郡置者亦准此。"② 这样，两京的景教寺院统称大秦寺。

玄宗之后的肃宗、代宗统治时期，景教的地位仍旧稳固，根据《景教碑》的记载，景教教士伊斯还参与了唐朝安史之乱的平叛工作，受命协助当时统领朔方军的名将郭子仪，"为公爪牙，做君耳目"。作为一名景教僧侣，伊斯获得了"金紫光禄大夫、同朔方节度副使、试殿中监"的官职。由于伊斯的努力，这一时期的景教进一步发展起来，"或仍其旧寺，或重广法堂"。肃宗之后的代宗也一如既往地支持景教，"每于降诞之辰，锡天香以告成功，颁御馔以光景众"。由于有唐政府的支持，在德宗建中二年（781年），景教教徒在义宁坊树立了《大秦景教流行中国碑》来铭记此时景教的辉煌，该碑的左右两侧刻有70位僧人的叙利亚文头衔和姓名，从这里可以看出长安的景教僧众都是波斯人。

景教传入洛阳的年代已不可考，但据前引《景教碑》的记载，武则天时期洛阳已有景教徒。洛阳的波斯寺当在修善坊，《河南志》卷一就记载修善

---

① 王溥. 1955. 唐会要. 卷四九. 北京：中华书局. 864
② 王溥. 1955. 唐会要. 卷四九. 大秦寺. 北京：中华书局. 864

坊,"唐有波斯胡寺"①。天宝四载九月更名为大秦寺。另据《大秦景教流行中国碑》中的古叙利亚文题记,我们知道德宗时期景僧业利是长安与洛阳的主教。② 2006年5月,在洛阳市东郊出土了一件珍贵的唐代景教经幢,该经幢呈八棱形,石灰岩质,出土时只有上半段,内容是《大秦景教宣元至本经》及《大秦景教宣元至本经幢记》(图3-1)。此经幢刊刻的《大秦景教宣元至本经》虽然残缺,却是首次向我们展示了这篇唐代景教经典的后半部分,具有重要的文献价值。③ 根据《经幢记》的记载,这座景教经幢是唐后期宪宗元和九年(814年)某人与其弟景僧清素、从兄少诚,其舅安少连等为安葬其母安国安氏太夫人及师伯所刻制并树立在坟茔前的。文宗大和三年(829年)二月十六日又举行了"迁举大事"。从其母舅姓安以及他们都信仰景教来看,这个家族都是粟特人。因为通常情况下,唐政府是不允许汉人信仰景教的。另外,主持丧葬活动的洛阳大秦寺的寺主法和玄应,俗姓米;威仪大德玄庆,俗姓米;九阶大德志通,俗姓康。从他们的俗姓来看,这些景教教士也都是粟特人。这件景教经幢的发现说明唐代洛阳景教僧侣和信徒都是粟特人。而且,唐后期在会昌灭佛之前,洛阳还有一定数量的景教信徒,景教僧侣还主持一些宗教活动。

图3-1　洛阳东郊出土大秦景教宣元至本经经幢记拓片

---

① 徐松辑.1994.河南志.北京:中华书局.12
② 段晴.唐代大秦寺与景教僧新释.见:荣新江.2003.唐代宗教信仰与社会.上海:上海辞书出版社.438
③ 罗炤.2007.洛阳新出土《大秦景教宣元至本经及幢记》石幢的几个问题.文物,(6):34~35

这一时期的景教寺院还非常重视参与社会生活，尤其是慈善事业，如《景教碑》记载："更效景门，依仁施利。每岁集四寺僧徒，虔事精供，备诸五旬。饿者来而饭之，寒者来而衣之，病者疗而起之，死者葬而安之。"

由此可见，唐代黄河流域景教曾经流行一时，尤其是长安与洛阳这样的政治和经济中心，曾经聚集了大量景教僧侣和信徒。根据出土石刻文献来看，这一时期信仰景教的教众，长安的都是波斯人，也有粟特人信徒，如出土于长安的《米继芬墓志》记载其子僧思圆就是一名景教僧侣[1]；而洛阳的景教信徒都是粟特人。

除了长安和洛阳之外，关内道的灵武也有景教寺院，据《景教碑》的记载，肃宗曾"于灵武等五郡，重立景寺"。既然肃宗最初在灵武即位，此时又是危急存亡之际，肃宗不可能在更远的地方设置景寺，因此其他四所景寺很有可能就在关内道周边四郡设立。

二、摩尼教

摩尼教由波斯人摩尼所创，主张"二宗三际说"，即"光明"和"黑暗"二宗，以及"初际"、"中际"、"末际"三个阶段。经历三个阶段后，光明战胜黑暗。摩尼教原本于3世纪盛行于波斯，但此后因受到祆教的排挤而受到打击。摩尼被投入监狱杀害后，摩尼教徒也逃亡到各地。唐朝前期，摩尼教徒是如何进入黄河流域的呢？根据宋代志磐《佛祖统纪》卷三九的记载："延载元年，波斯国人拂多诞持《二宗经》伪教来朝。"明代何乔远的《闽书》卷七《方域志》中的记载更为详尽，摩尼在波斯被杀后，"以其法属上首慕阇。慕阇当唐高宗朝行教中国。至武则天时，慕阇高弟密乌没斯拂多诞复入见，群僧妒潛，互相击难。则天悦其说，留使课经"。则早在唐高宗时期，摩尼教已经进入汉地。武则天延载元年，摩尼教徒进入洛阳。根据摩尼教经典，慕阇和拂多诞都是摩尼教对高级僧侣的专称。[2] 开元七年（719年）六月，吐火罗国支汗那王帝赊上表献解天文人大慕阇，声称："其人智慧幽深，问无不知。伏乞天恩，唤取慕阇，亲问臣等事意及诸教法，知其人有如此之艺能，望请令其供奉，并置一法堂，依本教供养。"[3] 另外，据记载，随同此慕阇前来的还有他的长子吉猎颠，可能也是摩尼教信徒。此后，摩尼教开始在黄河流域传播，开始出现汉族百姓信仰此教的情况，因此，在玄宗开元二十年（732年）朝廷诏令："末摩尼法，本是邪见，妄称佛教，

---

[1] 葛承雍. 2001. 唐代长安一个粟特家庭的景教信仰. 历史研究，(3)
[2] 林悟殊. 1997. 慕阇考. 摩尼教及其东渐. 台北：淑馨出版社. 137
[3] 王钦若等. 1960. 册府元龟. 卷九七一. 外臣部·朝贡四. 北京：中华书局. 11406

诳惑黎元，宜严加禁断。以其西胡等既是乡法，当身自行，不须科罪者。"① 但此时对于胡人信仰摩尼教并没有加以禁止。

然而，机缘巧合使得摩尼教在唐后期得以在黄河流域广泛传播。据19世纪末出土于蒙古的《九姓回鹘可汗碑》记载，在平定安史之乱的过程中，回纥牟羽可汗率兵助唐朝收复了东都洛阳，在这里他见到了睿息等四名摩尼教僧人，并将四人带回了漠北。② 此后，摩尼教成为回纥的国教，又由于回纥帮助唐朝平叛而受到唐朝的礼敬。这样，摩尼教僧侣借助强盛一时的回纥的势力来推动其在黄河流域的传播，如代宗大历三年（768年），唐朝在长安为摩尼教徒建立大云光明寺。③ 李肇《唐国史补》记载："回鹘常与摩尼议政，故京师为之立寺。……其大摩尼数年一易，往来中国，小者年转。"④ 此时摩尼寺似乎还只存在于长安，因为直到唐宪宗元和二年（807年）正月，回鹘又请在河南府及其太原府置摩尼寺三所，获准。⑤ 这说明直到此时，洛阳与太原才有了摩尼寺。摩尼寺僧人也参与了一些长安社会的宗教活动，如在德宗贞元十五年（799年）四月，由于大旱，摩尼教教士也参与了长安的祈雨活动。⑥ 这一时期，唐朝与回鹘的交往中经常能够见到摩尼教徒的身影，如元和十二年（817年），回鹘派遣摩尼僧等八人到长安请求和亲，十二月二日，宪宗"宴归国回鹘摩尼八人，令至中书见宰臣"⑦。长庆元年（821年）五月，太和公主出嫁回纥，"回鹘宰相、都督、公主、摩尼等五百七十三人入朝迎公主，于鸿胪寺安置"⑧。来到长安的摩尼师还经常从事商业活动，《新唐书》卷二一七《回鹘传》载："摩尼师至京师，岁往来西市，商贾颇与囊橐为奸。"直到会昌年间，回鹘败于黠戛斯，不复往日的盛势。唐朝在赐回鹘可汗的敕书中还提到"朕深念异国远僧，欲其安堵，且令于两都及太原信响处行教"⑨，可见直到会昌前期唐朝未对摩尼教进行打击之前，两京和太原都有外国摩尼教僧人传教，这几处也允许摩尼教传播。

《太平广记》卷一〇七《吴可久》记载了这样一则故事："吴可久，越

---

① 杜佑.1988.通典.卷四〇.职官.北京：中华书局.22，1103
② 林梅村.1999.九姓回鹘可汗碑研究.欧亚学刊.第1辑.北京：中华书局.151~171
③ 志磐.1990.佛祖统纪.卷四一.法运通塞志.大正藏第40册.东京：大藏经刊行会.378
④ 上海古籍出版社.2000.唐五代笔记小说大观.上海：上海古籍出版社.201
⑤ 王钦若等.1960.册府元龟.卷九九九.外臣部·请求.北京：中华书局.11724
⑥ 王溥.1955.唐会要.卷四九.摩尼寺.北京：中华书局.864
⑦ 王钦若等.1960.册府元龟.卷九七九.外臣部·和亲.北京：中华书局.11506；刘昫.1975.旧唐书.卷一九五.回纥传.北京：中华书局.5210
⑧ 刘昫.1975.旧唐书.卷一九五.回纥传.北京：中华书局.5211
⑨ 李德裕.1986.会昌一品集.卷五，四库全书本.台北：商务印书馆

人。唐元和十五年居长安，奉摩尼教，妻王氏，亦从之。"一年后，吴可久妻子暴亡。其后其妻托梦给吴可久，告诉他自己因为信仰邪教而化为蛇，被压在佛塔之下，即将死去，因而拜托他们请僧人撰《金刚经》来避免她遭受其他痛苦。吴可久于是请僧人转《金刚经》，果真在佛塔下发现一条大蛇，僧人转经完毕后蛇果真死去了。之后吴可久就皈依了佛教。① 这则故事显然是佛教徒编造出来攻击摩尼教徒的，内容是荒诞的，但从侧面也反映出当时长安汉族居民也有信仰摩尼教的情况。

唐武宗会昌时期，由于回鹘的衰弱，黄河流域的摩尼教开始走下坡路。"会昌毁佛"过程中，摩尼教更是遭到沉重打击，寺院被毁，许多僧侣被杀或流放，但摩尼教信仰并未消失，"然而未尽根荄，时分蔓衍"②。

三、祆教

唐代黄河流域流行的外来宗教除了景教与摩尼教外，还有祆教。祆教又称拜火教或火祆教，是中国古代对起源于波斯的琐罗亚斯德教（zoroastrianism）的称呼。祆教早在北魏时期就已经传入黄河流域。北魏孝明帝神龟二年（519年），灵太后幸嵩山，曾宣布"废诸淫祀，而胡天神不在其列"。而胡天神就是祆教的神祇，可见北魏后期胡天神已经被列入祀典，受到国家的承认。之后的北齐、北周都有皇帝拜祭胡天的记载，如《隋书》卷七《礼仪志》载："后主末年，祭非其鬼，至于躬自鼓舞，以事胡天。邺中遂多淫祀，兹风至今不绝。后周欲招来西域，又有拜胡天制，皇帝亲焉。其仪并从夷俗，淫僻不可纪也。"

到了唐代，随着中外经济、文化交流的进一步加强，更多中亚胡人进入黄河流域，使得祆教在汉地的影响进一步扩大。当时的长安与洛阳都有多所祆祠，长安城有五座祆祠，分别在布政、醴泉、普宁、崇化、靖恭坊。最早的建立于高祖武德四年（621年），《通典》卷四十《职官典》注："武德四年，置祆祠及官，常有群胡奉事，取火咒诅。"据韦述《两京新记》卷三记载，布政坊"西南隅，胡祆祠"，并注武德四年所立，则建立最早的是布政坊祆祠，姚宽《西溪丛语》卷上记："唐贞观五年（631年），有传法穆护何禄，将祆教诣阙闻奏，敕令长安崇化坊立祆寺。"③ 可知此是粟特何国人何禄所建。"祠内有萨宝府官，主祠祆神，亦以胡祝充其职。"④ 萨宝为粟特队商

---

① 李昉等.1961.太平广记.卷一〇七.引报应记.北京：中华书局.727
② 赞宁.1990.大宋僧史略.卷下.大秦末尼.大正藏54册.东京：大藏经刊行会.253
③ 姚宽.1997.西溪丛语.卷上.北京：中华书局.42
④ 徐松.1985.唐两京城坊考.卷四.北京：中华书局.105

首领的称号，这里的祆祠也应当是粟特人的祭祀场所。唐后期虽然经历了会昌年间对各类宗教的毁灭活动，但长安还有信仰祆教的胡人，如根据西安出土的唐咸通十五年《唐苏谅妻马氏墓志》中的中古波斯语巴列维文记载，"其地与阿胡拉·马兹达及天使们同在极美好的天堂里祝福"。而阿胡拉·马兹达就是祆教的主神，可见这个波斯家族直到晚唐，还一直保持着自己的祆教信仰。①

信奉祆教的胡商经丝绸之路来洛阳经商、定居，祆教也得到传播，因而洛阳的里坊和市场都有了祆教祠庙，胡商还经常举行一些具有宗教色彩的活动。《朝野佥载》卷三记载：

> 河南府立德坊及南市西坊皆有胡祆神庙。每岁商胡祈福，烹猪羊，琵琶鼓笛，酣歌醉舞。酹神之后，募一胡为祆主，看者施钱并与之。其祆主取一横刀，利同霜雪，吹毛不过，以刀刺腹，刃出于背，仍乱搅肠肚流血，食顷，喷水咒之，平复如故。此盖西域之幻法也。②

另外，根据徐松《唐两京城坊考》的记载，洛阳会节坊和修善坊也有祆祠。

两京的祆祠似乎还向当地汉人传教，《新唐书》卷四六《百官志·祠部》记载："两京及碛西诸州火祆，岁再祀而禁民祈祭。"林悟殊指出，如果两京的祆教僧侣不向汉人传教，不让他们参加宗教活动，唐政府也就没必要禁止他们祈祭。

中原地区除了洛阳之外，其他地区也存在祆教祠庙，如唐后期的汴州就有祆祠，宋人张邦基《墨庄漫录》卷四记载：

> 东京城北有祆庙。祆神本出西域，盖胡神也，与大秦穆护同入中国，俗以火神祠之。京师人畏其威灵，甚重之。其庙祝姓史，名世爽，自云家世为祝累代矣，藏先世补受之牒凡三：有曰怀恩者，其牒唐咸通三年（862年）宣武节度使令狐给，令狐者，丞相绹也。有曰温者，周显德三年（956年）端明殿学士权知开封府王所给，王乃朴也。有曰贵者，其牒亦周显德五年枢密使权知开封府王所给，亦朴也。自唐以来，祆神已祀于汴矣，而其祝乃能世继其职逾二百年，斯亦异矣。③

从这段文字不难看出，汴州的祆祠在经历了"会昌灭佛"之后又得以恢复，香火不断。而且，负责祆庙宗教事务的庙祝史世爽，显然是粟特史国人

---

① 刘迎胜．1990．唐苏谅妻马氏汉巴列维文墓志再研究．考古学报，(3)：299
② 张鷟．1997．朝野佥载．卷三．北京：中华书局．64~65
③ 张邦基．2002．墨庄漫录·过庭录·可书．北京：中华书局．110

的后裔，他们世代担任神职，使这座祆庙的香火一直延续到宋代。

河北地区的恒州和瀛州也有祆祠，恒州西南50里获鹿县有鹿泉胡神祠。宋人陈思《宝刻丛编》卷六著录《唐鹿泉胡神祠文》载："唐来复撰并书，宝（历）二年四月立在获鹿。"① 程越认为既称胡神，且用祆祠常用的"祠"字，因此这里应该是一所胡人崇奉的祆祠。② 瀛州的祆神庙在乐寿县，宋人王瓘《北道刊误志》记载："瀛州乐寿县亦有祆神庙，唐长庆三年置，本号天神。"③

黄河上游的凉州是这一时期丝绸之路上的交通重镇，这里也有祆祠。《朝野佥载》卷三记载：

> 凉州有祆神祠，至祈祷日祆主以铁钉从额上钉之，直洞腋下，即出门，身轻若飞，须臾数百里。至西祆神前舞一曲即却，至旧祆所乃拔钉，无所损。卧十余日，平复如故，莫知其所以然也。④

此段文字反映了凉州祆主高超的幻术，与洛阳立德坊前的表演有异曲同工之妙。

黄河中游地区的太原虽然没有存在祆祠的文献记载，但太原有一定数量的中亚移民并形成了自己的聚落。根据出土的《虞弘墓志》、《翟突娑墓志》、《龙润墓志》，虞弘来自鱼国，其地虽不可考，但应该是中亚地区的国家。虞弘早年在柔然做官，之后历仕北齐、北周，并曾在北周时期检校萨保府，"领并、代、介乡团"，管理并州、代州的中亚粟特聚落居民。⑤ 太原人翟突娑的父亲翟婆摩诃也曾担任大萨保，而中古时期的翟姓据研究一部分也是来自中亚粟特地区的移民。⑥《龙润墓志》则记载其在李唐起兵时投靠唐军，任朝散大夫、萨宝府长史。⑦ 而根据荣新江的考证，龙氏是西域焉耆国迁居中原后所采用的姓氏。⑧ 萨保府本身就是中亚胡人聚落的管理部门，由此可见，一直到唐初，太原是存在胡人聚落的，而萨宝同时也是祆教的神职人员，因此能够推断在北朝隋唐时期这里也有祆教徒存在。唐代祆教徒在太原的活动史书失载，但祆教徒的一些丧葬风俗在当地社会已产生了一定的影

---

① 新文丰出版公司编辑部.1977.石刻史料新编.第24册.台北：新文丰出版公司.18177
② 程越.1994.从石刻史料看入华粟特人的汉化.史学月刊，(1)：22
③ 文廷式.纯常子枝语.卷八.见：神田喜一郎.1933.祆教琐记.史林.第18卷第1号.16
④ 张鹭.1997.朝野佥载.卷三.北京：中华书局.65
⑤ 山西省考古研究所.2001.太原隋代虞弘墓清理简报.文物，(1)：50
⑥ 赵力光.1995.鸳鸯七志斋藏石.西安：三秦出版社.218
⑦ 隋唐五代墓志汇编总编辑委员会.1991.隋唐五代墓志汇编·山西卷.天津：天津古籍出版社.8
⑧ 荣新江，龙家考，中国中亚文化协会.1995.中国中亚文化协会.1995.中亚学刊.第4辑.北京：北京大学出版社

响,如《旧唐书》卷一一二《李暠传》记载,开元时期:

> 太原旧俗,有僧徒以习禅为业,及死不殓,但以尸送近郊以饲鸟兽。如是积年,土人号其地为"黄坑",侧有饿狗千数,食死人肉,因侵害幼弱,远近患之,前后官吏不能禁止。暠到官,申明礼宪,期不再犯,发兵捕杀群狗,其风遂革。

而根据文献记载,中亚粟特地区就有此葬俗,据《通典》卷一九三《边防九》转引隋韦节《西蕃记》的记载,粟特康国:

> 国城外别有二百余户,专知丧事,别筑一院,院内养狗。每有人死,即往取尸,置此院内,令狗食之,肉尽收骸骨,埋殡无棺椁。

四、佛教宗派

除了三夷教之外,唐代的外来宗教中还包括一些佛教宗派。众所周知,唐代是佛教进一步发展以及佛教信仰极为鼎盛的时代。由于唐代以玄奘、义净为首的大量僧人到天竺求法,因此印度佛教中的一些宗派也被传播到了黄河流域。其中最具外来色彩的是唯识宗和密宗。

(一) 唯识宗

唯识宗是著名僧人玄奘创立的宗派。玄奘在西行求法的过程中在天竺学习了天竺后期佛教大乘有宗的佛学,他先后师从那烂陀寺的戒贤论师研究《瑜伽师地论》,之后又在杖林山从胜军论师受业,尽得其所长《唯识决择论》。同时,他还学习了许多印度原始的哲学著作,具有深厚的佛学造诣。回到长安后,他先后在弘福寺、慈恩寺、西明寺从事译经工作,一共译成佛经74部,1335卷,这个数量超过唐代译经总数的一半。其中就翻译了当时唯识宗的重要经典《解深密经》和天竺十大论师的《瑜伽师地论》以及《成唯识论》等,这样,法相宗的理论基础基本奠定了。之后经过窥基的努力,法相宗的理论更加充实。由于玄奘长期在长安慈恩寺翻译佛经并弘扬唯识宗教义,因此这里最终成为唯识宗的祖庭,所以又称"慈恩宗"。

玄奘创立的唯识宗是将在天竺所学习和翻译的佛经都作为真经加以宣扬,并以此为教义创立的。唯识宗否定客观世界的存在,主张"万物唯识",认为宇宙的一切现象是由八种精神实体"识"变现出来的,前六识分别是眼、耳、鼻、舌、身、意,第七识为末那识,是联系前六识与第八识"阿赖耶识"的纽带,意为近似灵魂的精神实体。而阿赖耶识是世界万物的本原,一切宇宙现象，皆由阿赖耶识产生，它是永恒的意识流，蕴藏许多种子，是精神的潜在状态。唯识宗还有五等佛性说理论，否定一切众生皆有佛性，认为有一类众生永远不能成佛。唯识宗丰富了唐代黄河流域佛教思想的内容，但由于其是由一些高僧所创立的，严格遵循印度的教义，照搬其哲理体系，经院气息浓厚。表面上看，其理论精致、体系庞大、内容新颖，但教义极其烦琐而不适宜传播。因此，其理论烦琐高深且对普通信仰者而言没有实用方面价值，不适合黄河流域传统农业社会注重实际和实用的价值观念。而且，其与唐代佛教中国化的大趋势相悖，因此，初唐时期唯识宗由于玄奘个人的影响以及太宗和高宗等统治者的支持虽然风靡了一段时间，但玄奘去世后很快就衰落了。

（二）密宗

密宗也是唐代曾经盛行一时的外来佛教宗派，由于专门以修炼秘密真言为主，又称真言宗。它本是印度佛教中的最后一个宗派，是印度佛教在发展的后期与传统的印度宗教婆罗门教相结合形成的，以《大日经》与《金刚顶经》作为尊奉的经典。除了信奉大日如来之外，密宗还尊奉许多婆罗门教的神，举行崇奉这些神的各种仪式。

汉地很早就有《孔雀王经》、《大灌顶经》等密宗经典的翻译，形成了早期密教的流传。唐代初年，大量密宗僧人来到长安和洛阳，如智通在长安总持寺、阿地瞿多在慈恩寺、佛陀波利在西明寺译经，洛阳则有婆罗门僧达摩战陀在佛授记寺传经，菩提流志则在东西两京译经，另外还有日照、提云般若、实叉难陀、宝思惟等。这样又有许多密宗经典如《千眼千臂观世音陀罗尼经》、《陀罗尼集经》、《佛顶尊胜陀罗尼经》被翻译，这里又成为早期密教在汉地传播的中心。

直到玄宗开元时期，由于来自中印度的摩揭陀国人善无畏、南天竺摩赖耶国人金刚智、狮子国人不空相继来长安传教，他们先后译出了《大日经》、《金刚顶经》、《瑜祇经》等经典100余部，随着大量密宗经典的翻译，密宗才正式被建立起来。密宗的创立和传播与黄河流域的长安与洛阳有着密切的联系。善无畏、金刚智、不空三人长期在长安与洛阳从事译经活动。善无畏开元四年（716年）到长安后大多数时间在西明寺译经，在开元十二年（724年）随玄宗到洛阳后，在洛阳的福先寺翻译《大日经》，此后移圣善寺传授密法，开元二十三年（735年）圆寂，最终葬于龙门西山。金刚智入唐后也活动于东、西两京之间，曾先后在荐福寺、资圣寺译经，开元二十九年（741年）卒于洛阳广福寺，葬于龙门。而金刚智弟子不空在玄宗时也曾随

金刚智来到洛阳译经,之后活动于长安和凉州,肃宗、代宗时长期居住在长安城南靖善坊的大兴善寺译经传法,因此这里与长安城东新昌坊的青龙寺成为这一时期重要的密宗传播的中心,青龙寺也因接纳了大量日本僧人而被日本密宗宗奉为密宗祖庭。

密宗在理论上主张即身成佛,认为只要觉悟,就能够现世成佛。密宗不像其他的佛教宗派用明白的语言宣传教义,而是使用所谓的真言即咒语(陀罗尼)来表达。因为,它认为佛祖的真言、密语不能见诸文字,只能对受过灌顶礼的弟子秘传。

密宗主张六大缘起说,认为水、火、地、风、空、识形成了佛和宇宙万象,前五种是物质现象,后一种是精神现象。众生依法修习"三密加持"就能使身、口、意"三业"清净,与佛的身、口、意三密相应,即身成佛。密宗宗仪轨复杂,具有神秘色彩。所有设坛、供养、诵咒、灌顶等,均有严格规定,需经阿阇梨(导师)秘密传授。密教非常重视各种咒语念诵、坛场供养,以及密印、皈依等种种仪轨的修行,来达到即身成佛的目的。文献中记载的密宗三大士都依靠咒语、神秘仪式等匪夷所思的手段来祈雨、禳灾,并取得玄宗、代宗等皇帝的信任。

安史之乱后,密宗一方面以其宣传正法护国护王思想直接为巩固皇权服务,适应了统治者复兴王室的需要;另一方面以融汇中国传统的阴阳五行和道教的成仙、咒术、房中术等迎合了当时的儒、释、道三教正在融合的趋势。同时,密宗讲求即身成佛,且修行方法简单易行,迎合了各阶层信徒的需要,因而得到急剧发展。此后,密宗一直受到李唐皇室的支持与信赖,而长安皇宫在大部分时间也设立密宗道场。唐后期,长安的许多佛寺还有高僧传持密宗,如兴善寺的难陀三藏与智慧轮、青龙寺的宝月三藏等。

1987年陕西扶风法门寺地宫出土了唐后期皇家供奉佛祖的大量法器,其中包括懿宗、僖宗供奉的。法器中就有许多密宗的法器,如咸通十三年(860年)捧真身菩萨腰部和底座的造像就属于密宗,供奉舍利的八重宝函中多件都有密宗造像。而密宗僧人在此次活动中也起到了重要的作用。① 可见此时密宗信仰对晚唐皇室的影响以及密宗活动的情况。②

可以说,从唐初开始,大量的密宗僧人进入黄河流域,他们在长安、洛阳等地翻译密教经典,传持密教,为密宗的建立和其信仰的传播奠定了基础。从僧传的记载来看,这一时期黄河流域的许多地方都有密宗僧人活动的

---

① 吕建福.1995.中国密教史.北京:中国社会科学出版社.332~338
② 吕建福.1995.中国密教史.北京:中国社会科学出版社.346

情况，如五台山金阁寺有不空弟子含光弘扬密宗，灵州龙兴寺增忍、广福寺无迹①，汴州的辨弘、弘法都在传播密宗。

而盛唐以后，黄河流域的密宗信仰愈演愈烈，从早期以长安与洛阳为中心逐渐向周边普及，民间对于千手千眼观音、毗沙门天王、陀罗尼经等的信仰也越来越流行。尤其是与密宗有关观世音的经典如《千手千眼观世音菩萨广大圆满无碍大悲心陀罗尼经》、《清净观世音菩萨陀罗尼》等被大量地翻译，这些经典中的观世音菩萨神通广大，驱魔除鬼，慈悲为怀，受到百姓的顶礼膜拜。而密宗对"一手把杨枝，一手把净瓶"的千手千眼的观音形象的描述使得观世音在民间更是深入人心，原本就因为净土宗信仰而兴起的观世音信仰更加被推波助澜，促进了唐代佛教信仰的实用化和俗神化倾向。除此之外，黄河流域许多地区直至今天还有大量的唐代陀罗尼经幢遗存，可见当时密宗信仰之热情。

第二节　黄河流域的外来科学技术

唐代黄河流域的科技方面也有外来文明的成分。

一、天文学

唐代外来天文学对唐朝产生了重要的影响，主要表现在印度和波斯天文学的传入上。这和入唐的外国人如印度人、波斯人有着密切的联系。古代印度的天文历算历史悠久，对周边国家地区影响甚大。《旧唐书》卷一九八《天竺传》就记载其国"有文字，善天文算历之术"。江晓原指出：虽然印度天文学很早就进入汉地，然而其高潮却出现在唐代。② 唐初所修撰的《隋书》中的《经籍志》就记载了当时流传的天竺天文学算学方面的书籍，如《婆罗门天文经》、《婆罗门竭伽仙人天文说》、《婆罗门天文》、《婆罗门算法》、《摩登伽经说星图》等。到了唐代，不空翻译的《宿曜》二卷以及一行的《大定露胆诀》等，也是翻译自天竺的天文学作品。③

其中来自中天竺的瞿昙家族在唐朝世代从事天文历算职业，对唐代天文历法的影响非常大。1977 年，在西安长安县纪阳乡北田村发现了瞿昙譔的墓

---

① 赞宁.1999.宋高僧传.卷二六.唐朔方灵武龙兴寺增忍传.北京：中华书局.667；赞宁.1999.宋高僧传.卷三〇.后唐灵州广福寺无迹传.北京：中华书局.752

② 江晓原.1991.天学真原.沈阳：辽宁教育出版社.356

③ 郑樵.1995.通志二十略.艺文略六.北京：中华书局.1668

葬并出土墓志一方，使我们对于入仕唐朝的这一印度人家族有了更加深入的了解。墓志记载其"发源启祚，本自中天，降祉联华，著于上国，故世为京兆人也"①。由此可见，此家族来自中天竺，除第一代瞿昙逸没有入仕之外，其后数代都在唐朝从事天文工作。根据墓志记载，其祖瞿昙罗官"太中大夫、司津监"，而结合新旧《唐书》的记载，瞿昙罗还曾经在高宗麟德二年（665年）任司天监太史令，并进《经纬历法》九卷，被高宗批准与李淳风的《麟德历》相参行。之后瞿昙罗还在武则天时期造《光宅历》。②可见，瞿昙罗在高宗和武后时期长期担任太史令，主持修撰历法。瞿昙罗的儿子瞿昙悉达在唐代天文学方面成就更为突出。他在玄宗开元年间担任太史监，开元六年（718年），瞿昙悉达受玄宗诏翻译了天竺《九执历》，据《新唐书》卷二八下《历志四下》记载，"《九执历》者，出于西域，开元六年，诏太史瞿昙悉达译之"③。《九执历》中引入了许多新的天文学知识和概念，如"三十度为相，十二相而周天"④，就是以360度为一周天，与中国传统的每日一度，365.25度为一周天的说法不同。尽管当时对于《九执历》有"其算皆以字书，不用筹策。其术繁碎，或幸而中，不可以为法。名数诡异，初莫之辨也"的评价，但开元十六年（728年）八月一行修成的《大衍历》中就有《九执历》二卷，可见《大衍历》中也包含了《九执历》的内容。⑤瞿昙悉达还纂集了《大唐开元占经》，该书集唐以前星占学说之大成，是研究中国古代天文学和星占学的重要资料，而其中的卷一〇四就介绍了印度的《九执历》，并指出："《九执历》法，梵天所造，五通仙人承习传授。肇自上古，百博义二月春分朔，于时曜躔娄宿，道历景止，日中气和，庶物渐荣，一切渐长，动植欢喜，神祇交泰，棹兹令节，命为历元。"瞿昙悉达的儿子瞿昙谯和瞿昙谦也从事天文工作，瞿昙谯在肃宗乾元元年（758年）开始担任司天监秋官正，代宗宝应元年（762年）时担任司天少监，最后官至司天监。⑥墓志记载其"每金殿清问，玉阶拜首，敷奏星家，移及兵略"，可见其颇受皇室信任。瞿昙谦则著有《大唐甲子元辰历》。此后，瞿昙谯的儿子瞿昙晏也从事天文工作，据《通志·氏族略·诸

---

① 晁华山.1978.唐代天文学家瞿昙谯墓的发现.文物，（10）：49~51；周绍良，赵超.1992.唐代墓志汇编.大历049.上海：上海古籍出版社.1791~1792

② 欧阳修，宋祁.1975.新唐书.卷二六.历志二.北京：中华书局.559

③ 欧阳修，宋祁.1975.新唐书.卷二八下.历志四下.北京：中华书局.691~692

④ 欧阳修，宋祁.1975.新唐书.卷二八下.历志四下.北京：中华书局.692

⑤ 王溥.1955.唐会要.卷四二.历.北京：中华书局.751

⑥ 刘昫.1975.旧唐书.卷三六.天文下.北京：中华书局.1324；瞿昙谯墓志铭.见：周绍良，赵超.1992.唐代墓志汇编.大历049.上海：上海古籍出版社.1791

方复姓》记载，"西域天竺国人唐司天监瞿昙误（谍）子晏为冬官正"，则瞿昙谍之子仍在司天台工作。这样，瞿昙谍家族四代都为唐朝政府从事天文工作，可谓"代掌羲和之官，家习天文之学"，他们为唐朝天文学的进一步发展作出了重要的贡献。

除了瞿昙家族之外，在唐朝天文机构任职的印度人还有迦叶孝威和僧人俱摩罗。迦叶孝威的天文学方面的成就在史书中有所体现，《旧唐书》卷三三《历志二》就记载了其"天竺法"推算日月食的方法，指出"此等与中国法数稍殊，自外梗概相似也"。其记载附于《麟德历》交食术之后，可见其方法是与唐代历法相参使用的。另外，中宗景龙年间的右骁卫大将军迦叶志忠也兼知太史事，可见也是一名通晓天文的印度人。

《旧唐书》卷三四《历志三》还记载了天竺僧俱摩罗所传断日蚀法，"其蚀朔日度躔于郁车宫者，的蚀"。其法也是作为《大衍历》交食术的附录而记载的。俱摩罗还有《秘术占》一卷流传于宋代。① 代宗时期的天文官员杨景风在《文殊师利菩萨及诸仙所说吉凶时日善恶宿曜经》注文称："凡欲知五星所在分者，据天竺历术，推知何宿，具知也。今有迦叶氏、瞿昙氏、拘摩罗等三家天竺历，掌在太史阁。然今之用，多用瞿昙氏历。与大数相参供奉耳。"可见当时源自天竺的数家历法都被唐朝天文机构所知晓，只是瞿昙氏的历法使用比较普遍，与唐朝制订的历法参考使用。

天文之外，印度算法也被介绍到唐朝，如瞿昙悉达《开元占经》中就指出："天竺算法，用上件九个字，乘除其字，皆一举礼而成。几数至十，进入前位，每空位处，恒安一点。有间咸记，无由辄错，运算便眼，趁须先及历度。"②

而波斯人在唐代天文学发展上也具有自己的贡献。如唐代的天文历算著作《都利聿斯经》，"本梵书，五卷。唐贞元初，有都利术士李弥乾将至京师，推十一星行历，知人命贵贱"③。经过薮内清、姜伯勤、矢野道雄等学者精细地考证其被认为是希腊天文学家托勒密的天文著作 *Tetrabiblos*，后来经过波斯人的翻译与改编继续向东传播。将其传入长安的都利术士李弥乾，按照唐代波斯人多姓李的惯例，很可能是一位波斯术士。④

在中唐时期波斯人李素也长期在司天台工作，并担任过司天监。根据

---

① 郑樵. 1995. 通志二十略. 艺文略六. 北京：中华书局. 1668
② 瞿昙悉达. 1986. 开元占经. 卷一〇四. 算法. 四库全书本. 台北：商务印书馆
③ 郑樵. 1995. 通志二十略. 艺文略六. 北京：中华书局. 1674
④ 相关研究的综述见荣新江. 1998. 一个入仕唐朝的波斯景教家族. 伊朗学在中国论文集. 第2集. 北京：北京大学出版社. 86~87

1980年出土于西安的《李素墓志》的记载,李素字文贞,"西国波斯人也"。李素是波斯国王的外甥,其祖李益在天宝年间入唐,以质子的身份担当宿卫,担任右武卫将军,被赐姓李氏。父李志,曾担任广州别驾。李素幼年随父在广州,早年就具有突出的天文历算才能,"天假秀气,洞生奇质,得裨灶之天文,究巫咸之艺业。握算枢密,审量权衡,四时不忒,二仪无忒"。代宗大历年间,李素由于在天文历算方面的特长,"特奉诏旨,追赴阙庭",被从广州召至长安,在司天台任职。李素此行有可能就是填补瞿昙譔去世后造成的空缺的。此后李素在司天台任职50余年,并担任了最高长官司天监,最终在元和十二年(796年)十二月十七日以"行司天监兼晋州长史翰林待诏"的身份卒于静恭里。不仅如此,李素之子李景亮"袭先君之艺业,能博学而攻文,身没之后,此乃继体"。宪宗曾召其"诘问玄微,对扬无玷,擢升禄秩,以续阙如"。可见此后李景亮承袭父业,可能继续在司天台工作。李素家族任职司天台的情况能反映出唐朝与波斯天文学之间的交流。因此,荣新江认为波斯《都利聿斯经》的翻译应该与李素有一定的关联。[①] 在古代希腊天文学学说的影响下,唐代还出现了许多与"都利"或"聿斯"有关的天文学著作,如署名为"唐待诏陈辅重修"的《新修聿斯四门经》,荣新江认为他可能是李素的同事。

唐代传入黄河流域的外来历法中还有《七曜历》。七曜是蜜(mīr,日曜日)、莫(Māq,月曜日)、云汉(Wnqān,火曜日)、咥(Tīr,水曜日)、温没司(Wrmzt,木曜日)、那颉(Māqit,金曜日)、鸡缓(Kēwān,土曜日),是摩尼教徒所使用的每周七日的星名,由日、月和五星构成,七曜历术广泛流行于波斯、天竺及粟特人中。据不空所译《文殊师利菩萨及诸仙所说吉凶时日善恶宿曜经》杨景风广德二年注文称:"夫七曜者,所谓日月五星下直人间,一日一易,七日周而复始。其所用,各各于事有宜者,不宜者,请细详用之。忽不记得,但当问胡及波斯并五天竺人总知。尼乾子、末摩尼常以蜜日持斋,亦事此日为大日,此等事持不忘,故今列诸国人呼七曜如后。"[②] 此所谓"胡"应是粟特胡人的代称,尼乾子即一切外道,末摩尼是唐代摩尼教徒的泛称。由此可见,当时此历法已经传入唐朝,唐人对此也有所了解。

---

① 周绍良,赵超.1992.唐代墓志汇编.下册.上海:上海古籍出版社.2039~2040;荣新江.1998.一个入仕唐朝的波斯景教家族.伊朗学在中国论文集.第2集.北京:北京大学出版社.82~90

② 不空译.1990.文殊师利菩萨及诸仙所说吉凶时日善恶宿曜经.卷下.七曜直日历品第八.大正大藏经.21册.东京:大藏经刊行会.398

根据《新唐书》卷五九《艺文志》记载，唐人曹士芳还曾撰著《七曜符天历》一卷。① 据记载，曹士芳是唐德宗建中术士，"始变古法，以显庆五年为上元，雨水为岁首，号《符天历》。然世谓之小历，只行于民间"②。根据《通志》卷六八《艺文志·杂星历》的小注称"本天竺历"，可见这种历书是受到天竺历法的影响而成的，只是在唐五代期间，此历主要是在民间流行的。正因为七曜术在民间传播，官府将七曜历与民间所信奉的图谶相提并论，因此《唐律》中规定"诸玄象器物，天文，图书，谶书，兵书，七曜历，太一、雷公式，私家不得有，违者徒二年"③，不允许民间百姓拥有此历。

除了天竺和波斯之外，其他一些国家也经常进献各种天文书籍以及通晓天文的学者，如开元七年（719年），宾国遣使来朝，"进天文经一夹"④。同年六月，吐火罗进献解天文人大慕阁，"其人智慧幽深，问无不知"⑤，实际上是一名通晓天文历算的摩尼教士。

二、医学

外来的医学技术也对这时的医学产生了重要的影响，其中印度的医术影响较大。唐代僧人义净在《南海寄归内法传》中曾这样介绍印度的医学："言八医者，一论所有诸疮，二论针刺首疾，三论身患，四论鬼瘴，五论恶揭陀药，六论童子病，七论长年方，八论足身力。言疮事兼内外，首疾但目在头，齐咽已下，名为身患，鬼瘴谓是邪魅，恶揭陀遍治诸毒，童子始从胎内至年十六，长年则延身久存，足力乃身体强健，斯之八术，先为八部。"⑥ 可见当时印度的医学发展已经相当完备。《隋书》卷三四《经籍志三》就记载了隋唐之际流传的《龙树菩萨药方》、《西域诸仙所说药方》、《婆罗门诸仙药方》、《婆罗门药方》、《西域名医所集药方》、《西域波罗仙人方》、《耆婆所述仙人命论方》等医书。隋唐时期隐居太白山的药王孙思邈撰写的《千金方》卷二七中就有《天竺国按摩》，并指出"此是婆罗门法"。《千金翼方》则收入了"耆婆汤"，主治"大虚冷风，羸弱无颜色"。《外台秘要》卷三八中也收入耆婆汤，指出其是"疗人风劳虚损，补髓令人健方"。《外台秘要》卷三一还有"耆婆万病丸"，"以耆婆良医，故名耆婆丸

---

① 欧阳修，宋祁.1975. 新唐书. 卷五九. 艺文志三. 北京：中华书局. 1548
② 欧阳修.1976. 新五代史. 卷五八. 司天考一. 北京：中华书局. 670
③ 长孙无忌等.1983. 唐律疏议. 卷九. 私有玄象器物. 北京：中华书局. 196
④ 刘昫.1975. 旧唐书. 卷一九八. 罽宾传. 北京：中华书局. 5309；王钦若等.1960. 册府元龟. 卷九七一. 外臣部·朝贡四. 系年于开元八年二月. 北京：中华书局. 11406
⑤ 王钦若等.1960. 册府元龟. 卷九七一. 外臣部·朝贡四. 北京：中华书局. 11406
⑥ 义净.1995. 王邦维校注. 南海寄归内法传校注. 卷三. 先体病源. 北京：中华书局. 151

方"。耆婆为印度名医，因此学者认为这些方剂大多都应该与印度古代医学有关。①

在印度医术传入黄河流域的过程中，许多来华的印度僧人作用显著，他们许多就精通医术。如唐太宗时期来到长安的天竺方士那罗迩婆婆寐、高宗时期的方士卢迦阿逸多都曾先后为皇帝配制延年之药。另外，当时还有许多来到宫廷的天竺僧人也精通医术。《开元释教录》卷九《菩提流志传》就记载，菩提流志对"阴阳历数、地理、天文、咒术、医方，皆如指掌"。卷十一《波罗颇迦罗密多罗传》记载当时的太子染病，众医生治疗无效，最后其被皇帝诏令医治，"一百余日，亲问承对，不亏帝旨"，使得病情好转。僧人达摩战涅罗"学通三藏，善达医明。……进奉方术、医方、梵夹、药草经书，称惬天心"②。许多印度僧人精通眼科治疗方法，如刘禹锡的《赠眼医婆罗门僧》就云"三秋伤望眼，终日哭途穷。两目今先暗，中年似老翁。看朱渐成碧，羞日不禁风。师有金篦术，如何为发蒙"，可见当时长安就有印度眼科医生，其中的金篦，是天竺医术中治疗白内障的工具。宋代郑樵《通志》就记载有隋唐时翻译到中国的《龙树眼论》，而龙树就是印度大乘佛教早期的大师，以医术高超而著称，该书记载了72种治疗眼科疾病的方法。因此，白居易在《眼病》诗中就有"案上谩铺龙树论，合中虚捻决明丸；人间方药应无益，争得金篦试刮看？"③的赞语，说明当时《龙树论》等天竺医籍已经是当时公认治疗眼病的理论和方法。

大量天竺僧人进入黄河流域，使得这一时期许多天竺眼科治疗理念和方法被汉地医学所吸收。唐玄宗时期王焘的《外台秘要》卷二一也收录了天竺医师的眼科治疗方法和验方，其中就有《天竺经论眼序》，其后注释曰"陇上道人撰，俗姓谢，住齐州，于西国胡僧处授"。季羡林指出，西国胡僧显然就是印度大夫，可见这些都是齐州的谢道人从天竺僧人处学习后得来的。在其内容中有许多谈论天竺眼科理念的，如其中的《叙眼生起》、《出眼疾候》、《眼疾品类不同候》、《眼将节谨慎法》等，并收录了谢道人所传"疗眼暴肿毒，痛不可忍，欲生瞖方"、"疗眼瞖欲尽，微微犹有者方"和"疗眼风热生赤肉方"等三种验方。最显著者如谈论人体由地火水风四元素构成，这些都是天竺医学理论的内容。

另外，《外台秘要》卷十九治疗脚气方"云是婆罗门法"；卷三十还有疗大风疾方，注明"近效婆罗门僧"；卷三一用莲子草膏治疗耳聋眼暗也指

---

① 李斌城. 2002. 唐代文化. 北京：中国社会科学出版社. 1898~1899
② 智昇. 1986. 开元释教录. 四库全书本. 台北：商务印书馆
③ 白居易. 1979. 白居易集. 卷二四. 北京：中华书局. 546

出"本是婆罗门方"。可见王焘在编纂此书时印度的医学理念和方法已经在黄河流域非常流行了,所以才被吸收到此书中。

而一些药方则是外国进献的,如开元八年(720年)二月,罽宾就向唐朝进献秘要方和蕃药①;开元二十五年(737年)四月,天竺僧人达摩战也献上梵本诸方。②

除了天竺的医眼术之外,大秦治疗眼病的手段也非常高超,杜环在怛逻斯之战后被俘到中亚时,曾指出:"其大秦,善医眼及痢。或未病先见,或开脑出虫。"③ 这里的"大秦",就是唐代所称的"拂林"国。唐高宗晚年居住在洛阳时感到头重晕眩,目不能视。御医秦鸣鹤诊断后说:"风毒上攻,若刺头出少血,则愈矣。"武后当即大发雷霆,说秦鸣鹤该杀,"天子头上岂是试出血处耶?"唐高宗却认为既然头痛难忍,不如放手一试。秦鸣鹤于是针刺唐高宗的百会穴和脑户穴,放出少量血液,唐高宗感到头痛缓解,说:"吾眼明矣。"武后看风使舵,立即感叹:"此天赐我师也!"便赐予秦鸣鹤绢帛以示感谢。④ 桑原骘藏最早将两件事联系起来,认为秦鸣鹤所施医术与大秦穿颅之术类似,他可能是东来的大秦国人。⑤

除此外,《外台秘要》卷十八治疗脚气时"若毒气攻心,手足脉绝"的验方还有"高丽老师方",则此方源自高丽。

第三节 黄河流域的外来艺术

一、音乐与舞蹈

这一时期的音乐、舞蹈艺术也深受外来文化影响。唐朝统治者非常重视对外来音乐的引进和吸收,尤其是唐代的燕乐。燕乐主要是在宴会等场合中表演的音乐和歌舞。唐朝的燕乐称为十部乐,分别是清乐、西凉、龟兹、天竺、康国、疏勒、安国、高丽、燕乐、高昌乐。其是在沿袭隋朝的九部乐基础之上又进行了增减形成的,尤其是在贞观十六年(642年)平定高昌后增加了高昌乐,最终形成了唐朝的十部乐。单从名称上就可以看出:天竺、康国、安国、高丽、高昌、龟兹等乐都是外来音乐,具有浓厚的异域色彩。而

---

① 王钦若等.1960.册府元龟.卷九七一.外臣部·朝贡四.北京:中华书局.11406
② 王钦若等.1960.册府元龟.卷九七一.外臣部·朝贡四.北京:中华书局.11410
③ 杜环.2000.张一纯笺注.经行记笺注.北京:中华书局.23
④ 刘肃.1986.大唐新语.卷九.谀佞.北京:中华书局.141~142
⑤ 桑原骘藏.1939.隋唐时代西域人华化考.上海:中华书局.50~51

且,其中的乐曲名称多是外来名称的音译,"工人之服皆从其国",参与演奏的乐人也都穿着外国服饰,如天竺乐佛教色彩浓厚,因而表演者穿"朝霞袈裟";而表演龟兹、康国、安国乐的艺人则穿着皮靴,而且这些外来音乐都使用羯鼓、五弦琵琶、竖箜篌等外来乐器演奏。① 另外,唐代宫廷音乐中还有百济乐,中宗时期,演奏者死亡流散,之后太常卿、岐王李范复奏置之。

唐代黄河流域的外来乐曲中龟兹乐曲的影响非常大,流传也很广。龟兹本身就"管弦伎乐,特善诸国"②。所谓"自周、隋已来,管弦杂曲将数百曲,多用西凉乐,鼓舞曲多用龟兹乐,其曲度皆时俗所知也"。根据《旧唐书·音乐志》的记载,当时立部伎中的破阵乐、庆善乐、大定乐、上元乐、圣寿乐、光圣乐"皆擂大鼓,杂以龟兹之乐,声振百里,动荡山谷"。坐部伎中的长寿乐、天授乐、鸟歌万岁乐、龙池乐、破阵乐等"皆用龟兹乐"。因此,龟兹乐、散乐以及河西的胡音声"俱为时重,诸乐咸为之少寝"③。唐代许多外来乐器都来自龟兹,在唐代太乐署的乐曲中就有《龟兹佛曲》、《急龟兹佛曲》,而唐初宫廷中的乐工白明达就是龟兹人,甚至在宫廷马球活动中还演奏龟兹乐,王建《宫词》中这样写道:"对御难争第一筹,殿前不打背身球。内人唱好龟兹急,天子鞘回过玉楼。"④ 龟兹音乐在上层贵族生活中也比较流行,段成式《酉阳杂俎》中曾记载玄宗在位时对诸王很不放心,曾经窥伺诸王的言行举止,"宁王尝夏中挥汗鞭鼓,所读书乃龟兹乐谱也"⑤。在陕西三原焦村李寿墓出土的石椁四壁有线刻《乐舞图》,其中的乐伎就使用了大量龟兹乐的乐器,孙机通过对这些乐器的分析认为,虽然《乐舞图》并非在演奏龟兹乐而是西凉乐,但仍然"带有一层龟兹音乐文化的色彩"⑥。

即使到了唐后期,外国献乐的情况也还多有发生。例如,德宗贞元十八年(802年)正月,骠国王的弟弟悉利移向唐朝进献骠国乐。骠国乐凡10曲,乐工35人。由于与天竺接近,其乐曲受到印度的影响,"乐曲皆演释氏经论之词",在表现形式上,"每为曲,皆齐声唱,各以两手十指,齐开齐

---

① 欧阳修,宋祁.1975.新唐书.卷二一.礼乐志十一.北京:中华书局.470
② 玄奘,辩机.1985.季羡林等校注.大唐西域记校注.卷一.北京:中华书局.54
③ 刘昫.1975.旧唐书.卷二九.音乐志二.北京:中华书局.1071
④ 曹寅.1999.全唐诗.卷三〇二.北京:中华书局.3438
⑤ 段成式.1981.酉阳杂俎.前集卷一二.语资.北京:中华书局.114
⑥ 孙机.1996.中国圣火:中国古文物与东西文化交流中的若干问题.唐李寿石椁线刻《侍女图》、《乐舞图》散记.沈阳:辽宁教育出版社.198~250

敛，为节之状，一低一昂，未尝不相对"①。

关于骠国乐表演时的场景，白居易的《骠国乐》中有形象生动的描述："玉螺一吹椎髻耸，铜鼓千击文身踊。珠缨炫转星宿摇，花鬘斗薮龙蛇动。"② 另外，元和十三年（818年）四月，高丽国进乐器及乐工两部；宣宗大中七年（853年）四月，日本国也遣王子向唐朝献宝器、音乐。③

可以说，唐朝音乐中包含了大量的外来音乐，故史书中在评价玄宗开元之际的风气时，有"太常乐尚胡曲"的慨叹。④ 而这一时期又是外来音乐与汉地音乐融合的重要时期。玄宗统治时期，原来以国名命名乐部的方式逐渐被以立部伎、坐部伎两种表演形式分类方式所取代。到了开元二十四年（736年），"升胡部于堂上。……后又诏道调、法曲与胡部新声合作"⑤。胡汉音乐进一步融合。1952年西安东郊出土的天宝五年（746年）苏思勖墓东壁的《乐舞图》中，为舞者伴奏的乐队中的汉族乐师使用的既有笙、筝等汉族传统乐器，又有竖箜篌、曲项琵琶、筚篥等外来乐器，可见当时胡汉音乐的融合。⑥

天宝十三载（754年），唐朝对太乐署供奉的乐曲名称进行了大规模改动。从《唐会要》的记载可以看到当时乐曲中存在大量外来乐曲，如舍佛儿胡歌、俱伦仆、摩酰首罗、火罗鸤鸠盐、勿姜贱、罗刹末罗、阿个盘陀、帝释婆野娑等，从这些奇怪的名称就不难看出其异域色彩。其中如耶婆色鸡，《宋高僧传》指出："安西境内有前践山，山下有伽蓝，其水滴溜成音可爱，彼人每岁一时采缀其声以成曲调，故耶婆瑟鸡，开元中用为羯鼓曲名，乐工最难其杖撩之术。"⑦ 吴玉贵根据《唐会要》将当时乐曲改名情况列为表3-1。

乐曲改名，不仅表现了唐朝对域外音乐文化的吸收过程，而且反映了外来音乐文化对唐朝音乐的重大影响。吴玉贵指出《教坊记》记唐代曲名称最完备，总共不过记载了325首曲名，而仅在天宝末年改名的"胡乐"就占了近1/3，外来音乐在唐朝音乐中的重要地位于此可见。⑧《旧唐书》卷三〇《音乐志三》就指出："开元已来，歌者杂用胡夷里巷之曲。"

---

① 王溥．1955．唐会要．卷三三．南蛮诸国乐．620；刘昫．1975．旧唐书．卷一九七．骠国传．北京：中华书局．5286

② 白居易．1979．白居易集．卷三．北京：中华书局．71

③ 王钦若等．1960．册府元龟．卷九七二．外臣部．北京：中华书局．11418～11419

④ 刘昫．1975．旧唐书．卷四五．舆服志．北京：中华书局．1958

⑤ 欧阳修，宋祁．1975．新唐书．卷二二．礼乐志十二．476～477

⑥ 冀东山．2006．神韵与辉煌——陕西历史博物馆国宝鉴赏·唐墓壁画卷．西安：三秦出版社．211～213

⑦ 赞宁．1999．宋高僧传．卷三．唐丘慈国莲华寺僧莲华精进传．北京：中华书局．46

⑧ 李斌城．2002．唐代文化．北京：中国社会科学出版社．1089

表 3-1　乐曲改名情况列表（据《唐会要》）

	原名	改名		原名	改名
沙陀调	龟兹佛曲	金华洞真	般涉调	悉耶都	琼台花
	因度玉	归圣曲		苏刺耶胡歌	宝廷引
	舍佛儿胡歌	钦明引	道调	山刚	神仙
	河东婆	燕山骑		急火凤	舞鹤盐
	俱伦仆	宝伦	小食调	讫陵伽胡歌	来宾引
	光色俱腾	紫云腾		胡残	仪凤
	摩醯首罗	归真		苏罗蜜	升朝阳
	火罗鸲鹆盐	白蛤盐		须婆栗特	芳苑墟
	罗刹末罗	合浦明珠		拨洛背陵	北戎还洭
	勿薑贱	无疆寿		金波借席	金凤
	苏莫剌耶	玉京春		厥磨贼	庆淳风
	阿箇盘陀	元昭庆	平调	无愁	长欢
	急龟兹佛曲	急金华洞真		因地利支胡歌	玉关引
	苏莫遮	万宇清		东祇罗	祥云飞
	乞娑婆	仙云升		胜蛮奴	塞尘清
大食调	帝释婆野	九野欢	角调	天下兵	荷来苏
	优婆师	泛金波	越调	杜兰乌多回	兰山吹
	半射渠沮	高唐云		老寿	天长宝寿
	半射没	庆惟新		高丽	来宾引
	耶婆色鸡	司晨宝鸡		耶婆地胡歌	静边引
	野鹊盐	神鹊盐		婆罗门	霓裳羽衣
	捺利梵	布阳春		思归达牟鸡胡歌	金方引
	苏禅师胡歌	怀思引		三部罗	三辅安
般涉调	郎刺耶	芳桂林	黄钟调	思归达菩提儿	洞灵章
	移师都	大仙都		阿滥堆百舌鸟	濮阳女
	借渠沙鱼	跃泉鱼	双调	大百岁老寿	天长宝寿
	俱伦朗	日重轮		俱摩尼佛	紫府洞真
	苏刺耶	未央年	金风调	苏摩遮	感皇恩
	吒钵罗	芳林苑		婆伽儿	流水芳菲
	达摩支	泛兰丛			

　　唐代享有盛誉的《霓裳羽衣曲》就是唐玄宗在部分吸收了《婆罗门曲》的基础上创制出来的。玄宗开元年间，河西节度使杨敬述进献《霓裳羽衣

曲》十二遍,"凡曲终必遽,唯《霓裳羽衣曲》将毕,引声益缓"①。然而,根据《唐会要》的记载,杨敬述进献的应是具有天竺音乐色彩的《婆罗门曲》。到了天宝十三载（754年）,太乐署改名为《霓裳羽衣》。此曲是经过了玄宗改造的,白居易在《〈霓裳羽衣歌〉和微之》中就提到:"由来能事皆有主,杨氏创声君造谱。"② 在《婆罗门曲》基础上的《霓裳羽衣》具有道教的色彩,体现出一派中国道教的风格。

白居易曾这样描写在此基础上编排的《霓裳羽衣舞》:

千歌百舞不可数,就中最爱霓裳舞。舞时寒食春风天,玉钩栏下香案前。案前舞者颜如玉,不着人家俗衣服。虹裳霞帔步摇冠,钿璎累累佩珊珊。娉婷似不任罗绮,顾听乐悬行复止。磬箫筝笛递相搀,击䤴弹吹声逦迤。散序六奏未动衣,阳台宿云慵不飞。中序擘騞初入拍,秋竹竿裂春冰折。飘然转旋回雪轻,嫣然纵送游龙惊。小垂手后柳无力,斜曳裾时云欲生。烟蛾敛略不胜态,风袖低昂如有情。上元点鬟招萼绿,王母挥袂别飞琼。繁音急节十二遍,跳珠撼玉何铿铮。翔鸾舞了却收翅,唳鹤曲终长引声。③

因此,《全唐诗》卷二九八王建《凉州行》有云:"城头山鸡鸣角角,洛阳家家学胡乐。"而元稹《法曲》也云:"自从胡骑起烟尘,毛毳腥膻满咸洛。女为胡妇学胡妆,伎进胡音务胡乐。……胡音胡骑与胡妆,五十年来竞纷泊。"尽管两位诗人写作的本意是慨叹安史之乱后中原世风的转变,有夸张的成分,但从另一个侧面也反映了当时黄河流域异域社会风气的浓厚。

除了音乐之外,唐代外来的舞蹈在唐代艺术中也占据重要的地位。唐代将舞蹈分为健舞、软舞两类,健舞节奏明快,刚健有力；软舞温婉妩媚,节奏舒缓。唐代最流行的健舞如胡旋、胡腾、柘枝等,都是来源于中亚的舞蹈。胡旋舞传入唐朝之后,在宫廷内外盛行一时。《新唐书》称胡旋舞"本出康居,以旋转便捷为巧,时又尚之"④。康居是唐人对中亚康国的通称。而《旧唐书》卷二九《音乐二》在《康国乐》下记载:"舞二人,绯袄,锦领袖,绿绫浑裆袴,赤皮靴,白袴帑。舞急转如风,俗谓之胡旋。"至于舞蹈的细节则是"舞者立毬上,旋转如风"⑤。段安节《乐府杂录》"俳优"条也指出:

---

① 欧阳修,宋祁.1975.新唐书.卷二二.礼乐志十二.北京:中华书局.476.按,《新唐书》误为河西节度使杨敬忠
② 白居易.1979.白居易集.卷二一.北京:中华书局.460
③ 白居易.1979.白居易集.卷二一.北京:中华书局.459
④ 欧阳修,宋祁.1975.新唐书.卷三五.五行志二.北京:中华书局.921
⑤ 欧阳修,宋祁.1975.新唐书.卷二一.礼乐志一一.北京:中华书局.470

舞有骨鹿舞、胡旋舞,俱于一小圆毯子上舞,纵横腾踏,两足终不离于毯子上,其妙如此也。①

可见胡旋舞是以急速地旋转为特点的。关于胡旋舞是否在圆毯子上舞蹈的问题,学术界还存在争议,一些学者认为"毬子"应是"毯子"传写之误。1985年,在宁夏盐池县苏步井乡窨子梁上发现了一座唐代何姓粟特人的墓葬,其墓中的两扇石门分别雕刻了两位男性舞者。他们头戴圆帽,身穿紧身的长袍,单足立于一个小圆毯上翩翩起舞。结合文献的记载,这应该是对胡人胡旋舞场景的生动刻画。②另外,西安博物院还收藏有一件1981年陕西礼泉昭陵附近出土的白玉乐舞胡人铊尾。铊尾上雕刻了一位身穿窄袖长袍,头发卷曲的胡人,他右手半举挥舞,左手背在身后,脚蹬皮靴,左脚蹬地,右腿抬起,正站在圆毯上翩翩起舞。③学者认为此胡人也在跳胡旋舞。似乎可以确定,胡旋舞的确是在小圆毯上进行表演的。有意思的是,陕西合阳县博物馆收藏有三彩乐舞人物扁壶,扁壶上的舞女身着窄袖上衣,还装饰长长的帔帛,右手扬臂挥帛,左脚着地,右脚抬起,脚下似乎也有圆毯。虽然舞者面目不是很清晰,但舞姿刚健有力,与前面提到的盐池唐墓石门左侧的舞者以及昭陵玉铊尾上舞者的舞姿极为相似,很可能也是在跳胡旋舞。④胡旋舞在唐代盛行可见一斑。

不仅是专业的舞者,就是当时的许多达官贵人也都擅长此道,如武则天的侄子武延秀在安乐公主宅中曾作胡旋舞,"有姿媚,主甚喜之"⑤。玄宗时期名将、具有粟特血统的胡人安禄山肥硕异常,肚腹垂过膝盖,需两人的挽扶,才能移动。然而,"玄宗每令作胡旋舞,其疾如风"⑥,可见其擅长胡旋舞。

著名诗人白居易有《胡旋女》诗,诗中这样写道:

胡旋女,胡旋女,心应弦,手应鼓。弦鼓一声双袖举,回雪飘飘转蓬舞。

左旋右转不知疲,千匝万周无已时。人间物类无可比,奔车轮缓旋风迟。

曲终再拜谢天子,天子为之微启齿。胡旋女,出康居,徒劳东

---

① 段安节.1986.乐府杂录.四库全书本.台北:商务印书馆
② 宁夏回族自治区博物馆.1988.宁夏盐池唐墓发掘简报.文物,(9):54
③ 西安博物院.2007.西安博物院.西安:世界图书出版公司.161;杨伯达.2005.中国玉器全集.石家庄:河北美术出版社.441
④ 李炳武.1998.中华国宝·陕西珍贵文物集成·唐三彩卷.西安:陕西人民教育出版社.49
⑤ 刘昫.1975.旧唐书.卷一八三.武延秀传.北京:中华书局.4733
⑥ 姚汝能.2006.安禄山事迹.卷上.北京:中华书局.77

来万里余。

中原自有胡旋者,斗妙争能尔不如。天宝季年时欲变,臣妾人人学圆转。

中有太真外禄山,二人最道能胡旋。梨花园中册作妃,金鸡障下养为儿。

禄山胡旋迷君眼,兵过黄河疑未反。贵妃胡旋惑君心,死弃马嵬念更深。

从兹地轴天维转,五十年来制不禁。胡旋女,莫空舞,数唱此歌悟明主。①

诗歌用"左旋右转不知疲,千匝万周无已时"描写胡旋舞刚健迅急的特点;无独有偶,在元和年间与白居易齐名的元稹也有《胡旋女》,诗中也称:

蓬断霜根羊角疾,竿戴朱盘火轮炫。骊珠逆珥逐飞星,虹晕轻巾掣流电。

潜鲸暗嗡笪波海,回风乱舞当空霰。万过其谁辨终始,四座安能分背面?②

诗中形象描述了舞者闪转腾挪、迅疾如风令人目眩神迷的高超舞技。那么,这些胡旋女来自哪里呢?一些中亚国家曾向唐朝贡献专门表演胡旋舞的专业舞者,如开元七年(719年)五月,中亚俱密国遣使献胡旋女子及方物;开元十五年(727年)五月,康国和史国都进献胡旋女子,同年七月,史国王阿忽必多遣使献胡旋女子;开元十七年(729年)正月,米国使臣献胡旋女子三人。③ 另外,由于胡旋舞盛行一时,一些汉族女子也开始学习胡旋舞,因此,白居易诗中才有"中原自有胡旋者,斗妙争能尔不如"的句子,说明当时黄河流域已经有舞技相当高超的汉族女子了。

与胡旋舞齐名的还有胡腾舞,胡腾舞多由少年男子表演。而胡腾舞的特色则是"腾跃"。诗人李端《胡腾儿》诗中就生动描述了一位胡人少年舞者表演胡腾舞的情形:

胡腾身是凉州儿,肌肤如玉鼻如锥。桐布轻衫前后卷,葡萄长带一边垂。帐前跪作本音语,拈襟摆袖为君舞。安西旧牧收泪看,洛下词人抄曲与。扬眉动目踏花毡,红汗交流珠帽偏。醉却东倾又西倒,双靴柔弱满灯前。环行急蹴皆应节,反手叉腰如却月。④

---

① 白居易. 1979. 白居易集. 卷三. 北京:中华书局. 60~61
② 元稹. 1982. 元稹集. 卷二四. 北京:中华书局. 286~287
③ 王钦若等. 1960. 册府元龟. 卷九七一. 外臣部·贡献四. 北京:中华书局. 11406,11408
④ 曹寅. 1999. 全唐诗. 卷二八四. 北京:中华书局. 3236

从诗中的描写可见,胡腾舞的表演者除了俯仰腾跃、环行急蹴等刚猛雄健的形体动作外,还伴有扬眉动目、顾盻流盼等丰富的面部表情(图3-2)。

图3-2 西安苏思勖墓胡腾舞图
(《神韵与辉煌——陕西历史博物馆国宝鉴赏·唐墓壁画卷》)

胡腾舞在当时达官贵族的饮宴中非常流行,诗人刘言史《王中丞宅夜观舞胡腾》则描写了在河北藩镇王武俊宅第观看胡腾舞的场景:

石国胡儿人见少,蹴舞尊前急如鸟。织成蕃帽虚顶尖,细氎胡衫双袖小。手中抛下蒲萄盏,西顾忽思乡路远。跳身转毂宝带鸣,弄脚缤纷锦靴软。四座无言皆瞪目,横笛琵琶遍头促。乱腾新毯雪朱毛,傍拂轻花下红烛。酒阑舞罢丝管绝,木槿花西见残月。①

则跳舞的舞者也是来自中亚石国的胡人,他身着胡衣和胡帽,"蹴舞尊前急如鸟","跳身转毂宝带鸣,弄脚缤纷锦靴软",由于舞技高超,"四座无言皆瞪目"。白居易《奉和汴州令狐令公二十二韵》也描述了胡腾舞的场景:"平展丝头毯,高褰锦额帘。雷捎柘枝鼓,雪摆胡腾衫。髻滑歌钗坠,妆光舞汗沾。"② 而元稹《西凉伎》则有"胡腾醉舞筋骨柔",描写了凉州胡腾舞的表演。③ 1952年,在西安东郊唐苏思勖墓的东壁上,考古工作者发现了一幅《乐舞图》,壁画中间有一名高鼻深目、满脸胡须的胡人,头戴胡帽,身穿圆领长衫,腰系黑带,正在毯子上随着旁边乐队的音乐旋转起舞。学者认为此位胡人舞者正是在跳胡腾舞。④ 另外,甘肃省山丹博物馆还收藏有一件铜质胡俑,此胡人头戴尖顶帽,高鼻深目,背负酒葫芦,左足立于莲台之上,右足向前屈伸,双臂扬起,旋转舞蹈,衣袖飞动。研究者认为此胡人也是在跳胡腾舞。⑤

---

① 曹寅.1999.全唐诗.卷四六八.北京:中华书局.5354
② 白居易.1979.白居易集.卷二四.北京:中华书局.528~529
③ 曹寅.1999.全唐诗.卷四一九.北京:中华书局.4628
④ 冀东山.2006.神韵与辉煌——陕西历史博物馆国宝鉴赏·唐墓壁画卷.西安:三秦出版社.211~213;熊培庚.1966.唐苏思勖墓舞乐壁画图.文物,(8,9):36
⑤ 甘肃省博物馆.2008.甘肃丝绸之路文明.北京:科学出版社.125

唐代由中亚传入的舞蹈还有柘枝舞。据向达考证，柘枝舞出自中亚石国。① 陈旸《乐书》卷一八四这样记载柘枝舞：

> 柘枝舞童衣五色绣罗，宽袍、胡帽、银带……用二童舞，衣帽施金铃，抃转有声。始为二莲华童藏其中，华拆而后见，对舞相占，实舞中之雅妙者也。

柘枝舞者多为青年女子，舞者头戴绣花卷边虚帽，帽上施以珍珠，缀以金铃。身穿薄透紫罗衫，纤腰窄袖，身垂银蔓花钿，脚穿锦靴，踩着鼓声的节奏翩翩起舞。"来复来兮飞燕，去复去兮惊鸿"，当曲尽舞停时，舞者罗衫半袒，犹自秋波送盼，眉目注人。柘枝舞艺术境界高超，且具有很强的观赏性，引起了唐朝社会各阶层的极大兴趣和喜爱。根据唐人诗文，当时表演柘枝舞的地区非常广泛。文人沈亚之一次在郑卫节度使的宴会上，看到了盛大的柘枝舞表演：

> 柘枝信其多妍兮，命佳人以继态。撼隆冠之繁珂兮，披文缨于大带。跪闪举以挥猵兮，拖旋襟之襜曳。鹜游思于情香兮，注光波于秋睇。顾巧度之无穷兮，将多变而若云。扬厉唱于鼍鼓兮，俨兰露之芳津。汩傍俯以袅影兮，荡风蘖于横茵。愕兮若惊，弛兮若懒，歘然逴姹，翔然媽偃。婉振修袖以抛拂兮，韬纎肱以糅绾，差重锦之华衣俟终歌而薄袒。既而抑倚昂扦，蹈节振臂，驱捷踩以捉碎，尽戎仪于弱媚。

作者还盛赞说："今自有土之乐舞堂上者，唯胡部与焉。"② 随着柘枝舞在汉地越来越普遍，到了唐后期，原本来自中亚的这种胡舞已经与汉地的乐舞相融合，因此被称为"中国柘枝舞"了。③ 一些汉族女子的柘枝舞技艺也非常高超，如德宗时期梨园就有萧姓舞伎，善跳柘枝舞，"宫中莫有伦比者"，因而"宠锡甚厚"。④

泼寒胡戏也是体现外来文化习俗对黄河流域社会生活产生影响的典型例证。泼寒胡戏本是流行于中亚粟特地区康国的风俗，在北周末年传入中国，武则天时期在长安、洛阳等黄河流域主要城市流行。据《旧唐书·康国传》记载，"至十一月鼓舞乞寒，以水相泼，盛为乞寒"。《资治通鉴》卷二〇八记载："乞寒，本西国外蕃康国之乐。其乐器有大鼓、小鼓、琵琶、五弦、

---

① 柘枝舞小考．见：向达．1957．唐代长安与西域文明．附录．北京：生活·读书·新知三联书店．102
② 董浩等．1983．全唐文．卷七三四．柘枝舞赋．北京：中华书局．7572
③ 王溥．1955．唐会要．卷三三．南蛮诸国乐．北京：中华书局．620
④ 曹寅．1999．全唐诗．卷五三七许浑．赠萧炼师．北京：中华书局．6176

箜篌、笛。其乐大抵以十一月,裸露形体,浇灌衢路,鼓舞跳跃而索寒也。"可见这是一种在腊月举行的以胡人为主的群众性歌舞活动。中宗神龙元年(705年)十一月,中宗就在洛阳城南门楼观看泼寒胡戏。① 这次活动的场面,我们可以在此后并州清源县尉吕元泰的上疏中略知端倪,"比见都邑城市,相率为浑脱,骏马胡服,名为《苏莫遮》。旗鼓相当,军阵之势也;腾逐喧噪,战争之象也"②。在这样热闹的气氛中,人们"裸露形体,浇灌衢路,鼓舞跳跃"。当时大臣张说还曾经作《苏摩遮》描写此活动的盛况:

摩遮本出海西胡,琉璃宝服紫髯胡。闻道皇恩遍宇宙,来时歌舞助欢娱。

绣装帕额宝花冠,夷歌骑舞借人看。自能激水成阴气,不虑今年寒不寒。

腊月凝阴积帝台,豪歌击鼓送寒来。油囊取得天河水,将添上寿万年杯。

寒气宜人最可怜,故将寒水散庭前。惟愿圣君无限寿,长取新年续旧年。

昭成皇后帝家亲,荣乐诸人不比伦。往日霜前花委地,今年雪后树逢春。

此后,中宗、睿宗又多次在长安举行此活动,如景龙三年(709年),"十二月乙酉,令诸司长官向醴泉坊看《泼胡王》乞寒戏"③。景云二年(711年),"十二月丁未,作泼寒胡戏"④,连当时的皇太子李隆基也微服观看。到了玄宗先天二年(713年)十月,又因为蕃胡来朝,准备再次举行此项活动。⑤ 由此可见其流行之广,受到了当时各阶层人士的喜爱。因此,在唐玄宗开元元年(713年)的诏令中就指出"腊月乞寒,外蕃所出,渐渍成俗,因循已久","至使乘肥衣轻,竞矜胡服。阗城隘陌,深点(玷)华风"⑥。可见这种原来以胡人为主的群众性活动已经有大量汉族百姓穿着胡服参加。而活动中表演的浑脱舞连一些大臣也会表演,如中宗与大臣宴会,将作大匠宗晋卿还亲自表演浑脱舞。⑦

虽然,泼寒胡戏在玄宗开元初年就被禁止了,但此种活动的流风余韵却

---

① 刘昫.1975.旧唐书.卷七.中宗纪.北京:中华书局.141
② 王溥.1955.唐会要.卷三四.论乐.北京:中华书局.626
③ 刘昫.1975.旧唐书.卷七.中宗纪.北京:中华书局.149
④ 欧阳修,宋祁.1975.新唐书.卷五.睿宗纪.北京:中华书局.118
⑤ 刘昫.1975.旧唐书.卷九七.张说传.北京:中华书局.3052
⑥ 宋敏求.1959.唐大诏令集.卷一〇九.禁断腊月乞寒敕.北京:商务印书馆.565
⑦ 刘昫.1975.旧唐书.卷一八九下.郭山恽传.北京:中华书局.4970

相当深远。在这种活动中使用的《苏莫遮》等乐曲被当时的乐舞所吸收。如《苏莫遮》乐曲就被唐代宫廷音乐所汲取。天宝十三载（754年），太乐署对供奉曲及诸乐调整理改名，其中就有《苏莫遮》。不同调式的苏莫遮被改为《万宇清》、《感皇恩》等名称。① 而活动中表演的浑脱舞则与汉地传统的剑器舞相结合。剑器浑脱舞在当时非常流行，其中最著名的舞者就是公孙大娘，杜甫的《观公孙大娘弟子舞剑器行并序》就曾回忆在郾城观公孙氏舞剑器浑脱，"浏漓顿挫，独出冠时"②。李白《草书歌行》中也提到"古来万事贵天生，何必要公孙大娘浑脱舞"③，可见当时剑器浑脱舞的盛名。连当时军队中也流行剑器浑脱，李筌《神机制敌太白阴经》卷五《宴设音乐篇第六十二》中就提到军中宴乐时有表演"剑器浑脱"。《旧唐书·礼仪四》记载内教坊有"竿木浑脱"，或是浑脱舞与杂技的结合，也可能是以浑脱曲为杂技表演的音乐伴奏。浑脱舞的音乐曲调亦为其他歌舞吸收，如崔令钦《教坊记》记载教坊大曲中还有《醉浑脱》。④

这一时期流行的胡人乐舞还有《合生》。根据《新唐书·武平一传》记载，中宗时，饮宴于长安两仪殿。饮酒到兴头上，胡人袜子、何懿等唱《合生》，"歌言浅秽"。考功员外郎武平一谏言曰："伏见胡乐施于声律，本备四夷之数，比来日益流宕，异曲新声，哀思淫溺。始自王公，稍及闾巷，妖伎胡人、街童市子，或言妃主情貌，或列王公名质，咏歌蹈舞，号曰《合生》。"⑤ 武平一的言论中反映出，这种被称为《合生》的胡舞内容是关于王公和妃主等贵族男女情事的，载歌载舞，在当时社会各阶层中都非常流行，而从表演这种歌舞的胡人何懿的姓氏来看应该是粟特何国艺人，因此此种乐舞也可能来自西域。1958年西安南郊出土了一男、一女一对小陶俑，男俑深情款款，似在歌唱，女子身姿摇曳，正在舞蹈。有学者指出这应该是合生戏俑。⑥

前面提到的都是来自中亚和西域的歌舞，而唐初突厥的歌舞也非常发达。武则天的侄孙武延秀曾经长期被突厥默啜可汗囚禁，因此学会了突厥的语言和歌舞。他常常在安乐公主的府第"唱突厥歌，作胡旋舞"，因而得到了安乐公主的喜爱。⑦ 武则天时期，民间有《突厥盐》歌。史书记载此事本

---

① 王溥. 1955. 唐会要. 卷三三. 诸乐. 北京：中华书局. 616
② 仇兆鳌. 1979. 杜诗详注. 卷二十. 北京：中华书局. 1815
③ 曹寅. 1999. 全唐诗. 卷一六七. 北京：中华书局. 1731
④ 柏红秀，李昌集. 2004. 泼寒胡戏之入华与流变. 文学遗产，(3)：64~69
⑤ 欧阳修，宋祁. 1975. 新唐书. 卷一一九. 武平一传. 北京：中华书局. 4295
⑥ 韩建武，胡小丽. 2006. 岁月存照——陕西古代墓俑. 西安：三秦出版社. 图47.92~93
⑦ 刘昫. 1975. 旧唐书. 卷一八三. 武延秀传. 北京：中华书局. 4733

意是为应当时阎知微引突厥入寇之谶，但从另一方面反映了当时突厥歌曲的流行。① 因此，计有功《唐诗纪事》卷四一记载"唐曲有突厥盐、阿鹊盐"②。另外，突厥的乐曲也被吸收到唐代乐曲中来，崔令钦《教坊记》中记载的唐代大曲中就有《突厥三台》。

唐代外来乐舞的盛行和这一时期来到长安的大量外来艺人密不可分。这些外来艺人或善于弹奏乐器，或精于歌舞。其中有许多艺人善弹琵琶，太宗时就有乐工裴神符，"妙解琵琶，作《胜蛮奴》、《火凤》、《倾杯乐》三曲，声度清美，太宗深爱之"③。裴神符当是西域疏勒乐人，他还擅长弹五弦琵琶，并开创了用手弹五弦的风气，"后人习为掐琵琶"。

而这一时期以琵琶技艺独步天下的当属曹国胡人曹保保祖孙三代。段安节《乐府杂录》就记载贞元中有曹保保，子善才，孙曹纲（或作曹刚）世代擅长琵琶技艺。④ 关于曹善才与曹纲的技艺，唐代诗歌中多有记述。如李绅曾有《悲善才》诗，回忆了穆宗时赐宴曲江，曹善才演奏琵琶的情形：

　　穆王夜幸蓬池曲，金銮殿开高秉烛。东头弟子曹善才，琵琶请进新翻曲。

　　翠蛾列坐层城女，笙笛参差齐笑语。天颜静听朱丝弹，众乐寂然无敢举。

　　衔花金凤当承拨，转腕拢弦促挥抹。花翻凤啸天上来，裴回满殿飞春雪。

　　抽弦度曲新声发，金铃玉佩相磋切。流莺子母飞上林，仙鹤雌雄唳明月。

　　此时奉诏侍金銮，别殿承恩许召弹。三月曲江春草绿，九霄天乐下云端。

　　紫髯供奉前屈膝，尽弹妙曲当春日。⑤

善才之子曹刚也是非常有名的琵琶艺人。大和二年（828年），白居易在长安观赏曹刚演奏，在《听曹刚琵琶，兼示重莲》一诗中这样称赞曹刚的琵琶："拨拨弦弦意不同，胡啼番语两玲珑。谁能截得曹刚手，插向重莲衣袖中？"⑥ 薛逢《听曹刚弹琵琶》中称："禁曲新翻下玉都，四弦拔触五音

---

① 刘昫 . 1975. 旧唐书 . 卷三七 . 五行志 . 北京：中华书局 . 1376
② 计有功 . 1987. 唐诗纪事 . 卷四一 . 上海：上海古籍出版社 . 630
③ 王溥 . 1955. 唐会要 . 卷三三 . 燕乐 . 北京：中华书局 . 619
④ 段安节 . 1986. 乐府杂录 . "琵琶"条 . 四库全书本 . 台北：商务印书馆
⑤ 曹寅 . 1999. 全唐诗 . 卷四八〇 . 北京：中华书局 . 5501～5502
⑥ 白居易 . 1979. 白居易集 . 卷二六 . 北京：中华书局 . 588

殊。不知天上弹多少，金凤衔花尾半无。"① 而刘禹锡也给曹刚的技艺以很高的评价："一听曹刚弹薄媚，人生不合出京城。"② 与曹刚同时期的还有琵琶高手裴兴奴，从其姓名上看可能与西域疏勒有关。曹刚善拨，"若风雨而不事扣弦"，而裴兴奴长于拢撚，两人在技艺上并驾齐驱，"时人谓曹刚有右手，兴奴有左手"。③ 再如，德宗时期擅长弹奏琵琶的乐工康国人康昆仑，号称"弹琵琶第一手"。康昆仑还曾在玉宸殿用琵琶演奏《凉州曲》，因号此曲为《玉宸宫调》。④ 另外，元和时期著名歌者米国人米嘉荣之子米和郎，在懿宗咸通年间以弹琵琶称，"申旋尤妙"⑤。

入唐外国人中，也有以歌唱著称于世者。《卢氏杂说》就记载，元和年间在歌曲表演方面最出色的就有米国胡人米嘉荣。⑥ 刘禹锡非常赞赏米嘉荣的技艺，在《与歌者米嘉荣》诗中称："唱得凉州意外声，旧人唯数米嘉荣。"⑦

还有许多胡人善于舞蹈，如初唐时期的舞胡安国人安叱奴，由于技艺突出，在武德元年（618）十月被高祖拜为散骑常侍。⑧ 另外，唐文宗大和年间，胡人康迺、米禾稼、米万槌等都善于婆罗门舞。⑨ 他们都是来自米国、康国的艺人。

一些胡人艺术家还有汉族弟子，如白居易《琵琶引序》中就提到其在元和十一年（816年）任江州司马时，夜闻舟中弹琵琶者，"铮铮然有京都声"，经询访，知其人原为长安娼女，"尝学琵琶于穆、曹二善才"。⑩ 开元中，长安有善吹笛者李謩，号称天下第一，而李謩的老师就是龟兹人。⑪

胡人音乐家的形象在考古发掘中出土的各种器物上也有反映。黄河流域唐墓中就出土了大量的乐舞胡俑。1957年在西安唐代鲜于庭诲墓中就出土了一尊精美的三彩骑骆驼胡人奏乐俑，在装饰华丽的骆驼身上有一平台，上铺花毡，上有四个乐俑分坐两侧，其中左前方和右后方是两个胡人乐俑，他们头戴幞头，满脸虬须，一个演奏琵琶，一个可能在吹奏觱篥，在他们中间还

---

① 曹寅.1999.全唐诗.卷五四八.北京：中华书局.6388
② 曹寅.1999.全唐诗.卷三六五.曹刚.北京：中华书局.4140
③ 段安节.1986.乐府杂录.琵琶条.四库全书本.台北：商务印书馆
④ 欧阳修，宋祁.1975.新唐书.卷二二.礼乐志十二.北京：中华书局.478
⑤ 段安节.1986.乐府杂录.琵琶条.四库全书本.台北：商务印书馆
⑥ 李昉等.1961.太平广记.卷二〇四引.北京：中华书局.1551
⑦ 曹寅.1999.全唐诗.卷三六五.北京：中华书局.4126
⑧ 刘昫.1975.旧唐书.卷六二.李纲传.北京：中华书局.2375
⑨ 陈旸.1986.乐书.卷一八四.四库全书本.台北：商务印书馆
⑩ 白居易.1979.白居易集.卷一二.北京：中华书局.242
⑪ 李昉等.1961.太平广记.卷二〇四.李謩.引逸史.北京：中华书局.1553

有一位胡人舞者，右臂向前微屈，左臂下垂，作出跳舞的姿态，应和着音乐的节奏翩翩起舞，十分生动形象。[①] 2002 年在西安长安区陕西师范大学郭杜校区工地上发掘的唐墓中还出土了一件骑骆驼胡人俑，骆驼上的胡人前胸悬挂腰鼓，也是一位喜好音乐的胡人。[②] 1980 年洛阳偃师南蔡庄唐墓出土的一件彩绘胡俑，胡俑高鼻深目，多须髯，头戴胡帽。虽然表演的器具已经腐朽，然其左手前伸，右手挥舞，两手中有孔洞，原本是手执乐器的，笔者推测很可能是在敲击羯鼓（图 3-3）。[③]

图 3-3 河南偃师出土的胡人击鼓俑（《洛阳陶俑》）

胡人乐者和舞者的形象还频繁出现在唐代一些器物的装饰纹样上。1970 年西安南郊何家村窖藏中出土了一副伎乐纹玉带銙，其中就有多块半椭圆白玉带板上雕刻了肩披飘带，身着窄袖胡服，盘腿而坐的胡人吹奏排箫、横笛、觱篥的形象。[④] 而具有类似题材装饰纹样的玉銙带在西安地区多有出土，如 1990 年西安未央区关庙小学基建工地上出土了多副玉銙带，其中一副玉带板上分别雕刻了坐在方形地毯上吹奏竖笛、横笛，弹奏琵琶的胡人。[⑤] 而西安博物院也收藏有周边唐墓出土的胡人吹笙以及弹奏乐器的玉带板两块[⑥]，从玉质来看，当出自两副玉带。可见当时胡人乐舞类的题材是当时玉銙带制作中的重要题材。而根据唐代的制度，只有天子、亲王以及三品以上的文武官员才可以使用玉銙带，由此可见当时上层社会对外来乐者和音乐的热衷。另外，何家村窖藏中还出土了伎乐纹八棱金杯和伎乐纹银杯，两件器物虽然质地不同，但杯体的八个棱面都装饰了形态各异的胡人，身着窄袖胡服，脚蹬靴子，头戴胡帽，手执曲项琵琶、拍板、洞箫、排箫等乐器。[⑦]

---

① 中国社会科学院考古研究所. 1980. 唐长安城郊隋唐墓. 北京：文物出版社. 60~61. 图版参五八

② 西安市文物保护考古所. 2004. 西安南郊唐墓（M31）发掘简报. 文物，(1)：36~42

③ 周剑曙，郭宏涛. 2007. 偃师文物精粹. 北京：北京图书馆出版社. 171

④ 冀东山. 2006. 神韵与辉煌——陕西历史博物馆国宝鉴赏·玉杂器卷. 西安：三秦出版社. 70~71

⑤ 王自力，张全民. 1992. 西安西郊出土的唐代玉带. 考古与文物，(5)：46

⑥ 西安博物院. 2008. 西安博物院. 西安：世界图书出版公司. 161

⑦ 冀东山. 2006. 神韵与辉煌——陕西历史博物馆国宝鉴赏·金银器卷. 西安：三秦出版社. 54~57

胡人乐者的形象甚至出现在当时的陶塑玩具上，如河南巩义唐黄冶窑遗址出土的陶塑玩具中就有一件高8厘米的陶塑乐伎，乐伎乃胡人男子形象，高鼻深目、阔口、络腮胡须。胸前悬挂腰鼓，似乎一边奏乐一边歌唱。① 他们都是这一时期黄河流域大量胡人乐者的真实写照。

唐代黄河流域外来音乐非常流行，因此乐器中也有相当数量的外来乐器。前面提到的羯鼓是唐代非常流行的外来乐器，其状如漆桶，用两杖敲击，又称两杖鼓，在龟兹、高昌、疏勒、天竺等乐曲中都有使用，音色非常特别。连唐玄宗也喜欢外来的羯鼓，帝常称："羯鼓，八音之领袖，诸乐不可方也。"② 一次听琴未毕，玄宗就命令内官，"速令花奴将羯鼓来，为我解秽"③。花奴是汝南王李琎的小字，善演奏羯鼓。而李琎的父亲、玄宗的长兄宁王李宪也喜好羯鼓。2000年对陕西蒲城李宪惠陵的发掘中就出土了两件通体装饰团花的精美彩绘羯鼓，反映出墓主人生前的喜好。④ 玄宗时名相宋璟也善此道，唐人南卓《羯鼓录》就记载："宋开府璟，虽耿介不群，亦深好声乐，尤善羯鼓。"宋璟还和玄宗讨论过羯鼓的制作："不是青州石末，即须鲁山花瓷"⑤，指出青州和鲁山出产的羯鼓质量上乘。故宫博物院收藏的一件花瓷羯鼓通体施黑釉，其上点缀数十块淡蓝色花斑，造型简洁规整，据称就是鲁山的产品。而西安博物院还收藏了一件花瓷羯鼓，1972年出土于西安东门外鸡市拐，黑釉鼓身上装饰白色花斑，此羯鼓被认为是唐代耀州窑烧制的产品。⑥ 而宋璟的子孙也精于此道，当时洛阳长夏门东的尊贤坊有东都留守郑叔明的宅第，宅第中有小楼，是其祖母宋夫人练习羯鼓的场所，而宋夫人就是宋璟的女儿。而宋璟之孙宋沇，"亦工之，并有音律之学"⑦。

竖箜篌也是唐代流行的外来乐器，唐人撰修的《隋书·音乐志》中就记载："今曲项琵琶、竖头箜篌之徒，并出自西域，非华夏旧器。"⑧ 竖箜篌在龟兹、疏勒、安国、高丽乐中都有使用。虽然《旧唐书·音乐志二》记载"竖箜篌，胡乐也，汉灵帝好之"，似乎竖箜篌早在东汉后期就已经传播到黄河流域，但韩香等结合考古材料认为此乐器是在隋唐初由中亚传入内地的。⑨

---

① 廖永民.2003.黄冶唐三彩窑址出土的陶塑小品.文物，(11)：53~54
② 欧阳修，宋祁.1975.新唐书.卷二二.礼乐志十二.北京：中华书局.476
③ 王谠.1987.周勋初校.唐语林校证.卷四.引羯鼓录.北京：中华书局.328
④ 陕西省考古研究所.2005.唐李宪墓发掘报告.北京：科学出版社.彩版八
⑤ 王谠.1987.周勋初校.唐语林校证.卷五.引羯鼓录.北京：中华书局.477
⑥ 西安博物院.2008.西安博物院.西安：世界图书出版公司.204
⑦ 南卓.1986.羯鼓录.四库全书本.台北：商务印书馆
⑧ 魏征等.1973.隋书.卷一五.音乐志下.北京：中华书局.378
⑨ 韩青.2006.隋唐长安与中亚文明.北京：中国社会科学出版社.303~306

在陕西三原出土的李寿墓石棺北壁和东壁的两组线刻伎乐女中，就有两名女伎在演奏竖箜篌。而出土于天水初唐墓葬中的屏风石棺床的须弥座装饰图案上也雕刻有弹奏竖箜篌的乐人。①

另外，曲项琵琶和五弦琵琶也是黄河流域外来音乐中经常使用的乐器。曲项琵琶又名屈茨琵琶，屈茨被认为是龟兹的译音，因此此乐器至少和龟兹有着密切的联系。而五弦琵琶虽然起源于西亚，之后进入印度，最终也是经过龟兹而东传的。在1973年发掘的陕西三原唐淮安靖王李寿墓的石椁四壁的线刻《乐舞图》中就有多名弹奏曲项琵琶和五弦琵琶的侍女，值得注意的是画面中的人物是用拨子来演奏五弦琵琶的，还是沿袭龟兹用拨子演奏琵琶的方法。1988年西安长安县韦曲唐墓中壁画中就有一幅壁画描绘了一位贵妇弹奏曲项琵琶时的景象。②1982年在洛阳宜阳县的唐代散乐砖雕中有八位手执乐器的侍女，其中有一位就在弹奏曲项琵琶。③另外，20世纪90年代甘肃天水唐墓出土的奏乐俑中也有弹奏曲项琵琶的陶俑。④

觱篥也系龟兹所出乐器，唐人刘商《胡笳十八拍·第七拍》中就有"龟兹觱篥愁中听，碎叶琵琶夜深怨"⑤的句子。《乐府杂录》中也指出"觱篥本龟兹国乐也"。觱篥经常使用于唐代外来音乐中，德宗时期，长安就有尉迟青善吹觱篥，官至将军，居于长安常乐坊。河北幽州觱篥技艺最为高超的王麻奴曾专门奔赴长安与之较量技艺，麻奴心服口服，"将乐器碎之而归，终身不复言觱篥"⑥。而尉迟青可能就是为质唐朝的于阗尉迟氏后裔。唐后期藩镇淄青节度使李师道也喜好觱篥。李颀《听安万善吹觱篥歌》中描述了一位凉州安姓艺人吹觱篥的情形：

> 南山截竹为觱篥，此乐本自龟兹出。流传汉地曲转奇，凉州胡人为我吹。傍邻闻者多叹息，远客思乡皆泪垂。世人解听不解赏，长飚风中自来往。枯桑老柏寒飕飗，九雏鸣凤乱啾啾。龙吟虎啸一时发，万籁百泉相与秋。忽然更作渔阳掺，黄云萧条白日暗。变调如闻杨柳春，上林繁花照眼新。岁夜高堂列明烛，美酒一杯声一曲。⑦

---

① 天水市博物馆.1992.天水市发现隋唐屏风石棺床墓.考古，(1)：46~47
② 冀东山.2006.神韵与辉煌——陕西历史博物馆国宝鉴赏·唐墓壁画卷.西安：三秦出版社.228
③ 孙敏，王丽芬.2004.洛阳古代音乐文化史迹.北京：文物出版社.170~171
④ 天水市博物馆.1992.天水市发现隋唐屏风石棺床墓.考古，(1)：51
⑤ 曹寅.1999.全唐诗.卷三〇三.北京：中华书局.3449
⑥ 段安节.1986.乐府杂录.觱篥条.四库全书本.台北：商务印书馆
⑦ 曹寅.1999.全唐诗.卷一三三.北京：中华书局.1354

前引三原李寿墓石椁线刻《乐舞图》北壁和东壁共 3 名乐伎也都使用了觱篥进行演奏。玄宗时梨园弟子中有张野狐擅长演奏觱篥，唐玄宗幸蜀时张野狐跟从，玄宗在逃难途中创《雨霖铃》并传授与张野狐，之后张野狐在长安望京楼专门为玄宗演奏《雨霖铃》。①

以上的这些外来乐器除了在宫廷乐舞中大量使用外，在当时官僚贵族的宴会上也被大量使用。如 1952 年西安东郊出土的天宝四载（745 年）苏思勖墓墓道东壁上的壁画《舞乐图》所描绘的乐队中，就有汉人演奏竖箜篌、觱篥和曲项琵琶的场景。② 而西安西郊陕棉十厂唐墓墓道壁画也有乐舞的场面，其中的汉人乐队中也有竖箜篌、觱篥和曲项琵琶的演奏。③ 由此可见，这些乐器都是当时乐队乐器中重要的部分。

唐代还盛行散乐，散乐又称百戏，包括歌舞、杂技和魔术等内容。其中，许多也是来自外国。如唐代散乐中有婆罗门乐，"用漆筚篥二，齐鼓一"④。这种乐舞本身还参之以杂技表演，如《法苑珠林》卷七六就记载，唐贞观二十年（646 年）：

> 西国有五婆罗门来到京师，善能音乐咒术杂戏，走绳续断。睿宗时，婆罗门献乐，舞人倒行，而以足舞于极铦刀锋，倒植于地，低目就刃，以历脸中，又植于背下，吹筚篥者立其腹上，终曲而亦无伤。又伏伸其手，两人蹑之，旋身绕手，百转无已。

显庆元年（656 年），高宗登临长安安福门楼观看大酺，有天竺艺人表演以刀自刺的幻戏，唐高宗为此下诏曰："如闻在外有婆罗门胡等，每于戏处，乃将剑刺肚，以刀割舌，幻惑百姓，极非道理。宜并遣发还蕃，勿令久住。仍约束边州，若更有此色，并不须遣入朝。"⑤

而散乐中的许多表演者都是来自异域的艺人，具有高超的技艺。白居易在《西凉伎》诗中则描述了安西都护府进贡的胡人艺人表演舞狮的高超技艺：

> 西凉伎，假面胡人假狮子。刻木为头丝作尾，金镀眼睛银帖齿。奋迅毛衣摆双耳，如从流沙来万里。紫髯深目两胡儿，鼓舞跳梁前致辞。⑥

---

① 郑处海. 1994. 明皇杂录. 补遗. 北京：中华书局. 46~47
② 冀东山. 2006. 神韵与辉煌——陕西历史博物馆国宝鉴赏·唐墓壁画卷. 西安：三秦出版社. 210~213
③ 陕西省考古研究所. 2002. 西安西郊陕棉十厂唐壁画墓清理简报. 考古与文物，（1）：34~35
④ 刘昫. 1975. 旧唐书. 卷二九. 音乐志二. 北京：中华书局. 1073
⑤ 王钦若等. 1960. 册府元龟. 卷一五九. 帝王部·革弊一. 北京：中华书局. 1921
⑥ 白居易. 1979. 白居易集. 卷四. 北京：中华书局. 75

《杜阳杂编》中还记载了幽州伎女石火胡高超的竿技。在敬宗生日时，宫廷表演百戏，石火胡"挈养女五人，才八九岁，于百尺竿上张弓弦五条，令五女各居一条之上，衣五色衣，执戟持戈，舞破阵乐曲，俯仰来去，赴节如飞。是时观者目眩心怯。火胡立于十重朱画床子上，令诸女迭踏以至半空，手中皆执五彩小帜床子，大者始一尺余。俄而手足齐举，为之踏浑脱，歌呼抑扬，若履平地上"①。从石火胡的姓名来判断，这位艺人应该来自中亚石国。

二、黄河流域的外来雕塑与绘画

隋唐时期由于佛教的流行，出于信仰的需要，人们热衷于佛教造像的修造，因此这一时期的黄河流域留下了著名的龙门石窟以及数量众多的中、小型石窟。石窟中大量的佛教造像体现出在当时中外文化交流背景下佛教雕塑技艺的高超与精湛。

唐代初期，黄河流域的佛教石窟造像最显著的特点就是印度造像风格的影响。

例如，龙门石窟在高宗、武后时期优填王造像盛极一时，现存造像主要分布在敬善寺洞和宾阳洞，也散见于其他洞窟，共42处，大约有70余尊。从时间上看，龙门石窟的优填王造像最早的是永徽六年敬善寺洞优填王造像洞，最晚的不晚于武后垂拱二年（686年）。而巩义石窟也有优填王造像，虽然目前仅千佛龛中一尊存世，但根据造像题记，原来至少有五处造像，建造时间大约在高宗咸亨和乾封年间。②

优填王像具有非常独特的时代风格，在这时期的佛教造像中独树一帜。其造像身躯健壮，长面厚唇，两耳重垂，闭目冥想，右手做施无畏印，左手微屈置于膝上。尤其是在衣服的处理上，造像身着右袒式袈裟，衣服平贴而无褶纹，躯体显露，具有南亚热带气候条件下的服装特征。他坐于方形台座之上，背后装饰有摩羯鱼、兽王和童子的形象。这明显是受到印度笈多艺术萨尔纳特样式的影响。这和高僧玄奘贞观十九年（645年）西行求法取得七尊天竺造像有关，根据《大唐西域记》的记载，玄奘求法归来时曾带回七尊佛像，"金佛像一躯，通光座高尺有六寸，拟摩揭陀国前正觉山龙窟影像。金佛像一躯，通光座高三尺三寸，拟婆罗疪斯国鹿野苑初转法轮像。刻檀佛像一躯，通光座高尺有五寸，拟憍赏弥国出爱王思慕如来。刻檀写真像刻檀佛像一躯，通光座高二尺九寸，拟劫比他国如来自天宫降履宝阶像。银佛像

---

① 苏鹗. 2000. 杜阳杂编. 卷中. 唐五代笔记小说大观. 上海：上海古籍出版社. 17
② 李文生. 1985. 我国石窟中的优填王造像. 中原文物，(4)：104

一躯，通光座高四尺，拟摩揭陀国鹫峰山说法花等经像。金佛像一躯，通光座高三尺五寸，拟那揭罗曷国伏毒龙所留影像。刻檀佛像一躯，通光座高尺有三寸，拟吠舍厘国巡城行化像"①。玄奘将这些佛像安置在长安弘福寺。雕刻于龙门石窟的正是憍赏弥国出爱王思慕如来刻檀佛像，而其中雕刻最早的优填王像距离玄奘归来也仅仅10年，很可能是玄奘带回佛像的摹写。就目前的情况来看，黄河流域的优填王像的雕凿主要在高宗和武后时期，而且集中在龙门石窟和巩义石窟两处，之后就如昙花一现般失去了踪迹。这一时期正是唐朝逐渐走向强盛的时期，优填王像体现了这一时期唐人对外来文明的好奇与追求。

另外，龙门石窟唐初佛教造像具有明显的印度秣菟罗艺术风格。秣菟罗造像是印度早期美术的典范。艺术风格造像身材修长，脸庞圆润，身披如被水沾湿的薄衣，衣纹细密均匀，体现出身体柔美的曲线。而龙门石窟宾阳洞北壁开凿于贞观二十二年（648年）的立佛就身着薄衣袈裟，袈裟紧贴身体，纹饰流畅，袖摆冗长及地，具有明显的秣菟罗艺术风格。同样风格的造像还见于宾阳洞北崖、万佛洞南壁、老龙洞上方等处，体现出唐代初期印度造像风格对龙门佛教艺术的影响。②

清末出土于西安大慈恩寺附近，造像背面模印"印度佛像大唐苏常侍普同等共作"铭文的砖佛，根据学者的研究，大致制作于高宗永徽与显庆年间，纹饰精美。其主尊袒右肩，无衣纹的衣着样式以及背后的金刚宝座的装饰常见于印度帕拉朝的造像碑，应该是模仿印度的做法。而且，铭文中写明"印度佛像"，且慈恩寺又是当年玄奘翻译佛经的所在，因此认为此砖佛很可能是以玄奘带到长安的印度砖佛为模范而制作出的砖佛。③ 具有明显印度佛像风骨的还有出土于大慈恩寺周边的善业泥像。

而完成于武则天时期的长安七宝台造像也具有鲜明的天竺风格，如佛像宽肩细腰，衣纹贴体，颈项上有三道纹，而胁侍菩萨也是身姿宛曲。其中的一方释迦牟尼结跏趺坐，着右袒袈裟，右臂戴钏，右手做降魔印，头顶有浓密的菩提树枝叶。

此时黄河流域的佛教造像之所以出现这种情况，是由于这一时期许多源自印度的佛教图像都受到长安各界人士的热衷。如追随王玄策出使天竺的画

---

① 玄奘，辩机.1985. 季羡林等校. 大唐西域记校注. 卷一二. 记赞. 北京：中华书局. 1041
② 张乃翥. 1999. 略论龙门石窟唐代造像中的秣菟罗艺术因素. 见：洛阳文物局. 耕耘论丛. 北京：科学出版社. 114~122
③ 肥田路美. 2006. 唐代菩提伽耶金刚座真容像的流布. 敦煌研究，(4)：32~41；冀东山. 2006. 神韵与辉煌——陕西历史博物馆国宝鉴赏·玉杂器卷. 西安：三秦出版社. 202~203

匠宋法智曾在摩揭陀国的摩诃菩提寺摹绘释迦降魔成道像，这尊塑像描绘释迦降魔成道的样貌，宋法智"巧穷圣容，图写圣颜，来到京都，道俗竞模"①。麟德元年（664年），玄奘主持修建大像，延请宋法智用香木树"菩提像骨"架。② 当时东都洛阳敬爱寺就有菩提树下弥勒菩萨塑像，"麟德二年自内出，王玄策取到西域所图菩萨像为样。巧儿、张寿、宋朝塑，王玄策指挥，李安贴金"③。而王玄策在洛阳的造像活动还不止于此，龙门石窟宾阳南洞西壁有一个残损的佛像空龛，龛侧题记云："王玄策□□□□□□□下及法界众生敬造弥勒佛像一铺，麟德二年九月十五日。"④ 此造像可能就是王玄策出使印度后归来的造像。晚于玄奘而由海路赴天竺求法的僧人义净在经历了25年的求法生活后，于证圣元年（695年）回到神都洛阳，在上东门受到武则天的迎接。在带回梵文经卷和佛舍利后的同时，义净也带回金刚真容像一尊，之后被安置在佛授记寺。有学者推测义净所取回的可能也是模仿了释迦降魔成道像的施降魔印的结跏趺坐像。

而唐初逐渐开始兴起的密宗信仰到唐后期在黄河流域越来越普及，也对唐代雕塑方面产生了一定的影响。

在洛阳龙门石窟众多的窟龛中还有许多早期持明密宗造像，反映了这一时期密宗传入汉地的史实。密宗作为印度最后的佛教宗派，其经义很早已经开始进入汉地。只是到了唐初之际，大量经典被翻译，如高僧玄奘和义净都翻译过密宗经典，当时称之为"杂密"。这使得高宗和武后时期的密宗信仰非常流行。这样，早期密宗造像也开始在黄河流域流行。龙门石窟地区就是这一时期密宗造像艺术的代表。

洛阳龙门的密宗造像主要有两种，分别是大日如来像和多臂多面观音像。其中以东山擂鼓台北洞的佛顶佛像最具代表性，其主尊高2.45米，螺髻宝冠，身披璎珞，着右袒袈裟和臂钏，结跏趺坐于须弥座上，两侧还有八臂和四臂观音各一身。而刘天洞的像龛开凿时间不晚于武则天天授三年（692年），正壁主尊塑大日如来像，高82厘米，头戴宝冠，颈下系项圈，身着袒右肩袈裟，右臂佩臂钏，手施禅定印，结跏趺坐于莲花之上。⑤ 该像龛具有明显的密宗风格，可见当时密宗已经对汉地的佛教雕刻产生了一定的影响。

---

① 道世.1990.法苑珠林.卷二九.大正藏第53册.东京：大藏经刊行会.502
② 慧立，彦悰.2000.孙毓棠，谢方校.大慈恩寺三藏法师传.卷十.北京：中华书局.221
③ 张彦远.1986.历代名画记.卷三.记两京外州寺观画壁.四库全书本.台北：商务印书馆
④ 李玉昆.1976.龙门石窟新发现王玄策造像题记.文物，(11)：94
⑤ 温玉成.1993.中国石窟与文化艺术.上海：上海人民美术出版社.349

而龙门的多臂多面观音造像有8身之多，如西山中部万佛洞南侧上方就有11面34臂观音像；而现存日本仓敷市大原美术馆的11面观音头像就是从东山擂鼓台北洞右前壁盗凿的；擂鼓台北洞窟外门楣上侧的一身八臂观音，上身袒裸，下身着裙，跣足而立。万佛沟北崖还有一个千手千眼观音龛，观音有3眼12臂，12臂圆润丰满，作不同的屈伸动作，每个手臂都有不同的手势，非常优美。① 另外，这一时期龙门的许多寺院也有密宗造像，如龙门东山擂鼓台南洞和文物廊内的唐前期佛顶佛造像都是从附近寺院移入的。

除了龙门石窟外，太原的天龙山石窟中也有密宗造像，如第9窟下层的11面观音高达5米，头戴宝冠，冠上雕十头像，面相长圆，身上装饰项圈、璎珞和披巾，臂佩宝石臂钏，风格秀美，体格丰腴匀称，两侧有文殊、普贤菩萨，此造像完成于高宗、武则天时期，是这一时期密宗佛像的精品。② 另外，天龙山第4、6、7、13、18窟中的佛、菩萨造像也都与龙门密宗造像相仿，具有武周密宗造像的风格，如第4窟的佛肩宽腰细，胸肌鼓起，着右袒裂裟，衣褶较密，薄而贴体，右手施降魔印，结跏趺坐于须弥座上，有学者指出这就是密宗的释迦佛顶佛。③

而当时许多寺院也都有大量的密宗造像，这从传世和出土的石刻上能够得到印证，如武则天长安年间的七宝台造像中也有11面观音单身造像。1976年河南荥阳唐大海寺遗址还出土了11面6臂观音造像。④ 西安碑林博物馆也收藏了一件出土于空军通讯学院的11面观音头像，这里是唐代温国寺的遗址所在。另外，1959年西安唐安国寺遗址也出土了多尊精美的唐代白石密宗造像，如三头八臂马头明王像、降三世明王像等。这些造像都比例匀称，姿态生动优美，体现出当时高超的雕刻工艺水平。

而镌刻《大悲陀罗尼经》、《佛顶尊胜陀罗尼经》的密宗经幢这一时期在黄河流域也大量出现。有学者认为陀罗尼经幢的形制是在南北朝石柱的基础上发展而来的，可以说是密宗信仰和传统石刻艺术相结合的产物。⑤ 陀罗尼经幢的流行一方面和这一时期大量陀罗尼经被译出有关，而经文本身也具有很强的实用性，陀罗尼经经文中声称树立陀罗尼经幢，信徒们只要见到经幢，"若近幢，若幢影粘身，若幢风吹身，或为幢风飘尘著身，罪业便消。

---

① 李文生.1991.龙门唐代密宗造像.文物，(1)：61~64
② 李裕群.1991.天龙山石窟调查报告.文物，(1)：43
③ 吕建福.1995.中国密教史.北京：中国社会科学出版社.197
④ 河南省文物局.1999.河南文物精华·藏品卷.文心出版社.208；郑州博物馆.1980.河南荥阳大海寺出土石刻造像.文物，(3)：58~59
⑤ 中国科学院自然科学史研究所.1985.中国古代建筑技术史.北京：科学出版社.22

不生地狱、畜生、阎摩卢迦、饿鬼、阿修罗中,不坠诸恶趣"。统治者对此也大力支持,大历十一年(776年),代宗就曾敕令天下僧尼一月内诵读《佛顶尊胜陀罗尼经》精熟,并要求每日诵读21遍,每年正月一日还要贺使具进所诵遍数。①

正因为如此,这一时期黄河流域地方密宗信徒们树立了大量的陀罗尼经幢。从各种文献资料可以看到:在今天陕西、河南、山西等地的博物馆和古寺中还存在大量这一时期刻制的各类陀罗尼经幢,如陕西省1958年对省内经幢的调查就表明唐代树立的经幢有82座之多。② 河南地区仅洛阳而言,洛阳古代石刻艺术馆收藏的唐代陀罗尼经幢有6座,龙门石窟研究院收藏也有7座,民俗博物馆近年也收藏1座,零散出土的还有数件。而被《金石萃编》和《中国历代石刻拓本汇编》著录,但下落不明的还有许多。③ 在当时的洛阳大福先寺西律院,还树立有玉石陀罗尼经幢,供信徒们摹写。在洛阳履道里白居易故居遗址的考古发掘中就出土了两件白居易建造的陀罗尼经幢残幢。其一作六面体,上有"开国男白居易造此佛顶尊胜大悲"题记。另一经幢残片上,则有"唐大和九年……心陀罗尼"等字样④,可见当时树立经幢之普遍。

这其中许多经幢精美异常,如沁阳市博物馆收藏的唐代陀罗尼经幢,用青石雕刻,通高4.1米,由座、身、顶三部分构成。经幢为八棱形,幢座下部为圆覆莲基座,上部为八角形座面,每角雕一兽头,口衔圆环,环垂丝绸结扎的长帛,每角之间用璎赂相连,其上有覆莲两层,下为帷幔。幢身高1.43米,楷书阴刻"佛顶尊胜陀罗尼经",后有"大唐开元十有八年"纪年,表明了雕刻年代。幢顶形似塔刹,分七层,分别雕刻释迦牟尼、普贤菩萨、文殊师利菩萨、伎乐飞天、莲花、兽头等。其中,七幅会乐飞天雕刻精美,姿态各异,形象逼真,神采飞动。可以说,大量精美的陀罗尼经幢又为黄河流域的石雕艺术增加了新的门类。

在唐代帝陵石雕中,鸵鸟也是非常独特的作品。鸵鸟石雕的出现与中亚吐火罗的进贡有关。《新唐书·吐火罗传》记载:"永徽元年,献大鸟,高

---

① 圆照.1990.代宗朝赠司空大辨正广智三藏和上表制集.卷五.救天下僧尼诵尊胜真言制.大正大藏经52册.东京:大藏经刊行会.852.
② 陕西所见的唐代经幢.1959.文物,(8):29
③ 王振国.2006.洛阳经幢研究.收入氏著.龙门石窟与洛阳佛教文化.郑州:中州古籍出版社.123~186;王支援等.洛阳栖霞宫村出土唐代经幢初探.见:郭绍林.2007.洛阳隋唐研究.第二辑.北京:群言出版社.398~409
④ 中国社会科学院考古研究所洛阳唐城队.1994.洛阳唐东都履道坊白居易故居发掘简报.考古,(8):698~699

七尺,色黑,足类橐驼,翅而行,日三百里,能啖铁,俗谓驼鸟。"①《册府元龟》卷三〇也记载:"永徽元年五月,吐火罗国献大鸟,高七尺。帝以太宗怀远所致,献于昭陵,仍刻像于陵之内。"② 这表明,由于鸵鸟体现了唐朝万方来朝和怀柔远人的气魄和胸怀,因此高宗在昭陵刻石像供奉太宗。与这件事非常相似的是在贞观九年,唐高祖李渊去世后,李世民命在其献陵树立石犀牛,献陵石犀共有两只。其中一只收藏于碑林博物馆。石犀用一整块石料雕刻而成,重约10吨,高2米,长3.4米,体形高大,背平短腿,通体遍饰麟纹。石犀右前足下刻有"高祖怀远之德"。可见,唐初在陵墓前树立异域动物石刻以表现帝王包容万方的气魄。正因为如此,太宗死后高宗才有此举。

目前,高宗为供奉太宗所雕刻的鸵鸟石雕虽然没有被发现,但高宗和武则天的乾陵却有鸵鸟石雕。该石雕位于乾陵神道华表北200米处,呈左右对称排列,和乾陵多数石雕为圆雕不同,鸵鸟石雕为高浮雕形式,雕刻在高2.13米,宽1.7米的方形石屏上。石屏上的鸵鸟羽毛丰满,体态雄健,昂首挺胸,非常生动,也是对大唐恢宏气象的生动诠释。虽然学术界对此石刻有不同的争议,如认为其应该是朱雀、鸾鸟等,但从乾陵石刻的形态和特征来看极具写实性,明显是在仔细观察基础上雕刻出来的,与中国传统的朱雀、鸾鸟等纹饰存在较大差异。而从高宗将鸵鸟石雕供奉太宗陵寝来看,高宗的乾陵供奉鸵鸟石雕是可以理解的。从乾陵之后,桥陵、泰陵、建陵、崇陵、景陵、庄陵、端陵、贞陵等八座唐陵都在神道两侧设置鸵鸟石雕,鸵鸟石雕成为唐陵石雕中具有外来特色而不可或缺的一部分(图3-4)。

绘画方面,来自于阗的尉迟乙僧对当时的画风产生了深远的影响。据张彦远《历代名画记》记载,"尉迟乙僧,于阗国人,父跋质那。乙僧,国初授宿卫官,袭封郡公。善画外国及佛像,时人以跋质那为大尉迟,乙僧为小尉迟"。尉迟乙僧在画风上属于凹凸一派,注重设色,利用色彩深浅晕染,造成明暗对比的关系,具有很强的立体感和真实

图3-4 唐武宗端陵鸵鸟

---

① 欧阳修,宋祁.1975.新唐书.卷二二一下.吐火罗传.北京:中华书局.6252
② 王钦若等.1960.册府元龟.卷三〇.帝王部·奉先三.北京:中华书局.323

感。凹凸画法本出印度，从今天印度阿旃陀壁画就可略知其端倪，之后经西域传入黄河流域。他一生主要在长安和洛阳的寺院从事绘画活动，其中在长安有光宅寺普贤堂佛像、梵僧、降魔变等，慈恩寺塔前功德、凹凸花、千钵文殊，奉恩寺于阗国王及诸亲族画像，兴唐寺、安国寺壁画等；洛阳则有大云寺两壁鬼神、菩萨六躯、净土经变、阁上婆叟仙等，其中黄犬及鹰最妙。张彦远在《历代名画记》中评价他"用笔紧劲，如屈铁盘丝"。在内容上，无论是他在长安和洛阳绘制的壁画，还是从《宣和画谱》记载的《弥勒佛像》、《佛铺图》、《外国人物图》、《外国佛从像》等画作来看，尉迟乙僧的花鸟人物画都具有浓厚的异域色彩，"凡画功德人物花鸟，皆是外国之物像，非中华之威仪"①。其中，长安光宅寺普贤堂"今堂中尉迟画颇有奇处，四壁画像及脱皮白骨，匠意极严谨，又变形三魔女，身若出壁。又佛圆光均彩相错乱目成讲。东壁佛座前锦如断古标。又左右梵僧及诸蕃往奇。然不及西壁，西壁逼之摽摽然"②。慈恩寺塔前功德、凹凸花、千钵文殊被认为"精妙之状不可名焉"。光宅寺七宝台后的降魔像则"千态万状，实奇踪也"。从传统文献的描述中可以看到尉迟乙僧在壁画中大量使用了凹凸晕染的技法，导致壁画神奇入化的艺术效果。尉迟乙僧的画风对当时的人物画产生了很大影响。向达就引用唐宋人对吴道子画风的评论认为吴道子早年的画风是受到尉迟乙僧凹凸画派的影响，首先在中国人物画中使用凹凸法，在中国画坛产生了深远的影响。③

这一时期的外来画家还有金刚三藏与康萨陀。金刚三藏是狮子国人，善西域佛像，运笔持重，非常画可拟。东京广福寺木塔下素像，皆三藏起样。④康萨陀从姓氏上来看应该是来自中亚康国，唐人评价他的作品"初花晚叶，变态多端，异兽奇禽，千形万状"⑤。

这一时期除了来自西域和中亚的画家的绘画作品之外，具有外来色彩的文化事象在唐代黄河流域的绘画中占据了重要的地位，成为绘画中重要的题材。当时许多名画家都有这些题材的作品，虽然这些作品大多失传了，但通过文献的记载我们还可以从中略见端倪。宋代藏于内府的阎立本绘画中就有《职贡狮子图》、《西域图》、《异国斗宝图》、《写李思摩真》等。⑥ 南宋学者周密曾这样描述他所见到的阎立本的《职贡狮子图》："大狮二，小狮数枚，

---

① 朱景玄. 1986. 唐朝名画录. 尉迟乙僧. 四库全书本. 台北：商务印书馆
② 段成式. 1981. 酉阳杂俎. 续集卷六. 寺塔记下. 北京：中华书局. 257
③ 向达. 1957. 唐代长安与西域文明. 北京：生活·读书·新知三联书店. 58~59
④ 张彦远. 1986. 历代名画记. 卷九. 唐朝上. 台北：商务印书馆
⑤ 张彦远. 1986. 历代名画记. 卷九. 唐朝上. 台北：商务印书馆
⑥ 佚名. 1986. 宣和画谱. 卷一. 四库全书本. 台北：商务印书馆

虎首而熊身，色黄而褐。神采粲然，与世所画狮子不同。胡王倨坐甚武，傍有女妓数人，各执胡琴之类，傍有执事十余人，皆沉着痛快。"① 玄宗时期的长安画家韦无忝擅长描绘珍禽异兽，"曾见貌外国所献狮子，酷似其真，后狮子放归本国，唯画者在图。时因观览，百兽见之皆惧"②。从以上的这些记载来看，这些画家当时都曾亲眼见到这些外来的狮子，故而其作品非常逼真写实。另外一位大画家长安人张萱则有《按羯鼓图》、《拂菻图》。③ 时代晚于张萱的名画家长安人周昉也曾绘制过《拂菻图》以及《蛮夷职贡图》。④

由于密宗信仰的传播以及唐朝西北地区的战事的影响，唐代中后期流传着高僧不空请毗沙门天王神兵击退胡兵保护安西的传说。这使得唐后期的毗沙门天王壁画也流行一时，无论是军队还是普通百姓都非常信奉，"虽百夫之长，必资以指挥；十室之邑，亦严其庙宇"⑤。而毗沙门天王信仰来自于阗，据称他能够护佑城市。汴州相国寺西库北壁天王像壁画就是取自于阗。这是在开元十四年，"玄宗东封回，敕车政道往于阗国，摹写天王样就寺壁画焉"⑥。此后，许多寺院甚至城门也都绘制毗沙门天王像，如长庆三年（823年）十一月，长安通化门就绘制了毗沙门天王像。其年十二月，章敬寺也绘制了毗沙门天王像，穆宗为此还赐钱一千贯。

而新中国成立以来对大量唐墓的科学发掘，使得其中大量瑰丽绚烂的唐墓葬壁画得以重见天日。尤其是陕西地区唐墓中出土了大量反映唐代官僚贵族生活场景的精美壁画，其中许多都浸润了外来文明的因素。其中著名的如章怀太子墓的《马球图》，通过马球运动场面的生动描绘展示了唐代社会马球盛行的风气。这使我们不禁联想到以画马闻名于世的画家大梁人韩幹的《宁王调马打球图》。⑦《客使图》则描绘了唐朝官员接待外国使臣的场景。苏思勖墓中的《乐舞图》描绘的则是一个胡汉乐器结合的乐队在演奏音乐，在音乐的伴奏下，一名胡人舞者表演胡腾舞的场面。⑧ 另外，太原以及洛阳、西安唐墓中出土的胡人牵马、牵驼图壁画也都向我们展示了唐代黄河流域胡商长途贸易的场景。这些不知名的画匠的作品为我们了解唐代社会的外来风

---

① 周密.1986.云烟过眼录.卷三.四库全书本.台北：商务印书馆
② 李昉等.1961.太平广记.卷二一二.引画断.韦无忝.北京：中华书局.1625
③ 欧阳修，宋祁.1975.新唐书.卷五九.艺文三.1560；佚名.1986.宣和画谱.卷五.四库全书本.台北：商务印书馆
④ 佚名.1986.宣和画谱.卷六.四库全书本.台北：商务印书馆.
⑤ 董浩.1983.全唐文.卷七三〇.卢弘正.兴唐寺毗沙门天王记.北京：中华书局.7530
⑥ 赞宁.1999.宋高僧传.卷二六.唐东京相国寺慧云传.北京：中华书局.660
⑦ 欧阳修，宋祁.1975.新唐书.卷五九.艺文三.北京：中华书局.1561
⑧ 冀东山.2006.神韵与辉煌——陕西历史博物馆国宝鉴赏·唐墓壁画卷.西安：三秦出版社.144~152，211~213

貌提供了珍贵的资料。

而从这些雄浑壮阔、生动逼真的美丽画卷中，我们能够感受到外来事物在黄河流域的艺术家心灵中产生的震撼，正是这些丰富多彩的外来事物为唐代的艺术家的创作带来了丰富的题材和无限的灵感，为唐代绘画艺术成就达到顶峰起到了促进的作用。

三、黄河流域的外来建筑艺术

在唐代洛阳端门前，曾经矗立着被命名为天枢的金属建筑物。延载元年（694年），梁王武三思迎合武则天的意图，"劝率诸蕃酋长奏请大征敛东都铜铁，造天枢于端门之外"①。铸造天枢的目的是歌颂武则天建立周朝的丰功伟绩以及四方对武周政权的拥戴和归附。诸胡聚敛钱财百万亿钱来购买铸造天枢的铜铁仍然不足，因此不得不向民间征收金属农具来弥补不足，共"征天下铜五十余万斤，铁三百三十余万，钱两万七千贯"②。天册万岁元年（695年）夏四月，天枢终于建成。天枢由三部分构成，下层是铁山，高2丈，周长是170尺，由铜龙负载，四周由狮子和麒麟围绕。中间是八棱铜柱，高105尺，径12尺，八面各宽5尺。棱柱顶端为腾云承露盘，径长3丈，盘上有四条长一丈二尺像人一样矗立的盘龙擎托一颗火珠，火珠直径1丈③，"金彩荧煌，光侔日月"④。三部分相加，天枢的高度达147尺，合今天的130尺。⑤ 天枢上还镌刻有文字，文字由武三思撰写，考其形制，文字应该铸造在铜柱上，内容应该是歌颂武周政权的，铜柱上还题刻了百官及四夷酋长的名字，武则天亲自题写题额"大周万国颂德天枢"。从史书记载来看，天枢用铜铁冶铸而成，工艺先进而复杂，铸造规模宏大。石刻资料中对天枢的雄伟壮观有这样的描述："干青霄而直上，表皇王而自得。明珠吐耀，将日月而连辉，祥龙下游，凭烟云而矫首。壮矣哉！邈乎斯时也。"⑥

从天枢的造型和建造来看，可谓空前绝后，而其设计、制作可以说是各国归附酋长以及能工巧匠策划和聪明才智的结晶。有学者认为，天枢的制作与古印度的阿育王石柱以及古罗马帝国的图拉真石柱有着某种联系，是受到

---

① 刘昫.1975.旧唐书.卷六.则天皇后本纪.北京：中华书局.124
② 刘肃.1986.大唐新语.卷八.北京：中华书局.126
③ 司马光.1956.资治通鉴.卷二○五天册万岁元年.北京：中华书局.6502~6503
④ 刘肃.1986.大唐新语.卷八.北京：中华书局.126
⑤ 郭绍林.2001.大周万国颂德天枢考释.洛阳师范学院学报，(6)：72
⑥ 大周故镇军大将军高君墓志铭并序.见：郭引强，李献奇.1996.洛阳新获墓志.北京：文物出版社.219~221；周绍良，赵超.2000.唐代墓志汇编续集.万岁通天003.上海：上海古籍出版社.348

外来文明的影响。① 这种观点并非空穴来风。天枢的建造以宰相姚璹为督作使②，而参与此项工程的有许多外国人。根据清末出土于洛阳的《大唐故波斯国大酋长右屯卫将军上柱国金城郡开国公波斯君（阿罗憾）丘之铭》记载，波斯人阿罗憾"又为则天大圣皇后召诸蕃王建造天枢"③。则阿罗汉是工程的召集人。负责制造模具的工匠是毛婆罗，在武则天时期曾担任尚方丞，唐人张彦远的《历代名画记》中对此人有记载，并指出其雕塑作品"皆巧绝过人"④。《新唐书》卷三四《五行志一》称其为"中郎将、东夷人"，则其来自朝鲜半岛，当是高丽人或新罗人。参与工程的还有高丽人泉献诚，他曾"奉敕充检校天枢子来使，兼于玄武北门押运大仪铜等事"⑤。而另一位高丽人高足西也参与建造了天枢，据洛阳出土的《高足西墓志》记载，"证圣元年，造天枢成，悦豫子来，雕镂乃就"。高足西因此被封为高丽蕃长、渔阳郡开国公，食邑二千户⑥。有鉴于此，有学者指出：天枢"是中外合资设计建造的建筑艺术品"⑦。

洛阳之外，唐代长安的一些建筑也有外来因素的影响，如唐玄宗曾在宫中起凉殿。根据《唐语林》卷四的记载："明皇起凉殿，拾遗陈知节上疏极谏。上令力士召对。时暑毒方甚，上在凉殿，座后水激扇车，风猎衣襟。知节至，赐坐石榻，阴溜沈吟，仰不见日。四隅积水成帘飞洒。坐内含冻，复赐冰屑麻节饮。"⑧ 玄宗在宫中有避暑的凉殿，而长安权贵亦有之。据《封氏闻见记》卷五记载："天宝中，御史大夫王铁，有罪赐死。县官簿录太平坊宅，数日不能遍。宅内有自雨亭子，檐上飞流四注。当夏处之，凛若高秋。"⑨ 两者的建筑有异曲同工之妙。在西方的拂菻国，也有相似的样式和特色的建筑，据《旧唐书·拂菻传》的记载，当地人"至于盛暑之节，人厌嚣热。乃引水潜流上遍于屋宇。机制巧密，人莫之。观者惟闻屋上泉鸣，俄见四檐飞溜，悬波如瀑，激气成凉风，其巧妙如此"⑩。可见，开元、天宝之

---

① 张乃翥.1995.武周万国天枢与西域文明.洛阳大学学报，(1)：49
② 刘昫.1975.旧唐书.卷八九.姚璹传.北京：中华书局.2902
③ 周绍良，赵超.1992.唐代墓志汇编.景云001.上海：上海古籍出版社.1116
④ 张彦远.1986.历代名画记.卷九.四库全书本.台北：商务印书馆
⑤ 大周故左卫大将军右羽林卫上下上柱国卞国公赠右羽林卫大将军泉君墓志铭并序.见：周绍良，赵超.1992.唐代墓志汇编.大足001.上海：上海古籍出版社.984
⑥ 大周故镇军大将军高君（足西）墓志铭并序.见：郭引强，李献奇.1996.洛阳新获墓志.北京：文物出版社.34
⑦ 郭绍林.2001.大周万国颂德天枢考释.洛阳师范学院学报，(6)：73
⑧ 王谠.1987.周勋初校.唐语林校证.卷四.北京：中华书局.325
⑨ 封演.2005.赵贞信校证.封氏闻见记校证.卷五.北京：中华书局.44~45
⑩ 刘昫.1975.旧唐书.卷一九八.拂菻传.北京：中华书局.5314

际，长安的一些建筑也受到外来建筑设计的影响。

而唐玄宗经常沐浴避暑的华清宫温泉建筑也有西方建筑风格的影响。古代希腊和罗马的温泉沐浴有着非常悠久的历史，其沐浴建筑样式影响了西亚、中亚和南亚的沐浴建筑。而在唐代随着大量西亚、中亚外来移民的进入，长安华清宫的建筑模式也受到了影响。1982年以来，通过对临潼唐华清宫建筑遗址的发掘，学者们对唐代皇家沐浴建筑有了进一步的了解。① 葛承雍指出：唐华清宫沐浴建筑中的星辰汤和西方露天浴池基本一致。而且，华清宫的沐浴建筑遗址中有许多水池石构面采用白色砂岩石做冰裂状斗合铺砌，这种建筑做法与古希腊、罗马建筑上的石块铺设风格完全一致，证明其受到西方建筑手法的影响。②

20世纪70年代，洛阳考古工作者在洛阳隋唐宫城遗址中的明堂遗址西侧的唐代地层中发现了一件唐代石雕艺术品。这是一件动物头部的雕刻，头部以下有残缺，石雕残长90厘米，动物突目圆睁，鼻做象首上卷，口中显露利齿，口中衔一小鱼，非常生动形象，当时定名为石雕龙首。③ 张乃翥率先指出这件石雕刻画的是印度摩羯鱼的形象。④ 摩羯鱼图案是印度佛教神话中的神异动物，被认为是河水之精，在古印度的雕刻、造像和壁画中经常出现。而出土于洛阳宫城遗址上的这个石刻残件应该是当时宫城建筑上的一个饰件，可见印度佛教艺术对当时宫廷建筑有一定程度的影响。

另外，从对西安唐大明宫和洛阳宫城宫殿遗址的考古发掘来看，当时宫殿建筑的构件也多有中亚、西亚文化的痕迹，即大量使用联珠纹装饰的构件。联珠纹就是一圈连续的圆珠作为一个图案的边缘装饰，中间则修饰其他图案。而联珠纹图案被认为最早是起源于西亚波斯的装饰图案，通常出现在宫殿石雕以及金银器和织物上。之后逐渐向东传播，流行于中亚和我国的西北地区，如大明宫麟德殿、含光殿遗址中所铺设的莲花纹方砖、莲花纹瓦当；洛阳隋唐宫城遗址上出土的双凤纹方砖、牡丹纹方砖，莲花纹瓦当、忍冬纹瓦当，上阳宫宫殿遗址和应天门出土的莲花纹瓦当都使用了当时西亚、中亚和西域地区常见联珠纹的装饰图案。除了宫殿建筑之外，洛阳含嘉仓、子罗仓遗址以及履道坊和温柔坊等坊里考古发掘出的瓦当都使用了联珠纹图

---

① 唐华清宫考古队.1990.唐华清宫汤池遗址第一期发掘简报.文物，(5)；唐华清宫考古队.1991.唐华清宫汤池遗址第二期发掘简报.文物，(9)：10~20
② 唐华清宫沐浴汤池建筑考述.见：荣新江.1996.唐研究.第2卷.北京：北京大学出版社
③ 王绣.2005.魅力洛阳——河洛地区文物考古成果精华.郑州：大象出版社.107
④ 张乃翥.2005.记洛阳出土的两件唐代石刻.河南科技大学学报，(1)：20~21

案。洛阳还发现了烧制这些联珠纹图案瓦当的烧窑。① 而唐代宫殿遗址中地砖上的联珠纹图案却又与莲花、牡丹、凤鸟等中国传统图案相结合。这都体现了这一时期中外文化的交流与融合。

而这一时期由于大量僧人到印度求法，一些印度宗教建筑的风格和样式也被照搬到黄河流域，使这里的一些建筑受到影响。永徽三年（652年）三月，玄奘还曾在慈恩寺修建了印度式的窣堵坡石塔，目的是收藏取回的印度佛经。原本玄奘希望建造石塔，后由于工程量过于浩大，经过高宗的建议，最终采用砖来修造。"其塔基面各一百四十尺，仿西域制度，不循此旧式也。塔有五级，并相轮、霜盘凡高一百八十尺。层层中心皆有舍利……上层以石为室。"② 宋敏求《长安志》卷八也指出："砖表土心，仿西域窣堵波制度，以置西域经像。"③ 从文献记载来看，此建筑也是模仿印度佛塔建造方式修建的，而不是采用此时黄河流域传统的楼阁式建筑。可能是由于唐朝工匠没有掌握印度建筑工艺技术的原因，这座佛塔在建成后50年就倒塌了。武后长安年间，又对此塔进行了重建，并不再采用原来的建筑样式而是采用了当时流行的楼阁式木塔的样式，用砖砌成木结构的样式。这座塔此后还经过宋、明数代多次的修补和加固，历经沧桑，直到今天还矗立在陕西西安的慈恩寺中，就是著名的大雁塔。河东地区五台山佛光寺后建于会昌四年（844年）的志远和尚塔也是非常罕见的唐代窣堵坡式石塔，塔为砖砌，塔身平面圆形，呈高覆钵状，直径3米多。

另外，在不空的建议下，代宗永泰二年（766年），密宗僧侣还曾负责设计建造过具有印度建筑风格的五台山金阁寺等建筑。其中金阁寺由不空弟子含光主持兴建，由天竺那烂陀寺喜鹊院僧纯陀及西域僧道仙、法达设计，而含光也是印度人，因此这些建筑和造像具有浓厚的天竺色彩，这也是因密宗的造像独特以及道具繁复所致。入唐求法的日僧圆仁曾这样描述金阁寺中金阁的壮丽：

> 阁九间，三层，高百余尺。壁檐橡柱，无处不画。内外庄严，尽世珍异。颢然独出杉林之表，白云自在下而暧靆，碧层超然而高显。次上第二层，礼金刚顶瑜伽五佛像，斯乃不空三藏为国所造，依天竺那兰陀寺样作。每佛各有二胁士，并于板坛上列置。次登第

---

① 中国科学院考古所.1959.唐长安大明宫.北京：科学出版社；1981年河南洛阳隋唐东都夹城遗址发掘简报.1983.中原文物，(2)：55；洛阳唐东都上阳宫园林遗址发掘简报.1998.考古，(2)：43；程永建.2007.洛阳出土瓦当.北京：科学出版社.292~386
② 慧立，彦悰.2000.孙毓棠，谢方校.大慈恩寺三藏法师传.卷七.北京：中华书局.160
③ 宋敏求.长安志.卷八.光绪十七年思贤讲舍刊本

三层，礼顶轮王瑜伽会五佛金像。每佛各一胁士菩萨，二菩萨作合掌佛，在佛面前向南立，佛菩萨手印容貌与第二层佛各异。粉壁内面，画诸尊曼荼罗，填色未了，是亦不空三藏为国所造。①

第四节 外来文明与黄河流域社会生活

一、饮食

唐代黄河流域还非常流行胡食，慧琳在《一切经音义》中指出："胡食者，饆饠、烧饼、胡饼、搭纳等是。"②

《新唐书·舆服志》则指出，开元年间"贵人御馔，尽供胡食"。所以，这一地区制作和出售胡饼非常普遍。当时，长安有许多出售胡饼的店铺，如德宗时期，刘晏五鼓入朝，天气寒冷。路上见到卖蒸饼之处，热气腾腾，于是命人购买。"以袍袖包裙帽底啖之。且谓同列曰：'美不可言，美不可言。'"③《太平广记》卷四二《原化记》载，住在长安宣平坊的贺知章将明珠献与邻居老人求道法，"老人即以明珠付童子，令市饼来"。童子用明珠换得30余胡饼，老人遂以此招待贺知章。长安城中以辅兴坊出售的胡饼最为出色，也成为各地胡饼制作的典范。因此，元和十四年（819年），白居易在忠州刺史任上将忠州制作的胡饼寄给万州刺史杨归厚，并在《寄胡饼与杨万州》诗中指出："胡麻饼样学京都，面脆油香新出炉。寄与饥馋杨大使，尝看得似辅兴无。"④

除了长安之外，其他地区也多有胡饼制作和出售。天宝十四载（755年），安史之乱爆发后，唐玄宗逃亡到咸阳望贤宫，一直到中午尚未进食，于是宰相杨国忠"自市胡饼以献"，可见当时胡饼的出售非常普遍。⑤

目前看来，在黄河流域经营胡饼制作的多为胡人，如《太平广记》卷四五一《广异记》载东平尉李黁在由东都前往郓州东平赴任途中，在一故城客店中，就有胡人以卖胡饼为业。⑥另一则小说《任氏》中，也提到长安郑六

---

① 圆仁.1986.入唐求法巡礼行记.卷三.上海：上海古籍出版社.126～127
② 慧琳.1990.一切经音义.卷三七.陀罗尼集.卷一二."饆饠"条注.大正藏54册.东京：大藏经刊行会.552
③ 韦绚.2000.刘宾客嘉话录.唐五代笔记小说大观.上海：上海古籍出版社.803
④ 白居易.1979.白居易集.卷一八.北京：中华书局.382
⑤ 司马光.1956.资治通鉴.卷二一八至德元载.北京：中华书局.6972
⑥ 李昉等.1961.太平广记.卷四五一.李黁.北京：中华书局.3689

夜遇狐仙饮酒作乐，归来之后，"及里门，门扃未发。门旁有胡人鬻饼之舍，方张灯炽炉，郑子憩于其帘下，坐以候鼓"①。

唐后期，胡饼仍旧在长安非常流行。大历八年（773年），高僧不空奏请在大兴善寺建造文殊阁，上梁之日，代宗特赐千僧斋饭，其中就有胡饼2000枚。② 文宗时期入唐求法居住在长安的日本僧人圆仁在开成六年（841年）正月六日立春时就曾在佛寺中食用胡饼，并提到："时行胡饼，俗家皆然。"③

饆饠是一种带馅的面食，传入唐朝的时间，比胡饼要晚得多。唐人李匡义认为"饆饠"这两个字当初应作"毕罗"，称："蕃中毕氏、罗氏好食此味，今字从食，非也。"④ 可见唐人已经认识到这种食物来自域外。向达认为饆饠应是来自中亚毕国的食物，毕国是依附于安国的一个小的城邦。⑤ 饆饠在当时社会是比较流行的食品。长安城就有饆饠肆，段成式在《酉阳杂俎》中就记载长安恶少李和子遇鬼索命，于是拉着鬼到饆饠肆饮酒。在另一则故事中，一明经经常到长兴里饆饠店食毕罗，还在梦中邀请一黄衣人到这里吃饭。⑥ 段成式书中还记载一些穷进士常聚在酒楼食饆饠，可见当时长安饆饠的流行并且大众化，甚至出现了"楼罗"这样的俗语。⑦ 一些人家制作的饆饠还颇具特色，如唐人段成式所罗列的一些官僚之家所制作的精致的美食中，就有韩约作的"樱桃饆饠"，据称这种饆饠甚至能使樱桃颜色保持不变。⑧ 而军队使用饆饠也非常普遍，《太白阴经》卷五《宴设音乐篇》记载军中出征饮宴时，"饆饠一人一枚"。

唐代初年，中亚地区葡萄酒的酿造技术传到了黄河流域。这是唐太宗在平定高昌的过程中得到的。《唐会要》一〇〇卷记载："葡萄酒，西域有之……及破高昌，收马乳葡萄实，于苑中种之，并得其酒法。自损益造酒，为凡有八色，芳辛酷烈，味兼醍醐，即颁赐群臣，京中始识其味。"名相魏征就有善于酿制葡萄酒的声名，柳宗元《龙城录》中《魏征善治酒》条就记载："魏左相能治酒，有名曰醽渌翠涛。常以大金罂内贮盛，十年饮不败，

---

① 李昉等.1961.太平广记.卷四五二.任氏.北京：中华书局.3693
② 圆照.1990.代宗朝赠司空大辨正广智三藏和尚上表制集.卷三.恩赐文殊阁上梁蒸饼见钱等物谢表一首.大正藏52册.东京：大藏经刊行会.843
③ 圆仁.1986.入唐求法巡礼行记.卷三.上海：上海古籍出版社.147
④ 李匡义.1998.资暇集.卷下.毕罗.沈阳：辽宁教育出版社.28
⑤ 向达.1957.唐代长安与西域文明.北京：生活·读书·新知三联书店.49；蔡鸿生.1998.唐代九姓胡与突厥文化.上编第四节.毕国史钩沉.北京：中华书局.74~79
⑥ 段成式.1981.酉阳杂俎.续集卷一.支诺皋上.北京：中华书局.202
⑦ 段成式.1981.酉阳杂俎.续集卷四.贬误.北京：中华书局.232
⑧ 段成式.1981.酉阳杂俎.前集卷七.酒食.北京：中华书局.71

其味即世所未有。太宗文皇帝尝有诗赐公,称:'醽渌胜兰生,翠涛过玉薤。千日醉不醒,十年味不败。'……公此酒本学酿于西羌人,岂非得大宛之法,司马迁所谓富人藏万石葡萄酒,数十岁不败者乎。"① 可见,葡萄酒在京城地区颇为流行。长安还有许多胡人经营酒店业,王维在《过崔驸马山池》诗中就有"画楼吹笛妓,金碗酒家胡"的诗句,这些酒家胡出售的酒类中应该就有葡萄酒。

而这一时期黄河流域葡萄酒的酿造以上游陇右道凉州和中游河东道太原、蒲州最为知名。元稹《元氏长庆集》卷二四《西凉伎》道:"吾闻昔日西凉州,人烟扑地桑柘稠。蒲萄酒熟恣行乐,红艳青旗朱粉楼。楼下当垆称卓女,楼头伴客名莫愁。"李濬《松窗杂录》也提到:开元中李龟年歌李白《清平调》,"太真妃持玻瓈七宝杯,酌西、凉州蒲萄酒,笑领意甚厚"②。天水市博物馆收藏了一件出土于当地隋末唐初墓葬的屏风石棺床,屏风上雕刻了许多描绘当时生活场景的图案。其中石棺床左侧第三合屏风的图案就雕刻了胡人酿酒的画面,高台上一名头发卷曲披肩、高鼻深目、大腹便便的胡人正仰靠在高台上,另一名束发的胡人也是高鼻深目,正在察看其下美酒的酿造。高台下方两个兽头中正流淌着美酒,其下两个大酒瓮则装盛酒液,旁边几名工匠有的装酒,有的则在运送和储藏酒,还有的正在畅饮美酒。③ 这幅屏风画生动展示了当时黄河流域的胡人酿造美酒的场景,他们酿造的应该就是葡萄酒。

而河东道太原府的葡萄非常出名,成为向朝廷进贡的贡物,《元和郡县图志》卷十三《河东道二》记载太原开元年间的贡物就有葡萄。李肇《唐国史补》卷下记载河东地区的名酒则有乾和葡萄酒。《新唐书》卷三九《地理志》记载太原府每年的土贡中还有葡萄酒。这一情况一直持续到唐后期。《册府元龟》卷一六八记载,开成元年(836 年)十二月,"敕河东每年进葡萄酒,西川进春酒,并宜停"④。因此,刘禹锡《葡萄歌》就记载了河东汾阴人的夸耀之辞:

  自言我晋人,种此如种玉。酿之成美酒,令人饮不足。为君持一斗,往取凉州牧。

正因为如此,在这一地区葡萄酒的饮用也非常普遍。《唐景隆文馆记》曾记载:"四月上巳日,上(中宗)幸司农少卿王光辅庄,驾返顿后,中书侍郎

---

① 上海古籍出版社.2000.唐五代笔记小说大观.上海:上海古籍出版社.140
② 上海古籍出版社.2000.唐五代笔记小说大观.上海:上海古籍出版社.1213
③ 天水市博物馆.1992.天水市发现隋唐屏风石棺床墓.考古,(1):46~54
④ 王钦若等.1960.册府元龟.卷一六八.帝王部·却贡献.北京:中华书局.2028

南阳岑羲设茗，饮蒲萄浆，与学士等讨论经史。"还记载："大学士李峤入东都祔庙，学士等祖送城东。上令中官赐御馔及蒲萄酒。"① 唐初隐居在绛州的著名隐士王绩在《过酒家》诗中道："竹叶连糟翠，蒲萄带曲红。相逢不令尽，别后为谁空？"可见当时民间也流行饮用葡萄酒。② 白居易《司徒令公分守东洛，移镇北都，一心勤王。三月成政，形容盛德，实在歌诗。况辱知音，敢不先唱？辄奉五言四十韵寄献，以抒下情》诗中云：

豹尾交牙戟，虬须捧佩刀。通天白犀带，照地紫麟袍。羌管吹杨柳，燕姬酌蒲萄。③

这也反映出太原当地葡萄酒的饮用。

除此之外，中亚一些盛产葡萄的国家在朝贡过程中也进献葡萄酒，如开元十五年（727年）五月，史国献胡旋女子及葡萄酒。④

除了葡萄酒外，唐代长安还有依照波斯酿酒方法制造的三勒浆，李肇《唐国史补》卷下记载京城名酒"又有三勒浆类，酒法出波斯。三勒者，谓庵摩勒、毗梨勒、诃梨勒"⑤。三勒是指三种果实，都有外来背景，如庵摩勒就是外来译名，又名摩勒落迦果，"其味初食苦涩，良久更甘"⑥。而《旧唐书·波斯传》记载波斯产诃黎勒，诃黎勒具有多种药用价值，苏恭指出其主治"冷气，心腹胀满，下食"。李珣指出："皮主嗽，肉主眼涩痛。"⑦ 在《外台秘要》等方书中多使用诃梨勒。而毗梨勒果实与诃梨勒相近，根据苏恭《唐本草》的记载，毗梨勒又称三果，出自西域和南海诸国以及岭南地区。根据《千金方》的记载，在服用补肾鹿角丸时可使用三果浆服下。⑧ 而三勒浆就是由三种果实酿造的果酒。《四时纂要》中曾记录了三勒浆的制作方法："造三勒浆，诃黎勒、毗黎勒、庵摩勒，已上并和核用，各三大两。捣如麻豆大，不用细，以白蜜一斗，新汲水二斗，熟调，投干净五斗瓮中。即下三勒末，搅合匀，数重纸密封。三四日开，更搅，以干净帛拭去汗，候发定，即止。但密封，此月一日合，满三十日即成。味至甘美，饮之醉人，消食下气。须是八月合即成，非此月不佳矣。"⑨ 白居易在《司徒令公分守

---

① 李昉等.1960. 太平御览. 卷九七二. 北京：中华书局. 4308~4309
② 王绩.1986. 东皋子集. 卷中. 四库全书本. 台北：商务印书馆
③ 白居易.1979. 白居易集. 卷三四. 北京：中华书局. 765
④ 王钦若等.1960. 册府元龟. 卷九七一. 外臣部·朝贡四. 北京：中华书局. 11408
⑤ 上海古籍出版社.2000. 唐五代笔记小说大观. 上海：上海古籍出版社.197
⑥ 李时珍.1975~1979. 本草纲目. 卷三一. 庵摩勒. 北京：人民卫生出版社.1824
⑦ 李时珍.1975~1979. 本草纲目. 卷三五. 诃梨勒. 北京：人民卫生出版社.2027~2028
⑧ 李时珍.1975~1979. 本草纲目. 卷三一. 毗梨勒. 北京：人民卫生出版社.1825
⑨ 韩鄂.1961. 四时纂要. 卷三. 东京：山本书店.124~125

东洛，移镇北都，一心勤王，三月成政。形容盛德，实在歌诗。况辱知音，敢不先唱？辄奉五言四十韵寄献，以抒下情》诗中"为穆先陈醴"自注中也提到："居易每十斋日在会，常蒙以三勒汤代酒也。"① 可见这种饮料当时具有替代酒的作用，文人们也有饮用。

而印度制糖法的传入更是人们耳熟能详的。贞观二十一年（647年），唐太宗利用当时唐朝与摩揭陀国通使的机会，遣使臣到印度学习了熬糖法。"太宗遣使取熬糖法，即诏扬州上诸蔗，拃沈如其剂，色味愈西域远甚。"② 可见，此技术先在长安用扬州进上的甘蔗进行了实践。道宣《续高僧传》卷四记载更为详细。王玄策出使摩揭陀国后，"并就菩提寺僧召石蜜匠，乃遣匠二人，僧八人俱到东夏，寻敕往越州，就甘蔗造之，皆得成就"③。至于唐政府遣工匠到越州制糖应该是此后发生的事情，因为北方地区并不产甘蔗。关于印度制糖法的具体细节，季羡林在敦煌文书P.3303中发现了一些线索并进行了细致的研究。④ 可以说，由于唐初引进了印度的制糖技术，当时的制糖技术有了大幅度的改进。

二、服饰

在着装方面，长安地区由于大量胡人的涌入而深受外来风气的影响。刘肃《大唐新语》中就记载，唐初司法参军尹伊说长安城的一些居民已经"汉着胡帽，胡着汉帽"⑤。到了玄宗开元、天宝年间更是如此，"贵族及士民好为胡服胡帽，妇人则簪步摇钗，衿袖窄小"⑥，"士女竞衣胡服"⑦。那么，唐代黄河流域流行的胡服究竟如何呢？

宋代著名学者沈括在《梦溪笔谈》中曾这样评价自北朝到唐朝时期黄河流域的服饰：中国衣冠，自北朝以来，全用胡服。窄袖绯绿，短衣，长靿靴，有蹀躞带，皆胡服也。⑧

段文杰曾指出唐代的时装和新装有不少是西北少数民族或中亚少数民族乃至波斯的服装样式。⑨ 韩香进一步指出西北少数民族的服饰又主要受到中

---

① 白居易.1979.白居易集.卷三四.北京：中华书局.765
② 欧阳修，宋祁.1975.新唐书.卷二二一上.摩揭它传.北京：中华书局.6239
③ 道宣.1990.续高僧传.卷四.唐京师大慈恩寺释玄奘传一.大正藏本第50册.东京：大藏经刊行会.453
④ 季羡林.1982.一张有关印度制糖法传入中国的敦煌残卷.历史研究，（1）：56
⑤ 刘肃.1986.大唐新语.卷九.从善第二十.北京：中华书局.138
⑥ 欧阳修，宋祁.1975.新唐书.卷三四.五行志一.北京：中华书局.879
⑦ 刘昫.1975.旧唐书.卷四五.舆服志.北京：中华书局.1958
⑧ 沈括.1987.胡道静校注.梦溪笔谈校证.卷一.上海：上海古籍出版社.23
⑨ 段文杰.1988.敦煌壁画中的衣冠服饰.敦煌石窟艺术论集.兰州：甘肃人民出版社

亚服饰的影响。从文献资料上看，唐代胡服装束主要有圆领窄袖长袍和翻领窄袖长袍，可以说是这一时期最为典型的胡服，这两种服装都流行于西北少数民族以及中亚和西亚，如《册府元龟》卷九六一《外臣部》就记载吐火罗"着小袖袍，小口裤，大头长裙帽"。《周书》卷五十《波斯传》："丈夫剪发，戴白皮帽，贯头衫，两厢近下开之。"这里就指出中亚与西亚的男子服饰是圆领、窄袖，袍服两边开衩的样式。韩香指出，在西亚和中亚遗存的浮雕、器物纹饰和壁画上有许多身着窄袖长袍，束革带的贵族男子形象。① 这说明这两种服饰都是中亚和西亚流行的样式。这两种形式的胡服在长安与洛阳出土的陶俑以及唐墓壁画中都能够见到，尤其是翻领窄袖长袍，如1972年陕西礼泉张士贵墓和1962年陕西乾县永泰公主墓出土的胡人都穿翻领窄袖束腰长袍②；河南偃师杏园六座唐墓以及孟津西山头唐墓出土的牵马胡俑虽然样貌不同，显示来自不同的国家或地区，然而服饰都是大翻领窄袖束腰长袍。③ 2003年洛阳关林镇唐墓出土的多件彩绘胡俑也都身着圆领窄袖束腰长袍。④

在唐代，男子服饰受到外来胡服的影响，在唐以前的男子常服多是宽大的长袖，直领或交领，而没有圆领或翻领窄袖长袍，而此时许多汉族男子也穿着圆领或翻领窄袖、两侧开衩的长袍，由于后来衩口越开越高，直到髋部，因而又称"缺髋衫"。洛阳龙门盛唐时期安菩墓就出土了两件身着圆领窄袖长袍，腰束革带的汉族男俑。⑤ 同样服饰的男俑在孟津西山头唐墓也有多件。⑥ 还有一些男子则着翻领窄袖袍服，如偃师恭陵哀皇后墓中出土了大量身着翻领窄袖长袍的骑马俑。⑦ 出土于巩义黄冶窑的一件精美异常的三彩男俑就身着翻领窄袖长袍。⑧ 由于这种服装穿着紧身、合体，行动非常方便，所以在当时非常流行，可以说是当时男子最为常穿的服装。

而胡人服饰对唐代妇女装束的影响则更为明显。唐初，当时的贵族妇女骑马时，多使用幂䍦。这种服装将帽子和面纱连接在一起，避免路途中行人的窥视。高宗永徽年间之后，在长安的贵族妇女中又流行帷帽，"拖裙到颈，

---

① 韩香.2006.隋唐长安与中亚文明.北京：中国社会科学出版社.284~285
② 国家文物局.1995.中国文物精华大辞典·陶瓷卷.上海：上海辞书出版社，香港商务印书馆.139，140
③ 周立，高虎.2005.洛阳陶俑.北京：北京图书馆出版社.236~239
④ 周立，高虎.2005.洛阳陶俑.北京：北京图书馆出版社.231~233
⑤ 周立，高虎.2005.洛阳陶俑.北京：北京图书馆出版社.266~267
⑥ 王炬等.1993.洛阳孟津西山头唐墓发掘报告.华夏考古，(1)：60.参洛阳陶俑.228~229
⑦ 郭洪涛等.2002.唐恭陵哀皇后墓部分出土文物.考古与文物，(4)：10
⑧ 郑州市文物考古研究所.2006.河南唐三彩与唐青花.北京：科学出版社.202

渐为浅露。"这里的幂䍦和帷帽都是外来的服饰,其中《中华古今注》卷中认为幂䍦"全身障蔽,缯帛为之"。幂䍦是西部游牧民族的服饰,《隋书·附国传》载:"其俗以皮为帽,形圆如钵,或带幂䍦。"附国在今四川西部和西藏昌都地区,后被吐蕃吞并。《旧唐书·土谷浑传》载:"男子通服长裙缯帽,或戴幂䍦。"实际上,这种服饰是仿照波斯妇女穿着的大衫和大帽帔而成的,如《魏书》就记载波斯妇女"服大衫,披大帔"①。而帷帽也被认为是起自土谷浑和吐火罗的长裙帽。高承《事物纪原》记载:"帷帽创于隋代,永徽中拖裙及颈。"到了咸亨二年(671年),高宗又下敕曰:"百官家口,咸预士流,至于衢路之间,岂可全无障蔽。比来多着帷帽,遂弃幂䍦?曾不乘车,别坐檐子。递相仿效,浸成风俗,过为轻率,深失礼容。前者已令渐改,如闻犹未止息。又命妇朝谒,或将驰驾车,既入禁门,有亏肃敬。此并乖于仪式,理须禁断,自今已后,勿使更然。"但是,尽管如此,武则天之后,帷帽仍在长安流行,而幂䍦则逐渐退出了历史舞台。

1971年在陕西礼泉县郑仁泰墓出土了彩绘头戴笠帽的出行骑马女俑,头部用织物遮掩脖颈,仅露出面部(图3-5)。②孙机称之为席帽,认为这就是帷帽的本体,而垂挂网子就成为帷帽。或许是由于陶器材质的限制,陶俑帷帽上垂挂的缯帛没有被表现出来,只有采用这种表现方式。③有趣的是,除了陕西唐墓之外,中原地区的唐墓中此类装束的女俑也多有发现,如20世纪80年代河南偃师杏园李嗣本墓就出土一件头戴笠帽、头颈用织物遮掩的骑马女俑,与郑仁泰墓出土的女俑非常相似,其出土时双臂间还有一宽沿帷帽。李嗣本就葬于中宗

图3-5 乾陵郑仁泰墓的帷帽骑马女俑
(《神韵与辉煌——陕西历史博物馆
国宝鉴赏·陶瓷器卷》)

景龙三年(709年)。④ 1988年巩义市二电厂90号唐墓出土的骑马女俑也头戴帷帽,其装束与前者颇有几分相似。⑤ 同样,在巩义北窑湾唐墓的发掘中,

---

① 魏收.1973.魏书.卷一〇二.波斯传.北京:中华书局.2271
② 陕西历史博物馆,昭陵博物馆.1991.昭陵文物精华.西安:陕西人民美术出版社.62~63
③ 孙机.2001.唐代妇女的服装与化妆.收入氏著.中国古舆服论丛.北京:文物出版社,231
④ 中国社会科学院考古研究所.2001.偃师杏园唐墓.北京:科学出版社.41
⑤ 河南省郑州考古研究所.2007.河南唐三彩与唐青花.北京:科学出版社.298

在 M6 唐墓中也发现了 2 件头戴圆拱形帽，脸颈部都裹巾的骑马女俑。① 而河南安阳铁西区第二制药厂唐高宗显庆元年（656 年）唐墓中出土的女仪仗骑马俑也头戴帷帽，且帷帽顶部贴金，更显华贵。而且，其帽檐有一圈下折的宽边，似乎就是用来垂挂遮蔽的网子。② 几座墓葬的年代都是在唐前期，因而这几件骑马女俑可以说正是对这一时期黄河流域贵族妇女中胡帽风行的最生动的诠释。③ 到了玄宗开元之际，当时的贵族妇女"皆着胡帽，靓妆露面，无复障蔽。士庶之家，又相仿效，帷帽之制，绝不行用"。这样，胡帽又开始流行。④ 实际上，早在中宗时期，扬州大都督韦浩的墓室壁画中已经出现头戴翻毛胡帽的侍女了。⑤

另外，本是胡人男子衣着的翻领窄袖以及圆领窄袖长袍在唐代贵族女子的穿着中大量出现，体现出当时胡风对唐代女性衣着的影响。例如，陕西西安韦泂墓以及陕西乾县永泰公主墓的线刻都描绘了汉族侍女身着圆领窄袖长袍和翻领窄袖长袍的形象，乾县章怀太子墓以及三原的房陵大长公主墓壁画中也有此种服饰的侍女。⑥ 中国历史博物馆还收藏有一件出土于西安鲜于庭诲墓的三彩披短胡袍女俑，女俑身着汉族传统服饰，但却外披蓝色翻领短胡袍，姿态端庄大方，气度不凡。⑦ 而着胡装的汉族女陶俑和三彩俑在洛阳地区也数量庞大，兹举两例：1988 年在偃师城关唐柳凯墓中出土了一个头戴胡帽，身着圆领窄袖长袍的女俑⑧；2003 年洛阳关林镇唐墓还出土了一个身着翻领窄袖长袍的彩绘女俑。⑨ 除了长安与洛阳两京之外，在山西和宁夏地区唐墓壁画和出土陶俑中，这种女扮男装的唐代妇女也屡见不鲜。荣新江对此进行了深入研究，指出这种现象流行的一个重要原因就是，唐太宗时期随着东突厥的灭亡以及唐军在西域地区的扩张而导致大量粟特胡人进入汉地，因

---

① 河南省文物考古研究所.1996. 巩义市北窑湾汉晋唐五代墓葬. 考古学报，（3）：369
② 安阳市博物馆.1986. 安阳市第二制药厂唐墓发掘简报. 中原文物，（3）：46. 简报中称为"斗笠"
③ 冀东山.2006. 神韵与辉煌——陕西历史博物馆国宝鉴赏·陶俑卷. 西安：三秦出版社.87
④ 刘昫.1975. 旧唐书. 卷四五. 舆服志. 北京：中华书局.1957
⑤ 陕西考古研究所.1998. 陕西新出土唐墓壁画. 重庆：重庆出版社.86
⑥ 陕西省文管会.1959. 长安县南里王村唐韦泂墓发掘简报. 文物，（8）：10～12；陕西省文管会.1964. 唐永泰公主墓发掘简报. 文物，（1）：29～33；陕西省博物馆. 乾县文教局唐墓发掘组.1972. 唐章怀太子墓发掘简报. 文物，（7）：17～18；安峥地.1990. 唐房陵大长公主墓发掘简报. 文博，（1）：3～5
⑦ 李炳武.1998. 中华国宝：陕西珍贵文物集成·唐三彩卷. 西安：陕西人民教育出版社.131
⑧ 周立，俞凉亘.2005. 洛阳陶俑. 北京：北京图书馆出版社.165
⑨ 周立，俞凉亘.2005. 洛阳陶俑. 北京：北京图书馆出版社.226

而胡服风气转而盛行,影响了当时女性的着装。①

这时的胡帽主要有浑脱帽、尖顶胡帽和卷沿虚帽等。其中,浑脱帽的顶部呈尖状,四周织有花纹,卷沿上翻,材质有毛皮或毡。浑脱帽在当时非常流行,连太宗的名臣长孙无忌都"以乌羊毛为浑脱毡帽,人多效之,谓之'赵公浑脱'"②。西安西北郊白家口4号唐墓《屏风仕女图》壁画中就有一名仕女头戴翻毛的浑脱帽。③ 西安韦顼墓壁画中也有两位头戴卷沿尖顶胡帽的侍女,胡帽上修饰有团花,边沿还装饰毛边,也是典型的浑脱帽样式。

尖顶胡帽则是折沿,帽顶尖而高,在胡人当中也比较流行。唐人刘言史在《王中丞宅夜观舞胡腾》中就提到:"石国胡儿人见少,蹈舞尊前急如鸟。织成蕃帽虚顶尖,细氀胡衫双袖小。"④ 西安苏思勖墓壁画中的胡人舞者就戴尖顶胡帽。头戴尖顶胡帽的胡人俑在长安和洛阳地区的墓葬中发现很多,如1985年偃师后杜楼村出土的彩绘牵马俑,同年偃师出土的褐釉牵马男胡俑以及1963年洛阳关林唐墓出土的三彩牵马男胡俑都头戴这种折沿尖顶帽。⑤

而卷沿虚帽则帽檐翻卷,遮耳,顶部较圆,如1972年陕西礼泉郑仁泰墓出土的胡人俑以及1956年西安段伯阳墓出土的白瓷胡人都是头戴此种帽子。洛阳地区也出土了许多这样的胡俑,如2001年偃师前杜楼出土的彩绘男胡俑,1991年偃师北窑、1988年偃师城关镇、2000年洛阳东北郊唐墓都出土了戴这种卷沿虚帽的胡俑。⑥

另外,这一时期黄河流域的官僚贵族和寻常百姓不分男女在日常生活中都流行穿靴子。靴子由于便于骑乘的原因本流行于西域的广大地区,而在黄河流域传统的农耕地区甚少穿用,因而最早都是胡人穿用靴子。这在黄河流域唐墓出土的大量唐代胡人俑的装饰中不难看出。这里仅举两例:西安市东郊洪庆出土的三彩牵驼胡人俑以及乾县永泰公主墓出土的三彩胡人俑皆脚蹬长筒靴;1985年河南偃师杏园唐墓中的多件牵马胡人俑也都着靴。⑦ 此时的靴子通常由六块皮革缝制而成,称为"六合靴",有长筒靴和短筒靴的区别。

---

① 荣新江.2003.女扮男装——唐代前期妇女的性别意识.见:邓小南.唐宋女性与社会.上海:上海辞书出版社.723~750

② 曹寅.1999.朝野佥载.卷一.北京:中华书局.11

③ 冀东山.2006.神韵与辉煌——陕西历史博物馆国宝鉴赏·唐墓壁画卷.西安:三秦出版社.232

④ 曹寅.1999.全唐诗.卷四六八.北京:中华书局.5354

⑤ 周立,俞凉亘.2005.洛阳陶俑.北京:北京图书馆出版社.261,296,333

⑥ 周立,俞凉亘.2005.洛阳陶俑.北京:北京图书馆出版社.175,176,179,180

⑦ 李炳武.1998.中华国宝:陕西珍贵文物集成·唐三彩卷.西安:陕西人民教育出版社.155,157;周立,俞凉亘.2005.洛阳陶俑.北京:北京图书馆出版社.236~239

原本唐初群臣在朝见君王以及办公期间不允许穿靴子,而是穿汉地传统的履。此后经过大臣马周的改革,将长靴靿改为短靴靿,并在靴里衬上靴毡,靴子才"着入殿省"。这样,靴子才得到官方的认可而登大雅之堂。此后,靴子逐渐"贵贱通用"。这种情况从新中国成立以来黄河流域唐墓出土的汉族侍俑的装束就能够得到印证,如西安、洛阳、巩义、太原等唐墓中的各种侍俑多脚蹬靴子,而一些着胡装的女俑也穿着靴子,如陕西西安金乡县主墓中就出土了大量骑马着黑色长筒靴的女俑,其中就有"带猞猁狩猎女俑"、"弹琵琶女俑"等。而这种情况在陕西地区唐墓壁画中也非常普遍,如乾县懿德太子墓、章怀太子墓,三原李寿墓,咸阳万泉县主薛氏墓中的侍从、宦官都着靴子。而陕西礼泉段蕳璧墓中甚至还出土了7双陶制的高筒靴和11双短筒靴,可见当时着靴的普遍。①

蹀躞带也是具有外来色彩的服装组成部分,带上有环,用以悬挂刀子等日常用具,它来自西域游牧民族。蹀躞带的使用是我国古代带具发展历史上的一次变革。唐初武德四年(621),在李靖平定江南萧铣之后,高祖李渊就赏赐给他于阗玉制作的十三铐蹀躞带,"七方六刓,胯各附环,以金固之,所以佩物者"。蹀躞带上的佩物主要有小刀、香囊等常用之物,如1988年陕西咸阳国际机场若干云墓中就出土了白玉九环蹀躞带,其上就佩有象牙刀。②西安长安县南里王村唐前期韦洞墓石椁线刻图上就有身着蹀躞带的男子形象。到了高宗显庆年间,玉带成为三品以上官员才能够使用的带具。杨伯达指出:从高宗时期开始,唐代服制中带具的使用除原来的金代、银带、犀带又增加了玉带,可能是受到于阗进献玉带的影响,西域美玉使得黄河流域传统的崇玉风气重新萌发。到玄宗开元时期,蹀躞带上的佩物被诏令取消,因而此后玉带上已经不再系蹀躞,但革带却成为男子常服的重要组成部分,"天下无贵贱通用之"③。而革带上装饰物的数量和质地仍旧是身份和地位的象征,只有三品以上文武官员才能够用玉带。目前,考古发现的唐代玉带主要出土于西安地区。中华人民共和国成立以来,这里出土了数量众多的唐代玉带铐,其中以1970年西安南郊何家村窖藏中数量最多,共10副玉带铐,其中就包括一副九环蹀躞玉带铐,九块方形玉铐上各接一枚玉环。④ 另外,1990年西安未央区关庙小学基建工地也出土了5副玉带铐,由此可见当时官

---

① 陈志谦等.1989.唐昭陵段蕳璧墓清理简报.文博,(5):6
② 陕西考古研究所.1995.陕西新出土文物选萃.重庆:重庆出版社.51
③ 李肇.2000.唐国史补.卷下.唐五代笔记小说大观.上海:上海古籍出版社.197
④ 冀东山.2006.神韵与辉煌——陕西历史博物馆国宝鉴赏·玉杂器卷.西安:三秦出版社.68~75

僚贵族使用玉带之普遍。而这些玉带无论是玉质还是纹饰都和西域、中亚有关，可见外来文明对上层贵族社会生活的影响。

另外，唐代女性服装皆施帔，帔的形状像一条长围巾，又名帔帛。孙机根据青海平安魏晋墓的画像砖和甘肃的莫高窟272窟壁画中的菩萨像认为其均来自中亚，又根据1970年山西大同波斯鎏金高足杯上也有施帔者的形象断定其大约产生于西亚波斯。① 而这一点在文献中也能够找到依据，《旧唐书》卷一九八《波斯传》就记载波斯"丈夫剪发……并有巾帔，多用苏方青白色为之，两边缘以织成锦。妇人亦巾帔裙衫，辫发垂后，饰以金银"②。《中华古今注》卷中"女人披帛"条记载："古无其制，开元中诏令二十七世妇及宝林御女良人等，寻常宴参侍，令披画披帛，至今然矣。"③《事物纪原》记载："唐制士庶女子在室内搭帔帛，出后披帔子，以别出处之义。"④ 而从关中地区唐墓出土的壁画来看，在此之前许多贵族妇女已经在着装中使用帔帛。在乾县永泰公主墓以及三原李寿墓中的石椁线刻以及壁画中都能见到施帔的妇女，而陕西博物馆收藏的1956年和1959年西安唐墓出土的三彩女俑也都身披蓝色和黄色帔帛。⑤ 洛阳出土陶俑中的施帔现象也很多，偃师唐柳凯墓以及恭陵哀皇后墓中出土的侍女俑都是此装束。⑥ 可见当时贵族妇女着帔帛的情况是比较普遍的，而这种装饰也是受外来风气影响所致。

而唐朝中原地区女装流行的半臂，即短袖的上衣，据孙机对新疆拜城克孜尔石窟中龟兹供养人服饰的考证，认为其也是受龟兹服饰的影响。⑦

在面容装饰上，白居易《时世妆》记载了宪宗元和年间长安地区的化妆时尚：

> 时世妆，时世妆，出自城中传四方。时世流行无远近，腮不施朱面无粉。乌膏注唇唇似泥，双眉画作八字低。妍媸黑白失本态，妆成尽似含悲啼。圆鬟无鬓堆髻样，斜红不晕赭面状。昔闻披发伊川中，辛有见之知有戎。元和妆梳君记取，髻堆面赭非华风。⑧

关于这一点，《新唐书·五行志》也有记载："元和末，妇人为圆鬟椎髻，

---

① 孙机.2001.唐代妇女的服装与化妆.收入氏著.中国古舆服论丛.北京：文物出版社.224~252

② 刘昫.1975.旧唐书.卷一九八.波斯传.北京：中华书局.5311

③ 马缟.1998.中华古今注.卷中.沈阳：辽宁教育出版社.23

④ 高承.1986.事物纪原.四库全书本.台北：商务印书馆

⑤ 国家文物局.1995.中国文物精华·陶瓷卷.上海：上海辞书出版社.135

⑥ 周立，俞凉亘.2005.洛阳陶俑.北京：北京图书馆出版社.147~152，155~159，160~162

⑦ 孙机.2001.唐代妇女的服装与化妆.收入氏著.中国舆服论丛.北京：文物出版社.224~252

⑧ 白居易.1979.白居易集.卷四.北京：中华书局.82

不设鬓饰，不施朱粉，惟以乌膏注唇，状似悲啼者。"① 这其中，赭面是唐代吐蕃的风俗。早在贞观十五年（641年），文成公主嫁入吐蕃时，就非常厌恶吐蕃赭面的风气，以至于松赞干布为了取悦公主"令国中权且罢之"②。但这种风气并没有被禁绝。而乌唇则是来自吐蕃的面妆风俗。堆髻也称椎髻，也是外来的发式。李世民的长子李承乾性格放浪，就曾经命令数百家奴学胡人的椎髻，"剪彩为舞衣，寻橦跳剑，昼夜不绝，鼓角之声，日闻于外"③。

有鉴于此，沈从文在《中国古代服饰研究》中指出唐代前期的服饰文化受到西域、高昌、龟兹等的影响以及波斯的间接影响，而唐后期则受到吐蕃服饰文化的影响。④

三、游艺运动

（一）马球

马球是唐代非常流行的游艺和体育活动，球用质轻而有韧性的木料制成，外部彩绘，坚硬光滑。比赛时双方骑马争夺，用球杖击球，向对方进攻，击入多者胜。马球起源于波斯，原名波罗球，是一种马上击球的游戏。⑤杜环《经行记》就记载中亚的拔汗那国"国土有波罗林，林下有球场"。同书还记载中亚的末禄国也有打球节。⑥

马球运动在唐太宗时期已经传入黄河流域的长安。封演《封氏闻见记》卷六记载："太宗常御安福门，谓侍臣曰：'闻西蕃人好为打球，比亦令习，会一度观之。昨升仙楼有群蕃街里打球，欲令朕见。此蕃疑朕爱此，骋为之。'"因此，太宗焚烧马球来告诫自己。这反映出当时长安经常从事此游戏的主要是胡人，此运动也引起了唐太宗的兴趣。尽管太宗身体力行，避免上行下效，但此后打马球还是成为贵族中流行的游戏。中宗景龙三年（709年）十一月，吐蕃遣使迎金城公主，中宗在梨园亭子赐使臣观看打球。吐蕃使臣提出两国之间比试球技。一开始吐蕃获胜，之后中宗命当时的临淄王李隆基、嗣虢王李邕、驸马杨慎交、武延秀等四人与吐蕃十人展开竞技。李隆

---

① 欧阳修，宋祁.1975.新唐书.卷三四.五行志一.北京：中华书局.879
② 刘昫.1975.旧唐书.卷一九六上.吐蕃传上.北京：中华书局.5222
③ 刘昫.1975.旧唐书.卷七六.李承乾传.北京：中华书局.2648
④ 沈从文.2005.中国古代服饰研究.上海：上海书店出版社.6
⑤ 向达.1957.唐代长安与西域文明.北京：生活·读书·新知三联书店.80
⑥ 杜环，2000.张一纯笺注.经行记笺注.北京：中华书局.3，61

基东西驱突，风回电激，所向无前，最终获胜。"吐蕃功不获施。中宗甚悦。"① 诗人沈佺期的《幸梨园亭观打球应制》就生动描绘了与皇帝在梨园亭观看打球的场景："宛转萦香骑，飘飘拂画球。俯身迎未落，回辔逐傍流。"② 玄宗直到登基即位后仍旧乐此不疲。《松窗杂录》就记载："上（玄宗）好马上击球，内厩所饲者，意犹未甚。"③《封氏闻见记》卷六也记载："开元、天宝中，玄宗数御楼观打球为事。"阎宽《温汤御球赋》就记载了天宝六载（747年）十月玄宗在会昌县温泉观马球的情景：

> 珠球忽掷，月仗争击。并驱分镳，交臂叠迹。或目留而形往，或出群而受敌。……有骋骛材，专工接来。未拂地而还起，乍从空而倒回。密阴林而自却，坚石壁而迎开。百发百中，如电如雷。更生奇绝，能出虑表。善学都卢，仍骑骡骎，轻剧腾佚，迅拚鸷鸟，梢虚而讶人手长，攒角而疑马身小。分都骤满，别部行收。哮噉则破山荡谷，踊跃则跳峦簸丘。④

除了玄宗，唐后期的敬宗、宣宗和僖宗也喜好打马球。例如，宣宗"弧矢击鞠，皆尽其妙。所御马，衔勒之外，不加雕饰。而马尤矫捷，每持鞠杖，乘势奔跃，运鞠于空中，连击至数百，而马驰不止，迅若流电。二军老手，咸服其能"⑤。寒食节与近臣宴会，"帝自击球为乐，巡劳从臣"⑥。僖宗对自己的球技也非常自负，曾自诩："朕若应击球进士举，须为状元。"⑦ 而敬宗即位后就多次在中和殿击球。⑧ 穆宗也曾在禁中与内官击球，因内官在活动中突然坠马的偶发事件还受到惊吓。⑨

此时，在帝王喜好的影响下，长安许多王公大臣、城市阶层乃至军中将士都喜好击球，如中宗喜好打球，"上好击球，由是风俗相尚"⑩。

20世纪70年代在唐乾陵章怀太子李贤墓中出土了长约9米的《马球图》壁画，生动地描绘了盛唐时期贵族打马球的情景。图中的骑手手持鞠杖纵马驰骋，在马上作击球状，身形洒脱，而其他的骑手则争先恐后地追赶，

---

① 封演.2005.赵贞信校注.封氏闻见记校注.卷六.53.北京：中华书局.按时间为景云中；刘昫.1975.旧唐书.卷一三六.吐蕃传上.北京：中华书局.5226
② 曹寅.1999.全唐诗.卷九六.北京：中华书局.1026
③ 李濬.2000.松窗杂录.唐五代笔记小说大观.上海：上海古籍出版社.1214
④ 李昉等.1966.文苑英华.卷五九.北京：中华书局.265~266
⑤ 王谠.1987.周勋初校.唐语林校证.卷七.北京：中华书局.633~634
⑥ 欧阳修，宋祁.1975.新唐书.卷一七五.杨汉公传.北京：中华书局.5249
⑦ 司马光.1956.资治通鉴.卷二五三.广明元年.北京：中华书局.8221
⑧ 刘昫.1975.旧唐书.卷十七.敬宗纪.北京：中华书局.508
⑨ 刘昫.1975.旧唐书.卷十六.穆宗纪.北京：中华书局.501
⑩ 司马光.1956.资治通鉴.卷二〇九景龙二年.北京：中华书局.6624

场面激烈（图3-6）。① 与之相映成趣的是，睿宗初年安葬的节愍太子李重俊墓墓道西壁也有打马球场景的壁画，尽管主体图案残损过甚，我们已经无法领略激烈的竞技场面，现存部分中仍有五名骑手，其中一人手执三副球杖，其余几人牵马缰绳，或执其他物件，正凝神关注球场上的情况，这些人可能是赛场旁边观战并等待上场的球手。② 结合当时上层贵族的马球风气，在两位年轻王子的墓葬中都出现马球图不禁让人浮想联翩，或许当日他们都是马球运动的爱好者和参与者，而这绚丽的壁画使他们在身后也能欣赏和参与这项魅力无穷的运动。

唐人打马球的场景在这一时期的丧葬明器陶俑中也有所体现。例如，1959年在陕西长安县南里王村唐韦洞墓发现了一组四件彩绘打马球陶俑，打球俑头梳双髻，身着红、绿色翻领外衣，脚蹬黑靴，骑跨骏马，各自做出不同的击球姿势：有的身体前倾，奋力挥动鞠杖击球；有的双臂高举，做背身击球；有的在奔驰中双手勒住缰绳，几件陶俑生动展现了马球比赛场面的紧张激烈。③ 而1966年西安西郊制药厂也曾出土了一件三彩腾空骑

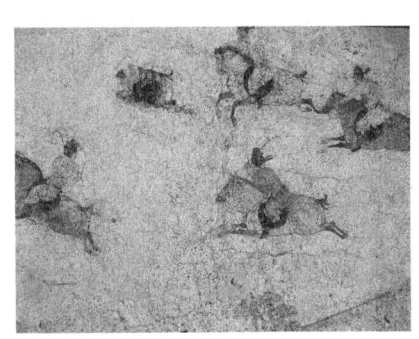

图3-6　章怀太子墓出土的打马球图
（《神韵与辉煌——陕西历史博物馆
国宝鉴赏·唐墓壁画卷》）

马俑，骑手也是头梳双髻，一手控缰，一手握拳，从其姿势来看应是手执球杖，因而这也是一件打马球俑。而马腹部有一方孔，则此器物本身是插在器座上的装饰品。④ 从这几件马球俑的发式来看，北方、西北游牧民族以及中亚民族都有辫发的风俗，结合球手的相貌推断这些马球手应该是吐蕃人，这不禁让我们联想到中宗末年吐蕃球手与唐朝官员进行马球比赛的场景。另外，1981年陕西临潼县关山也出土了四件彩绘打马球俑，几名头扎幞头的男子俯身马背，右手做挥动球杖状，马匹在向前疾驰。从骑手头戴幞头的装束来看，应当是汉族球手。⑤ 台湾地区历史博物馆还收藏了一件北方唐墓出土

---

① 冀东山.2006.神韵与辉煌——陕西历史博物馆国宝鉴赏·唐墓壁画卷.西安：三秦出版社.144~147
② 陕西省考古研究所.2004.唐节愍太子墓发掘简报.考古与文物，(4)：16.并参封二图版
③ 阎存良.2001.唐三彩.西安：三秦出版社.92.图34
④ 西安博物院.2008.西安博物院.西安：世界图书出版公司.246
⑤ 冀东山.2006.神韵与辉煌——陕西历史博物馆国宝鉴赏·陶俑卷.西安：三秦出版社.136~137；赵康民.1982.临潼关山唐墓清理简报.考古与文物，(3)：26

的打马球女俑，在疾驰的马背上，一名身着翻领短袖袍服的女子做回身击球的动作。虽然她手中的球杖已失，但我们仍能够想象到运动的激烈场景。这场景恰如唐代诗人王建的《宫词》所描述的："对御难争第一筹，殿前不打背身球。内人唱好龟兹急，天子鞘回过玉楼。"①此骑马女俑极有可能反映的就是当时宫廷女性打背身球的场景，可见当时的女性对于此运动也乐此不疲。② 另外，正在建设的西安大唐西市博物馆还征集到一面唐代打马球铜镜，铜镜为八角花瓣形，镜背的浮雕图案中刻画了四位正在进行马球运动的球手的形象，他们或在疾驰的马背上挥动球杖击球，或做背身击球状，或纵马奔驰，形象地显示了马球运动的激烈场景。正是由于当时马球运动的流行和普遍，这些题材才能生动地反映到当时的壁画、陶俑以及铜镜等艺术品中。

由于此运动在官员贵族中非常盛行，睿宗时，大臣柳泽就曾进言批评当时的权贵："承前贵戚，鲜克由礼。或打球击鼓，比周伎术。或飞鹰奔犬，盘游薮泽。此甚为不道，非进德修业之本也。"③ 但此风并未被遏制，却愈演愈烈，玄宗诸兄弟每日朝见完毕，"归宅之后，即奏乐纵饮，击球斗鸡，或近郊从禽，或别墅追赏，不绝于岁月矣"④。唐代画家韩干即绘有《宁王调马打球图》⑤，就是描绘宁王李宪即将打马球的情景。元和二年（807年）二月寒食节，宪宗与杜佑、武元衡等百官和亲王在大明宫麟德殿举行宴会，"帝与之击球于庭"⑥。皇宫以及许多达官贵人都有专门的球场，如长安宫城内就有球场，宫城北则有梨园球场，大明宫的东内苑也有球场，1956年在此遗址上还出土了一块墓志形制的石刻，镌刻有"含光殿及球场等，大唐大和辛亥岁乙未月建"的铭文，辛亥岁是唐大和五年（831年），乙未是十一月，则此球场是在大和五年十一月修建的。⑦ 天祐元年昭宗迁都洛阳时，从驾就有"打球供奉内园小儿共二百余人"。洛阳也有文思球场，天祐元年（904年）七月，朱温自汴州至洛阳，与百官在文思球场饮宴。⑧ 中宗时驸马武崇训、杨慎交洒油以筑球场，"用功数百万，妨害农务，敛怨于人"⑨。根据《唐两京城坊考》的记载，杨慎交的球场位于恭靖坊西侧隙地。德宗时名将

---

① 曹寅.1999.全唐诗.卷三〇二.北京：中华书局.3438
② 谭旦冏.1980.中国陶瓷2：汉唐陶瓷.台北：光复书局.111
③ 刘昫.1975.旧唐书.卷七七.柳泽传.北京：中华书局.2686
④ 刘昫.1975.旧唐书.卷九五.睿宗诸子传.北京：中华书局.3011
⑤ 欧阳修，宋祁.1975.新唐书.卷五九.艺文志三.北京：中华书局.1561
⑥ 王钦若等.1960.册府元龟.卷一一一.帝王部·宴享三.北京：中华书局.1316
⑦ 中国科学院考古所.1959.唐长安大明宫.北京：科学出版社.52
⑧ 刘昫.1975.旧唐书.卷二十.昭宗纪.北京：中华书局.782
⑨ 王钦若等.1960.册府元龟.卷三〇六.外戚部·奢纵.北京：中华书局.3605

李晟居住的永崇坊宅第旁有小楼，李晟欲购楼以其地为击球之所，后楼主窦义"搬移瓦木，平治其地如砥献晟"。可见李晟也有击球的爱好。①

从上引太宗故事就可以看出，马球是当时长安胡人的日常娱乐活动。流风所及，打球也逐渐成为城市少年喜好的活动，李廓《长安少年行》云："追逐轻薄伴，闲游不着绯。长拢出猎马，数换打球衣。"②

洛阳所在的河南府击球之风亦盛，玄宗在藩邸时在河南府告成县百姓王利文宅北坂下就辟有球场。③《太平广记》卷十九还记载李林甫"年二十尚未读书。在东都，好游猎打球，驰逐鹰狗。每于城下槐坛下骑驴击，略无休日"④。文宗开成年间，"河南多恶少，或危帽散衣，击大球，户官道，车马不敢前"⑤。2003年在洛阳伊川县大庄M3唐墓的发掘中还曾出土一件菱花形铜镜，其浮雕纹饰正是打马球的场景，四位球手骑乘骏马，手持鞠杖做出各种各样的姿态。⑥

由于马球能够训练人与马的灵活能力和技能，故唐人指出，马球"善用兵之技也，武由是存，义不可舍"⑦。因此，天宝六载玄宗在会昌县温泉宫观看禁军打马球，"顷徒习于禁中，今将示于天下"。在统治者的提倡下，唐朝军队之中击球之风亦盛，唐后期的许多藩镇都设有球场。长安的神策军中就有击球军将，许多军将球技高超，如张志和曾担任左神策军击球将。⑧参与谋害敬宗的就有打球军将苏佐明、王嘉宪、石定宽等。唐人封演指出："然打球乃军州常戏，虽不能废，时复为耳。"黄河流域的许多藩镇都设有球场，如汴州，李绅就曾在这里犒赏勇士。⑨天复三年（903年）九月汴将朱友伦也曾在长安击球坠马而亡。平卢节度使所在的郓州也有球场，元和十四年（819年）二月，唐军进攻叛藩李师道，就曾进占球场。⑩宝历二年（826年）六月，郓州还曾向朝廷进驴打球人石定宽等四人。⑪成德节度使治所镇州也有球场，元和中王承宗归顺，崔从曾于此宣读朝廷诏书。⑫魏博也有球

---

① 李昉等.1961.太平广记.卷二四三.窦义.北京：中华书局.1878
② 曹寅.1999.全唐诗.卷二四.北京：中华书局.328
③ 王钦若等.1960.册府元龟.卷二四.帝王部·符瑞三.北京：中华书局.258~259
④ 李昉等.1961.太平广记.卷十九.李林甫.北京：中华书局.129
⑤ 欧阳修，宋祁.1975.新唐书.卷一八一.李绅传.北京：中华书局.5349
⑥ 洛阳市第二文物工作队.2005.洛阳伊川大庄唐墓（M3）发掘简报.文物，（8）：51
⑦ 李昉等.1966.文苑英华.卷五九.阎宽.温汤御球赋.北京：中华书局.265
⑧ 王钦若等.1960.册府元龟.卷六二八.迁黜.北京：中华书局.7536
⑨ 范摅.2000.云溪友议.卷上.唐五代笔记小说大观.上海：上海古籍出版社.1266
⑩ 刘昫.1975.旧唐书.卷一二四.李师道传.北京：中华书局.3540
⑪ 刘昫.1975.旧唐书.卷十七.敬宗纪.北京：中华书局.520
⑫ 欧阳修，宋祁.1975.新唐书.卷一一四.崔从传.北京：中华书局.4197

场,成德节度使李宝臣弟李宝正就曾与田承嗣子田维击球,"马骇,触维死,承嗣怒,囚之"①。青州也有球场,日僧圆仁曾有记述。② 许多将领也善打马球,如名将李光弼就曾在宋州与朝廷敕使打球。张祜《观宋州田大夫打球》就描述了在宋州观看名将田神功打马球时的场景:"白马顿红缨,梢球紫袖轻。"③ 由此可见,此时黄河流域打马球风气之盛。

打马球的风气也影响到了当时的科举风气。唐代进士登科后惯例在长安城南曲江游赏饮宴,其中就有打球、赏牡丹等活动。一些进士的球技相当突出,与当时禁军中的高手不相上下。《唐摭言》就记载了唐末进士与军将在月灯阁较量球技的逸事:

> 乾符四年,诸先辈月灯阁打球之会。时同年悉集,无何,为两军打球,军将数辈,私较于是。新人排比既盛,勉强迟留,用抑其锐。刘覃谓同年曰:"仆能为群公小挫彼骄,必令解去,如何?"状元已下应声请之,覃因跨马执杖,跃而揖之曰:"新进士刘覃,拟陪奉可乎?"诸辈皆喜,覃驰骤击拂,风驱雷逝。彼皆愕视。俄策得球子,向空碟之,莫知所在。数辈惭沮,俛俛而去。时阁下数千人因之大呼笑,久而方止。④

在外来马球的基础上,唐人还有所发明,当时出现了步打球。唐代诗人王建在《宫词》诗中就有这样的诗句:"殿前铺设两边楼,寒食宫人步打球。一半走来争跪拜,上棚先谢得头筹。"⑤ 2008年1月,河南郑州上街区唐墓出土了一件青花塔式罐,罐腹的图案上一人叉腿而立,右手扬弯形球杆,左侧有一圆球。考古工作者认为该图反映的就是唐代步打球的场景。⑥

(二) 双陆

在唐代的外来游艺活动中还有双陆,根据南宋洪遵《谱双·序》中的记载:"双陆最近古,号雅戏,以传记考之,获四名:曰握槊,曰长行,曰波罗塞戏,曰双陆。盖始于西竺,流于曹魏,盛于梁、陈、魏、齐、隋、唐之间。"⑦ 然而,据当今学者的考证,双陆源出于古代阿拉伯地区一种名为

---

① 欧阳修,宋祁.1975.新唐书.卷二一一.李宝臣传.北京:中华书局.5946
② 圆仁.1986.入唐求法巡礼行记.卷二.上海:上海古籍出版社.94~95
③ 曹寅.1999.全唐诗.卷五一〇.北京:中华书局.5847
④ 王定保.2002.姜汉椿校.唐摭言校注.卷三.慈恩寺题名游赏赋咏杂纪.上海:上海社会科学院出版社.78~79
⑤ 曹寅.1999.全唐诗.卷三〇二.北京:中华书局.3442
⑥ 河南省郑州上街区考古发现完整唐代青花瓷器.2008-1-4.新华网
⑦ 洪遵.谱双.早稻田大学藏本

"纳尔德"的棋弈游戏。根据《谱双》中所记载的大食双陆、回回双陆、三佛齐双陆、占城双陆、日本双陆等名称,可见此游戏向中国的传播有陆路和海路两种途径。① 美国华盛顿赛克勒博物馆就收藏有一件粟特银钵,其上就有玩双陆游戏的图案,可证明此游戏从陆路传入的可能性。根据史书记载,此游戏在北朝时期传入黄河流域。《魏书》卷九一《范宁儿传》记载:"赵国李幼序、洛阳丘何奴并工握槊。此盖胡戏,近入中国……世宗以后,大盛于时。"《北齐书》卷五〇《和士开传》也记载:"世祖性好握槊,士开善于此戏。"由此可见,这种游戏在这一时期已经在黄河流域流行开来。

双陆的玩法,据宋代学者洪遵《谱双》的记载,双陆棋局如棋盘,长方形,中间有一道横线,棋盘从左至右共画12道,中间有门,左右各6路。棋子分为黑白两色,各15枚,还有刻有1~6数目字的骰子2枚。游戏时,双方轮流投掷骰子数目行棋,白色从左到右,黑色从右到左,先出完者获胜。

从史书来看,当时黄河流域各地此游戏非常流行,因而,李肇在《唐国史补》卷下指出"今之博戏,有长行最盛。"《集异记》中也记载:"则天时,南海郡献集翠裘,珍丽异常。张昌宗侍侧,则天因以赐之。遂命披裘,供奉双陆。宰相狄梁公仁杰时入奏事,则天令界座,因命梁公与昌宗双陆,梁公拜恩就局。"二人以集翠裘为注,最后,狄仁杰获胜,得到了这件宝物。② 唐中宗时,武三思就曾在入宫中,"升御床,与后双陆,帝为点筹,以为欢笑,丑声日闻于外"③。这些都说明在当时上层贵族中双陆游戏的流行。

而黄河流域民间对此游戏也颇为热衷,《朝野佥载》就记:"咸亨中,贝州潘彦好双陆,每有所诣,局不离身。"这也反映了当时的社会风气。

四、交通工具

在交通工具上,唐代长安也有一些新工具流行。"奚车,契丹塞外用之,开元、天宝中渐至京城。兜笼,巴蜀妇人所用,今乾元已来,蕃将多着勋于朝,兜笼易于担负,京城奚车、兜笼,代于车舆矣。"④ 关于奚车,唐代相关的资料尚未发现。孙机先生认为或是《新唐书·车服志》中所指的驼车:"(永徽中),坐檐以代舆。命妇朝谒则以驼驾车。数下诏禁而不止。"从其适用地点来看可能是驼车,因为驼车在契丹地区是很流行的交通工具。关于

---

① 马建春. 2001. 大食双陆棋弈的传入及其影响. 回族研究,(4):60
② 薛用弱. 1980. 集异记. 卷二. 集翠裘. 北京:中华书局. 9
③ 刘昫. 1975. 旧唐书. 卷五一. 中宗韦庶人传. 北京:中华书局. 2172
④ 刘昫. 1975. 旧唐书. 卷四五. 舆服志. 北京:中华书局. 1957

兜笼,孙机认为或者是滑竿一类的交通工具。①

五、社会风俗

由于唐初突厥风俗的影响,黄河流域社会生活中也出现了一些突厥的风俗,其中就有剺面割耳的行为。剺面割耳就是用刀划破面部,使之流血,并割掉耳朵以示心情的悲伤与哀恸,此风俗本是古代亚洲内陆殡葬文化的一大特色,并具有时间与空间的广延性,有很强的生命力。② 因此,这种丧葬习俗在这一时期的西北民族中非常普遍,如《周书·突厥传》就记载:"死者,停尸于帐,子孙及诸亲属男女,各杀羊马,陈于帐前,祭之。绕帐走马七匝,一诣帐门,以刀剺面,且哭,血泪俱流,如此者七度,乃止。"③《隋书·突厥传》也有"绕帐号呼,以刀划面,血泪交下,七度而止"的记载。④ 在蒙古出土的著名的《毗伽可汗碑》就记载突厥部众在祭悼毗伽可汗时"许多人剪掉头发,撕裂耳朵"⑤,反映出当时突厥人的这种丧葬习俗。中亚的粟特人也有这样的习俗,如玄奘就指出其习俗是"剺面截耳,断发裂裳"⑥。敦煌莫高窟也有反映粟特地区剺面割耳的经变画,如第158窟《涅槃经变》壁画描绘了佛祖涅槃之后,西域国王悲痛的心情,其中一人右手持小刀割自己的左耳,还有一人左手捏鼻,右手持刀切割。这种习俗在石刻文献中也有体现,颜真卿撰写的《夏州都督康公神道碑铭》记载志主粟特人康阿义屈达干死后,"亲事左右莫不剺面截耳以哭"⑦。

另外,此风俗还用以表达送别的悲伤以及蒙受冤屈的悲愤之情。武后时,西突厥阿史那斛瑟罗被酷吏来俊臣诬告谋反,"诸蕃长诣阙割耳剺面讼冤者数十人,乃得不族"⑧。睿宗时,安西都护郭元振奉命归朝,"敕至之日,举家进发。安西士庶,诸蕃酋长,号哭数百里,或剺面截耳,抗表请留"⑨。

由于此时大量外来民族的首领归附而入仕唐朝,这一风俗也出现在黄河流域的社会生活中。唐太宗去世后,"四夷之人入仕于朝及来朝贡者数百人,

---

① 孙机.2001.两唐书舆(车)服志校释稿.卷一.中国古舆服论丛.下编.北京:文物出版社.381

② 蔡鸿生.1998.唐代九姓胡与突厥文化.北京:中华书局.24

③ 令狐德棻等.1971.周书.卷五十.突厥传.北京:中华书局.910

④ 魏征等.1973.隋书.卷八四.北京:中华书局.1864

⑤ 芮传明.1998.古突厥碑铭研究.上海:上海古籍出版社.北京:中华书局.267

⑥ 玄奘,辩机.1985.季羡林等校.大唐西域记校注.卷一.序论.北京:中华书局.45

⑦ 董浩等.1983.全唐文.卷三四二.北京:中华书局.3476

⑧ 刘昫.1975.旧唐书.卷一八六上.来俊臣传.北京:中华书局.4840

⑨ 李昉等.1966.文苑英华.卷九七二.郭震行状.北京:中华书局.5113

闻丧而恸哭，剪发、劈面、割耳，流血洒地"①。同样，在玄宗去世时，"蕃官劈面割耳者四百余人"②。正是因为如此，这种风气对当时黄河流域社会产生了一定的影响，如李世民的太子李承乾就曾经在宫中与侍从用突厥的葬俗作乐。"承乾身作可汗死，使众号哭劈面，奔马环临之。"③

而在地方社会，这种情况也屡见不鲜，只是其功能转变为用割耳的方式来诉冤，其在丧葬活动中的作用则只出现于一些外族官员的身上，而且在形式上主要是割耳，已经不见了劈面。如睿宗时，魏州刺史阳峤由于政绩突出，深受百姓爱戴，离任之际，"魏州人诣阙割耳，请峤重临其郡，又除魏州刺史"④。开元十四年，宰相张说被宇文融等构陷下狱，"说兄左庶子光诣朝堂割耳称冤"⑤。颜真卿《殷府君夫人颜君神道碣铭》载："叔父吏部郎中敬仲府君为酷吏所诬。君率二妹宜芳令裴安期妻、司业岑献妻割耳诉冤，因获减死。"⑥文宗大和中，邕州录事参军衡方厚遭董昌龄陷害，其妻程氏"徒行至阙下，叩右银台门，自刭陈冤。下御史鞫治有实，昌龄乃得罪"⑦。劈面、割耳是用毁伤自身身体的手段来达到表达强烈情感的目的，但其手段明显与汉族传统社会"身体发肤，受之父母，不敢毁伤，孝之始也"的古训相背。对此，唐政府也通过行政手段进行了干预，太宗和玄宗等都先后发布诏令禁止此种行为，然而一直到唐后期的大中六年（852年），还有澹进通割耳称冤的情形。⑧由此可见，当时社会上割耳诉冤的风气持续了很长一段时间，唐政府虽然通过法律手段来加以禁止，但该现象一直存在。

除此之外，突厥的一些生活习惯对当时社会的影响也很大，如李世民长子李承乾就非常喜好突厥语言和服饰，"选貌类胡者，被以羊裘，辫发，五人建一落，张毡舍，造五狼头纛，分戟为阵，系幡旗，设穹庐自居，使诸部敛羊以烹，抽佩刀割肉相啖。承乾身作可汗死，使众号哭劈面，奔马环临之"⑨。使用狼头纛、辫发，居住在穹庐帐都是突厥的生活习俗。承乾甚至还放出豪言："使我有天下，将数万骑到金城，然后解发，委身思摩，当一设，

---

① 司马光.1956.资治通鉴.卷一九九贞观二十三年.北京：中华书局.6268
② 司马光.1956.资治通鉴.卷二二二宝应元年.北京：中华书局.7123
③ 欧阳修，宋祁.1975.新唐书.卷八〇.李承乾传.北京：中华书局.3565
④ 刘昫.1975.旧唐书.卷一八五.阳峤传.北京：中华书局.4813
⑤ 刘昫.1975.旧唐书.卷九七.张说传.北京：中华书局.3055
⑥ 董浩等.1983.全唐文.卷三四四.北京：中华书局.3494
⑦ 欧阳修，宋祁.1975.新唐书.卷二〇五.列女传.北京：中华书局.5829
⑧ 王钦若等.1960.册府元龟.卷一六〇.帝王部·革弊.北京：中华书局.1933
⑨ 欧阳修，宋祁.1975.新唐书.卷八〇.李承乾传.北京：中华书局.3565

顾不快邪。"

突厥由于游牧民族的习惯，在居住上承袭北朝鲜卑族流行的毡帐。随着大量突厥人进入黄河流域，突厥的居室文化也出现在这一地区，这其中主要是突厥的毡帐居住风俗。① 突厥可汗颉利在长安被安置在皇城内的太仆寺。"颉利不室处，常设穹庐廷中，久郁郁不自憀，与家人悲泣相下，状貌羸省。"② 而前引太子承乾"设穹庐自居"的行为也说明了当时突厥居室文化对上层社会的影响。如果说李承乾的例证是由于自身游牧民族血统的原因偏爱毡帐而不具有一定普遍性的话，那么到了德宗年间，在婚嫁中使用毡帐成为当时社会流行的风俗，则从一方面反映出突厥的起居文化所带来的影响。时人封演就评论说："近代婚嫁，有障车、下婿、却扇及观花烛之事，又有卜地、安帐并拜堂之礼，上自皇室，下至士庶，莫不皆然。"③ 而宪宗时云安公主下嫁时，毡帐仍在使用，因此陆畅《云安公主下降奉诏作催妆诗》中有"催铺百子帐，待障七香车"的描述。④

在冬季生活中使用毡帐也成为一些文人雅士追求生活情趣的一种重要载体，这其中最令人瞩目的当属著名诗人白居易。白居易在太和三年（829年）以太子宾客身份分司洛阳后，居住在城东南履道里，就在庭院中设置了青毡帐，并多次用诗歌来记述冬季毡帐生活的意趣。其太和七年（833年）的《青毡帐二十韵》云：

> 合聚千羊毳，施张百子栊。骨盘边柳健，色染塞蓝鲜。北制因戎创，南移逐房迁。汰风吹不动，御雨湿弥坚。有顶中央竦，无隅四向圆。旁通门豁尔，内密气温然。远别关山外，初安庭户前。影孤明月夜，价重苦寒年。软暖围毡毯，枪拟束管弦。最宜霜后地，偏称雪中天。侧置低歌座，平铺小舞筵。闲多揭帘入，醉便拥袍眠。铁檠移灯背，银囊带火悬。深藏晓兰焰，暗贮宿香烟。兽炭休亲近，狐裘可弃捐。砚温融冻墨，瓶暖变春泉。蕙帐徒招隐，茅庵浪坐禅。贫僧应叹羡，寒士定留连。宾客于中接，儿孙向后传。王家夸旧物，未及此青毡。⑤

因此可见，唐代由于突厥居室文化影响，婚礼中使用毡帐成为当时社会

---

① 关于古代北方游牧民族毡帐的形制、使用以及在汉地的流传过程参吴玉贵.1999. 白居易"毡帐诗"与唐朝社会的胡风. 唐研究. 第5卷. 北京：北京大学出版社

② 欧阳修, 宋祁.1975. 新唐书. 卷二一五上. 突厥传. 上. 北京：中华书局.6036

③ 封演.2005. 赵贞信校注. 封氏闻见记校注. 卷五. 花烛. 北京：中华书局.43

④ 曹寅.1999. 全唐诗. 卷四七八. 北京：中华书局.5441

⑤ 白居易.1979. 白居易集. 卷三一律诗. 北京：中华书局.703~704. 对白居易毡帐诗的研究参吴玉贵前揭文

流行的风俗。当然,由于游牧民族毡帐功能的局限性,它在黄河流域社会日常生活中的使用和影响不能过分夸大,目前的文献资料表明:毡帐只在一些文人的日常生活中被作为奇情异趣来使用,其固有的功能更多是作为上层社会生活的点缀。因此,有学者认为"青毡帐"至少是唐代上层社会非常欣赏的稀罕之物。①

此外,崔令钦《教坊记》"坊中诸女"条记载,唐代教坊的妇女多学"突厥法":"坊中诸女以气类相似,约为香火兄弟,每多至十四五人,少不下八九辈。有儿郎聘之者,辄被以妇人称呼,即所聘者兄见呼为新妇,弟见呼为嫂也。儿郎有任宫僚者,宫参与内人对同日,垂到内门,车马相逢,或搴车帘呼阿嫂如新妇者,同党未达,殊为怪异,问被呼者,笑而不答。儿郎既聘一女,其香火兄弟多相奔,云学突厥法。又云,我兄弟相怜爱,欲得尝其妇也。主者知亦不妒,他香火即不通。"陈寅恪因此认为结香火兄弟就是突厥法之一例。②后半部分内容则说明了突厥群婚的风俗对长安社会也产生了一定的影响。所以,向达指出:"当时突厥势盛,长安突厥流民又甚多,以至无形之间,习俗亦受其影响也。"③

外来文明的影响也体现在这一时期的丧葬风俗中。根据《隋书·突厥传》突厥葬俗的记载:"有死者,停尸帐中,家人亲属多杀牛马而祭之,绕帐号呼,以刀划面,血泪交下,七度而止。于是择日置尸马上而焚之,取灰而葬。"而进入长安的一些突厥贵族还保持着本民族的丧葬方式,如贞观八年(634年),被俘的颉利可汗卒于长安,太宗命令按照突厥的葬俗来安葬他,"从其俗礼,焚尸于灞水之东"。其旧臣胡禄达官吐谷浑邪以及苏尼失先后自刎殉葬。太宗还将吐谷浑邪葬于颉利可汗墓侧,并为其立碑。④而杀身殉葬也是突厥的风俗。陪葬昭陵的番将阿史那思摩死后也是"仍任依蕃法烧讫,然后葬"⑤。杀身殉葬的情况在陕西20世纪的考古发掘中也有出现,1986年5月在陕西凤翔县雍城遗址内的唐代殉人墓葬49座中殉葬120人,最多的一座殉葬12人。对于这样一批非常罕见的唐代殉葬墓,考古工作者认为应该是外来民族的丧葬方式,而葛承雍认为这就是唐初突厥人杀身殉葬

---

① 吴玉贵.1999.白居易"毡帐诗"与唐朝社会的胡风.唐研究.1999.第5卷.北京:北京大学出版社

② 陈寅恪.2000.论唐高祖称臣于突厥事.收入氏著.寒柳堂集.北京:生活·读书·新知三联书店.120

③ 向达.1957.唐代长安与西域文明.北京:生活·读书·新知三联书店.44

④ 刘昫.1975.旧唐书.卷一九四上.突厥传上.北京:中华书局.5160

⑤ 张沛.1993.昭陵碑石.西安:三秦出版社.113.

丧葬风俗在关中地区的体现。①

突厥文化还对唐初帝陵的建筑形制产生了一定的影响，在陕西礼泉县唐昭陵北面司马门前曾经树立着著名的昭陵六骏浮雕，用以纪念在李世民平定四方的战争中立下赫赫战功的六匹骏马：飒露紫、特勤骠、青骓、什伐赤、白蹄乌、拳毛䯄。葛承雍认为六骏的体质特征和名称具有突厥的文化背景，昭陵前树立马的雕像是受到了突厥游牧民族重视马匹的习俗的影响，借骏马的英姿来歌颂太宗的战功，与突厥葬俗有密切的联系。②葛承雍还认为唐太宗昭陵和唐高宗乾陵树立的蕃国酋长石像是吸纳了突厥墓地树立石人的风俗，体现了这一时期丧葬制度突厥化的倾向。③

在丧葬习俗方面，龙门石窟近年来发现了多种唐初埋葬佛教信徒的"瘗窟"，共有39座，是目前唐代黄河流域瘗窟存世数量最多的地区。其中，敬善寺龙朔元年的娄氏瘗窟题记记载："显庆五年（660年）十二月寝疾于思恭之第而谵里曰：'笄冠之初，契期偕老。岂意非福，痼瘵缠躬。不讳之后，愿从所志。'其月廿八日，薨于内室。遂延僧请佛，度建法坛，设贡陈香，累七不绝。筮辰卜日，休兆叶从，宝幡香车，送归伊滨。尸陈戢崖，魂藏孤岩，是曰'尸陀法'，礼也。"而所谓的"尸陀法"，是指佛教信徒的丧葬方法，根据慧琳《一切经音义》中对"尸陀林"的记载，"其林幽邃而且寒，因以名也。在王舍城侧，死人多送其中，今总指弃尸之处。名尸陀林者，取彼名也"④。瘗窟葬是露尸葬的一种形式，源自于古印度，具有非常深刻的宗教内涵，体现了印度佛教丧葬方式对黄河流域丧葬风俗的影响。

而在黄河流域初唐到盛唐乃至中唐时期的许多墓葬中，我们还可以看到相当数量的胡人俑和骆驼俑，其中一些是彩绘陶俑，一些是精美的三彩陶俑，成为这一时期这一地区具有鲜明时代特色的丧葬随葬品。尽管从考古发掘来看，从北朝开始，黄河流域的墓葬，如洛阳北魏墓葬以及西安北周墓葬、河北磁县东魏墓葬和北齐墓葬中就出现了胡人俑和骆驼俑等陶制明器，但到了唐前期，丧葬明器中胡俑和骆驼俑的数量比前代大大增加了。具体情况参考表3-2。

---

① 尚志儒，赵丛苍．1989．陕西凤翔县城南郊唐墓群发掘简报．考古与文物，(5)：48~70；葛承雍．2006．唐昭陵六骏与突厥葬俗研究．收入氏著．唐韵胡音与外来文明．北京：中华书局．179

② 葛承雍．1999．唐昭陵六骏与突厥葬俗研究．中华文史论丛．第60辑．上海：上海古籍出版社

③ 葛承雍．2001．唐昭陵、乾陵蕃人石像与突厥化问题．欧亚学刊．第3辑．北京：中华书局

④ 慧琳．1990．一切经音义．卷七三．大正藏第54册．东京：大藏经刊行会．780

表3-2 黄河流域唐代墓葬出土胡俑及骆驼俑表（1950~2007年）

地点	内容	资料来源
河南郑州上街区	尖顶帽胡俑1件，半身胡俑1件，骆驼俑1件	《考古》1960年第1期《郑州上街区唐墓发掘简报》
河南郑州上街区	陶骆驼2件	《考古》1996年第8期《河南郑州市上街唐墓的清理》
河南郑州	陶骆驼1件	《华夏考古》2000年第4期《郑州唐丁彻墓发掘简报》
河南荥阳汜水乡清净沟	牵马俑1件	《文物》1995年第5期《郑州地区发现的几座唐墓》
河南新郑摩托城工地	陶骆驼1件	《华夏考古》2005年第4期《河南新郑市摩托城唐墓发掘简报》
河南巩义北窑湾	M6陶胡人俑3件，陶骆驼俑2件，M3陶骆驼俑1件	《考古学报》1996年第3期《巩义市北窑湾汉晋唐五代墓葬》
河南巩义站街	陶骆驼俑1件	《中原文物》1998年第4期《巩义市铝厂唐墓发掘简报》
河南巩义	93HGSM1骆驼俑2件，牵马胡俑1件 93HGSM2牵马胡俑2件	《中原文物》2003年第4期《巩义市食品厂唐墓发掘简报》
河南巩义站街	三彩胡人牵马俑2件，彩绘骆驼俑2件	《华夏考古》2006年第1期《河南巩义市老城砖厂唐墓发掘简报》
河南巩义芝田镇	88HGZM71骆驼俑1件 88HGZM66骆驼俑2件 88HGZM151骆驼俑2件 92HGNM35骆驼俑1件 92HGNM36骆驼俑2件 92HGZM4骆驼俑2件，胡俑2件	《巩义芝田晋唐墓葬》，科学出版社，2003年
河南新乡北郊	白釉骆驼俑1件	《河南文博通讯》1979年第2期《新乡市唐墓清理简报》
河南新乡大里村	陶骆驼1件	《中原文物》1982年第2期《新乡市大里村发现一座唐墓》
河南新乡北郊	白釉骆驼俑1件	《文物资料丛刊》1982年第6辑《新乡市唐墓简报》

续表

地点	内容	资料来源
河南温县	陶骆驼1件	《考古》1964年第6期《河南温县唐代杨履庭墓发掘简报》
河南温县	西关柿树园唐墓三彩骆驼俑1件,古城村唐墓三彩骆驼俑2件	《河南文博通讯》1979年第1期《温县两座唐墓清理简报》
河南安阳铁西区	胡俑6件,骆驼俑2件	《中原文物》1986年第3期《安阳市第二制药厂唐墓发掘简报》
河南三门峡市区西南	骆驼俑2件	《中原文物》2003年第3期《三门峡三里桥村11号唐墓发掘简报》
河南孟县城西	骆驼俑2件,牵马、骆驼俑各1件,骑马胡俑1件	《中原文物》1995年第4期《河南孟县堤北头唐代程咀墓发掘简报》
河南洛阳东郊金家沟	8号墓胡俑2件,驼俑1件	《考古学报》1955年第9册
河南洛阳涧西16工区	4号墓、26号墓出土骆驼俑2件	《考古通讯》1957年第3期《洛阳涧西16工区发掘简报》
河南洛阳关林	三彩骆驼2件	《考古》1972年第3期《洛阳关林59号唐墓》
河南洛阳龙门东山	骆驼俑2件,小骆驼俑4件,胡牵马俑4件,胡骑马俑4件	《中原文物》1982年第3期《洛阳龙门安菩夫妇墓》
河南洛阳涧西区矿山厂	骆驼俑2件,牵马胡俑2件	《考古》1983年第5期《河南洛阳涧西谷水唐墓清理简报》
河南洛阳龙门花园村	陶胡人武官俑	《文物》1995年第8期《唐睿宗贵妃豆卢氏墓发掘简报》
河南洛阳北郊	骆驼俑1件	《华夏考古》1996年第1期《洛阳市北郊唐代墓葬的发掘》
河南洛阳北郊	牵马、牵驼俑,骆驼俑	《文物》1999年第2期《洛阳北郊唐颍川陈氏墓发掘简报》
河南洛阳洛南新区	骆驼俑3件	《中原文物》2005年第6期《唐安国相王孺人唐氏、崔氏墓发掘简报》

续表

地点	内容	资料来源
河南洛阳关林大道	陶骆驼俑2件	《中原文物》2005年第6期《洛阳关林大道唐墓发掘简报》
河南洛阳王城大道	胡人俑2件，牵马胡人俑1件，骆驼俑2件	《文物》2005年第8期《洛阳王城大道唐墓发掘简报》
河南洛阳关林	陶胡俑2件，陶骆驼俑3件	《考古》2006年第2期《河南洛阳市关林1305号唐墓的清理》
河南洛阳关林大道	骆驼俑3件	《文物》2006年第12期《洛阳关林大道徐屯东段唐墓发掘简报》
河南洛阳洛南新区	陶骆驼俑1件	《文物》2007年第6期《洛阳唐卢照己墓发掘简报》
河南洛阳东郊	陶胡人俑1件，陶骆驼1件	《考古》2007年第9期《河南洛阳东郊十里铺村唐墓》
河南洛阳龙门镇	陶骆驼2件	《考古》2007年第12期《河南洛阳市龙门镇唐墓发掘简报》
河南偃师杏园村	李延祯墓骑马胡俑4件，牵马胡俑2件，牵驼胡俑2件，驾车胡人俑1件，胡人男侍俑1件，骆驼俑1件	《考古》1984年第10期《河南偃师杏园村的两座唐墓》
河南偃师杏园村	李嗣本墓骑马胡俑2件，牵马胡俑4件，牵驼胡俑1件，骆驼俑2件	《考古》1986年第5期《河南偃师杏园村的六座纪年唐墓》
河南偃师杏园村	YD1902唐墓陶骆驼俑2件	《考古》1986年第12期《河南偃师市杏园村唐墓的发掘》
河南偃师城关公社	胡牵马俑5件，骆驼俑19件	《中原文物》1985年第1期《偃师唐李元瑾夫妇墓发掘简报》
河南偃师县东北	三彩骆驼俑2件，三彩胡武官俑2件，胡人侍俑1件	《考古》1986年第11期《河南偃师县隋唐墓发掘简报》
河南偃师城关镇	北窑二号墓骆驼俑1件，北窑五号墓粉彩骆驼俑1件，三彩骆驼俑2件，胡俑4件	《考古》1992年第11期《河南偃师县四座唐墓发掘简报》

续表

地点	内容	资料来源
河南偃师	胡人俑2件，骆驼俑2件	《文物》1992年第12期《河南偃师唐柳凯墓》
河南偃师东蔡庄	东蔡庄唐墓陶驼俑1件 刘坡村唐墓陶骆驼俑1件 山化乡唐墓骑马胡俑2件 牵马胡俑2件，牵驼胡俑2件，骆驼俑1件	《华夏考古》1995年第1期《河南偃师唐墓发掘简报》
河南偃师南蔡庄	胡俑1件，辫发俑1件，陶骆驼2件	《考古与文物》1999年第5期《偃师县沟口头砖厂唐墓发掘简报》
河南孟津西山头	牵马胡俑1件，牵驼胡俑1件，陶骆驼2件	《文物》1992年第3期《洛阳孟津西山头唐墓》
河南孟津西山头	三彩牵马男胡俑2件，彩绘牵马男胡俑1件，三彩骆驼俑2件	《华夏考古》1993年第1期《洛阳孟津西山头唐墓发掘报告》
河南孟津县	陶骆驼1件	《考古》2007年第4期《河南孟津大杨树村唐墓》
河南孟津朝阳村	骆驼俑2件	《中原文物》2007年第6期《洛阳孟津朝阳送庄唐墓简报》
河南伊川县白元乡	三彩胡俑1件，三彩骆驼2件	《考古》1985年第5期《河南伊川发现一座唐墓》
河南伊川县城关镇	陶骆驼俑1件	《文物》2005年第8期《洛阳伊川大庄唐墓发掘简报》
河南新安县	三彩胡立俑2件，三彩骆驼2件	《考古》1987年第9期《河南新安县磁涧出土的唐三彩》
河南扶沟县	陶骆驼1件	《考古》1965年第8期《河南扶沟县唐赵洪达墓》
河南临汝县	三彩骆驼1件	《考古》1988年第2期《河南临汝县发现一座唐墓》
陕西西安东郊王家坟	陶骆驼1件	《文物参考资料》1955年第9期《西安东郊王家坟清理了一座唐墓》

续表

地点	内容	资料来源
陕西西安西郊大土门村	陶骆驼	《文物参考资料》1956年第3期《西安西郊大土门村附件发现汉唐墓群》
陕西西安东郊十里铺	三彩骆驼2件，牵马胡俑2件，牵驼胡俑2件	《文物参考资料》1956年第8期《西安东郊十里铺337号唐墓清理简报》
陕西西安韩森寨	胡人牵马俑1件	《考古通讯》1957年第5期《西安韩森寨唐墓清理记》
陕西西安东郊、西郊	独孤思敬墓文官胡俑2件，骑驼胡俑1件，牵马、牵驼胡人俑7件，骆驼俑4件 鲜于庭诲墓男胡侍俑1件，牵马胡俑4件，卧驼骑俑1件，三彩载乐骆驼俑1件	《考古通讯》1958年第1期《西安郊区三个唐墓的发掘简报》
陕西西安羊头镇	陶骆驼1件	《文物》1959年第3期《西安羊头镇唐李爽墓的发掘》
陕西西安东郊	骆驼俑20件	《考古》1960年第1期《西安东郊唐苏思勖墓清理简报》
陕西西安西郊	三彩牵驼胡俑1件，骆驼俑4件，牵马胡俑1件	《考古》1960年第3期《西安西郊中堡村唐墓清理简报》
陕西西安郊区	辫发胡俑1件	《西安郊区隋唐墓》，文物出版社，1966年
陕西西安东郊	M1陶卧骆驼11件	《考古与文物》1981年第2期《西安东郊三座唐墓清理记》
陕西西安西郊	陶胡乐俑	《文博》1985年第6期《西安西郊唐俾失十囊墓清理简报》
陕西西安西郊	陶骆驼2件	《考古与文物》1988年第3期《西安西郊唐西昌县令夫人史氏墓》
陕西西安南郊长安县	陶骆驼8件	《考古与文物》1989年第5期《西安南郊唐韦君夫人等墓葬清理简报》

续表

地点	内容	资料来源
陕西西安西郊新西北火车站	胡侍俑2件，牵马俑3件，骆驼俑2件	《文物》1990年第7期《西安西郊唐墓》
陕西西安西郊	胡俑4件，骆驼俑8件	《考古与文物》1991年第4期《西安西郊热电厂基建工地隋唐墓葬清理简报》
陕西西安西郊	胡俑2件，骆驼俑1件	《考古与文物》1991年第4期《唐董僧利墓清理简报》
陕西西安三桥	胡人俑1件	《考古与文物》1991年第6期《西安三桥车辆厂工地发现唐裴利物夫妇墓》
陕西西安东郊王家坟	陶卧驼9件，陶胡骑俑2件，立驼俑	《文物》1991年第9期《西安王家坟唐代唐安公主墓》
陕西西安东郊	胡俑1件，骆驼俑1件	《考古与文物》1992年第5期《西安东郊清理的两座唐墓》
陕西西安东郊	牵马俑2件，骆驼俑1件，骑骆驼俑2件	《文物》1992年第9期《西安东郊红旗电机厂唐墓》
陕西西安长安县	韦氏家族墓地陶骆驼	《考古与文物》1993年第6期《陕西长安县南里王村与咸阳飞机场出土大量隋唐珍贵文物》
陕西西安东南郊狄寨乡	三彩牵马胡俑1件，三彩骆驼俑1件	《文物》1994年第1期《西安狄寨出土唐三彩》
陕西西安东郊	M3骆驼俑3件	《考古与文物》1994年第4期《西安秦川机械厂唐墓清理简报》
陕西西安	牵马、牵驼俑7件，骑驼胡俑2件，胡姬俑1件，骆驼俑9件	《文物》1997年第1期《西安唐金乡县主墓清理简报》
陕西西安三桥镇	陶骆驼1件，陶卧驼2件	《文博》2001年第5期《西安硫酸厂唐墓发掘简报》
陕西西安西郊	胡武官俑1件，胡俑4件，牵驼俑1件，骆驼俑2件，小骆驼俑16件	《考古与文物》2002年第1期《西安西郊陕棉十厂唐壁画墓清理简报》
陕西西安东郊	胡服骑马俑4件，骆驼俑10件	《文物》2002年第12期《西安东郊唐温绰、温思暕墓发掘简报》

续表

地点	内容	资料来源
陕西西安长安县	骆驼俑6件，打马球俑3件	《文物》1959年第8期《长安县南里王村唐韦泂墓发掘记》
陕西西安南郊	牵马胡俑1件，骆驼俑1件	《文物》2002年第12期《西安西北政法学院南校区34号唐墓发掘简报》
陕西西安南郊	胡人风帽骑马俑8件，骆驼俑8件	《考古与文物》2003年第6期《唐长安南郊韦慎名墓清理简报》
陕西西安长安县大兆乡	粉彩红陶黑人俑	《文博》2003年第6期《长安县东曹村出土的唐代文物》
陕西西安雁塔区	胡人牵马俑1件，骆驼俑1件	《文物》2004年第1期《唐康文通墓发掘简报》
西安南郊郭杜镇	三彩胡人武官俑1件，牵马俑5件，骆驼载乐胡人俑1件，胡人俑1件，驮物骆驼俑1件	《文物》2004年第1期《西安南郊唐墓（M31）发掘简报》
西安长安区郭杜镇	牵驼俑1件，胡人俑2件，胡乐俑3件，胡人百戏俑1件，陶骆驼俑15件	《考古与文物》2005年第2期《唐孙承嗣夫妇墓发掘简报》
陕西西安南郊	陶骆驼1件	《江汉考古》2006年第3期《西安市南郊马腾空唐墓发掘简报》
陕西西安长安区郭杜镇	骑马胡俑2件	《考古与文物》2007年第5期《唐殷仲容夫妇墓发掘简报》
陕西泾阳县太平乡	陶胡俑，骆驼俑	《考古与文物》1992年第1期《唐张仲晖墓发掘简报》
陕西户县	三彩骆驼2件	《考古与文物》1988年第3期《陕西户县西坡村唐墓清理简报》
陕西乾县	三彩胡俑24件，骆驼俑3件，胡骑俑18件	《文物》1964年第1期《唐永泰公主墓发掘简报》
陕西乾县	陶骆驼俑6件，卷发俑1件，胡骑俑、牵马俑多件	《文物》1972年第7期《唐章怀太子墓发掘简报》
陕西礼泉县	三彩胡人牵马俑1件，三彩骆驼俑2件	《文物》1977年第10期《唐越王李贞墓发掘简报》

续表

地点	内容	资料来源
陕西礼泉县	男胡立俑4件，男牵马胡俑2件，男骑马胡俑6件	《考古》1978年第3期《陕西礼泉唐张士贵墓》
陕西礼泉县	陶骆驼俑3件	《文博》1988年第3期《唐昭陵长乐公主墓》
陕西礼泉县	骆驼俑19件	《文物》1988年第12期《唐安元寿夫妇墓发掘简报》
陕西礼泉县	陶立驼俑6件	《文博》1989年第3期《唐李承乾墓发掘简报》
陕西礼泉县	男骑马胡俑4件	《文博》1989年第6期《唐昭陵段简璧墓清理简报》
陕西礼泉县	陶骆驼1件	《考古与文物》1997年第3期《唐昭陵新城长公主墓发掘简报》
陕西宝鸡谭家村	胡男侍俑2件，骑驼俑1件	《考古》1991年第5期《宝鸡市谭家村春秋及唐墓》
陕西凤翔	糜杆桥公社唐墓三彩骆驼俑1件，三彩男胡侍俑5件 县城南关村唐墓陶骆驼1件	《文博》1989年第3期《凤翔出土一批唐三彩和陶俑》
陕西凤翔南郊	男胡俑9件，陶骆驼11件	《考古与文物》1989年第5期《陕西凤翔县城南郊唐墓发掘简报》
陕西凤翔	骆驼俑1件	《考古与文物》2000年第1期《凤翔铁丰唐墓发掘简报》
陕西岐山县	胡俑10件，陶骆驼4件	《考古与文物》1994年第1期《岐山县郑家村元师奖墓清理简报》
陕西陇县	男立胡俑2件，彩绘陶骆驼2件，半身胡俑1件	《考古与文物》1990年第1期《陕西陇县东南乡党家庄唐墓发掘简报》
陕西千阳县冠家河	胡俑1件	《考古与文物》1995年第3期《千阳坡头唐墓清理简报》
陕西临潼	男骑马胡俑2件，牵马胡俑1件，说唱胡俑1件	《考古与文物》1982年第3期《临潼关山唐墓清理简报》

续表

地点	内容	资料来源
陕西临潼	陶骆驼4件	《文博》1996年第2期《唐遂州司马董务忠墓清理简报》
陕西咸阳	胡骑马武士俑3件	《考古》1963年第9期《陕西咸阳唐苏君墓发掘》
陕西咸阳渭城区	三彩单峰骆驼俑1件，三彩牵马俑	《文博》1998年第5期《唐契苾明墓发掘记》
陕西长武郭村	彩绘昆仑奴俑1件，胡人俑1件，骆驼俑2件	《文物》2004年第2期《陕西长武郭村唐墓》
陕西蒲城县	彩绘胡人俑多件	《考古与文物》1999年第2期《唐惠庄太子墓发掘简报》
陕西蒲城	陶骆驼俑20件	《考古与文物》2002年第6期《唐高力士墓发掘简报》
陕西蒲城	胡人牵马俑34件，陶骆驼俑13件	《唐李宪墓发掘报告》，科学出版社，2005年
陕西富平县	陶骆驼，三彩骆驼	《考古与文物》2004年第4期《唐节愍太子墓发掘简报》
陕西耀县	三彩骆驼2件	《考古与文物》1988年第3期《陕西耀县柳沟唐墓清理简报》
宁夏青铜峡玉泉营	1号墓胡俑、陶骆驼各1件 8号墓胡俑、陶骆驼各1件，女胡俑头2件 6号墓胡俑头1件	《文物》1978年第8期《银川附近的汉墓和唐墓》
宁夏青铜峡邵岗	M12有残胡俑	《宁夏考古文集》《青铜峡市邵岗唐墓发掘简报》
宁夏固原	胡俑1件	《文物》1985年第11期《宁夏固原史道德墓清理简报》
宁夏固原南塬	2003GNM1墓残骆驼俑1件	《考古与文物》2007年第5期《宁夏固原市南塬唐墓发掘简报》

续表

地点	内容	资料来源
河北临城东樊屯村	胡人俑2件，男胡侍俑1件，骆驼俑1件	《文物》1990年第5期《河北临城七座唐墓》
河北临城	骆驼俑1件	《文物春秋》1994年第3期《河北临城西瓷窑沟发现隋唐墓》
河北清河丘家那村	孙建墓胡人俑件，骆驼俑1件	《文物》1990年第7期《河北清河丘家那唐墓》
河北南和	郭祥墓陶胡人俑2件，风帽胡俑1件	《文物》1993年第6期《河北南和唐代郭祥墓》
河北南和东贾郭	胡风帽俑1件，胡人俑1件，骆驼俑1件	《文物》1996年第6期《河北南和东贾郭唐墓》
河北文安麻各庄	胡人俑3件，昆仑奴俑1件，骆驼俑2件	《文物》1994年第1期《河北文安麻各庄唐墓》
河北邯郸	陶骆驼1件	《文物春秋》1998年第1期《河北邯郸南吕固唐代墓葬发掘简报》
河北元氏	持剑男胡俑1件，骆驼俑1件	《文物春秋》1999年第2期《元氏县大孔村唐吕众墓》
河北平山	胡人俑1件	《考古》2001年第2期《河北平山县西岳村隋唐崔氏墓》
河北省安国	陶胡俑4件，陶骆驼1件	《文物春秋》2001年第3期《河北省安国市梨园唐墓发掘简报》
山西太原市南郊	昆仑奴俑1件	《考古》1960年第1期《太原南郊金胜村三号唐墓》
山西太原市南郊	三彩骆驼俑1件	《文物》1988年第12期《太原市南郊唐代壁画墓清理简报》
山西长治	骑骆驼俑1件	《考古通讯》1957年第5期《山西长治唐墓清理简报》
山西长治北	二号王义墓胡俑1件，骆驼俑1件，骑驼俑1件，三号墓骆驼俑1件	《考古》1962年第2期《山西长治北石槽唐墓》

续表

地点	内容	资料来源
山西长治	骆驼俑1件	《考古》1965年第8期《山西长治唐王休泰墓》
山西长治北	一、四号墓骆驼俑1件,骑骆驼俑1件,牵驼胡俑2件 六号墓骆驼俑2件	《考古》1965年第9期《山西长治北石槽唐墓》
山西长治北郊	骆驼俑1件	《文物》1987年第8期《山西长治市北郊唐崔拏墓》
山西长治	陶胡踞坐俑1件,陶胡驭手俑1件,陶骆驼1件,骑驼胡俑1件	《文物》1989年第6期《山西长治市唐代冯廓墓》
山西长治东郊	胡人牵马、驼俑3件,胡人骑驼俑1件,胡人骑马俑1件,骆驼俑1件	《文物》2003年第8期《山西长治唐代王惠墓》
山西长治县宋家庄	陶胡俑1件,陶骆驼俑1件,陶御驼俑1件	《文物》1989年第6期《长治县宋家庄唐代范澄夫妇墓》
山西长治襄垣	胡人侍俑1件,胡人牵马俑1件	《文物》2004年第10期《山西襄垣唐代浩氏家族墓》
山西长治襄垣	瓷骆驼俑1件	《文物》2004年第10期《山西襄垣唐墓(2003M1)》
山西长治襄垣	陶骆驼俑1件	《文物》2004年第10期《山西襄垣唐代李石夫妇合葬墓》
甘肃秦安杨家沟	骆驼俑3件,胡人牵马、牵驼俑9件	《文物》1975年第4期《甘肃秦安县唐墓清理简报》
甘肃宁县城关	牵马胡俑多件,骆驼俑2件	《考古与文物》1982年第4期《甘肃宁县出土唐代彩绘俑》

需要指出的是:表3-2只是根据各类文物和考古刊物的发掘简报,将新中国成立后黄河流域考古发掘中唐墓出土的胡俑和骆驼俑情况进行了排列。事实上,这一地区出土的此类陶俑和三彩俑的数量要远大于此。从20世纪前半叶开始,由利益驱动导致的民间盗墓之风猖獗,这一地区许多唐墓中的三彩陶俑被盗卖、流散,尤其是洛阳地区的唐墓,在民国时期曾经遭到严重的盗掘,大量的三彩精品因此而流失,这一点通过洛阳古董商人郭玉堂《洛

阳出土石刻时地记》的相关记载就不难了解①，而今洛阳博物馆中收藏的一些三彩俑和陶俑还是当时的劫后遗珍。另外，在台湾历史博物馆以及许多海外公私博物馆中也能见到大量的胡俑和骆驼俑，许多都是这一时期出土的。即使到了今天，这种现象仍然屡有发生。当然更有许多是零星出土的，如1999年河南省博物院从洛阳文物商店征集到的数件三彩俑中就有两件非常精美的三彩牵马胡俑，由于是征集品，我们无法知道其出土于洛阳的具体地点，此类情况无法精确统计。②

尽管如此，我们还是可以看到出土胡俑和骆驼俑的墓葬主要集中在今天的陕西、河南、山西、宁夏、河北、甘肃等地区。其中尤以陕西和河南地区唐墓中出土的胡人俑和骆驼俑数量最多，种类也最为丰富。长安（陕西西安）由于居住着大量的官僚贵族以及外来移民，许多人死后就葬在这里，所以长安及其周边地区有大量唐代官僚、贵族及普通官吏的墓葬。因而今西安胡人俑的出土尤其突出，而且一些胡人俑非常有特色。另外，西安周边县市还有众多帝陵的陪葬墓，尤其是唐前期昭陵和乾陵的陪葬墓出土了许多此类陶俑。河南地区也是出土胡人俑较多的地区，其中尤以唐代的东都——洛阳周边地区为最。除了洛阳及周边地区唐墓外，胡人俑在河南郑州、巩义、温县、新乡、安阳等地区也多有出土。尤其是20世纪80年代对巩义芝田唐墓的发掘中出土了大量的胡俑和骆驼俑。③虽然胡人俑和骆驼俑在今天的南方唐墓中也时有发现，但绝大多数的胡人俑和骆驼俑频繁出土于黄河中下游及周边地区，数量、种类之多也是空前绝后的，而这里恰好处于唐代丝绸之路东段的沿线地带。

从这些地区墓葬出土的胡俑来看，主要有以下几种：

胡人文官俑和武官俑。这类胡俑的数量并不多，主要集中在长安和洛阳唐墓。如1958年西安西南郊杨思勖墓就出土了一件残损的胡人武官俑，胡人高鼻、深目、络腮胡须，头戴鹖冠，身着裲裆，神情威严。④2002年西安雁塔区康文通墓和2003年西安南郊郭杜镇唐墓都出土有三彩胡人武官俑；1985年，陕西三原县唐墓出土了彩绘胡人文吏俑，胡人虽然深目虬髯，但头戴幞头，腰系带，身着唐代官员所穿常服，神情优雅，风度翩翩。⑤洛阳也多次出土胡人武官俑，如其中的一件武官俑，头戴装饰山型纹饰的官帽，身

---

① 郭玉堂. 2005. 洛阳出土石刻时地记. 郑州：大象出版社
② 张建民. 1999. 河南博物院新征集的几件唐代陶俑. 中原文物. (4)：86
③ 郑州文物考古研究所. 2003. 巩义芝田晋唐墓葬. 北京：科学出版社. 122, 125, 图版24、25
④ 中国社会科学院考古研究所. 1980. 唐长安城郊隋唐墓. 北京：文物出版社. 79、图版九七
⑤ 冀东山. 2006. 神韵与辉煌——陕西历史博物馆国宝鉴赏·陶俑卷. 西安：三秦出版社. 123

着裲裆，手持笏板，但却是高鼻深目的胡人形象，另一件胡人武官俑头戴鹖冠，面目狰狞。这些都是当时在长安和洛阳仕宦的中亚胡人的真实写照。① 衣着和造型非常相似的胡人武官俑在西安新西北唐墓和洛阳偃师山化乡张思忠墓等多座唐墓也有出土。②

侍从俑。这类胡俑多数是服侍官僚贵族日常生活与玩乐的，其中许多侍俑神态恭顺，随时听从差遣。另外还有狩猎俑，如1960年陕西乾县永泰公主墓出土了马背后蹲伏猎犬的骑马狩猎胡人俑以及彩绘的做张弓射箭姿态的胡人骑马狩猎俑、胡人骑马斗猎豹俑③，反映出喜好狩猎的唐朝皇室贵族队伍中有不少的胡人侍从。1991年西安东郊唐金乡县主墓也出土了骑马抱犬狩猎胡人俑，这一地区唐墓出土许多侍从护卫或担任仪仗的骑马胡俑。还有为主人驾驭车马的御者俑，在河南偃师杏园李嗣本墓和李延祯墓中各出土了一件胡人御者陶俑，胡人头戴圆帽，高鼻深目，身着大翻领窄袖长衣，足蹬高筒靴，双手前置做执鞭牵缰绳状，身后则有一辆牛车。④ 无独有偶，美国西雅图美术馆也收藏了一件三彩牛车胡人俑，在一辆巨轮牛车的两旁有两名御者，其中一名就是短发、高鼻、络腮胡须的胡人形象，这件三彩陶俑极可能也出自黄河流域唐墓。⑤ 唐代黄河流域引进了大量的外来良马，因而唐墓中还有许多胡人牵马俑，他们中许多承担着为宫廷和官僚贵族饲养马匹的职责。如西安中堡村唐墓出土的一套两件三彩马俑和饲马胡人俑，马红鬃白身，鞍鞯齐全，身旁的胡俑腰带上悬挂有梳子、刮等洗马的工具。⑥

乐舞俑也是唐代黄河流域墓葬中明器中的大项，许多墓葬出土胡俑中都有乐舞俑。这和当时黄河流域胡乐盛行、当时社会存在大量外来艺人有关。尤其是西安和洛阳的唐墓中都有大量的胡人奏乐和舞蹈俑出土。⑦

昆仑奴俑。1948年西安裴氏小娘子墓中还出土了两件黑人俑，此后西安地区唐墓又出土了许多件黑人俑，这些俑大多黑发卷曲，上身裸露斜披丝帛。关于他们的来源，以往学术界颇有争论，有学者就认为他们来自非洲。

---

① 周立，高虎. 2006. 中国洛阳出土唐三彩全集. 郑州：大象出版社. 22~23，38~39，82~83

② 李炳武. 1998. 陕西国宝：陕西珍贵文物集成·唐三彩卷. 西安：陕西人民教育出版社. 145；周立，高虎. 2006. 中国洛阳出土唐三彩全集. 郑州：大象出版社. 38~39，82~83，88~89

③ 冀东山. 2006. 神韵与辉煌——陕西历史博物馆国宝鉴赏·陶俑卷. 西安：三秦出版社. 128，131

④ 中国社会科学院考古研究所. 2001. 偃师杏园唐墓. 北京：科学出版社. 52

⑤ 谭旦冏. 1980. 中国陶瓷2：汉唐陶瓷. 台北：光复书局. 122

⑥ 冀东山. 2006. 神韵与辉煌——陕西历史博物馆国宝鉴赏·陶俑卷. 西安：三秦出版社. 138~139

⑦ 相关描述可参看本章第三节"黄河流域的外来艺术"。

唐代诗人张籍曾在《昆仑儿》中有这样的诗句:"金环欲落曾穿耳,螺髻长卷不裹头。自爱肌肤黑如漆,行时半脱木棉裘。"结合出土的这些黑人俑的体貌特征来看,多数学者认为这些黑人俑实际上是来自南海岛国的昆仑奴俑。① 西安大量出土的昆仑人的彩绘陶俑在黄河流域的其他地区也多有出土。如1995年河南巩义北山口唐墓就出土了一件卷发、斜披丝带、赤膊露脐、做舞蹈状的昆仑人俑。② 而新中国成立前洛阳唐墓中也出土过昆仑人胡俑,郑振铎曾经捐赠给故宫博物院两件昆仑人俑,据称就是出自洛阳唐墓。③ 而山西太原南郊金胜村三号唐墓也曾出土过一件昆仑人俑,该俑卷发,上身仅斜披丝帛,下身着三角短裤,与巩义唐墓昆仑人俑颇有几分相似。④ 河北文安县麻各庄唐墓也曾出土过一件卷发、下身着短裤的昆仑人陶俑。⑤

胡商俑。由于这一时期丝绸之路的畅通,大量的胡商活跃在中西贸易活动中,因而大量的胡商俑也成为丧葬明器中的重要题材,出土数量相当大。他们有的牵着驮满货物的骆驼,有的骑在骆驼背上驾驭骆驼,有的牵着马匹,有的身背行囊徒步跋涉。长安和洛阳地区唐墓中出土的胡商俑尤多,这和当时两地聚集了大量的胡商有密切的联系,如西安韩森寨唐墓出土的胡人牵马俑、1974年陕西咸阳契苾明墓出土的胡人牵驼俑、1950年宝鸡出土的彩绘胡人骑骆驼俑。⑥ 1981年4月,洛阳市文物队在龙门东山北麓发掘了唐定远将军安国人安菩及其妻何氏的合葬墓,出土了许多三彩胡人俑,这些胡人高鼻深目、络腮胡须,身着短衣高领的中亚地区民族服饰。他们或者背负行囊,或者手牵满载货物的骆驼。1985年在偃师杏园唐墓也出土了多件胡人俑,其中的一件彩绘胡人俑脑后盘着发辫,身着大翻领窄袖束腰长袍,脚蹬高筒靴,双手做牵引状;另一件胡人俑高鼻深目,头戴翻沿毡帽,着大翻领窄袖束腰长袍,脚蹬高筒靴,腰间还悬挂一袋囊,双手也做牵引状,这些都是对这一时期丝绸之路上奔波的胡商的生动刻画。⑦ 胡人俑以及牵马、牵驼

---

① 葛承雍. 2006. 唐长安黑人来源寻踪. 收入氏著. 唐韵胡音与外来文明. 北京:中华书局. 96~100

② 河南省郑州考古研究所. 2007. 河南唐三彩与唐青花. 北京:科学出版社. 210

③ 步连生. 1986. 试论我国古代雕塑的昆仑人及其有关问题. 向达先生纪念论文集. 乌鲁木齐:新疆人民出版社

④ 山西省文物管理委员会. 1960. 太原南郊金胜村三号唐墓. 考古,(1):37 简报将其卷发误为"头戴圆顶帽"

⑤ 廊坊市文物管理处. 1994. 河北文安麻各庄唐墓. 文物. (1):86

⑥ 冀东山. 2006. 神韵与辉煌——陕西历史博物馆国宝鉴赏·陶俑卷. 西安:三秦出版社. 117,120,127

⑦ 周立,俞凉亘. 2005. 洛阳陶俑. 北京:北京图书馆出版社. 237,238;中国社会科学院考古所河南二队. 1986. 河南偃师杏园村六座纪年唐墓. 考古,(5):437~438

胡俑也在1991年孟津西山头村唐墓、1984年伊川白元村唐墓、1988年偃师柳凯墓、1999年偃师沟口头砖厂唐墓中多有发现。

黄河流域的其他地方也出土了许多骑骆驼的胡人俑，许多都是丝绸之路上胡商的真实写照。如1954年山西长治王深墓出土了一件骑骆驼胡人俑，胡人头戴尖顶帽，身着翻领大衣，脚蹬长筒靴，右手高举做挥鞭状，而骆驼驼峰上则背负货囊。① 相似造型的骑骆驼俑在长治还出土了多件，长治墓中还出土了老年胡妇骑驼俑。而陕西宝鸡谭家村唐墓也曾出土一件造型相似的胡人骑驼俑，胡人骑跨在骆驼双峰之间，头戴尖顶小圆帽，高鼻深目，多须髯，左手挽缰，右手挥鞭。② 2001年山西襄垣县浩宽墓中也出土了高鼻深目、络腮胡须的胡人牵马俑和头梳双髻的胡人侍立俑。③ 2001年甘肃庆城县唐穆泰墓也出土了多件袒腹胡人俑、胡人牵马或牵驼俑等④，而这里正是唐代庆州的所在地。此种题材的三彩俑在甘肃秦安、宁夏固原等地唐墓中也多有发现。

1985年陕西长武县郭村唐张臣合墓出土的胡商俑，头戴尖顶胡帽，高鼻深目，络腮胡须，着翻领窄袖袍服，身背行囊，手提胡瓶，正在长途跋涉，非常生动形象。⑤有意思的是，此种类型的胡商俑在西安和洛阳地区的唐墓中多有出土，如西安博物院就收藏有一件类似的胡商俑，洛阳博物馆也收藏有一件，是征集品。⑥

唐墓胡俑中还有一定数量的侏儒俑。根据史书记载，开元十二年（724年），康国和室利佛逝国都曾经向唐朝进贡过侏儒。1986年在河南孟津就出土了一件侏儒俑，此侏儒俑头戴幞头，深目高鼻，络腮胡须，或许就是域外进贡的侏儒。⑦

这一地区唐墓中也出土过一些有趣的陶俑，如洛阳博物馆收藏的一件三彩胡人俑，络腮胡须，头上缠绕红头巾，身着坦胸束腰长袍，从其装束来看，当是来自西亚地区的胡人。⑧陕西乾县永泰公主墓还出土过一件彩绘胡人力士骑马俑，马上的胡人上身裸露，双臂屈居，肌肉发达，比例匀称，或许是在表演杂技。⑨永泰公主墓还出土过胡人骑马载物俑，络腮胡须的胡人头戴

---

① 山西省文管会. 1957. 山西长治唐墓清理简报. 考古通讯，（5）：56.
② 宝鸡市考古工作队. 1991. 宝鸡市谭家村春秋及唐代墓. 考古，（5）：198
③ 山西大学文博学院，襄垣县文物博物馆. 2004. 山西襄垣唐代浩氏家族墓. 文物，（10）：21~22
④ 庆阳市博物馆，庆城县博物馆. 2008. 甘肃庆城唐代游击将军穆泰墓. 文物，（3）：36~38
⑤ 长武县博物馆. 2004. 陕西长武郭村唐墓. 文物，（2）：42
⑥ 王绣. 2001. 洛阳文物精粹. 郑州：河南美术出版社. 160~161
⑦ 周立，俞凉亘. 2005. 洛阳陶俑. 北京：北京图书馆出版社. 271
⑧ 王绣. 2001. 洛阳文物精粹. 郑州：河南美术出版社. 158~159
⑨ 冀东山. 2006. 神韵与辉煌——陕西历史博物馆国宝鉴赏·陶俑卷. 西安：三秦出版社. 119

船型的帽子，身后马背上还捆缚着一卷物品，葛承雍推测此胡人可能是一名传递文书的信使。

正所谓"胡儿制骆驼"，伴随着胡人俑出现的就是骆驼俑。① 随着中古时期中西交流的频繁，耐高温及严寒、能驮负大量货物的骆驼成为这条要道上的主要交通工具。这些陶骆驼及三彩骆驼大多身体雄健，背负着成捆的丝绸，昂首长鸣。比较典型的有洛阳龙门安菩墓出土的三彩骆驼，驼峰间有兽面袋囊，可以看见其中的绿色丝绸等货物，丝绸两头分别系小口瓶、鸡头壶、干粮袋等生活用品。陕西礼泉郑仁泰墓中出土的胡商俑，高鼻深目，身着翻领长袍，牵一骆驼，双峰之间搭着货囊，囊外还有丝线和布匹，另外还悬挂着水壶等生活用具以及山鸡、野兔等猎物。② 由表3-2可见，甘肃、宁夏、陕西、山西、河南、河北的广大地区唐墓中都有大量的骆驼俑出土。

值得注意的是，出土陶胡人和骆驼俑的墓葬中有一部分是属于外来移民的，如安菩就是归附唐朝的粟特人首领，还有铁勒人将领契苾明、处士康文通等。在这些外来移民的墓葬中出现胡俑不足为奇。然而，为数更多的胡俑和骆驼俑出现在汉族各阶层的墓葬中，墓主中不仅有王公贵族，如李承乾、章怀太子、懿德太子、永泰公主、新城长公主，还有高级官僚，如张士贵、郑仁泰、高力士等，也有如河南偃师杏园李嗣本、宋祯、李景由等中下级官吏，以及许多普通的地主、商人、处士，可见这一时期此类题材的陶俑在唐前期丧葬中使用的普遍程度。

各地唐墓出土的这些胡人俑衣着和形象不尽相同，显示出他们来自不同的国度。他们一般头戴尖顶或圆顶帽，或者编着发辫，或者卷发，身着圆领和翻领窄袖袍，浓眉大眼，高鼻深目，卷发虬须。各种衣着和造型的胡人俑体现出这一时期大量胡人来到黄河流域的史实，也生动地反映了形形色色的外来移民在唐代黄河流域社会中的不同身份及从事的职业。正是由于这一时期黄河流域的社会中存在着大量从事各种职业的胡人，出现在社会的各个领域，在日常生活中具有重要的作用，黄河流域的能工巧匠们才能通过细致的观察他们的样貌、衣着、举止等特征塑造出栩栩如生的陶俑造型。而这一类型的陶俑大量出现在唐墓之中更说明了胡人在这一地区社会生活中的重要作用，似乎即使到了阴曹地府，亡人们也需要他们的服务。而骆驼作为丝绸之路贸易中的重要交通工具，在西方与黄河流域的交往中起着重要的作用，因此大量进入这一地区。唐代的工匠们通过对这些外来事物的仔细观察，用他们的妙手将其形象也塑造进了陶质明器中，所以，这一时期的墓葬中也出现

---

① 曹寅. 1999. 全唐诗. 卷二二五. 杜甫. 寓目. 北京: 中华书局. 2423
② 陕西省博物馆. 1972. 唐郑仁泰墓发掘简报. 文物, (7): 38

了大量反映中亚民族风情和文化的陶俑。这些器物生动反映了唐代中亚胡商不远万里依靠骆驼来到中原地区进行贸易的艰辛历程,是唐代中原地区与西方经济文化交流的真实写照。同时,这些工艺高超、种类繁多、生动形象的陶俑不仅为唐代黄河流域的丧葬文化增添了靓丽的色彩,也成为唐代艺术领域的一朵奇葩。

第五节 各种外来物品输入

宋代史学家宋祁曾经这样评价唐朝:"唐之德大矣。际天所覆,悉臣而属之,薄海内外,无不州县,遂尊天子曰'天可汗'。三王以来,未有以过之。至荒区君长,待唐玺纛乃能国,一为不宾,随辄夷缚,故蛮琛夷宝,踵相逮于廷。"① 早在唐前期,已经是"伊吾之右,波斯以东,职贡不绝,商旅相继"②,此后由于唐对外交流的进一步加强,各国的朝贡越来越频繁,而唐朝对于朝贡的管理和相关制度也更加完善。③ 大量的外来物品通过传统的朝贡贸易被以贡品的形式运输到黄河流域的长安和洛阳等重要城市。其中尤其是长安,也包括高宗后期以及武则天统治时期被作为首都的洛阳,是皇帝和达官贵人生活、居住的地方,经济发达,交通便利,同时也是外国使臣和商人的目的地。

关于这一时期黄河流域的外来物品,本节主要根据《册府元龟》卷九七〇至卷九七二《外臣部·朝贡》部分以及其他文献的记载来勾画这一时期黄河流域舶来品的概况。需要指出的是,当时以进献及贸易的方式来到长安或洛阳的外来物品应该还有更多,因为《册府元龟》有关朝贡部分中许多外国或外族的朝贡并没有明确所进贡的物品。随着20世纪以来许多唐代墓葬、城址、窑址等遗址的发掘,大量具有外来色彩的器物也在黄河流域各地被发现,因而这些考古资料为我们结合文献来研究这一时期黄河流域的外来文明提供了重要的实物证据。

一、外来动物

唐朝输入到黄河流域的动物可分为兽类与禽类两种。兽类动物包括野兽与家畜。在野兽中,外来进献较多的是驯象、狮子、犀牛和豹。

据史书记载,唐代黄河流域的大象大都是由东南亚盛产大象的林邑、文

---

① 欧阳修,宋祁.1975.新唐书.卷二一九.北狄传.北京:中华书局.6183
② 宋敏求.1959.唐大诏令集.卷一三〇.讨高昌王麴文泰诏.北京:商务印书馆.702
③ 李云泉.2004.朝贡制度史论——古代中国对外关系体制研究.北京:新华出版社.36~42

单国所献,波斯也偶尔进献过。这些大象被豢养在宫廷苑囿之中,主要是作为宫廷表演和观赏之用。神龙元年(705 年)八月,中宗幸洛阳城南门,观看斗象表演。① 景龙四年(710 年)四月,中宗驾临临淄王李隆基的宅第,在其宅水池中游乐,"结彩为楼船,令巨象踏之"②。其中在大历十四年(779 年),唐德宗一次就将文单国所献的 32 头舞象放生到南方③,可见当时宫苑中驯象数量之多。而大象的形象在唐代黄河流域的各种器具中也多有反映,如西安博物院收藏有一件西安韩森寨唐墓出土的黑釉象形枕,瓷枕通体黑釉,大象直立于平板座上,长鼻拖地,象背驮两头翘起的枕面。④ 河南巩义唐黄冶窑窑址也曾出土多件象枕。除此之外,黄冶窑还烧制了骑象俑、象俑等小玩具。⑤ 1966 年在西安市西安制药厂工地出土了一件精美的彩绘象座塔式罐,罐身堆塑四个摇动耳朵和长鼻子的象首,罐座则是一个头上系络绳的驯象,造型非常生动。⑥

这一时期被进献到长安的犀牛多数来自东南亚的国家如文单、真腊、环王国等。而犀牛一方面被驯服后作为娱乐的工具,如《新唐书》卷二二《礼乐志十二》就提到玄宗时期每逢千秋节,五坊使就会牵犀牛和大象,在勤政楼下拜舞祝寿,因而陆龟蒙有"拜象驯犀角抵豪"的诗句⑦;另一方面,犀牛也具有政治上远方来朝的含义。因此,太宗在高祖献陵前树立了犀牛的石雕,唐德宗在贞元九年(793 年)将环王国进献的犀牛供奉到太庙中告慰祖先。但犀牛还是不能够适应黄河流域的气候,如贞元十二年(796 年)冬天非常寒冷,德宗喜爱的这只犀牛就死在禁苑。⑧

狮子也是这一时期被多次贡献到黄河流域的猛兽之一,多由中亚的米国、吐火罗等国进献。如同犀牛一样,这种动物的进入也是由于其自远方来,比较少见,具有浓厚的政治含义,如贞观九年(635 年)时康国贡献狮子,"太宗嘉其远至",就命虞世南作赋并且编入史书。⑨ 但由于狮子实用价值不大,所以武后时石国使请献狮子,宰相姚璹上疏谏曰:"狮子猛兽,唯止食肉,远从碎叶,以至神都,肉既难得,极为劳费。"最终武后下令停止贡献。⑩

---

① 刘昫.1975.旧唐书.卷七.中宗纪.北京:中华书局.140
② 刘昫.1975.旧唐书.卷八.玄宗纪上.北京:中华书局.166
③ 刘昫.1975.旧唐书.卷一二.德宗上.北京:中华书局.320
④ 西安博物院.2008.西安博物院.西安:世界图书出版公司.203
⑤ 河南省郑州考古研究所.2007.河南唐三彩与唐青花.北京:科学出版社.182,397~399
⑥ 冀东山.2006.神韵与辉煌——陕西历史博物馆国宝鉴赏·陶瓷器卷.西安:三秦出版社.60~61
⑦ 曹寅.1999.全唐诗.卷六二九.开元杂题七首·杂伎.北京:中华书局.7276
⑧ 刘昫.1975.旧唐书.卷一三.德宗下.北京:中华书局.377,385
⑨ 刘昫.1975.旧唐书.卷一九八.康国传.北京:中华书局.5310
⑩ 刘昫.1975.旧唐书.卷八九.姚璹传.北京:中华书局.2903

装饰狮子纹饰在唐代的器物中非常常见，山西太原西郊曾经出土过一个青釉人物狮子扁壶，壶身上浮雕一个长发短须、高鼻深目，着长袍高靴的胡人，其左右各蹲坐一只昂首翘尾的狮子，不难看出这也是一名驯狮人。① 1996年洛阳邙山杨文村发掘的一座唐墓就出土了一件三彩驯狮扁壶，两面各描绘有一个驯狮人，牵着一头雄狮，狮子怒目圆睁，四蹄腾空正扑向驯狮人。驯狮人为卷发，着赭黄色上衣，袒露右肩，肩头有帔帛，下着裤，足蹬高筒靴。② 唐代来自南海岛国的昆仑人以驯狮而著称，如敦煌榆林窟25窟《文殊变》壁画中就有昆仑人为文殊和普贤的坐骑狮子、大象控缰的情况。慧琳的《一切经音义》中也指出昆仑人"时俗语便亦称'骨论'，南海洲岛中人也。其黑裸形，能驯服猛兽，犀象等"。唐代燕乐中就有《太平乐》，又名《五方狮子舞》，其中就有两名昆仑人装束的人，"持绳秉拂，为习弄之状"③。从其卷发、上身袒露等装束来看，此驯狮人应该是昆仑人，他们正在表演狮子舞。西安何家村珍宝窖藏中还出土了一副狮纹玉带铐，15块玉带板上雕刻了形态各异的狮子。④ 这些狮子具有较强的写实性，非常生动，与这一时期汉地常见的狮子形象颇异其趣，或许就是来自西方的狮子的真实写照。

此外，这时引进的观赏性动物还有豹，多来自中亚的康国、安国、米国以及西亚的大食。其作用主要是被用在官僚贵族的狩猎活动中，如陕西乾县的唐懿德太子墓壁画中就有驯豹图，描绘的就是四位男侍从训练猎豹的场面。⑤ 唐后期，河东道绛州刺史樊宗师的园池中右侧门墙上就绘制有胡人驯豹的图案："胡人髯，黄袩累珠，丹碧锦袄，身刀囊靴挝绦，白豹玄斑，饫距，掌胮，意相得。"⑥

家畜也是唐朝引进的重要动物，其中马在尚武的唐代格外受到统治者的重视。尤其是唐前期，对外战事频繁，而马匹就显得至关重要。因此，唐代引进的外来动物中马占据了很大的比例，向唐朝贡献名马也是许多国家和部落朝贡的主要内容。早在唐朝建立之初，统治者已经非常重视良马的引进，此时良马多来自北方的突厥，如高祖太原起兵，突厥始毕可汗就曾"遣其特勤康稍利等献马千匹"⑦。而唐太宗征战四方时乘坐的六骏就多来源于突厥。

---

① 高寿田.1963.太原西郊出土唐青釉人物狮子扁壶.考古，(5)：263
② 洛阳市文物工作队.2002.洛阳市杨文村唐墓C5M1045发掘简报.考古与文物，(6)：20
③ 刘昫.1975.旧唐书.卷二九.音乐志二.北京：中华书局.1059
④ 冀东山.2006.神韵与辉煌——陕西历史博物馆国宝鉴赏·玉杂器卷.西安：三秦出版社.68~69
⑤ 冀东山.2006.神韵与辉煌——陕西历史博物馆国宝鉴赏·唐墓壁画卷.西安：三秦出版社.120~121
⑥ 樊宗师.1986.绛守居园池记.四库全书本.台北：商务印书馆
⑦ 刘昫.1975.旧唐书.卷一九四上.突厥传上.北京：中华书局.5153

葛承雍认为，从昭陵六骏的体质特征来看，其来源大概皆为突厥或突厥汗国控制下的西域诸国。六骏的名称也不是中原本土之名，而是突厥语，其中什伐赤与特勤骠是用突厥官号"设"、"特勤"命名的坐骑，而白蹄乌则是冠以"少汗"荣誉名称的坐骑，飒露紫中的"飒露"是突厥语"沙钵略"的同名异译，意为勇健者，是突厥可汗的荣誉称号和官名，因而飒露紫的含义就是"勇健者的紫色骏马"。其他二骏也可能是突厥从中亚和东罗马取得的骏马。① 唐人对于突厥马亦有很高的评价："技艺绝伦，筋骨合度，其能致远，田猎之用无比。"② 1971年陕西乾陵张士贵墓出土了四件白陶诞马，该马头部稍大，右前蹄抬起，体型匀称，体格健壮，有学者认为可能是突厥马种。

就连在战马的装饰和装具上，突厥的马具也对唐朝产生了影响。孙机认为唐代马匹剪鬃做三花的风气与西伯利亚米努辛斯克附近以及勒拿河上游希什基诺附近的突厥岩画中所绘之马相同，因此唐代马鬃的修饰是受到了突厥马饰影响的。著名的昭陵六骏中的什伐赤，鬃毛就是三花样式。1972年陕西乾县懿德太子墓中出土了一件三彩马，马鬃毛被精心修剪成三缕堞垛状，是唐初典型的三花马的样式（图3-7）。③ 另外，唐代使用的后桥倾斜鞍也来源于突厥。出土的突厥鞍之前鞍桥呈颔弓形，两边斜向外移，与唐朝的前鞍桥式样相同。④

图3-7 乾陵懿德太子墓出土三花马
（《神韵与辉煌——陕西历史博物馆国宝鉴赏·陶俑卷》）

---

① 葛承雍.1999.唐昭陵六骏与突厥葬俗研究.中华文史论丛.第60辑，上海：上海古籍出版社
② 王溥.1955.唐会要.卷七二.诸蕃马印.北京：中华书局.1306
③ 冀东山.2006.神韵与辉煌——陕西历史博物馆国宝鉴赏·陶俑卷.西安：三秦出版社.141
④ 孙机.2001.唐代的马具和马饰.收入氏著.中国古舆服论丛.北京：文物出版社.111，113

唐前期，唐朝的势力尚未达到西域，因此马匹多由北方和西北的游牧部落政权进献，有时进献马匹的数量相当大，如贞观元年（627年），西突厥统叶护遣使入唐，献马5000匹。① 贞观二十一年（647年），铁勒的骨利干部还进献了百匹骏马，"其中十匹尤骏，太宗奇之，各为制名，号曰十骥"②。太宗还饶有兴致地对这些马进行了高度的评价：

> 特异常伦。观其骨大丛粗，觑高意阔，眼如悬镜，头若侧砖，腿像鹿而差圆，颈比凤而增细。后桥之下，促骨起而成峰。侧鞯之间，长筋密而如辫。耳根铁勒，杉材难方。尾本高丽，掘砖非拟。腹平臁小，自劲驱驰之方。鼻大喘疏，不乏往来之气。殊毛共枥，状花蕊之交林。异色同群，似云霞之间彩。仰轮乌而竞逐，顺绪气而争追。喷沫则千里飞红，流汗则三条振血。尘不及起，影不暇生。顾见弯弓，逾劲羽而先及。遥瞻伏兽，占人目而前知。骨法异而应图，工艺奇而绝象。方驰大宛，固其驽骞者欤。

永徽五年（654年），青藏高原上的吐蕃还进献过野马百匹。③ 武则天长安三年（703年），突厥献名马千匹。④ 但也有中亚粟特进献的马匹，如武德年间康国就向唐朝进献了4000匹良马，玄奘也称康国"多出善马"⑤。而中亚被认为是大宛马的产地。《唐会要》就记载康国马"是大宛马种，形容极大"。这批马在唐朝被成功地繁育后代，一直到唐后期史官还提到"今时官马，犹是其种"⑥。而《新唐书》卷五〇《兵志》也记载玄宗时命朔方军每年在西受降城与后突厥进行互市，以金帛市马，而唐朝河东、陇右、朔方放牧的军马，"既杂胡种，马乃益壮"⑦。可见，外来良马对于黄河流域的马种改良具有重要的意义。根据史书的记载，向唐朝进献马匹的国家和部落也非常多，如龟兹、罽宾、处密、识匿、坚昆、契丹等。到了玄宗时期，随着唐朝对外交往的进一步加强，中亚粟特诸国以及波斯、大食也经常贡献良马。除了前引唐太宗对骨利干马的评价之外，《唐会要》卷七二中唐代史官还曾对来自周边各部落以及诸国的马匹体貌特征等进行了评价，如杖曳固马，"与骨利干马相类，种多黑点骢，如豹文"。契丹马，"其马极曲，形小于突厥马，能驰走林木间"，可见唐人对外来马匹的熟悉。

---

① 刘昫.1975.旧唐书.卷一九四下.突厥传下.北京：中华书局.5182
② 王溥.1955.唐会要.卷七二.北京：中华书局.1302
③ 王钦若等.1960.册府元龟.卷九七〇.外臣部·朝贡三.北京：中华书局.11401
④ 王钦若等.1960.册府元龟.卷九七〇.外臣部·朝贡三.北京：中华书局.11403
⑤ 玄奘，辩机.1985.季羡林等校.大唐西域记校注.卷一.北京：中华书局.87
⑥ 王溥.1955.唐会要.卷七二.诸蕃马印.北京：中华书局.1306
⑦ 欧阳修，宋祁.1975.新唐书.卷五〇.兵志.北京：中华书局.1338

马匹的购买也是唐朝对外贸易中的重要内容,如贞观十五年(641年)唐太宗遣使往西域册立西突厥叶护可汗,"又遣使多赉金银帛,历诸国市马"①。开元年间,由于马匹匮乏,太常少卿姜晦乃请以空名告身市马于六胡州。而六胡州正是粟特部落聚居地,其手中掌握良马。② 另据《刘元尚墓志》的记载,刘元尚"解褐拜掖庭监作、大食市马使,燕王市于骏骨,伯乐顾之龙马,遂使三军迎送,万里循环,荣宠是加,超公内寺伯。复为骨利干市马,崎岖百国,来往三春,追风跃而奔腾,逐日回而来献"。则刘元尚在玄宗时期曾先后赴大食和骨利干购买良马,说明了唐朝政府对于马匹品种改良的重视。③ 唐中后期,由于回纥的兴起,且自恃助唐平叛有功,多次遣使以马匹和市唐朝缯帛,"仍岁来市,以马一匹易绢四十匹,动至数万马"④。这种强买强卖的马匹贸易给唐朝造成了沉重的负担。

一些进贡的马匹也被训练成宫廷表演的"舞马"。《明皇杂录》就记载玄宗曾命"教舞马四百蹄,各为左右,分为部目,为某家宠,某家骄。……因命衣以文绣,络以金银饰,其鬐鬣间杂珠玉,其曲谓之《倾杯乐》者。数十回,奋首鼓尾,纵横应节,又施三层板床,乘马而上,旋转如飞"。这其中就有外来的贡马。"时塞外亦有善马来贡者,上俾之教习,无不曲尽其妙。"⑤ 因此,诗人陆龟蒙有诗云:"月窟龙孙四百蹄,骄骧轻步应金鞞。曲终似要君王宠,回望红楼不敢嘶。"⑥ 1987年洛阳十五工程局小学就曾出土彩绘马及驯马俑,其中驯马人躯体前倾,头侧向右,双臂展开,右手握拳做牵马状,左手后扬,右腿向前蹬地,左腿向后弓,而马俑前蹄抬起,后腿稍屈,两耳竖起,昂首钩头做嘶鸣状。⑦ 其中的马俑应该就是舞马。唐代马球在贵族间非常流行,一些国家还进贡打球马,如开元五年(717年)六月,于阗就进献打球马两匹。

果下马主要是由于其娱乐性而被贡献到唐朝的,这是一种专供贵族赏玩骑乘的小马。其产自朝鲜半岛,如武德四年(621年)十月,百济遣使献果下马。⑧ 之后,新罗也曾献果下马。据李贤和颜师古的解释,"果下"的意

---

① 刘昫.1975.旧唐书.卷七一.魏征传.北京:中华书局.2559
② 欧阳修,宋祁.1975.新唐书.卷五〇.兵志.北京:中华书局.1338
③ 王昶.1977.金石萃编.卷九十.石刻史料新编.第二册.台北:新文丰出版有限公司.1514
④ 刘昫.1975.旧唐书.卷一九五.回纥传.北京:中华书局.5207
⑤ 郑处诲.1994.明皇杂录·补遗.北京:中华书局.45
⑥ 曹寅.1999.全唐诗.卷六二九.开元杂题七首·舞马.北京:中华书局.7275~7276
⑦ 河南省文物局.1999.河南文物精华·藏品卷.郑州:文心出版社.103
⑧ 王钦若等.1960.册府元龟.卷九七〇.北京:中华书局.11396

思是这种马很矮,可以骑着在果树下行走。① 按照两人当时的身份和地位,应该是见过这种马的。

新中国成立以来,陕西和河南唐墓中出土了大量的明器陶马俑,这些马多数身形壮硕,体格雄健。如永泰公主墓出土的三彩仰头马和低头马,头小,臀肥,颈部粗壮,骨肉匀称。而出土于咸阳契苾明墓中的三彩马也具有相似的体貌特征,这些都应当是来自西域的良种马。② 大量陶马俑的存在表明当时黄河流域社会中外来良马的众多。

对唐人及后代生活影响较大的还有所谓的"拂菻狗",这种狗是由高昌转献给朝廷的。据载,武德七年(624年),高昌王麴文泰"献狗雌雄各一,高六寸,长尺余,性甚慧,能曳马衔烛,云本出拂菻国。中国有拂菻狗,自此始也"③。这种聪慧的小狗属于尖嘴丝毛犬。唐朝人又将这种狗称做"猧儿"或"猧子"。《开元天宝遗事》卷下记载,玄宗与亲王下棋,令贺怀智独奏琵琶。杨贵妃立于局前观看,玄宗快要输的时候,"妃子将康国猧子放之,令放局上乱其输赢,上甚悦焉"④。可见其是当时宫廷贵族的宠爱之物。董逌《广川画跋》卷三《书穆宗打球图》描述的唐穆宗打球的场面中就有拂菻狗。⑤ 贞元进士王涯曾生动地描写宫廷中的猧儿:"白雪猧儿拂地行,惯眠红毯不曾惊。深宫更有何人到,只晓金阶吠晚萤。"⑥ 除了宫廷之外,一些贵族妇女也喜爱豢养猧子,洺州刺史卢顼的表姨住在洛阳,"常畜一猧子,名花子,每加念焉"。后花子死后在冥界帮助她增加阳寿来报答她。⑦

另外,中亚的一些国家也进献过犬类,如武则天万岁通天二年(697年),安国就将两头犬进献到神都洛阳。开元年间,玄宗还曾遣使赍缯锦至石国市犬马。可能是由于此次市买的都是供皇帝玩乐的珍异动物,黄门侍郎张廷珪进谏曰:"犬马非土性弗畜,珍禽异兽不育于国,不宜劳远人致异物,愿省无益之故,救必然之急,天下之幸。"⑧ 然而,外来猎犬在当时贵族的生活中经常出现,1953年陕西咸阳底张湾万泉县主薛氏墓甬道东壁壁画中男侍从牵的猎犬身材高大修长,惜有残缺;而1971年在陕西乾县唐懿德太子墓

---

① 班固.1983.汉书.卷六八.霍光传."小马车"颜师古注;范晔.1972.后汉书.卷八五.东夷列传.果下马条注.北京:中华书局
② 冀东山.2006.神韵与辉煌——陕西历史博物馆国宝鉴赏·陶俑卷.144~145;李炳武.1998.中华国宝:陕西珍贵文物集成·唐三彩卷.西安:陕西人民教育出版社.177
③ 刘昫.1975.旧唐书.卷一九八.高昌传.北京:中华书局.5294
④ 王仁裕.2006.开元天宝遗事.北京:中华书局.53
⑤ 董逌.1986.广川画跋.卷三.四库全书本.台北:商务印书馆
⑥ 曹寅.1999.全唐诗.卷三四六.宫词.北京:中华书局.3888
⑦ 李昉等.1961.太平广记.卷三八六.北京:中华书局.3082
⑧ 刘昫.1975.新唐书.卷一一八.张廷珪传.北京:中华书局.4263~4264

道第二过洞西壁出土的《架鹞戏犬图》中侍从身旁也出现了这种棕黄色猎犬，身形高大，长腿细腰，动作敏捷，研究者认为就是波斯犬。① 而 1972 年在洛阳矿山机械厂平炉车间 M6 唐墓还出土了一件黄釉狗，也是身形修长高大，尖嘴尖耳，与薛氏墓、懿德太子墓中的猎犬形、神都极为相似，应为同一种类型。② 1986 年在宁夏固原南郊唐梁元珍墓墓室的南壁壁画中，侍从身后也有一头通体红色、前胸粗壮、腰部较细、身形修长的波斯犬。③

骆驼也是黄河流域较为常见的外来物种，一些国家和政权也向唐朝贡献、进贡过骆驼，如贞观十七年（643 年），为向唐朝求婚，薛延陀遣其兄子突利设献牛驼一万头以及羊、马数万头。④ 开元六年（718 年）七月，突骑施也曾向玄宗贡献橐驼。同时，于阗国也进贡了一头风脚骆驼。开元九年（721 年）二月，处密国也向唐进贡了骆驼。⑤ 另外，唐后期的吐蕃和回鹘也都进贡过骆驼。因而，唐代的皇家园囿也豢养骆驼，玄宗时，宫中闲厩使除掌管马匹之外，还掌骆驼和巨象。陇右监牧也放养一定数量的骆驼。德宗贞元初年，由于动乱频仍，长安粮食紧缺，米斗千钱，太仓供天子六宫的粮食不能支撑十天，为了解决粮食危机，德宗"以飞龙驼负永丰仓米给禁军"⑥。

另外，这一时期还有大量的骆驼是作为丝绸之路上驮运货物的交通工具来到黄河流域的。2007 年 3 月洛阳文物考古工作者在进行洛阳定鼎门遗址保护发掘的过程中在定鼎门外道路上发现了许多骆驼的蹄印，这些遗迹出土于晚唐的文化层。这些非常清晰的骆驼蹄印遗迹可能是一场大雨后骆驼背负各种货物进入或者离开洛阳时经过这里，在泥泞的地面上遗留下来的。⑦

骆驼也是唐代墓葬壁画以及陶俑的重要题材。1988 年考古工作者在山西太原金胜村发掘了一座唐墓，墓室北壁正中绘制了一幅《驼马人物图》壁画，描绘了一个身着黄裳的胡人商人，牵着一匹马以及一头背负货囊的骆驼行进的情景。⑧ 2005 年洛阳洛南新区发掘的唐安国相王唐氏孺人墓墓道东壁也绘有商人手牵骆驼行进的壁画，而西壁则有一头戴尖顶帽的胡人手牵骆驼行进的壁画。与之相邻的崔氏孺人墓墓道东西也有骆驼图案的壁画，只是残

---

① 冀东山.2006.神韵与辉煌——陕西历史博物馆国宝鉴赏.唐墓壁画卷.西安：三秦出版社.123，200
② 周立，高虎.2006.中国洛阳出土唐三彩全集.郑州：大象出版社.494
③ 罗丰.1996.固原南郊隋唐墓地.北京：文物出版社.117~119
④ 刘昫.1975.旧唐书.卷三.太宗纪下.北京：中华书局.55
⑤ 王钦若等.1960.册府元龟.卷九七一.外臣部·朝贡四.北京：中华书局.11405，11406
⑥ 欧阳修，宋祁.1975.新唐书.卷五三.食货志三.北京：中华书局.1369
⑦ 陈小伟.2007-8-10.定鼎门遗址考古发现骆驼蹄印.洛阳晚报
⑧ 山西省考古研究所.1988.太原市南郊唐代壁画墓清理简报.文物，(12)：53 图版贰

损过甚。① 另外，陕西泾阳县太平乡唐张仲晖墓中分别绘制了以骆驼为主要表现内容的《奔驼图》、《行驼图》和《卧驼图》壁画，壁画刻画了骆驼奔跑、背负货物行进以及俯卧的三个场景，线条流畅、刻画生动，体现出画匠高超的绘画技艺。这也说明，正是由于大量的骆驼进入黄河流域，画匠们才能够对骆驼的神态和动作作细致的观察，最终使它们栩栩如生。②

黄河流域的墓葬中还出土了大量背负丝绸、瓷器等货物的陶骆驼俑。如2002年西安南郊长安县M31唐墓出土的三彩骆驼，四肢曲跪卧地，驼首高昂做嘶鸣状。鞍架上放置驮囊、象牙、丝绸等货物，两侧悬挂花口盘、胡瓶、马镫壶等牵驼人的生活用具，这是这一时期骆驼商队进入黄河流域的生动写照。③

根据考古出土文物来看，进入黄河流域的骆驼大多为双峰驼。而陕西咸阳博物馆收藏有一件1970年出自契苾明墓的三彩单峰驼，这尊骆驼身形高大，四肢修长，除了背部和鬃毛为黄釉外，其他部分都装饰褐釉。④ 另外，2002年西安南郊长安区郭杜镇唐孙承嗣墓中也出土了两件红陶单峰驼，一件俯首及地，做饮食状，一件昂首曲颈。⑤ 两件骆驼俑造型非常生动，可见工匠对此物种并不陌生。单峰驼产地有限，多产自西亚、南亚和北非地区，因而也是典型的外来物种。杜环《经行记》就记载，大食"其驼小而紧，背有孤峰，良者日驰千里"⑥。开元七年（719年）二月，康国向唐朝求助对抗大食时曾进献波斯骆驼一匹，或许就是这种单峰驼。⑦ 另据《新唐书》卷二一六《吐蕃传上》记载，吐蕃"独峰驼日驰千里"，则这种骆驼也可能是吐蕃进献的。

骆驼造型也成为唐代玩具的题材，河南巩义黄冶窑出土的唐代陶塑玩具中就有许多素烧的小型陶骆驼。⑧ 而西安西郊热电厂唐墓也曾出土过一件三彩骆驼玩具，它昂首引颈，身负驮囊，显然是丝路上骆驼的形象写照。⑨ 骆

---

① 洛阳市第二文物工作队.2008.唐安国相王孺人壁画墓发掘简报.郑州：河南美术出版社.14~15，36~37
② 陕西省考古研究所泾阳文管会.1992.唐张仲晖墓发掘简报.考古与文物，(1)：30~31
③ 西安市文物保护考古所.2004.西安南郊唐墓（M31）发掘简报.文物，(1)：43
④ 李炳武.1998.中华国宝：陕西珍贵文物集成：唐三彩卷.西安：陕西人民教育出版社.209；解峰，马先登.1998.唐契苾明墓发掘记.文博，(5)：14
⑤ 陕西省考古研究所西安市文物保护考古所.2005.唐孙承嗣夫妇墓发掘简报.考古与文物，(2)．图版见封三2、3
⑥ 杜环.2000.张一纯注.经行记笺注.北京：中华书局.56
⑦ 王钦若等.1960.册府元龟.卷九九九.外臣部·请求.北京：中华书局.11723
⑧ 廖永民.2003.黄冶唐三彩窑址出土的陶塑小品.文物，(11)：60
⑨ 张全民.2008.西安西郊热电厂出土的唐三彩玩具.文博，(1)：11

驼肉还是当时一些文人眼中的美味，岑参在《酒泉太守席上醉后作》中就有"浑炙犁牛烹野驼，交河美酒金叵罗"的诗句，描绘了在酒泉太守的宴会上官员们食用野骆驼肉的场景。①

唐朝引进的飞禽主要为白鹦鹉、五色鹦鹉、鸵鸟、鹰。白鹦鹉、五色鹦鹉多由南方的林邑和诃陵国进献，这两种鸟经常出现在唐代贵族的生活中。例如，开元年间，皇宫中就有五色鹦鹉，能说话而且聪慧，玄宗"令左右试牵御衣，辄瞋目叱之"。因此，一些文臣还撰写诗文来赞颂这支禽鸟。② 而鸵鸟则是来自中亚，高宗永徽元年（650年）"吐火罗遣使献大鸟如驼，食铜铁，上遣献于昭陵"。此后在高宗和睿宗的墓前都立有鸵鸟的雕像，此后成为唐代帝陵的制度。此外，玄宗开元时期，康国和安国还两次进献鸵鸟卵。③ 鹰主要是供奉给上层统治者供狩猎使用的，主要由盛产这些猛禽的辽东的渤海和朝鲜半岛的新罗进贡。唐墓壁画中有许多驯服猎鹰的内容。窦群《新罗进白鹰》就描写了新罗进献白鹰的英姿："御马新骑禁苑秋，白鹰来自海东头。汉皇无事须游猎，雪乱争飞锦臂鞴。"④

二、外来香料

香料是唐代长安贵族生活中经常使用的物品，甚至连建筑也大量使用香料，如唐兴庆宫龙池东就有沉香亭。杨国忠则有四香阁，"又用沈香为阁，檀香为栏，以麝香、乳香筛土和为泥饰壁"⑤。由于唐朝本身出产的香料并不能够完全满足上流社会的需要，因此大量的外来香料出现在唐人的社会生活中。这其中一些是外国进贡到长安的，从《册府元龟》卷九七〇的记载来看，天竺、乌苌、林邑、诃陵等国都曾向唐朝贡献香料，主要有龙脑香、沉香、黑沉香等，如天宝八载（749年）九月，林邑就向唐朝进献黑沉香30斤。龙脑香就是樟脑，笔记小说中曾记载，天宝末年交趾贡蝉蚕形龙脑香，"上唯赐贵妃十枚，香气彻十余步"。玄宗与亲王对弈时，杨贵妃在一旁观棋。风吹贵妃领巾于乐工贺怀智头巾上，贺怀智回家后仍然满身香气。⑥ 而代宗时期的宰相元载在安仁坊宅第造芸辉堂。"芸辉，香草名也，出于阗国。其香洁白如玉，入土不朽烂，舂之为屑，以涂其壁，故号芸辉焉。"⑦

---

① 岑参．1979．岑参集校注．卷二．上海：上海古籍出版社．188
② 李昉等．1961．太平广记．卷四六〇引．谭宾录．北京：中华书局．3770
③ 王钦若等．1960．册府元龟．卷九七一．北京：中华书局．11406
④ 曹寅．1999．全唐诗．卷二七一．北京：中华书局．3044
⑤ 王仁裕．2006．开元天宝遗事．卷下．北京：中华书局．58
⑥ 段成式．1981．酉阳杂俎．前集卷一．忠志．北京：中华书局．3
⑦ 苏鹗．2000．杜阳杂编．卷上．唐五代笔记小说大观．下．上海：上海古籍出版社．1375

这一时期还有一些商人经营香料贸易，许多香料通过贸易被输送到黄河流域的城市。洛阳龙门著名的南市香行社像龛就是洛阳南市从事香料贸易的商人捐资兴建的，从题记上看参与其事的20余人中既有粟特商人，也有汉族商人。长庆四年（824年）九月，波斯大商人李苏沙还向唐敬宗进献沉香亭子材。[①] 则李苏沙也是经营香料贸易的商人。

三、外来植物

唐代被进贡到长安的植物包括树木、蔬菜以及观赏性植物等。树木中首先有果木，最有名的是从西域引进的马乳葡萄以及中亚康国移植的桃树。马乳葡萄在贞观十四年（640年）平定高昌之后在长安引种成功，并制作出葡萄酒。之后的贞观二十一年（647年），叶护进献马乳葡萄一房，长二丈，"余子亦稍大，其色紫"[②]，可能是因为植株硕大而被进贡。而金桃、银桃于贞观十一年（637年）由康国遣使而来，太宗"诏令植之苑囿"。[③] 金桃又称黄桃，"大如鹅卵，其色黄金"，因此被称做金桃。[④] 被引进的果木还有千年枣，实际上就是枣椰树，其产自波斯，又称波斯枣。中国古代很早就知道波斯产千年枣，《魏书》、《隋书》、《旧唐书》的《波斯传》都记载了此事。天宝五载（746年）闰十月，陀拔思单国忽鲁汗曾向唐朝献千年枣。[⑤] 只是这种枣椰树在长安的气候条件下无法存活。对于枣椰的药性，唐代医学家陈藏器有"补中益气，除痰咳，补虚损，好颜色，令人肥健"的评价。[⑥]

此外，唐朝还引进了菩提树和娑罗树，这两种树木的引入都具有强烈的宗教意义，和当时长安佛教的盛行有关。根据印度佛教传说，佛祖释迦牟尼是在一棵菩提树下觉悟的，因此，贞观十五年（641年）和二十一年（647年），天竺国和摩揭陀国分别遣使向唐朝献菩提树。[⑦] 除了菩提树之外还有娑罗树，据称，释迦牟尼当年是在一片娑罗林中涅槃的，因此娑罗树也具有宗教的色彩。天宝初年，唐朝安西四镇的官员两度从拔汗那采进娑罗枝条，进奉长安。张谓在《进娑罗树枝状》中，称娑罗树具有"特称奇绝，不庇凡草，不栖恶禽"的特点，具有美好的声誉，"但以生非得地，誉绝因人，荣

---

① 刘昫.1975.旧唐书.卷一七上．敬宗纪．北京：中华书局.512
② 王钦若等.1960.册府元龟．卷九七〇．外臣部·朝贡三．北京：中华书局.11400
③ 王钦若等.1960.册府元龟．卷九七〇．外臣部·朝贡三．北京：中华书局.11398
④ 王钦若等.1960.册府元龟．卷九七〇．外臣部·朝贡三．北京：中华书局.11400
⑤ 王钦若等.1960.册府元龟．卷九七〇．外臣部·朝贡三．北京：中华书局.11412
⑥ 李时珍.1975~1979.本草纲目.卷三一．无漏子.引陈藏器．本草拾遗.北京：人民卫生出版社.1837
⑦ 王钦若等.1960.册府元龟．卷九七〇．外臣部·朝贡三．北京：中华书局.11399，11400

枯长在于异方，委弃不闻于中土"，故有必要在唐朝移植。虽然前一年安西已采进婆罗树枝，但"伏以凡遵播殖，贵以滋多。今属阳和之时，愿助生成之德。近差官于拔汗那计会，又采前件树枝二百茎，并堪进奉。……差军将李滔押领赴京"①。根据段成式《酉阳杂俎》的记载，此树在代宗大历年间安西还有进献，有4株赐予慈恩寺，成活了3株，可见此树在长安是种植成功了的。②

唐朝长安引进的观赏性植物主要有郁金香。郁金香分别在贞观十五年（641年）和二十一年（647年）分别由天竺、伽毗国进献。据记载，"郁金香，叶似麦门冬。九月花开，状如芙蓉。其色紫碧，香闻数十步，华而不实，欲种取根"。这里是将郁金香作为观赏植物来看待的。天宝七载（748年）二月，安国还向唐进献郁金香30斤，这可能是以香料的形式进献的。

贞观二十一年三月，泥钵罗国还进献了波稜菜、酢菜、浑提葱。③其中，波稜菜"类红蓝，实似蒺梨，火熟之能益食味"。《刘宾客嘉话录》记载，刘禹锡曾指出此菜"本西国中，有僧自彼将其子来"，看来波稜菜也曾在长安种植。④波稜菜即菠菜，最初可能起源于波斯，所以《本草纲目》中指出方士又称它为"波斯草"。⑤唐代孟诜《食疗本草》指出菠菜利五脏、通肠胃热、解酒毒的特点，认为："北人食肉、面，食之即平；南人食鱼鳖、水米，食之即冷，故多食，冷大小肠也。"⑥酢菜，状类慎火叶阔，味虽少苦，久食益人；浑提葱则"状如葱而白"，"其状犹葱而甘辛，嗅药。其状类凌冬而青，收干作末，味如桂椒。其根能愈气疾"。看来，当时人对此种蔬菜的特性非常熟悉。

四、外来药物

随着对外交往的加强，大量的外来药物也涌入唐朝。唐代统治者出于自身的需要也对外来药物的需求非常迫切。显庆元年（656年），高宗曾命印度高僧那提充使，敕往昆仑诸国，采取异药。⑦玄宗在开元四年（716年）

---

① 李昉等.1966.文苑英华.卷六四二.进婆罗树枝状.北京：中华书局.3297
② 段成式.1981.酉阳杂俎.续集卷六.寺塔记下.北京：中华书局.263
③ 王钦若等.1960.册府元龟.卷九七〇.外臣部·朝贡三.北京：中华书局.11400
④ 上海古籍出版社.2000.唐五代笔记小说大观.上海：上海古籍出版社.798
⑤ 李时珍.1975~1979.本草纲目.卷二七.波稜菜.条引.北京：人民卫生出版社.1645
⑥ 李时珍.1975~1979.本草纲目.卷二七.波稜菜.条引.北京：人民卫生出版社.1645
⑦ 道宣.1990.续高僧传.卷四.京大慈恩寺梵僧那提传.大正大藏经.第50册.东京：大藏经刊行会.458

也曾打算遣使到师子国求取灵药和善医之胡姬。① 一些外来使臣和僧人也多有进献外来药物的情况，如《册府元龟》卷九七一记载，开元二十五年（737年）四月，东天竺国三藏大德僧达摩战来献胡药卑斯比支等及新咒法，开元十二年（724年）七月，吐火罗就曾向唐朝进献乾陀婆罗等药300多种。②

而对于外来药物，唐人有这样的认识："西方药味与东夏不同，互有互无，事非一概。……西方则多足诃黎勒，北道则时有郁金香，西边乃阿魏丰饶，南海则少出龙脑，三种豆蔻，皆在杜和罗，两色丁香，咸生堀沦国。唯斯色类，是唐所须，自余药物，不足收采。"③ 实际上，这里义净所列举的外来药物仅仅是其中一部分，史书中所记载的黄河流域的外来药物数量远大于此，但从中可见唐人对外来药物的客观的态度，并非一味的推崇或贬低，而是认为本土与外来药物各有所长。正是这一种观念，促进了这一时期外来药物在日常生活中较为广泛的使用。

而文献中被进贡到长安的外来药物主要有如下几种：

质汗药，在开元年间数次被天竺和吐火罗等中亚国家进贡。唐代医学家陈藏器曾指出"质汗出西番，煎柽乳、松泪、甘草、地黄并热血成之"，主要用于治疗金疮伤折、淤血内损等病症，采用外敷和内服的方式。④ 谢弗认为这是一个有多种香味的来自印度的异药。⑤

新罗则常常向唐朝进贡牛黄和人参，这主要是因为其品质较好的原因。如唐人认为人参"新罗国所贡者有手足，状如人形，长尺余。以杉木夹定，红丝缠饰之"，而唐朝所产"沙州参短小，不堪用"⑥。

底也迦是出产于拂菻的一种万能解毒药，含有多种成分。⑦ 拂菻国在高宗乾封二年（667年）曾经向唐朝进献过这种药。⑧ 苏恭在《唐本草》中称，底也迦"出西戎，彼人云，用猪胆作之，状似久坏丸药，赤黑色，胡人时将至此，甚珍重之，试用有效"。⑨ 在传入药物的同时，胡人也将这种药物的验方传到了唐朝。

---

① 司马光.1956.资治通鉴.卷二一二开元四年.北京：中华书局.6718
② 王钦若等.1960.册府元龟.卷九七一.外臣部·朝贡四.北京：中华书局.11407
③ 义净.1995.王邦维校注.南海寄归内法传校注.卷三.先体病源.北京：中华书局.153
④ 李时珍.1975~1979.本草纲目.卷三四.质汗.北京：人民卫生出版社.1961
⑤ 谢弗.1995.唐代的外来文明.北京：中国社会科学出版社.398
⑥ 李时珍.1975~1979.本草纲目.卷一二.人参.北京：人民卫生出版社.700
⑦ 谢弗.1995.唐代的外来文明.北京：中国社会科学出版社.399
⑧ 刘昫.1975.旧唐书.卷一九八.拂菻传.北京：中华书局.5315
⑨ 李时珍.1975~1979.本草纲目.卷五〇.底野迦.北京：人民卫生出版社.2804

除了史书中记载的进贡药物外,还有一些外来药物在唐朝使用也较为广泛。如荜芨是波斯国出产的药物,据《唐太宗实录》记载,贞观中,太宗患"气痢",久治不愈,"因诏访求其方,有卫士进黄牛乳煎荜芨方,御用有效"①。孙思邈的《千金翼方》称此验方为"服牛乳补虚破气方",并引用当时人的说法:"波斯国及大秦甚重此法,谓之悖散汤。"因此,此验方是指同一种从波斯或大秦传来的验方,这种验方还被收入了唐朝的药物学著作中。②

外来药材还有来自西域的仙茅,胡名河轮勒陀。而仙茅方是一种非常有效的方剂,此方最初是由西域婆罗门僧在开元元年(713 年)献给玄宗的,服用有效,禁止传出宫外。安史之乱以后药方流散,高僧不空得到后传给官员李勉、路嗣恭、齐抗、张建封等人,"服之皆得力"③。

实际上,这一时期流行于黄河流域的外来药物数量非常大。1970 年,西安南郊何家村出土了唐代窖藏文物计 1000 多件,除了大量金银器外还有许多药物。出土的药物中就有珊瑚、琥珀、颇黎、密陀僧等外来药物。④ 其中有珊瑚 3 段,据唐人记载,"珊瑚生南海,又从波斯国及师子国来"⑤。其药用价值在于"去目中翳,消宿血,为末吹鼻,止鼻衄"⑥。另外还有琥珀 10 块,颇黎 16 块,密陀僧 1 大块、16 斤。琥珀"是海松木中津液,初若桃胶,后乃凝结。复有南珀,不及舶上来者"⑦。据史料记载,林邑、倭国和波斯都曾进贡过琥珀,其中倭国进贡的琥珀"大如斗"。颇黎即玻璃,拂菻、吐火罗、拔汗那都曾先后进贡。唐人认为颇黎能够"惊悸心热,能安心明目,去赤眼,熨热肿"⑧。密陀僧也是舶来品,又称没多僧,唐人苏恭指出其"出波斯国,形似黄龙齿而坚重,亦有白色者,作理石文"。其药用价值在于治疗"久痢、五痔、金疮"⑨。而孙思邈在《千金翼方》卷五中指出,密陀僧用乳煎涂面部,可令面部生光。谢弗认为密陀僧是一种来自波斯的沉重的结晶体。⑩ 何家村窖藏被认为可能是唐玄宗堂兄邠王李守礼后人所遗留,由此

---

① 李时珍. 1975~1979. 本草纲目. 卷一四. 荜芨. 北京:人民卫生出版社. 873
② 李斌城. 2002. 唐代文化. 北京:中国社会科学出版社. 1898
③ 李时珍. 1975~1979. 本草纲目. 卷一二. 仙茅. 北京:人民卫生出版社. 752
④ 耿鉴庭. 1972. 西安南郊唐代窖藏里的医药文物. 文物,(6):56~58
⑤ 李时珍. 1975~1979. 本草纲目. 卷八. 珊瑚. 北京:人民卫生出版社. 503
⑥ 李时珍. 1975~1979. 本草纲目. 卷八. 珊瑚. 北京:人民卫生出版社. 504
⑦ 李时珍. 1975~1979. 本草纲目. 卷三七. 琥珀. 北京:人民卫生出版社. 2152
⑧ 李时珍. 1975~1979. 本草纲目. 卷八. 玻璃. 北京:人民卫生出版社. 506
⑨ 李时珍. 1975~1979. 本草纲目. 卷八. 密陀僧. 北京:人民卫生出版社. 479~480
⑩ 谢弗. 1995. 唐代的外来文明. 北京:中国社会科学出版社. 478~479

可见外来药物在唐朝上流社会中的盛行。①

此外，外来药物还有胡黄连，"出波斯国，出海畔陆地"②，出产于奚的玄胡索③，产自新罗的蓝藤。而根据谢弗的研究，当时有大量来自印度、中亚、西亚的药物，如苏合香、安息香、阿勃参等。

正是由于有大量外来药材被引进黄河流域，此时还出现了记载外来药材的专著，其中就有郑虔的《胡本草》7卷。郑虔是荥阳人，长期在长安任职。因此，他撰写的《胡本草》应该记载的是这一时期流行于长安等地的胡药。

黄河流域一些地方还有经营罕见药材的胡商，如《太平广记》卷二八《郗鉴》记载：天宝五载（746年），定襄令段扬子段超在魏郡旅舍偶遇一位专门搜求长生药材的客人，为了获得一些难得的药材，他每日都到市场里面的胡商那里去搜寻、购买。

五、外来金银器

(一) 黄河流域出土的唐代外来金银器

唐代是金银器使用和制作最为鼎盛的时代。为了满足唐朝上层统治者使用的需要，大量的外来金银器被输送到黄河流域的长安以及洛阳。文献中记载的被贡献到长安的金银器以吐蕃进献的最多。吐蕃原本就盛产金银铜锡④，出于和唐朝交往的需要，多次向唐朝进贡金银及其制品。贞观十四年（640年），由于太宗许婚，吐蕃曾献金5000两。贞观二十年（646年），太宗征辽东归来，吐蕃献金鹅。"其鹅黄金铸成，其高七尺，中可实酒三斛。"吐蕃在显庆二年（657年）还进献了一座金城，"城上有狮子、象、驼、马、原羝等，并有人骑"。此后，开元十八年（730年），吐蕃遣使求和，进献金盘、金碗及金胡瓶。开元二十四年（736年）正月，吐蕃遣使贡方物金银器玩数百件，因为形制奇异，玄宗"令列于提象门外，以示百僚"⑤。此后，在唐后期的永贞元年（805年）、元和十二年（817年）、长庆四年（824年）、大和元年（827年），吐蕃还多次进贡金银器。除了吐蕃之外，新罗也数次向唐

---

① 陕西省博物馆等.1972.西安南郊何家村发现唐代窖藏文物.文物（1）：32~33。近年来齐东方考证认为该窖藏是德宗建中四年泾原兵变时期由租庸使刘震所埋藏的。参齐东方.何家村遗宝埋藏的地点和年代.2003.考古与文物，(2)：71~74
② 李时珍.1975~1979.本草纲目.卷一三.胡黄连.778
③ 李时珍.1975~1979.本草纲目.卷一三.唐胡草.延胡索.803
④ 刘昫.1975.旧唐书.卷一九六上.吐蕃传上.北京：中华书局.5220
⑤ 刘昫.1975.旧唐书.卷一九六上.吐蕃传上.北京：中华书局.5221，5222，5233

朝进贡过金银,如元和五年(810年)十月新罗王遣其子献金银佛像。

传世和考古发现的唐代黄河流域外来金银器的数量和种类相当多,许多金银器具有萨珊波斯或中亚粟特风格。新旧《唐书》、《册府元龟》等记载,唐前期与中亚各国以及波斯交往非常频繁,虽然文献中并没有这些国家向唐朝贡献金银器的明确记载,但考古出土的极具中亚和波斯风格的金银器应出自这里。另外,这时的长安以及洛阳居住着较多归附唐朝中亚的贵族,因而他们使用以及陪葬的许多器物也被保存下来。

尽管唐代对金银器的使用有较为严格的规定,如《唐会要》卷三一就记载:"神龙二年九月,仪制令,诸一品已下,食器不得用浑金玉,六品已下,不得用浑银。"然而,富丽堂皇的金银器皿在唐代官僚贵族的生活中却非常普遍,加之金银材质贵重难得,外来金银器多数出土于长安和洛阳的高级贵族和官僚的墓葬以及金银器窖藏中,尤其是1972年西安南郊何家村唐代金银器窖藏出土的大量工艺高超的精美金银器,使我们对于这一时期中外文明交流融合有了更深的认识。这里需要说明的是,洛阳出土的金银器在数量上没有西安丰富,但考虑到历史上洛阳墓葬被广泛盗掘,也包括大量的唐墓,如郭玉堂在其《洛阳出土石刻时地记》就多次提到出土银杯。这样,许多墓葬中的金银器已经流散到国内外的博物馆中而无法确定地点。另外,关中地区官僚贵族墓葬壁画对当时贵族生活中外来金银器的使用也有所反映。

齐东方通过对唐代金银器的分析指出:唐代外来金银器受到粟特系统、萨珊系统和罗马-拜占庭系统的影响。这其中既有舶来品,也有唐代工匠受其影响而制作的具有外来色彩的仿制品。

例如,1963年在西安东南郊沙坡村出土了一批唐代银器,其中有一件粟特文内底刻大角鹿纹的银碗。① 这件鹿纹银碗为侈口、矮圈足,在碗壁上锤揲出凹凸起伏的12个瓣,内底中央锤揲一个大角鹿,器物口沿下内束一周联珠纹。从形制和风格上看,此器物与唐代金银器风格截然不同,凹凸起伏的分瓣,并且有花角鹿,以单独的动物为纹样并醒目地占据器物的主要部分,都与中亚粟特地区的风格相近,而且此器物口沿处还有一行粟特文铭文,释读为"祖尔万神之奴仆"。祖尔万本是古代波斯万神庙中的主神之一,之后被西亚的火祆教徒推崇并形成了教派,后在中亚地区传播。6~7世纪时期,粟特地区的碗类器物在形制上多曲或呈花瓣形,碗壁上使用锤揲技法使之凸凹起伏,而汉地传统器物并无此形制。因此,此器物被认为是粟特器物。② 1970年西安西郊出土的缠枝银碗碗壁也分瓣,器足呈多棱形,器足和

---

① 西安市文管会.1964.西安市南郊沙坡村出土一批唐代银器.文物,(6):30~31
② 齐东方.1996.西安沙坡村出土的粟特鹿纹银碗.文物,(2):48~49

碗内底使用联珠纹装饰,具有浓厚的粟特风格,因而也被认为是粟特制品。洛阳也曾出土一件12曲银碗,中央有一头雄健的蹲狮,苏联学者马尔沙克认为它是7世纪制造的,也属于粟特金银器风格。① 而深受粟特银器制作风格影响的唐代金银器仿制品在西安何家村窖藏中出土了多件。例如,其中的一件鎏金海兽水波纹银碗,器壁锤揲出的水波纹将碗壁分为14曲,说明其受到粟特制作工艺的影响。② 另外有两件鸳鸯纹莲瓣金碗,器壁上锤揲凸出的两层莲花瓣纹显示了粟特装饰风格,而莲花纹以及鸳鸯、鹦鹉等装饰以及外表通体装饰的方式体现出唐代工匠制作的特征。③ 1958年陕西耀县背阴村出土的宣徽酒坊银碗,是一件典型的宫廷制作并使用的银器,碗壁则锤揲出三层莲花瓣纹,说明直到唐代晚期粟特风格对金银器制作仍有一定的影响。另外,何家村出土的一件素面折腹金碗以及两件素面银碗,侈口、深腹、圈足,腹部都有一周凸棱,这是来自萨珊波斯陶器、金银器制作的典型特征,因而也是唐代工匠的仿制品。④

而唐代金银器中的金银杯更能够体现外来因素的影响,尤其是带把杯,在这一时期的黄河流域大量出现。1972年,在西安南郊的何家村唐代金银器窖藏中也出土了六件金银带把杯。⑤ 其中的两件素面罐形带把杯素面无纹饰,束颈侈口,腹部饱满圆鼓,环把上有指垫,下有指錾。⑥ 此造型在中亚粟特地区比较常见,但在唐代却甚少相同类型的器物,论者认为这两件器物是较为典型的粟特制品。再如,沙坡村出土的素面碗状带把银杯,敞口,腹壁稍内束,下部有折棱,通体无纹饰,有指垫、指錾,也可能是粟特地区的制品。而何家村的三件八棱人物金杯的造型和装饰更耐人寻味。三件金杯中的一件,杯体的八个棱面都装饰胡人形象的人物,环形把有大联珠纹装饰,上部有指垫,折棱处有联珠纹,圈足也有联珠纹装饰;另外一件,杯把指垫上装饰一高鼻深目长髯的中亚胡人形象,杯体的八棱面都装饰有着窄袖翻领袍服的胡人服饰的人物,棱上装饰细密的联珠纹;再有一件八棱杯杯体都装饰高鼻深目、头戴尖顶或瓦楞帽的胡人形象,手持乐器做舞蹈状,让人不由得想起当时宫廷里大量的胡人艺术家。其指垫上装饰两个向背的胡人头,圈足

---

① 林梅村.1998.汉唐西域与中国文明.北京:文物出版社.203~204
② 冀东山.2006.神韵与辉煌——陕西历史博物馆国宝鉴赏·金银器卷.西安:三秦出版社.96~97
③ 冀东山.2006.神韵与辉煌——陕西历史博物馆国宝鉴赏·金银器卷.西安:三秦出版社.86~88
④ 冀东山.2006.神韵与辉煌——陕西历史博物馆国宝鉴赏·金银器卷.西安:三秦出版社.85
⑤ 陕西省博物馆等.1972.西安南郊何家村发现唐代窖藏文物.文物,(1):31
⑥ 冀东山.2006.神韵与辉煌——陕西历史博物馆国宝鉴赏·金银器卷.西安:三秦出版社.58~59

也装饰有联珠纹（图3-8）。① 有学者指出：这几件金杯采用铸造形式，器物厚重，没有采用粟特锤揲的工艺；金器在粟特器物中甚为少见；杯体上分割的人物在粟特器物中也没有发现。因此，这些器物虽然有浓厚的中亚风格，但应该是粟特工匠在长安根据唐代贵族的需要而制作的。② 何家村的另一件侍女狩猎纹八瓣银杯，杯口呈八曲葵花形，杯体下腹锤揲八瓣莲花，莲花内装饰忍冬纹，口沿一侧焊接指垫、指鋬。指垫上錾刻花角鹿，而杯体的主体装饰分别是狩猎图和仕女图。而1980年西安解放饭店出土的一件银杯，器形尽管还是八瓣、带把、指垫、指鋬，但纹饰都是当时流行的狩猎图和仕女图，内底则是波涛海水以及鱼和瑞兽，如西安电车二厂出土的八棱带把金杯，圈足已经没有联珠纹，环把也没有指鋬，杯体四面装饰缠枝忍冬蔓草纹和瑞鸟纹，同时还有鸳鸯与鸿雁。这些既具有粟特金银器风格又装饰本土纹饰的器物向我们展示了黄河流域的工匠对外来风格的借鉴与吸收，并在此基础上的融合与创新。

图 3-8　西安何家村伎乐纹八棱金杯
（《神韵与辉煌——陕西历史博物馆国宝鉴赏·金银器卷》）

这一时期的高足杯也是受外来风格影响较大的器物类型。高足杯原出现于罗马帝国统治的地中海一带，流行于4～5世纪的拜占庭，之后传入中亚。而其高足、深腹、腹上的突棱、高足上的算珠式节等形制特征都体现出西方的罗马-拜占庭风格。③ 此类器物在唐前期的上层官僚贵族生活中使用非常普遍，1975年陕西富平唐房陵长公主墓后室北壁的《提壶执杯仕女图》中

---

① 冀东山. 2006. 神韵与辉煌——陕西历史博物馆国宝鉴赏·金银器卷. 西安：三秦出版社. 49～51，54～57
② 齐东方. 1998. 唐代粟特式金银器研究——以金银带把杯为中心. 考古学报（2）：163
③ 齐东方，张静. 1994. 唐代金银器皿与西方文化的关系. 考古学报，（2）：185～187

就有一名手执高足杯的仕女。① 另外，甬道西壁壁画中也有一名手持高足杯的侍女，三原李寿墓石椁线刻仕女图中也有手持高足杯的侍女。② 而20世纪在西安南郊何家村、沙坡村，东郊韩森寨，临潼庆山寺以及洛阳宜阳、伊川等地出土的多件形态各异的银高足杯也证明了这一点。沙坡村出土的一件狩猎纹筒形高足银杯，杯为敞口，腹部直下，斜收为圆底，颈下有一周突棱，中部有带承盘的喇叭形圈足，与杯身焊接，锤击成形，花纹平錾。杯身纹饰为骑马的狩猎者，每匹马之间间隔以乔木和花树，周围有狐、兔、花草和流云，圆箍上有联珠纹。何家村出土的一件筒形狩猎纹高足杯与之非常相似③；而出土于西安东郊韩森寨的鎏金蔓草花鸟纹银高足杯杯体较浅，有折棱，有托盘、算珠式节和花瓣形高足。杯体錾刻两层花瓣，装饰蔓草、鸳鸯、喜鹊等纹饰。④ 沙坡村的另一件莲瓣纹弧腹银高足杯，腹部无折棱，杯体较浅，錾两层花瓣，装饰有飞鸟、花草、昆虫等纹饰。

与西安出土的几种类型相近的银高足杯在洛阳地区也出土了多件。例如，洛阳博物馆也收藏了一件洛阳出土的草叶纹高足银杯，与西安沙坡村以及韩森寨出土的莲瓣纹银折腹高足杯形制非常相似，也是平底、高足、折腹，高足上有托盘，中间有算盘珠节，足为花瓣形，只是纹饰为草叶纹。⑤ 北京大学塞克勒考古与艺术博物馆收藏的狩猎纹鎏金银高足杯，据称也出自洛阳邙山，杯体较高呈筒形，也有折腹、算珠节、高足托盘，杯体纹饰为三层，上层和下层分别是缠枝纹，中层为狩猎纹，刻画四名猎手捕猎的情景。⑥ 此器物与西安沙坡村以及何家村出土的狩猎纹筒腹高足杯相似。而1984年出土于洛阳宜阳县张坞乡的八棱银高足杯，虽然还有花瓣形高足，但没有了折腹和算盘珠节。1981年洛阳伊川水寨出土的银高足杯也没有折腹和算盘珠节，此种类型器物在西安沙坡村还出土过一件，即折枝纹弧腹银高足杯。这些都体现出较晚时代唐朝仿制高足杯在形制上的变化。⑦

多曲长杯也是这一时期外来风格明显的器物。该器物呈椭圆形，以8

---

① 冀东山.2006.神韵与辉煌——陕西历史博物馆国宝鉴赏·唐墓壁画卷.西安：三秦出版社.89
② 孙机.1996.唐李寿墓石椁线刻《仕女图》、《乐舞图》散记.中国圣火——中国古文物与东西文化交流中的若干问题.沈阳：辽宁教育出版社.201
③ 冀东山.2006.神韵与辉煌——陕西历史博物馆国宝鉴赏·金银器卷.西安：三秦出版社.44~45
④ 冀东山.2006.神韵与辉煌——陕西历史博物馆国宝鉴赏·金银器卷.西安：三秦出版社.39
⑤ 王绣.2001.洛阳文物精粹.郑州：河南美术出版社.69
⑥ 北京大学考古学系.1998.北京大学赛克勒考古与艺术博物馆藏品选.北京：科学出版社.122~124
⑦ 王绣.2001.洛阳文物精粹.郑州：河南美术出版社.68；洛阳文物工作队.1990.洛阳出土文物集粹.北京：朝华出版社.107

曲、12曲为准，杯腹较浅，有圈足。这种器型不同于唐以前的中国传统器皿，应该是来自伊朗地区的产品，在萨珊波斯时期非常流行，之后逐渐流传到中亚粟特地区并最终传入唐朝。多曲长杯在上流社会的饮宴中经常使用，在懿德太子墓以及房陵长公主墓前室东壁的壁画中都发现了手持多曲长杯的仕女图像。① 此种金银器在黄河流域的西安和洛阳地区都有发现，如1983年在西安太乙路出土的摩羯纹4曲长杯，器物为椭圆圈足，锤揲成形，纹样平錾涂金，杯底錾摩羯纹和火焰宝珠，并衬以水波纹，再用联珠纹装饰一周。② 而1957年在陕西耀县柳林背阴村唐代窖藏中则出土了素面12曲、8曲、4曲三件银长杯。齐东方认为多曲长杯椭圆、圈足、多曲的特点受到了萨珊波斯同类器物的影响。但从另一方面来看，西安出土的多曲长杯也出现了曲的减少、杯体变深、圈足增高、中国式装饰纹样等情况，表现出这类器物的中国式的创新。③ 除了西安地区外，中原地区的洛阳也曾出土过多曲长杯。1991年在洛阳伊川鸦岭乡杜沟村唐后期齐国太夫人墓中就出土了两件双鱼纹四曲金长杯，内有突棱，圈足，长杯底部中心有双鱼环绕，水波纹地，边饰为宝相花纹。④ 另外，洛阳偃师杏园唐开成五年（841年）崔防墓中也出土了一件银质4曲长杯。⑤ 1985年，三门峡文物工作队在市粮食局工地唐张弘庆墓的发掘中还发现了一件银长杯，该杯为4曲圈足，底部为双鱼戏莲，衬以漩涡水纹，两侧壁均装饰羽鸟和缠枝花纹。该长杯非常精美，体现出当时工匠高超的制作工艺。⑥

从以上的资料可以得知，在唐代，外来金银器物以及具有外来风格的金银器制品已经融入黄河流域上层贵族和高官的日常生活，成为他们生活中常用的物品。

从考古发掘的金银器来看，虽然有一些金银器确系外来制品，但大多数具有外来色彩的金银器却是在这一地区由汉族工匠制作的。2002年，在陕西西安雁塔区曲江乡唐代姚无陂墓的发掘中出土了一件带把银杯，敞口、深腹，高圈足，口沿下有一圈凸弦纹，腹部有带柄把手。值得注意的是此银杯杯底一侧錾有"匠郑卿"，准确地表明此件具有外来色彩的银杯是由一名叫

---

① 冀东山.2006.神韵与辉煌——陕西历史博物馆国宝鉴赏·唐墓壁画卷.西安：三秦出版社.79
② 冀东山.2006.神韵与辉煌——陕西历史博物馆国宝鉴赏·金银器卷.西安：三秦出版社.61
③ 齐东方，张静.1994.唐代金银器皿与西方文化的关系.考古学报，(2)：184
④ 洛阳市第二文物工作队.1995.伊川鸦岭齐国太夫人墓.文物，(11)：25~27
⑤ 中国社会科学院考古所.2001.偃师杏园唐墓.201.北京：科学出版社.图版24-5
⑥ 三门峡市文物工作队.1989.三门峡市两座唐墓发掘简报.华夏考古，(3)，99~101.简报称之为"耳杯"

郑卿的汉族工匠制作的。① 另外，陕西历史博物馆还收藏有一件1965年出土于西安南郊白庙村的金高足杯，该金杯为浇铸成型，敞口，圆底，高足，足上有承盘和算珠式节。只是，这件器物的杯腹和底座有裂口，口沿不平且有多处塌陷，因而此器物应是一件残次品或毛坯。② 与之一起出土的还有一件尚未完工的团花纹带把金杯坯以及四根有切割痕迹的金条，这表明这两件器物及原料是一处唐代金银器作坊生产过程中的产品。结合其出土地点，学者推断这是长安延康坊贵族金银器作坊的产品。③

（二）外来金银器与工艺技术对黄河流域手工业制作的影响

夏鼐曾指出，唐代以前中国金银器的制作比较罕见，而唐代金银器的发达可能受到波斯萨珊朝金银器制作工艺的影响。④ 在对外交流频繁的唐初期，金银器制作工艺的外来因素和特征也非常明显。在金银器的制作工艺方面，大量使用锤揲技术，即将金银板片捶打成圆形薄叶，从中央开始将金银捶打成形。金银器的花纹不是錾刻上去的，而是将叶片放在刻有图案纹样的模具上从器物的背面向正面进行捶打，又称为模冲，这样金银器上的图案会正面突起，出现浮雕的立体感，具有强烈的装饰效果。同时，锤揲技术还比金银器铸造耗用较少的原材料，也不需要较多的人工合作，节省了大量人力。而这种技术正是从西方传来的，因为在罗马、萨珊以及中亚制作的金银器中，锤揲工艺是主要的纹饰制作方法。中国的金银加工很早就出现了锤揲的技术，但由于传统的金属器物制作习惯使用范铸的方式，此种工艺并未广泛使用到金属器物的制作中。而正是由于唐代中外文化交流的加强使这种新的金银器制作工艺被广泛采用，使得唐代黄河流域的金银器制作技术体现出西方锤揲工艺与东方錾刻技巧的结合而大放异彩。西安何家村和沙坡村唐代金银器窖藏中许多制品都使用了锤揲的工艺，反映出此种工艺技术在黄河流域的盛行。

在何家村窖藏的一些金银器，如鎏金双狮纹银碗的底部焊有浮雕式的装饰圆片，使器物形成双层底，学者指出此种工艺在公元3世纪已经流行于西亚地区，而唐代金银器中的这种工艺可能也是受其影响。相似的器物还有鎏金海兽水波纹碗等。

另外，唐代金银器在装饰纹样和风格上也受到外来因素的影响，如金银器中较多使用了联珠纹，所谓联珠纹就是使用规则的小圆圈连成的方形或者

---

① 西安文物保护考古所. 2002. 唐姚无陂墓发掘简报. 文物，(12)：78~80
② 冀东山. 2006. 神韵与辉煌——陕西历史博物馆国宝鉴赏·金银器卷. 西安：三秦出版社. 41
③ 谭前学. 2002. 西安白庙村唐代金杯及有关问题. 文博，(3)：39
④ 夏鼐. 1978. 近年中国出土的萨珊朝文物. 考古，(2)：112

圆形图案，这种图案来自于萨珊和中亚粟特的器物。而一些金银器的摩羯纹则来自印度，摩羯是印度神话中外形似鱼、长鼻利齿的神异动物，常见于印度的绘画艺术中。典型器物是前面提到的西安太乙路出土的摩羯纹金长杯。

一些金银器的顶部和底部中心装饰有带翼的狮子或鹿，周围装饰绶带纹或麦穗纹圆框，这也是萨珊波斯器物的装饰风格，被称为"徽章式纹样"。① 在西安何家村唐代窖藏中出土的银盒就是如此。

一些金银器在构图方式上也具有外来风格，如在器物的底部刻画单一的动物、周边留有较多的空白是来自萨珊和粟特地区的器物装饰方式，此类器物目前多发现于西安。除了前面提到的花角鹿银碗外，西安北郊还出土过一件鎏金狮纹三足银盘，银盘中央有一头尾巴翘起的雄狮。另外，何家村窖藏出土的飞廉纹六瓣银盘、龟纹桃形银盘、熊纹六瓣银盘、鎏金凤鸟纹六瓣银盘等都是盘体有起伏的分瓣，在银盘底部中心锤揲出单一动物并留出许多空白。② 这几件器物虽然在构图上具有粟特风格，但在银盘的桃形、多瓣形制和龟、飞廉、凤鸟等表现内容上传统题材又占据了主要地位，显示出中外文化交流、融合的意蕴。

可以说，唐代前期金银器的制作和艺术风格受到西方元素的强烈影响，出现了许多具有罗马－拜占庭风格、萨珊波斯等地样式的金银器，这些器皿一些是直接从西方输入的，还有一些是唐代工匠的仿制品。从唐中期开始，西方形制的器物以及装饰纹样在这一时期的金银器中已经较少出现了，体现出这一时期的金银器制作已经摆脱了外来的影响而日趋走向成熟。而在此过程中，我们还可以看到唐代金银器对外来制作工艺和技术的改造，一方面表现在一些器形上逐渐发生变化，以符合汉地传统的审美标准，如对多曲长杯就加高圈足并淡化其凸棱；另一方面，外来金银器的仿制品的纹饰逐渐以传统纹饰为主，如花卉植物、狩猎、鸟兽等。

除了在金银器的制作方面广泛吸收外来金银器的制作技术外，这一时期黄河流域还出现了仿照外来器物样式制作的其他材质的仿品。

首先是大量仿金银器的玉石器，西安南郊何家村窖藏中就出土了水晶和玉八曲长杯，两器有8个曲瓣和椭圆形矮圈足，同时还出土了两件玛瑙长杯。对这些器皿研究者多认为是唐朝工匠的仿制品。③

---

① 齐东方，张静．1994．唐代金银器皿与西方文化的关系．考古学报，（2）：184
② 冀东山．2006．神韵与辉煌——陕西历史博物馆国宝鉴赏·金银器卷．西安：三秦出版社．72~77
③ 冀东山．2006．神韵与辉煌——陕西历史博物馆国宝鉴赏·玉杂器卷．西安：三秦出版社．49~50

其次，对于大多数人而言，金银、玉石等由于材质贵重难得而成为供达官贵族享用的奢侈品，为了满足多数人对这些器物的需要，转而模仿外来金银器的造型而用其他廉价的材质来制作，这样就出现了模仿外来器物样式的三彩、铜、瓷、滑石等仿制品，而这些器物也能为更多的人使用，也符合不同层次人的审美需求。可见，当时黄河流域社会对这些器物还是有一定的需求的。

这其中数量最多的当属三彩形式的仿制品。太原南郊唐墓 M3 中就曾出土过三彩高足杯。① 1992 年在河南巩义北窑湾 M6 唐墓出土了一件三彩高足杯。这件器物直口，深腹，带承盘的喇叭形圈足，器体施黄、绿、白釉。三彩制作工艺与外来器物的风采达到了完美的和谐，可见此时汉地手工艺对外来艺术形式的吸收。② 1960 年陕西乾县唐永泰公主墓就出土了三彩折腹碗和绿釉折腹碗，这与西安何家村出土的金、银折腹碗相映成趣。③ 与其形制相类似的器物在河南偃师唐恭陵哀皇后墓中也有出土，是一件侈口蓝釉折腹碗。④ 1999 年在郑州西郊 19 中学唐墓的发掘中还出土了一件三彩 4 曲长杯，杯底装饰双鱼图案，四壁则装饰树叶纹饰。⑤

其中，最具外来色彩的三彩制品当属三彩凤首壶。河南博物院收藏的一件 1965 年出土于洛阳东郊塔湾村唐墓的三彩凤首壶，高 32.5 厘米，细颈，扁圆体，头部为凤头形，壶口凤首尖啄弯曲，双眼圆睁，上有高冠，大眼、尖嘴，壶身一侧附弧形柄，装饰狩猎纹和鸾凤纹。相似类型的三彩器还有一件 1981 年在洛阳邙山葛家岭出土的兽首壶，该器也是细颈，扁圆体，壶口装饰有一兽首，双目圆睁，张嘴露齿，头部与肩部连接有拱形柄，颈部装饰两排联珠纹，通体施淡黄、绿釉。⑥ 而西安文物局和陕西历史博物馆也分别收藏有一件三彩凤头壶，其造型与洛阳出土的凤首壶基本类似，只是装饰图案上一件为凤鸟纹，一件为宝相花纹。⑦

这几件器物其造型和装饰应源于古代波斯萨珊王朝时期的金银器——胡瓶。胡瓶是胡人生活中经常使用的器皿。洛阳东北郊以及偃师城关镇出土的

---

① 山西省文物管理委员会.1960. 太原南郊金胜村三号唐墓. 考古，(1)：39
② 河南省郑州考古研究所.2007. 河南唐三彩与唐青花. 北京：科学出版社.178
③ 冀东山.2006. 神韵与辉煌——陕西历史博物馆国宝鉴赏·陶瓷器卷. 西安：三秦出版社.66~67，69
④ 河南省郑州考古研究所.2007. 河南唐三彩与唐青花. 北京：科学出版社.171，图版183
⑤ 郑州市文物考古研究所.1999. 郑州西郊唐墓发掘简报. 文物，(12). 简报中命名此器物为三彩盏
⑥ 河南省郑州考古研究所.2007. 河南唐三彩与唐青花. 北京：科学出版社.124，125
⑦ 李炳武.1998. 中华国宝：陕西珍贵文物集成·唐三彩卷. 西安：陕西人民教育出版社.31，33

头戴折沿帽的胡俑都手执胡瓶。① 1953年陕西咸阳底张湾万泉县主薛氏墓壁画中也有手执胡瓶的男性胡人。② 陕西和河南唐墓还曾多次出土身背货囊、手执胡瓶长途跋涉的胡商俑。而在唐代上流社会，流行的胡瓶多为金银器，如唐太宗就曾赐给直言进谏的大臣李大亮金胡瓶一只，并指出"虽无千镒之重，是朕自用之物"③。天宝九载（750年）秋，唐玄宗曾赏赐安禄山四个金靸花大银胡瓶，安禄山则进献玄宗两个金窑细胡瓶。④ 日本奈良的正仓院中就收藏了一件银平脱漆胡瓶，瓶身制作精细华丽，很可能就是唐朝制作的工艺品。而在考古发现的唐墓壁画中此器物也多有出现，1995年发现在陕西礼泉县昭陵新城长公主墓西壁的壁画《仕女图》、1975年富平唐房陵长公主墓中前室东壁的《托盘执壶仕女图》和后室北壁的《提壶执杯仕女图》中都有手执胡瓶的仕女。⑤ 陕西乾县永泰公主墓的石椁内东面南次间的线刻图案中也有一名侍女手持一件胡瓶。⑥ 2005年陕西西安雁塔区唐史君夫人颜氏墓中出土的女侍俑双手在胸前执托一件胡瓶。⑦ 另外，洛阳唐墓壁画中也发现了胡瓶的身影，2005年在洛阳洛南新区发掘的唐安国相王唐氏孺人墓第二天井东壁壁画中的侍者也手提一件胡瓶，这件胡瓶有鸭嘴式长尖流，细长颈，把手修长，从口沿自壶身。⑧ 由此可见当时官僚贵族生活中使用胡瓶之普遍。

而洛阳出土的这两件三彩同时将中亚风格的造型和图案融入中原文化传统中，并采用三彩工艺进行烧制，形成了独特的艺术风格。另外，河南省文物考古研究所还收藏了一件永城唐墓出土的三彩凤首壶，壶口凤首双目圆睁，口含珠宝，凤冠加长而成拱形柄，壶身两面模印凤鸟和骑马狩猎纹图案。⑨ 甘肃博物馆还收藏有一件出土于天水甘谷县的三彩凤首壶，可见相似类型的器物在黄河流域地区相当流行（图3-9）。⑩ 1965年在山西太原石庄头唐墓曾出土了白釉人头柄壶，该壶束颈、卵腹、高足，一侧有长柄，柄与壶口处堆塑人头，此器物基本保持了萨珊波斯金银胡瓶的特征，与唐墓壁画中

---

① 周立，俞凉亘.2005.洛阳陶俑.北京：北京图书馆出版社.179～180
② 冀东山.2006.神韵与辉煌——陕西历史博物馆国宝鉴赏·唐墓壁画卷.西安：三秦出版社.203
③ 刘昫.1975.旧唐书.卷九二.李大亮传.北京：中华书局.2388
④ 姚汝能.2006.安禄山事迹.卷上.北京：中华书局.80
⑤ 冀东山.2006.神韵与辉煌——陕西历史博物馆国宝鉴赏·唐墓壁画卷.西安：三秦出版社.60，79，89
⑥ 陕西省文物管理委员会.1964.唐永泰公主墓发掘简报.文物，(1)：29
⑦ 陕西省考古研究所.2007.西安南郊唐史君夫人颜氏墓发掘简报.考古与文物，(1)：36
⑧ 洛阳市第二文物工作队.2008.唐安国相王孺人壁画墓发掘简报.彩版第26.142.郑州：河南美术出版社
⑨ 河南省文物考古研究所.2002.巩义黄冶唐三彩.郑州：大象出版社，150～151
⑩ 国家文物局.1995.中国文物精华大辞典·陶瓷卷.上海：上海辞书出版社.126

的胡瓶也非常接近。① 由于有把手的胡瓶能够持重，同时又使液体不易流出，使用方便，因此，这一时期长安和洛阳的墓葬中出现如此之多的胡瓶实物及形象也就不足为怪了。对此，齐东方曾有这样的评价："胡瓶的实用优势及其与中国生活习俗相吻合，使之具有较强的生命力，因此，不仅影响了金银器的制造，还使得唐代陶瓷胡瓶数量大增，成为新崛起的器类。"②

在河南巩义唐代黄冶窑的发掘中还出现了白釉折腹碗和素烧折腹碗。③ 而陕西富平唐节愍太子墓中也出土了白瓷折腹碗。④ 河南偃师杏园晚唐墓葬中还出土了一件白瓷4曲长杯，该器4曲，弧线收腹，器身有4曲凹凸线勾勒的纹样，非常精美。⑤

图 3-9　甘肃天水出土凤首壶（《甘肃丝绸之路文明》）

除此之外，洛阳地区唐后期墓葬中还出现了多件具有外来风格的滑石制品。1984 年，在河南偃师杏园村庐州参军李存墓中还出土了滑石4曲长杯。⑥ 此后，在杏园李郁墓中也发现了相似器型的4曲滑石长杯。⑦ 另外，同样是在杏园的李珣墓还出土了一件折腹石碗。⑧

其他材质的外来器物的仿制品在黄河流域各地也多有发现。在 20 世纪 80～90 年代对河南巩义芝田 88HGZM66 唐墓的发掘过程中，还出现了一件青铜高足杯，该器物侈口，深腹略有弧度，高柄上部有算珠式节，下有喇叭圈足，杯底与柄有承盘，是一件青铜仿制品。⑨ 2000 年在河北元氏县使庄村唐墓出土了一件狩猎纹高足铜杯，此杯通体鎏金，杯腹上部有凸棱，高足中部有算珠节，杯腹装饰图案为狩猎者追赶奔跑的动物。其形制、纹饰与西安南郊沙坡村出土的银高足杯十分相似，可能就是按照长安地区银杯制作的仿

---

① 山西省博物馆.1999.山西省博物馆馆藏文物精华.太原：山西人民出版社.104
② 齐东方.1999.唐代金银器研究.北京：中国社会科学出版社.301
③ 河南省文物考古研究所等.2005.黄冶窑考古新发现.郑州：大象出版社.14，158
④ 陕西省考古研究所.2004.唐节愍太子墓发掘简报.考古与文物，(4)：22
⑤ 中国社会科学院考古所.2001.偃师杏园唐墓.北京：科学出版社.195
⑥ 中国社会科学院考古研究所河南第二工作队.1984.河南偃师杏园村的两座唐墓.考古，(10)：911～912
⑦ 中国社会科学院考古研究所河南第二工作队.1996.河南偃师市杏园村唐墓的发掘.考古，(12)：14～15
⑧ 中国社会科学院考古所.2001.偃师杏园唐墓.北京：科学出版社.79.图版43-3
⑨ 郑州文物考古研究所.2003.巩义芝田晋唐墓葬.北京：科学出版社.图版二四

制品。① 1974 年西安南窑村还出土了一件素面滑石高足杯，该器物侈口，深腹有折棱，也有喇叭形圈足和承盘，但无算珠节。② 1995 年在陕西富平县节愍太子墓中还出土了白瓷高足杯，杯腹有凸棱，喇叭形高足。③

六、玻璃、玛瑙及玉器

唐代玻璃又称颇黎、玻璨，陈藏器云："西国之宝也，玉石之类。"这一时期的拂菻和波斯等国盛产玻璃以及玻璃器皿，《旧唐书》卷一九八《西戎传》记载，拂菻"其宫宇柱栊，多以水精瑠璃为之"，在描述波斯时也记载其出产"玻璨、琉璃"。在唐代频繁的中外经济文化交流过程中，许多精美的玻璃器皿被这些国家以朝贡或者贸易的形式输送到唐朝。例如，盛产玻璃器皿的拂菻国国王波多力曾在贞观十七年（643 年），遣使向唐太宗献赤玻璨、绿金精等物④，《册府元龟》卷九七〇记载为"赤颇黎、绿颇黎"；中亚吐火罗也多次向唐朝贡献玻璃器，如武德二年（619 年），该地区的劫者"遣使者献宝带、玻璃、水精杯"⑤。开元二十九年（741 年）三月吐火罗又遣使"献红颇梨、碧颇梨"⑥，天宝年间也曾进贡红碧玻璃。⑦ 中亚的拔汗那国和粟特诸国也多次进贡玻璃，高宗上元二年（675 年）正月，"拔汗那王献碧颇黎"。天宝五载（746 年）闰十月，中亚史国、米国、史国进献的物品中也有琉璃等物。由于长安、洛阳在当时重要的政治地位，大量的玻璃器皿都进入这里的宫廷之中。

20 世纪在对陕西省和河南省的墓葬、窖藏、寺院的考古发掘中，出土了一大批唐代玻璃器皿，这些玻璃器皿主要来自萨珊波斯和大食，为我们了解这一时期黄河流域的玻璃器的来源和使用提供了珍贵的资料。西安何家村窖藏出土的直壁凸圈纹玻璃杯，平底侈口，口沿下凸出弦纹一道，腹部有上下八组三排圈纹，形制独特，研究者认为是萨珊玻璃器。⑧ 1971 年洛阳关林 M18 唐墓出土了一件玻璃瓶，该器物形制独特，翠绿色透明、圆唇、小口、细颈，器身呈圆球形，瓶高 11 厘米，器身直径却有 11.5 厘米，应该也是外域制造的玻璃器。⑨ 安家瑶指出此器物系无模自由吹制成型，是萨珊波斯制

---

① 石家庄市文物局元氏县文保所.2008. 河北元氏县使庄村唐墓. 北方文物，(3)：40
② 冀东山.2006. 神韵与辉煌——陕西历史博物馆国宝鉴赏·玉杂器卷. 西安：三秦出版社.80
③ 陕西省考古研究所.2004. 唐节愍太子墓发掘简报. 考古与文物，(4)：22
④ 刘昫.1975. 旧唐书. 卷一九八. 拂菻传. 北京：中华书局.5314
⑤ 欧阳修，宋祁.1975. 新唐书. 卷二二一. 吐火罗传. 北京：中华书局.6253
⑥ 王钦若等.1960. 册府元龟. 卷九七一. 外臣部·朝贡四. 北京：中华书局.11410
⑦ 欧阳修，宋祁.1975. 新唐书. 卷二二一. 吐火罗传. 北京：中华书局.6252
⑧ 安家瑶.1984. 中国的早期玻璃器皿. 考古学报，(4)：420
⑨ 洛阳文物工作队.1990. 洛阳出土文物集粹. 北京：朝华出版社.106

作的香水瓶。加拿大安大略省皇家考古馆也收藏了一件类似的玻璃瓶,是新中国成立前出土于洛阳唐墓的。①

1987年在陕西扶风法门寺地宫出土了唐代皇家供奉的琉璃器,共有20件,这些玻璃器工艺高超,精美异常。其中,18件皆为外国玻璃器,绝大多数是伊斯兰早期玻璃器。伊斯兰玻璃是在罗马玻璃和萨珊玻璃的基础上飞速发展起来的。原本罗马帝国和萨珊盛产玻璃,之后随着大食的兴起,它继承了罗马和萨珊生产玻璃的工艺,并逐渐形成了独特的玻璃器制作体系。法门寺出土的这批玻璃器,大部分都是早期伊斯兰玻璃器的典型代表,而且从今天世界一些著名博物馆所收藏的伊斯兰玻璃器皿中都能找到相似的类型和纹饰。

从造型上看,这部分玻璃器全部系无模自由吹制成型,再使用铁棒技术进行加工而成。这批器皿形制独特,具有西亚的风格,在中国传统造型中非常罕见,却与今天伊朗出土的玻璃器形制相似。其主要器物有盘口玻璃瓶、刻纹玻璃盘、刻纹描金玻璃盘、素面玻璃盘、直筒玻璃杯等。从颜色上看,罗马和萨珊玻璃很少有蓝色,而这批器物大多是蓝色,且多深蓝,而蓝色却是大食玻璃器中非常普遍的色彩。从装饰纹样上看,无论是纹饰的主题还是纹饰的修饰都具有浓郁的大食风格,纹样以植物的枝叶以及几何纹图案为主,如枫叶纹、十字团花、八瓣团花、四瓣花等,再刻出细密的斜平行线、网格纹,并在四周装饰水波纹、花草纹等。尤其是在四瓣花蓝玻璃盘和枫叶纹描金蓝玻璃盘中出现了著名的"默赫拉巴"纹样。默赫拉巴是伊斯兰教清真寺大殿中的壁龛,是距离真主最近的地方,此纹饰是伊斯兰陶器中常见的题材,如罂粟纹黄色玻璃盘就是伊斯兰玻璃中常见的装饰纹样。从装饰工艺上看,采用伊斯兰玻璃装饰上常见的刻花手法,而不是萨珊的磨花工艺。而且,出土玻璃器皿以金刚石刻出装饰纹样,再施以玻璃描金工艺,则是伊斯兰玻璃的创新工艺。另外,以黑釉料涂抹于黄色玻璃上也是伊斯兰玻璃的特殊工艺(图3-10)。②

图3-10 陕西扶风法门寺出土的大食玻璃器
(《神韵与辉煌——陕西历史博物馆国宝鉴赏·玉杂器卷》)

---

① 安家瑶.1984.中国的早期玻璃器皿.考古学报,(4):420
② 韩伟.1994.法门寺地宫出土琉璃器皿.陕西历史博物馆馆刊.第一辑.西安:三秦出版社.36~50

法门寺地宫还出土了一件淡黄色细颈贴花玻璃瓶，器物的肩部和腹部粘缠多种形状的玻璃饰件。齐东方认为此瓶的造型特征与萨珊时期的器物材质相同，应该是早于伊斯兰玻璃的萨珊玻璃制品。在器物表面粘贴玻璃条作为装饰是罗马玻璃经常采用的手法，萨珊玻璃兴起后继承了这一传统。

由于大量玻璃器皿的输入，一些唐朝工匠也利用外来技术生产了数量不菲的玻璃器皿，如在法门寺地宫发现的玻璃器皿中除了外来玻璃器之外，还有两件玲珑剔透的淡黄绿色玻璃茶碗和淡黄色玻璃茶托，这应该是唐朝工匠所制作的玻璃器皿。安家瑶通过对中国各地出土的古代早期玻璃器的分析认为，隋唐时期的玻璃器许多是通过丝绸之路来到洛阳和长安的，并且对这里的玻璃制造业产生了很大的影响。

唐代外地进贡的宝石还有玛瑙、珍珠、水精等。玛瑙及其制品在唐代是经常被进贡的物品，唐人对玛瑙评价很高，陈藏器就指出："马瑙生西国玉石间，亦美石之类，重宝也。……又出日本国，用砑木不热者为上，热者非真也。"① 根据《旧唐书·西戎传》记载，玛瑙主要出自波斯和拂菻。天宝四载（745年），波斯就曾进献过玛瑙床。另外，康国和吐火罗也曾多次进贡玛瑙及制品，如麟德二年（665年）吐火罗曾进贡玛瑙灯树两具，高三尺多。② 康国在开元六年（718年）也曾进献玛瑙瓶，这些玛瑙制品或许是从西方转贩而来的。史书记载拂菻多金银奇宝，"凡西域诸珍异多出其国"。吐蕃和倭国也曾进贡过玛瑙制品，如永徽五年（654年）十二月，倭国进贡的玛瑙"大如五升器"③。吐蕃在玄宗开元十八年（730年）向唐朝求和时曾进献马脑（玛瑙）杯。

而在唐代贵族的生活中，玛瑙经常被作为装饰品和日用器物使用，所以医学家陈藏器称其"来中国者皆以为器"。唐玄宗在天宝十载（751年）正月一日安禄山生日时，曾赏赐给安禄山两个小玛瑙盘，一个金平脱大玛瑙盘。④ 再如，中宗的女儿安乐公主曾经为洛阳昭成寺建造过百宝香炉，用珍珠、玛瑙、琉璃、琥珀、玻瓈、珊瑚、车渠、琬琰等珍贵宝石和矿物来装饰，"一切宝贝，用钱三万，库藏之物尽于是矣"⑤。这其中也应该有当时外国的贡献。一些贵族还使用玛瑙碗。杜甫的《郑驸马宅宴洞中》诗记载了当时驸马都尉郑潜曜的饮宴活动，"春酒杯浓琥珀薄，冰浆碗碧玛瑙寒"的诗

---

① 李时珍．1975～1979．本草纲目．卷八．马脑．北京：人民卫生出版社．505
② 王溥．1955．唐会要．卷九九．北京：中华书局．1773
③ 王钦若等．1960．册府元龟．卷九七〇．外臣部·朝贡三．北京：中华书局．11401
④ 姚汝能．2006．安禄山事迹．卷上．北京：中华书局．81～82
⑤ 张鷟．1997．朝野佥载．卷三．北京：中华书局．74

句就有琥珀杯和玛瑙碗，体现了官僚贵族饮宴活动的奢华。① 西安博物院还藏有一件1968年在西安东郊唐墓中出土的玛瑙钵，敞口、深腹、圆底，其质料为深红褐色与白色丝状相间的玛瑙，色泽明亮而温润，其原料也应出自域外。② 此器物的作用是作为加工、研磨药材的器具，应该是上层贵族或官员日常生活中使用的药具。1955年西安南郊沙坡砖厂也出土了玛瑙钵。③

西安南郊何家村唐代金银器窖藏中发现了多件玛瑙器皿，其中一件为玛瑙长杯，用酱红地夹黄、白色缠丝玛瑙制成，杯体为椭圆形，有圈足，玛瑙纹理交错，流光溢彩，非常精美。第二件玛瑙杯用红褐色玛瑙制成，杯口为椭圆形，两头上翘，中间下凹，圆底，状如弯月。④ 长杯本是外来器物形制，前面已经提到，而第二件器形在传统器物中没有见到，与其相似的是发现于内蒙古李家营子的被确定为粟特地区产品的银杯，而且该器物在中亚和西亚十分流行，也出现在中亚粟特壁画图案中。⑤ 两件器物形制简洁明快，具有浓厚的外来风格，可能为外国进献，也可能是唐代工匠的仿制。

另外一件则是著名的玛瑙兽首杯，此杯长15.5厘米，高6.5厘米。上口为圆形，下部为兽首形，兽首有两只弯曲的羚羊角，但面部却似牛头。器物系用酱红地缠澄黄夹乳白色缟带的玛瑙制成，只在兽首口鼻部装有笼嘴状的金帽，金帽可以卸下，内部有流，杯中的酒可以从流中流出。整个器物晶莹剔透，端庄典雅。⑥ 从形制上看，此杯与中国古代的角杯相似，然而此杯下部的流和兽首在中国传统器物中并没有出现。据学者研究，兽首杯源出于希腊，被称为"来通"，具有防毒和向酒神致敬的功能。此后逐渐流传于美索不达米亚和外阿姆河流域，因此此杯应当是当时的舶来品。⑦ 西安文物管理委员会收藏的一件玉铊尾上就雕刻了一位胡人，盘脚坐在地毯上，左手撑地，右手举角杯饮酒。⑧ 从其饮酒的姿势来看，此角杯底部应有流，可能就是来通。这种器物的使用在唐代壁画中也得到了反映，如陕西三原焦村唐初李寿墓石棺反映上层贵族饮宴场面的线刻图画中的仕女就手执一件角杯，说明此时贵族生活中也经常使用此种器物。

---

① 曹寅.1985.全唐诗.卷二二四.北京：中华书局.2396
② 李炳武.1998.中华国宝：陕西珍贵文物集成·玉器卷.西安：陕西人民教育出版社.271
③ 杨伯达.2005.中国玉器全集.石家庄：河北美术出版社.432
④ 冀东山.2006.神韵与辉煌——陕西历史博物馆国宝鉴赏·玉杂器卷.西安：三秦出版社.54~55
⑤ 齐东方.1999.唐代金银器研究.北京：中国社会科学出版社.326~328
⑥ 冀东山.2006.神韵与辉煌——陕西历史博物馆国宝鉴赏·玉杂器卷.西安：三秦出版社.51~53
⑦ 孙机.1996.玛瑙兽首杯.中国圣火——中国古文物与东西文化交流中的若干问题.沈阳：辽宁教育出版社.178~180
⑧ 李炳武.1998.中华国宝：陕西珍贵文物集成·玉器卷.西安：陕西人民教育出版社.163.图五

根据考古出土情况来看，这种器物在当时的黄河流域有数量不菲的仿制品，主要以三彩仿制品为主，如陕西省博物馆收藏的三彩龙首杯，杯的一端装饰龙首，龙曲颈回顾，口吐浪花形成环柄，造型奇特，制作精美。① 1957年，西安南郊唐墓还出土了一件三彩象首杯，以象鼻作环柄，形制轮廓虽然还与角杯相仿，但更加像传统的杯子。② 而在河南，这两种形制的角杯都能见到。河南省博物院收藏了一件郑州后庄王唐墓出土的三彩孔雀杯，形制也为牛角形，孔雀头、颈为杯柄，喙中衔一卷草作为把手。③ 这件角杯与西安出土的龙首杯在形制上如出一辙，且尺寸相近，只是杯体装饰花纹有所不同，因此在命名上后者被称为孔雀角杯。洛阳博物馆则收藏了一件出土于苗湾的三彩龙首杯，形制上与西安出土的象首杯非常相似，只是以龙首作为角杯的主体，在龙口中衔一枝干作为环柄。④ 同样器形的三彩角杯在河北地区也有出土，出土于沧县前营村唐墓的一件三彩龙首杯虽然略有残损，但器身也是堆塑成龙首，口衔杯柄，杯壁装饰珍珠地纹饰。⑤ 这件龙首杯与长安的象首杯以及洛阳出土的龙首杯如出一辙，制作风格上也是一脉相承，可见当时这种样式的器物已被广泛接受和制作。另外，甘肃庆阳地区博物馆有一件1977年出土于甘肃宁县的三彩鸭形角杯，鸭双目圆睁，长嘴、细颈，鸭头向背部弯曲，口衔羽毛形成杯柄。⑥ 与何家村的玛瑙牛首杯有所不同，这几件三彩仿品都没有下方的流，由此可见，由于这种饮器与中国传统饮器从上方饮用的使用方式不同，此种器物在传入黄河流域后被逐渐改造，它奇特的造型被继承下来，但其功能却被中国化了。

除了玛瑙杯外，何家村唐代窖藏中还出土了一副白玛瑙玉带铐，由15块白玛瑙组成，白玛瑙晶莹剔透，并有乳白色花纹，非常精美。⑦

虽然唐朝也出产珍珠，但被认为光泽不如海外的珍珠。⑧ 因此，许多国家也向唐朝进贡珍珠。天宝八载（749年），林邑献珍珠100颗⑨；天宝九载

---

① 冀东山. 2006. 神韵与辉煌——陕西历史博物馆国宝鉴赏·陶瓷器卷. 西安：三秦出版社. 70
② 冀东山. 2006. 神韵与辉煌——陕西历史博物馆国宝鉴赏·陶瓷器卷. 西安：三秦出版社. 71
③ 河南省郑州考古研究所. 2007. 河南唐三彩与唐青花. 北京：科学出版社. 181
④ 周立，高虎. 2006. 中国洛阳出土唐三彩全集. 下. 郑州：大象出版社. 564~565
⑤ 沧州市文物保护管理所. 1991. 河北沧县前营村唐墓. 考古，(5)：432 图版陆
⑥ 国家文物局. 1995. 中国文物精华大辞典·陶瓷卷. 上海：上海辞书出版社. 131
⑦ 冀东山. 2006. 神韵与辉煌——陕西历史博物馆国宝鉴赏·金银器卷. 西安：三秦出版社. 130
⑧ 李时珍. 1975~1979. 本草纲目. 卷四六. 珍珠. 引李珣. 海药本草. 北京：人民卫生出版社. 2527
⑨ 王溥. 1955. 唐会要. 卷九八. 北京：中华书局. 1751

(750年）三月，师子国和林邑国向唐进献珍珠。① 波斯也在天宝九载（750年）四月和大历六年（771年）两次进贡珍珠。②

水精及其制品在唐代也多次被西方国家进贡。水精多产自波斯，《隋书·西域传》载波斯产水精，而拂菻似乎也盛产水精，《旧唐书·西戎传》就记载拂菻"其宫宇柱栊，多以水精瑠璃为之"。文献中多次提到中亚国家向唐进献水精杯，如武德二年（619年），罽宾就遣使者献水精杯，而开元六年（718年），康国也遣使贡献水精杯。在西安何家村唐代窖藏中就发现了水精八曲长杯，有八个横向分层的曲瓣和椭圆圈足，素面无纹。研究者认为此长杯当是唐朝工匠利用外来材质制作的仿制品。③ 而从中我们或许可以猜测，唐代外来进献的水精杯就是这种形制。

在唐代宫廷和上层贵族各种礼仪活动以及日常生活中，玉的使用非常普遍，如祭祀封禅时使用玉牒、玉册、玉简、玉匮，玺印用玉印；葬仪中有哀册；车乘有玉辂车；服饰上也大量使用玉，如玉佩、玉带，贵族妇女还使用玉簪、玉钗、玉镯等。上层官僚贵族生活中还大量使用玉器皿，而这些玉许多也是来自外国进献。根据史书记载，这一时期黄河流域许多玉器所使用的高品质玉料主要来自西域地区，尤其是西域的于阗。于阗"其国出美玉"，这里有著名的玉河，"国人夜视月光盛处必得美玉"。④ 进入黄河流域之后的于阗玉被认为是珍罕之物，唐代负责掌管国家珍宝的右藏署中收藏的品类中就有"安西于阗之玉"。1961年陕西乾县永泰公主墓中出土了玉璜、玉带铐框等10件白玉饰件，被研究者认为是上等和阗白玉，这里正是唐代于阗国所在。⑤ 而中尚署所掌握的皇室舆服、器玩中使用的碧玉和白玉原料则来自波斯和凉州。⑥ 这里凉州贡献的玉可能就是出自于阗，另外还有波斯进献的玉料。1972年西安何家村窖藏中出土了10副玉带，其中一副在盛装的银盒上有墨书题记"骨咄玉一具"，说明此带用玉出自中亚骨咄国。⑦

由此可见，当时长安宫廷中使用的大量玉器和饰物都来自西域。《明皇杂录》就记载："唐天后尝召诸皇孙坐于殿上，观其嬉戏。命取西国所贡玉

---

① 王钦若等.1960.册府元龟.卷九七〇.北京：中华书局.11413
② 刘昫等.1975.旧唐书.卷一九八.波斯传.北京：中华书局.5313
③ 冀东山.2006.神韵与辉煌——陕西历史博物馆国宝鉴赏·玉杂器卷.西安：三秦出版社.49
④ 刘昫等.1975.旧唐书.卷一九八.于阗传.5305；欧阳修，宋祁.1975.新唐书.卷二二一上.于阗传.北京：中华书局.6235
⑤ 冀东山.2006.神韵与辉煌——陕西历史博物馆国宝鉴赏·玉杂器卷.西安：三秦出版社.65~66
⑥ 李林甫.1992.唐六典.卷二十.太府寺.545；唐六典.卷二二.少府军器监.北京：中华书局.573
⑦ 冀东山.2006.神韵与辉煌——陕西历史博物馆国宝鉴赏·金银器卷.西安：三秦出版社.132

环、钏、杯、盘列于前后,纵令争取,以观其志。"① 唐中期,德宗即位之后,曾派遣内给事朱如玉到于阗索求美玉,"得大圭一,玉珂佩五副,玉枕一,玉带铐、靴带铐各三百具,玉簪四十枝,玉盒三十个,玉钏十具,杵三及瑟瑟三百斤,并金银宝刀、剑、珍药等如玉称是"②。如此种类繁多的玉制品说明了于阗玉料资源的丰富以及当地发达的玉器制造业,因而能够满足唐朝宫廷的大量需求。《剧谈录》卷中还提到唐文宗经常使用的一件白玉枕,就是德宗时期于阗进献的,"追琢奇巧,盖希代之宝"③。西安北郊大明宫遗址出土的白玉嵌金佩,玉佩为三角形,镶嵌金丝,其圆形线骨互为勾搭而对称的图案是来自西亚以及中亚的风格和技艺。其金丝图案上阴錾黑色饰物的做法也不是唐朝工匠的,因而此玉饰也应来自西域。④

上引文中提到德宗向于阗索求的玉器中有 300 具玉带铐,玉带铐是玉带上的装饰,而玉带是唐代官僚贵族经常使用的服饰用具,玉带是其身份和地位的象征,只有天子、亲王以及三品以上的官僚才能使用。唐代的玉带铐以于阗最为出名。唐初,李靖平定江南萧铣之后,高祖的赐物中就有于阗玉带。⑤ 贞观六年(632 年),于阗国王还向唐太宗进献玉带。于阗玉带在唐代就是非常珍贵的宝物,《太平广记》卷二四三《窦义》记载了这样一则故事。长安商人窦义经常帮助贫困饥寒的胡人米亮。

> 亮因感激而谓义曰:"亮终有所报大郎。"义方闲居,无何,亮且至谓义曰:"崇贤里有小宅出卖二百千文,大郎速买之。"义西市柜坊镶钱盈余,即依直出钱市之。书契日,亮与义曰:"亮攻于览玉,尝见宅内有异石,人罕知之,是捣衣砧真于阗玉。大郎且立致富矣。"义未之信,亮曰延寿坊召玉工观之,玉工大惊曰:"此奇货也,攻之当得腰带铐二十副,每副直钱三千贯文。"遂令琢成,果得数百千价。又得合子、执带、头尾、诸色杂类觿之,又计获钱数十万贯。

另外,吐蕃也数次向唐朝进献过玉带,如元和十二年(817 年)和长庆二年(822 年),吐蕃使臣就向唐朝进献玉带⑥,或许这些玉带就是来自当时

---

① 李昉等.1961. 太平广记. 卷四○一. 唐玄宗. 北京:中华书局.3231. 按点校本《明皇杂录》卷上《玉龙子》条西国前多"竺"字,当误
② 王钦若等.1960. 册府元龟. 卷六六九. 内臣部·贪货. 北京:中华书局.8000
③ 康骈.2000. 剧谈录. 卷上. 田膨郎偷玉枕. 唐五代笔记小说大观. 上海:上海古籍出版社.1475
④ 杨伯达.2005. 隋唐——明代玉器述略. 中国玉器全集. 石家庄:河北美术出版社.843~844
⑤ 欧阳修,宋祁.1975. 新唐书. 卷九三. 李靖传附李彦芳传. 北京:中华书局.3816
⑥ 王溥.1955. 唐会要. 卷九七. 北京:中华书局.1737~1738

处于吐蕃控制下的西域地区。新中国成立以来，西安周边地区唐墓和窖藏中出土了大量玉带以及玉銙。这其中最为著名的是1970年西安南郊何家村窖藏中出土的10副玉带，其中就有著名的白玉蹀躞带。① 值得注意的是，许多玉銙的内容都是身着胡装的胡人乐舞、饮宴以及日常生活的场景，具有浓厚的异域文化色彩，如何家村出土的一副玉带的半椭圆形玉带銙上就雕刻了胡人吹奏乐器以及饮酒、歌舞的场面。1990年在西安未央区关庙小学基建工地发现一批唐代玉带銙，这批玉带至少有5副，其中3副的玉带銙纹饰都是反映胡人吹奏横笛、笙箫、曲项琵琶，饮酒、赏玩宝物的场面。

除了整副的玉带之外，西安地区唐墓还零星出土了许多玉带銙。有意思的是，这些玉带銙的图案与之前提到的几副玉带銙的内容和风格都极为相似，似乎同出一源，如西安枣园刘村出土的青玉弹琵琶胡人带銙雕刻了着窄袖长衣，蹬长靴，坐在地毯上弹奏琵琶的胡人。② 1981年出土于西安东郊韩森寨唐墓的青玉带銙则刻画了一个胡人双手抱凤头壶，坐在方毯上饮酒的场面。1989年西安枣园唐墓出土的三块白玉方形带銙以及一块白玉铊尾则分别是坐在毯子上的胡人弹奏曲项琵琶以及双手捧宝珠、执杯饮酒等场景。另外，1980年西安东郊韩森寨唐墓、1981年西安郭家滩唐墓也都出土了反映胡人捧物献宝以及吹笙的玉带銙。杨伯达认为西安出土的有胡人形象的玉带銙风格豪放、质朴自然，许多就是于阗玉匠碾治。③ 而且，这种图案的玉带銙可谓唐代玉带纹饰一道独特的风景，到了宋代以后此种风格的纹饰在玉带銙中就绝然不见踪影，人物纹饰已经转变成宽袍大袖的汉族士大夫形象了。④ 由于唐代对玉带的使用有非常严格的等级界限，只有三品以上的文武官员才能使用，因而这些具有异域图案和风情的外来物品只能是上层官僚贵族使用的奢侈品，从中不难体会到统治集团对这些物品的推崇与热衷。

从考古和文献记载来看，当时来自于阗地区的玉制品在长安多有见到。例如，段成式《酉阳杂俎》续集卷五《寺塔记上》中就记载长安恭靖坊的大兴善寺就有于阗玉像，"高一尺七寸，阔丈余，一佛、四菩萨、一飞仙。一段玉成，截肪无玷，腻彩若滴"。从文字记载来看，这是一件于阗羊脂玉艺术品。唐懿宗时宰相杨收，"每下朝常弄一玉婆罗门子，高数寸，莹彻精巧可爱，云是于阗王内库中物"⑤。

---

① 陕西省博物馆革委会写作小组.1972.西安南郊何家村发现唐代窖藏文物.文物，(1)：32
② 杨伯达.2005.中国玉器全集.石家庄：河北美术出版社.440
③ 杨伯达.2005.隋唐明代玉器述略.中国玉器全集.石家庄：河北美术出版社.843~844
④ 李星.1996.浅谈玉带銙的造型及纹饰的演变.文物春秋，(1)：41
⑤ 李昉等.1961.太平广记.卷二三七.杨收.北京：中华书局.1824~1825

七、其他外来器物

1985年5月在陕西临潼庆山寺塔基地宫的清理过程中出土了70余件文物，其中有一个人面铜壶，形制独特，此壶龙首凤柄，长颈圈足，壶腹部凸出六个高浮雕人面，眼睛修长，鼻子长而挺拔，发髻中分，两侧结成三节的发辫，发辫皆两两共用。而此壶与宁夏固原北周李贤墓出土的中亚风格的鎏金银瓶类似，因而也是中亚地区制作的器物。关于壶上的人物面容，有学者认为是天竺人的形象。因此，这也是一件具有浓厚外来风格的铜器。

皮囊壶也是西安地区多次出土的具有外来色彩的器物，其源起于唐朝北方游牧民族游牧时悬挂在马鞍上的饮水器具。其中，最为著名的是何家村窖藏中出土的一件鎏金舞马衔杯纹皮囊式银壶，壶身为扁圆形，上方有一弓状提梁，提梁前方有一壶口，有莲瓣形壶盖，一条银链将壶盖与提梁连接起来。壶身两侧分别有用模冲方式捶击出的舞马一匹，舞马口衔酒杯，正在翩翩起舞。壶盖、提梁和舞马均经过鎏金处理，富丽堂皇。此器物形制应该是来源于北方游牧民族使用的皮囊，而题材是唐代宫廷表演活动，制作上则有外来工艺及传统工艺，因而是唐代工匠的工艺精品，也是此时多元文明相结合的产物。① 另外，与之造型相近的一件白瓷皮囊壶1956年出土于西安莲湖区百家口，该器物通体施白釉，上部有提梁，前部有管状口，器身装饰有草叶以及仿皮囊缝合线，造型非常别致。② 而西安博物院还收藏一件出土于西安东郊沙坡砖厂唐墓的白瓷马鞍皮囊壶，该器物也是仿皮囊造型，有半圆形提梁和管状口，壶身两侧也有仿针线缝合的凸棱装饰，主图则是装饰方格纹和联珠纹的马鞍形象。此器物被认为是河北地区邢窑的产品。③ 这两件瓷器造型别致，制作精细，也体现了外来风格与黄河流域传统工艺的完美结合。

另外，唐代黄河流域社会经常使用的外来器物还有叵罗。叵罗又做"颇罗"、"破罗"，"叵罗"一词时常出现在唐代文献中，如《册府元龟》卷三四五《将帅部·佐命》记载："武德初，勅宴元勋人等于含章殿，赐酒作乐，散金银钱、颇罗等，任取多少。"显庆二年（657年）十二月，吐蕃赞普遣使献金瓮、金颇罗。上元二年（674年）正月，龟兹王白素稽献银颇罗。叵罗主要在饮宴中使用，如《唐语林》卷五记载："开元中，上与内臣

---

① 冀东山. 2006. 神韵与辉煌——陕西历史博物馆国宝鉴赏·金银器卷. 西安：三秦出版社. 64~67
② 冀东山. 2006. 神韵与辉煌——陕西历史博物馆国宝鉴赏·陶瓷器卷. 西安：三秦出版社. 87
③ 西安博物院. 2008. 西安博物院. 西安：世界图书出版公司. 202

作历日令，高力士挟大觝置黄幡绰口中，曰：'塞穴吉！'幡绰遽取上前叵罗内靴中，走下曰：'内财吉。'上欢甚。"由此可见，此物在当时黄河流域的上层社会饮宴中经常使用。那么，叵罗到底为何物呢？根据西方学者的研究，叵罗是外来语"padrod"的音译，指碗状的器物。孙机指出，唐代酒器中只有多曲长杯不知其本名，而常见的酒器中只有叵罗不知为何物，因而推测多曲长杯即为叵罗。① 而出土于法门寺地宫中的《应从重真寺随真身供养道具及恩赐金银器物宝函等并新恩赐到金银宝器衣物账碑》中曾经提到"破罗子一十枚"，从对应的出土器物来看，应该是银金花圈足五曲圈足碟。② 另外，美国波士顿博物馆还收藏有一个唐代青瓷碗，碗底有"㵼嚁盆一合"字样的铭文，从此碗的名称来看，这也是唐代叵罗器物的一种形式。

八、纺织品

唐代黄河中下游地区的丝织业具有较高的生产水平，即便如此，还是有一定数量的外来纺织品来到这里。根据史书的记载，唐代进入黄河流域的外来纺织品有舞筵、白氎和波斯锦。其中最为常见的是舞筵。舞筵应是供跳舞使用的毯子，是用毛料织成的。而进贡的国家皆为中亚地区国家。如开元六年（718年）四月，米国进贡拓壁舞筵；天宝四载（745年）二月，罽宾国遣使献舞筵；此后，天宝五载（746年）闰十月中粟特等国献绣舞筵；天宝九载（750年）四月，波斯献火毛绣舞筵和长毛绣舞筵。中亚各国舞筵的进贡在时间上集中在玄宗统治时期，恰好此时又是这些胡舞最为流行的时候。此后，舞筵逐渐流行开来，在当时宫廷和官僚士大夫宴集演奏歌舞时广泛使用。刘禹锡《乐天寄忆旧游因作报白君以答》诗中就有"池边绿竹桃李花，花下舞筵铺彩霞"③ 的句子，白居易的《青毡帐二十韵》中也道"侧置低歌座，平铺小舞筵"，可见是铺设于地的器具。王建《宫词》中也言："玉箫改调筝移柱，催换红罗绣舞筵。未戴柘枝花帽子，两行宫监在帘前。"韩香指出，西安兴福寺残碑侧面描绘跳柘枝舞的石刻以及宁夏盐池县唐墓墓门跳胡旋舞的线刻中的胡人所踩的就是小圆毯，就是舞筵的一种。④

白氎又称"白叠"，就是用绵织成的布。唐前期，高昌就出产白氎布，"有草名白叠，国人采其花，织以为布"⑤。除了高昌之外，根据慧超《往五

---

① 唐李寿石椁线刻《侍女图》《乐舞图》散记. 见：孙机. 1996. 中国圣火：中国古文物与中西文化交流中的若干问题. 沈阳：辽宁教育出版社. 223
② 扬之水. 2008. 法门寺出土的银金花曡子与银金花破罗子. 文物，(11)：95~96
③ 刘禹锡. 1990. 刘禹锡集. 卷三二. 北京：中华书局. 445
④ 韩香. 2006. 唐代长安与中亚文明. 北京：中国社会科学出版社. 202
⑤ 刘昫. 1975. 旧唐书. 卷一九八. 高昌传. 北京：中华书局. 5294

天竺国传》中的记载,当时中亚的吐火罗和粟特地区,西亚的波斯、大食乃至拂菻国,南亚的五天竺地区都出产白氎布。因而,这一地区的居民多穿用白氎布,如天竺犍陀罗国,"衣是皮毯氎衫靴袴之类"。粟特地区的康国、安国、曹国等"衣著叠衫袴等及皮毯……爱著白氎帽子"①。《新唐书》卷二二一下《吐火罗传》记载,这里"俗剪发,被锦袍,贫者白氎"。位于今东南亚地区的许多国家也服用白氎布,如骠国"衣用白氎、朝霞,以蚕帛伤生不敢衣"②,而南海中的陀洹"以白氎、朝霞布为衣"③。

白氎在唐代已经进入黄河流域。玄宗天宝五载(746年),师子国王尸罗迷迦"再遣使献大珠、钿金、宝璎、象齿、白氎"。据《唐会要》记载,在师子国所进献物品中细白氎有40张。④唐肃宗乾元元年(758年),回纥可汗也曾向唐朝进献白氎。当时,黄河流域社会中白氎布也非常普遍。陈鸿《东城老父传》中就曾提到,玄宗时期,"行都市间,见有卖白衫、白叠布"⑤。诗人白居易就曾穿着白氎衣,故其有诗云:"短屏风掩卧床头,乌帽青毡白氎裘。"⑥ 在另一首诗中,他还提到:"裘轻被白叠,靴暖蹋乌毡。"⑦

波斯锦,顾名思义是波斯地区生产的制作精美的锦缎。《大唐西域记》卷一一中就记载,波斯国人"工织大锦、细褐、氎毹之类"。而波斯锦早在唐之前就被进贡到黄河流域。唐天宝四载(745年),罽宾就向唐朝进贡了波斯锦,而到了唐末,控制河西走廊的甘州回鹘也曾向唐朝进贡过波斯锦。⑧

九、外来货币

在进入黄河流域的外来物品中外来货币的数量也非常大,而且种类非常丰富。这些金银币一部分是随着当时的中外贸易被商人携带进入这一地区的城市中的,也有可能是外来使节携带而来作为馈赠之用的,无论何种方式,外来货币出现在这里都体现了这一时期黄河流域对外交流的繁盛。

目前外来货币主要发现在西安和洛阳的墓葬以及窖藏中,其中一些货币由于稀少珍贵,应该是作为饰物、珍宝被当时的汉地上层官僚贵族所收藏并

---

① 慧超.2000.张毅笺释.往五天竺国传笺释.北京:中华书局.72,118
② 欧阳修,宋祁.1975.新唐书.卷二二二下.骠国传.北京:中华书局.6308
③ 欧阳修,宋祁.1975.新唐书.卷二二二下.诃陵传.北京:中华书局.6303
④ 王溥.1955.唐会要.卷一〇〇.师子国.1793
⑤ 李昉等.1961.太平广记.卷四八五.东城老父传.北京:中华书局.3994
⑥ 白居易.1979.白居易集.卷三六.卯饮.北京:中华书局.832
⑦ 白居易.1979.白居易集.卷三七.喜老自嘲.北京:中华书局.854
⑧ 李德龙.1994.敦煌遗书S8444号研究——兼论唐末回鹘与唐的朝贡贸易.中央民族大学学报,(3):35~39

最终陪葬在墓中的；还有一些则是由于意外变故被埋藏入地下的。

这其中数量最多的是萨珊波斯各个时期的银币，主要出土于这一时期的两京：长安和洛阳地区。如1965年陕西长安县天子峪唐代塔基出土了库思老二世和布伦女王等7枚银币。1970年何家村窖藏中也出土了波斯库思老二世银币1枚（图3-11）。

图3-11 西安出土的波斯银币
（《神韵与辉煌——陕西历史博物馆国宝鉴赏·玉杂器卷》）

1955年在洛阳北郊的唐代墓葬中发现了波斯银币15枚，主要为卑路斯银币。此后，1990年，考古工作者在洛阳马沟村邙山M133唐墓中发现波斯库思老二世银币1枚。① 在1991年4月，洛阳伊川县司马沟村村民在取土建房时挖出装在木盒中的300多枚波斯银币，均为波斯萨珊朝卑路斯银币，数量之多仅次于1959年新疆乌恰县的947枚。② 这些银币多为流通品，萨珊银币是这一时期丝绸之路贸易的重要货币，结合这一时期洛阳居住的大量经营东西贸易的中亚粟特商人，这种情况就不足为奇了。而这一时期丝绸之路沿线地方也有波斯银币零星出土，如1958年山西太原金胜村M5唐墓出土的圆漆盒中也曾出土1枚萨珊波斯库思老二世银币。③ 2003年宁夏固原南塬开发区M15唐墓女性死者的胸前也发现了1枚波斯卑路斯银币，银币上有一圆孔，可能作为饰物佩戴之用。④ 在宁夏固原，也就是唐代的原州史铁棒墓中

---

① 范振安，霍宏伟.1999.洛阳泉志.兰州：兰州大学出版社，163
② 范振安，霍宏伟.1999.洛阳泉志.兰州：兰州大学出版社.163，164
③ 山西省文物管理委员会.1959.太原南郊金胜村唐墓.考古，(9)：475
④ 宁夏文物考古研究所固原市原州区文管所.2007.宁夏固原市南塬唐墓发掘简报.考古与文物，(5)：38~39

发现了 1 枚萨珊阿尔达希尔三世金币的仿制品。①

东罗马金币在这一地区也发现较多,如 1956 年在陕西西安土门村唐墓出土 1 枚赫拉克留斯金币,1970 年何家村窖藏中也曾出土 1 枚,金币有两个穿孔,当是作为装饰品来使用的。西安市文物库房还收藏有 1 枚出土于唐长安西市遗址的东罗马金币,当时还伴随有大量白瓷片。西市是当时胡商聚集经营东西贸易的地方,因而这枚金币应当是胡商使用的货币。另外 1 枚东罗马金币则在一大批开元通宝中被发现,可见这枚金币也是当时的流通货币。② 1989 年在西安电力器材总厂家属院工地唐墓中还发现了东罗马阿纳斯塔修斯一世金币的仿制品。③

在 1981 年 4 月,洛阳市文物队在龙门东山北麓发掘了唐定远将军安菩及其妻何氏的合葬墓,其中西棺床死者右手中握 1 枚东罗马福克斯金币。④ 而宁夏固原唐代史氏家族墓地的史道洛墓中出土了查士丁二世金币,另外,史道德墓、史索岩墓、史诃耽墓则分别出土了多枚东罗马金币的仿制品。

阿拉伯帝国兴起后,由于其和唐朝交往的加深,阿拉伯金币也进入黄河流域。目前阿拉伯金币主要发现在西安,1964 年在西安窑头村唐墓就出土了 3 枚奥梅雅王朝铸造的金币。

萨珊波斯银币以及东罗马金币都是当时东西方贸易的重要货币,这些货币在黄河流域地区的发现表明了当时这一地区对外交往的繁荣。而这些钱币的流入许多又与长安、洛阳等地大量的粟特移民有关,如前面的安菩以及固原史氏都是粟特人,正是他们在丝绸之路上的流动才使得这些国际货币进入了黄河流域。

除了西方货币之外,来自东亚的日本的货币"和同开珎"钱币在西安和洛阳也时有发现,如 1970 年在西安何家村金银器窖藏中就出土了 5 枚银币。⑤ 郭沫若认为这批钱币是开元四年(716 年)第七批遣唐使带入长安的。⑥ 1991 年文物部门在整理西安市中心文物库房时还发现了和同开珎铜钱。⑦ 另外,1991 年在洛阳北郊马坡村一砖厂还曾出土过 5 枚,由于无知,

---

① 罗丰.1996. 固原南郊隋唐墓地. 北京:文物出版社.156~158
② 王长启,高曼.1991. 西安新发现的东罗马金币. 文博,(1):38~39
③ 张全民,王自力.1992. 西安东郊清理的两座唐墓. 考古与文物,(5):57
④ 洛阳市文物工作队.1982. 洛阳龙门唐安菩夫妇墓. 中原文物,(3):25
⑤ 陕西省博物馆(文管会)革委会写作小组.1972. 西安南郊何家村发现唐代窖藏文物. 文物,(1):36
⑥ 郭沫若.1972. 出土文物二三事. 文物,(3):3
⑦ 陈尊祥.1992. 西安市文物库房古钱币清理报告. 中国钱币,(1):62

其中4枚被熔毁。西安和洛阳出土的这些日本银币数量并不大,皆为零星发现,因而可能都是由当时的遣唐使携带到这里的。

1993年,洛阳东郊金村还出土了一枚突骑施铜钱,该铜钱是西域突骑施汗国的货币,一面是粟特铭文,一面是弓形族徽。[①] 这种钱币就是由粟特商人仿开元通宝样式制造的,曾广泛流行于中亚地区,可能是当时的粟特商人带到洛阳的。

---

① 范振安.霍宏伟.1999.洛阳泉志.兰州:兰州大学出版社.166

第四章
外来文明对唐代黄河流域社会的影响

唐朝是中国封建社会发展的鼎盛时期，这一时期的中外文化交流也呈现出高度繁荣的景象。由于这一时期黄河流域在当时国家政治、经济、文化诸领域的重要地位，中外交通的便利、大量外来移民的涌入使得此地区的诸多城市和社会体现出外来文化的诸多风情。一些学者据此认为，由于当时中亚胡风的盛行，社会呈现出"胡化"现象。向达和陈寅恪对此都有所论述。向达在其《唐代长安与西域文明》中，详细地考证了当时长安社会中来自西域包括中亚地区的服饰、饮食、宫室、乐舞、绘画、宗教、游乐等诸多方面，指出唐前期的长安"胡化盛极一时。……其极社会各方面，隐约皆有所化"[①]。向达所提到的"胡化"，是指当时唐朝社会中的汉族人口在生活习俗和文化形态各方面所受到外族特别是北方和西北方胡族文化的影响。

通过前几章的论述我们看到，唐代黄河流域的外来文明的确出现在当时社会的诸多领域，那么能否因此而得出黄河流域社会胡化的结论呢？以下来分析外来文明对黄河流域社会产生了怎样的影响。

第一节 外来文明对黄河流域的社会影响的特点

一、影响的区域特征——以城市为中心

尽管这一时期黄河流域的许多城市和地区涌入了大量的外来移民。但是，就外来文明对本地区的影响而言，其影响主要体现在城市生活方面，其中尤以长安、洛阳、凉州等城市为大。这并非否认外来文明对整个黄河流域的影响。但在文明的产生和发展过程中，城市担当了重要的角色，具有社会性，是文明产生的中心。"civilization"一词就来自于拉丁文"civitas"（城邦），有公民、市民的含义。芒福德认为，城市是"文化传播中仅次于语言

---

① 向达.1957.唐代长安与西域文明.北京：生活·读书·新知三联书店.41

的一项最宝贵的集体发明"，他还指出文化贮存、文化传播和交流、文化创造和发展是城市的基本功能。① 韦利斯在《世界文明史》中也指出"城市是文明发展的主要推动力量"。还有学者指出："城市从诞生开始便是一个特殊的构造，好像一个巨大的容器，专门用来储存人类文明的成果。"② 城市一方面保护和发展文明的成果，一方面又使文明向周边辐射。就文明的交流而言，古代城市由于聚集了大量近距离接触的外来居民，也会成为异质文明交流的中心。可以说，城市为各种文明提供了近距离接触和交流的空间，因而也是外来文明影响最为显著的地区。和黄河流域周边地区涌入的继续保持原有游牧生活方式的部落民族不同，城市中的外来移民进入定居生活后，显然要将一些传统的习惯和观念移植到新定居的城市，甚至在城市中打造自己的民族文化圈，进而形成复杂的城市文化现象。而唐前期统治者对这些与黄河流域传统生活方式和价值观念存在较大差异的外来文明成果秉持宽容的态度，如唐太宗在允许景教在长安设立寺院时就指出："道无常名，圣无常体，随方设教，密济群生。"③ 对外来宗教也能够认同并加以利用。这使得具有各种身份和职业的外来人口与唐朝城市居民共同生活，城市自然成为文明碰撞和交流的中心。

另外，由于这几座城市处在丝绸之路的交通要道上。在安史之乱爆发前，丝绸之路一直是沟通中西方的主要交通要道。大量的外来人口聚集在作为这条交通线上的城市中，必然将一些外来的文明成果传播到这些城市中来。

而且，这些城市本身又是当时唐朝政治、经济、文化、教育的中心，也是诸多外交使臣、商人和僧侣的目的地所在。这里也聚集了大量上层统治集团的皇亲国戚、高级官僚，他们是当时最大的消费群体。为了满足统治集团物质和精神生活的需要并博得他们的支持，大量的奇珍异宝和珍禽异兽、别具风味的服装和饮食、高质量的香料和药材、愉悦耳目的歌舞、新的宗教思想意识都率先被介绍到这些城市中来，再由城市逐渐辐射到广大的乡村社会。因此，这一时期的长安与洛阳等城市，出现了外来服装和饮食、外来歌舞和文艺活动、各种新奇的动植物和手工艺品聚集的情况。不过，对于黄河流域的社会而言，散居在城市中的外来移民数量是有限的，始终居于少数的地位。在这种大背景下，城市中许多外来移民不仅不能保持自己的传统习俗

---

① 刘易斯·芒福德.2005.城市发展史：起源、演变和前景.北京：中国建筑工业出版社.51，104~105

② 张冠增.1998.城市发展概论.北京：中国铁道出版社.35

③ 王溥.1955.唐会要.卷四九.大秦寺.北京：中华书局.864

和信仰，反倒会被逐渐汉化，更遑论整个黄河中下游区域社会了。

陈寅恪在《唐代政治史述论稿》中曾指出，安史之乱后由于河北地区藩镇割据，"其政治、军事、财政等与长安中央政府实际上固无隶属之关系，其民间社会亦未受汉族文化之影响，即不以长安、洛阳之周孔名教及科举仕进为其安身立命之归宿"。由于河北藩镇将领有许多是胡人抑或是胡化的汉人，胡化的军事集团形成，"可知当日河北社会全是胡化，非复东汉、魏晋、北朝之旧"①。那么，河北道地区社会是否存在胡化的情况呢？

安史之乱使当时黄河流域周边地区的少数民族进入黄河中下游等农业经济发达地区。当时，幽州和营州地区羁縻州的降附游牧民族，因"安禄山之乱，一切驱之为寇，遂扰中原"②。据史书记载，安禄山叛乱时"发所部兵及同罗、奚、契丹、室韦凡十五万众"，而其中的精锐即八千亲随部队曳落河就来自铁勒族同罗部落。另据《资治通鉴》卷二二〇的记载，至德二载当安庆绪向黄河以北败退时，其属下就有六州胡等。可见，当时跟随叛乱的少数民族军队数量相当大。正因为如此，诗人刘商有诗云："一朝虏骑入中国，苍黄处处逢胡人。"③而当时参与叛乱的将领中胡人数量也比较大，除了安禄山和史思明属于粟特胡人外，其麾下将领还有大量的粟特人。④ 前文就提到，当时的成德和魏博镇都有大量的粟特武人。除了粟特人之外，其中还有来自其他各族的将领，如孙孝哲为契丹人，李宝臣本是内属奚族人，王武俊为契丹人，王庭凑其祖五哥之本是回纥阿布思人。安史之乱后河北地区许多藩镇节度使都是外族人，如王武俊、李宝臣、王廷凑、史宪诚、李正己、何进滔等。正因为有相当数量的胡人军将和士兵居住在这里，加之河北藩镇的割据状态、不尊王化、反复无常，当时人对河北地区就有这样的看法："人以河北为蛮夷之乡。"⑤

尽管文献中证明了河北地区有大量的胡族军人，但这里也有大量的汉族官员和从事农耕的汉族百姓。因而，胡族军人的存在并不能改变河北地区居民传统的农耕生产和生活方式，河北地区原有的农业经济基础并没有发生质的变化，反而是进入这里的胡人部落逐渐都消亡了，"至德之后，入据河朔，其部落之名无存者"⑥，他们与当地的汉人杂居在一起，融入了当地社会。从

---

① 陈寅恪.1997.唐代政治史述论稿.上海：上海古籍出版社.25
② 刘昫.1975.旧唐书.卷三九.地理志二.北京：中华书局.1527
③ 曹寅.1999.全唐诗.卷三〇三.胡笳十八拍.北京：中华书局.3448
④ 荣新江.1998.安禄山的种族与宗教信仰.北京大学百年国学文粹·史学卷.北京：北京大学出版社.762~769
⑤ 唐故试太子通事舍人范阳卢府君（敬彝）墓铭.洛阳师范学院河洛石刻艺术馆藏志
⑥ 刘昫.1975.旧唐书.卷三九.地理志二.北京：中华书局.1527

前述的移民情况来看，河北道南部地区也没有大量外来移民涌入的情况。虽然安史之乱所导致的这一地区的长期战乱严重影响了该地区经济的持续发展，使这里没有能够重现唐前期经济的辉煌，然而该地区在唐后期经济并非一蹶不振。为了巩固自身的统治，地方藩镇还是能够做到发展生产、促进地方经济发展的，如长期盘踞魏博的田承嗣在镇统治时期，"属大军之后，民人离落，闾阎之内，十室九空。公休达化源，精洁理道，宏简易，化烦苛。一年流庸归，二年田莱辟，不十年间，既庶且富，教义兴行"①。这一地区在唐后期能长期保持独立的政治地位就说明了这一点。李宝臣在治理恒州时，"士驯业，农力穑，工就务，商通货，四者各正。……南自相、魏、邢、贝，东至沧、德、瀛、莫，匹夫匹妇，荡在草莽，越践公境，宣服公威"②。相卫节度使薛嵩在任期间，"乃扫除秕政，济活人命。一年而墙宇兴，二年而耕稼盛，日就月将，遂臻夫小康"③。因此，虽然唐后期的黄河流域北部地区经济没有重现往日的辉煌，但多数的地方统治者能够在战乱之后安辑流亡，劝课农桑，发展地方农业经济，使这一地区的经济得到了恢复和发展。

而在思想文化方面，河北地区并没有因为较多胡人将领的存在而使社会风气发生改变，这一地区仍旧是儒学礼教兴盛的地区。方积六曾指出：安史之乱后的河北道仍有许多读书人研习儒家经典，擅长诗词文章，这里也有许多出名的文士，而且，河北地区的读书人也参加在长安的明经与进士科等科举考试，地方藩镇也建立孔子庙，宣扬儒家学说。另外，从饮食和丧葬等习俗来看，这里也与关中、河南等地没有多大差异。④ 如据河北大名出土的魏博粟特军将米文辩的墓志记载，其季子米存宝和幼子米存贤"皆学习礼经，以期乡秀"⑤。连原本擅长戎马的粟特将领子弟也开始从事儒学，可见当时河北地区崇儒的风气。

可以说，由于这一时期黄河流域的长安、洛阳等重要城市聚集了大量的外来移民，外来的宗教、艺术、科技等文明成果对这些城市的生活产生了重要的影响，进而影响了周边地区。前面章节的论述证明这种影响是存在的，但我们并不能因此而夸大外来文明对黄河流域社会的影响。

---

① 李昉等.1960.文苑英华.卷九一五.田承嗣神道碑.北京：中华书局.4816
② 董浩等.1983.全唐文.卷四四〇.王佑.成德军节度使李公纪公载政颂.北京：中华书局.4484~4485
③ 董浩等.1983.全唐文.卷四四三.程浩.相州公宴堂记.北京：中华书局.4514
④ 方积六.1989.唐代河朔三镇"胡化"说辨析.见：中山大学.纪念陈寅恪教授国际学术研讨会文集.广州：中山大学出版社.439~447
⑤ 孙继民等.2004.新出唐米文辩墓志铭试释.文物，(2)：89

二、多元化外来文明的影响

正如西方文明在其发展历程中不断地吸收东方文明并逐渐走向强大的过程一样,黄河文明在其发展历程中也经历了这样的时刻。而从黄河流域外来文明的表现和影响来看,影响黄河文明的外来文明是多元的,来自于许多国家和地区。这其中有来自南亚的印度文明、由中亚传入的中亚和西亚文明、来自北方的游牧文明等。他们的进入主要有通使(包括入质与归附)、通商、传教、移民等方式。

对黄河流域文明影响最早的当属北方突厥的游牧文明,这与隋及唐前期突厥在北方拥有强大武力有关。此后,唐先后平灭东、西突厥,之后又有大量的突厥上层贵族进入长安和洛阳为官,还有大量降户迁居到黄河流域周边地区。在这一特定的历史时期内,突厥部落的一些丧葬、生活习俗、歌舞在一定程度上被黄河流域的农业社会所接受,而突厥良马和马具的引入则对黄河流域的马匹改良和使用影响较大。

其后,随着这一时期唐朝国力的强大、影响力的加深、中外交往的扩大、陆上丝绸之路的畅通,进入黄河流域的外来文明成果更加丰富。更多的外来文明开始对黄河文明产生影响,这其中最为显著的就是中亚文明与印度文明。日本学者木宫泰彦就指出:"唐朝的文化,不单是汉人的文化,而且夹杂着来自四面八方的外国文化,尤其是夹杂着印度系统和伊朗系统的文化,这是很显著的事实。"① 在外来文明对黄河流域的影响方面,中亚文明由于其在多方面的辉煌成就,在建筑、饮食、医药、宗教、艺术、手工业技术等领域都对这一时期的黄河文明产生了重要的影响。而且,中亚独特的区位优势使得这里成为各种文明的交汇之地,作为一条顺畅的文明交流通道,西亚文明和印度文明的许多成果也经过这里转输到黄河流域。中亚文明的进入极大地开阔了唐人的视野,丰富了唐人的生活,为黄河流域的社会生活增添了新的色彩。因而学者指出,绚丽多彩的唐代文明正是多种文化交流、汇聚和融合的结果,其中中亚文化占有相当的比重。②

印度文明对黄河流域社会的影响也比较大。尤其是唐朝初年,玄奘等人的天竺之行,在传播印度佛教的同时,也使得印度文明对黄河流域社会的诸多方面产生影响。这一方面表现在印度医药、天文历算等技术方面,另一方面则表现在宗教文化方面。而且,这几方面的影响颇为深远,如印度医学领域的成就被这一时期黄河流域的多种医学典籍吸收,许多印度人也在唐朝司

---

① 木宫泰彦.1983.日中文化交流史.北京:商务印书馆.214~215
② 韩香.2006.隋唐长安与中亚文明.北京:中国社会科学出版社.330

天监任职，印度的天文、历算方法也随之被唐人参考使用。而印度的密宗在善无畏、金刚智、不空的努力下，终于得以在黄河流域广泛传播，不仅促进了这一地区佛教文化的深入发展，也对黄河流域民众的社会生活和思想文化产生了深远的影响。

另外，唐朝周边民族的物产、风俗习惯、歌舞，也对黄河流域社会产生了或多或少的影响。

三、影响时段主要集中于唐前期

外来文明对黄河文明的影响集中体现在唐前期。这一时期唐朝国力强盛，给予唐帝国的君臣们以前所未有的自信心，使他们能够以宽容的心态对待外来事物。因此，随着大量外国使臣、归附者、商人、僧侣的进入以及唐朝僧侣的求法活动的开展，大量外来文明源源不断地进入黄河流域。虽然唐代帝王有时也出于传统观念拒绝外来事物，如高祖、太宗包括德宗都曾拒绝外来贡献的珍禽异兽和乐人，但对于像景教这种外来宗教却能够认识到其优点并允许僧侣在京师等地修建寺院，这一点在中国历史上的其他时期是难得一见的。

外来文明异彩纷呈的景象在唐后期的黄河流域不复存在。其中，天宝十四载安史之乱的发生是变化产生的重要原因。长达八年的安史之乱，使得黄河流域的经济遭到了沉重的打击，战乱使得大量人口死亡或逃亡，以往"小邑犹藏万家室"的局面一去不复返。刘晏在《上宰相元载书》中指出："函、陕凋残，东周尤甚。过宜阳、熊耳，至武牢、成皋，五百里中，编户千余而已。居无尺椽，人无烟爨，萧条凄惨，兽游鬼哭。"[①] 郭子仪也曾指出："夫以东周之地，久陷贼中，宫室焚烧，十不存一。百曹荒废，曾无尺椽，中间畿内，不满千户。井邑榛棘，豺狼所嗥，既乏军储，又鲜人力。东至郑、汴，达于徐方，北自覃怀，经于相土，人烟断绝，千里萧条。"[②] 杜甫在《无家别》中这样描绘战争对地区社会的破坏：

> 寂寞天宝后，园庐但蒿藜。我里百余家，世乱各东西。存者无消息，死者为尘泥。贱子因阵败，归来寻旧蹊。久行见空巷，日瘦气惨凄。但对狐与狸，竖毛怒我啼。四邻何所有？一二老寡妻。[③]

战争中黄河中下游地区大量人口逃亡江南地区，如元结，"天宝之乱，

---

① 刘昫.1975.旧唐书.卷一二三.刘晏传.北京：中华书局.3513
② 刘昫.1975.旧唐书.卷一二〇.郭子仪传.北京：中华书局.3457
③ 曹寅.1999.全唐诗.卷二一七.北京：中华书局.2287

自汝溃大率邻里，南投襄汉，保全者千余家"①。常衮也指出："自兵兴一纪……致令户口减耗，十无一二，而河南、淮南又甚诸道。"②

关于河北道地区，元结在宝应元年（763年）指出："天下兵兴，今七年矣。河、淮之北，千里荒草。"③ 当时的魏州，"属大军之后，闾阎之内，十室九空"。而这一时期黄河上游的陇右地区却由于唐政府调兵镇压安史叛军，导致河西地区防守空虚，最终被吐蕃所占领，直到宣宗年间才被收复。中游的关中地区情况也不理想。由于战乱，长安城一片萧条，京兆府"流庸不返，邦畿千里，编户大残"④。因此，大历四年（769年）唐代宗在诏书中指出："且京畿户口，减耗大半。"⑤

在对外交流上，由于河西走廊被吐蕃所占领，盛极一时的陆路丝绸之路遭到空前的打击，唐后期与西方的交通只能借助北方回鹘汗国的通道，此时的中外交流主要通过海路来进行。而此时与唐朝交往的国家与政权在数量上已经大为减少，主要局限在周边如日本、新罗等东亚及南亚地区国家，以及回鹘、渤海、契丹等一些少数民族政权。因而，此时中外文明交往的盛况已经如明日黄花般一去不复返了。

前期唐朝的强盛使得唐王朝能够海纳百川，大度地接受外来事物，后期安史之乱的打击、国力的衰微，也影响到了唐朝君臣的自信心。在心理上，正所谓"渔阳鼙鼓动地来，惊破《霓裳羽衣曲》"，由于安禄山、史思明的粟特人背景以及叛乱集团中大量的外族将领和士兵，唐代统治阶层在心理上对其文化产生了极大的抵触情绪，原来那种对外来移民和外来文明的宽容态度转而被猜疑与忌惮所取代。在安史之乱的平定过程中和以后很长一段时间里，他们对外来文明的抵触情绪明显加强，出现了对胡人的攻击和对"胡化"的排斥。

这种由于对安、史以及胡人的厌恶感，逐渐形成了一种对唐朝前期胡化现象的否定，并且把这种胡化看成是安史之乱的直接原因。尤其是士大夫阶层，对外来文明的成见越来越深。在士大夫的眼中，安史之乱的发生是与外来事物尤其是胡乐、胡舞、胡食以及胡服的大量引进有着密切联系的。如《旧唐书·舆服志》就记载："开元来……太常乐尚胡曲，贵人御馔，尽供胡食，士女皆竞衣胡服，故有范阳羯胡之乱，兆于好尚远矣。"再如，姚汝

---

① 李肇. 2000. 唐国史补. 卷上. 唐五代笔记小说大观. 上海：上海古籍出版社. 166
② 李昉等. 1966. 文苑英华. 卷四三四. 刘晏宣慰河南淮南制. 北京：中华书局. 2195
③ 元结. 1986. 元次山集. 卷七. 左黄州表. 四库全书本. 台北：商务印书馆
④ 李昉等. 1966. 文苑英华. 卷四三四. 京兆府减税制. 北京：中华书局. 2198
⑤ 刘昫. 1975. 旧唐书. 卷一一. 代宗纪. 北京：中华书局. 292

能《安禄山事迹》卷下则称："天宝初，贵游士庶好衣胡服，为豹皮帽，妇人则簪步摇，衩衣之制度，衿袖窄小。识者窃怪之，知其兆矣。"① 这是将天宝初年长安盛行穿胡服的风气，看做了安史之乱的征兆。一些官员认为变乱的发生与胡乐和胡舞的流行有关，如元稹《立部伎》诗夹注云："太常丞宋沇传汉中王旧说云：玄宗虽雅好度曲，然而未尝使蕃汉杂奏。天宝十三载（754 年），始诏道调法曲与胡部新声合作，识者异之。明年禄山叛。"

著名诗人白居易在《胡旋女》诗中也将杨贵妃及安禄山的胡旋舞技艺与社会变乱联系起来：

  胡旋女，出康居，徒劳东来万里余。中原自有胡旋者，斗妙争能尔不如。

  天宝季年时欲变，臣妾人人学圜转。中有太真外禄山，二人最道能胡旋。

  梨花园中册作妃，金鸡障下养为儿。禄山胡旋迷君眼，兵过黄河疑未反。

元稹《胡旋女》也持相同的看法：

  天宝欲末胡欲乱，胡人献女能胡旋。旋得明王不觉迷，妖胡奄到长生殿。

  胡旋之义世末知，胡旋之容我能传。

而对于玄宗时期创制的《霓裳羽衣曲》，文人中多数也认为其是唐朝变乱的祸端所在。如杜牧《过华清宫三首》云："霓裳一曲千峰上，舞破中原始下来。"白居易《长恨歌》则说："渔阳鼙鼓动地来，惊破霓裳羽衣曲。"李益《过马嵬二首》其一云："世人莫重霓裳曲，曾致干戈是此中。"尽管这其中包含着文人对于玄宗纵情声色的批评，但将霓裳羽衣曲与动乱联系起来的倾向却也是非常明显的。

在这种趋向保守的社会大背景下，唐人对外来文明的态度也发生了变化。建中年间，在涉及唐德宗嫁女时的礼仪时，由于当时婚礼中流行使用突厥毡帐的风俗，当时官员洪经纶就认为："冠婚祭礼，自后魏已来衣冠杂于北虏，风俗大坏，殊乖古典。"② 因此，当时的礼仪使颜真卿就上奏说："障车、下婿、观花烛及却扇诗，并请依古礼，见舅姑于堂上，荐枣栗腶修，无拜堂之仪。又，毡帐起自北朝穹庐之制，请皆不设，惟于堂室中置帐，以紫绫幔为之。"要求在婚礼中不使用毡帐之制。

贞元十八年（802 年），骠国向唐朝献乐，对于这样一种异域乐舞，元

---

① 姚汝能. 2006. 安禄山事迹. 卷下. 北京：中华书局. 107
② 唐故朝议郎陇西李公（濛）墓志铭. 洛阳师范学院河洛石刻艺术馆藏墓志

积的《骠国乐》却用一种轻蔑的口吻来描述,对此种乐舞从乐器、音色、舞姿等方面进行了抨击:

> 骠之乐器头象驼,音声不合十二和。从舞跳趔筋节硬,繁词变乱名字讹。千弹万唱皆咽咽,左旋右转空傞傞。俯地呼天终不会,曲成调变当如何。

经历了唐前期胡装的风靡之后,唐后期黄河流域地区的服装又逐渐恢复了宽袍大袖的着装方式,且愈演愈烈。如文宗即位后就曾诏令:"丈夫袍、袄、衫等衣曳地不过二寸已上,衣袖不过广阔一尺三寸已上。妇人制裙不过五幅已上,裙条曳地不得长三寸,襦袖等不得广一尺五寸已上。"① 尤其是妇女的衣裙渐趋肥大,佩戴的各种首饰也愈加烦琐。开成四年(839年)正月,生性节俭的唐文宗就曾斥责延安公主"衣裾宽大"②。

这一时期唐朝周边的政治和军事局势也发生了变化。由于吐蕃占领了河西地区,陆路丝绸之路的通畅交流被断绝,唐朝与西方的交通只能取道北方的回鹘汗国,而唐朝自身力量的削弱也使得这一时期的中外交往明显减少。因此,外来使节和移民的减少都造成了外来文明进入势头的减弱。吴玉贵曾经对唐代中亚及其以西诸国遣使情况进行了统计,从玄宗之后到唐灭亡的一个半世纪里,诸国向唐朝遣使的数量仅占总数的10%不到。③

另外,这一时期居住在黄河流域的外来移民后裔与其原来所属国家、民族的联系越来越疏远。长期的汉地生活使他们逐渐接受了黄河流域汉族传统的生活方式和思想观念,他们采用汉地传统礼俗,与当地居民通婚,逐渐汉化,最终无论是在相貌还是思想观念上,都与汉地百姓越来越趋于一致。因而,外来文明对黄河流域的影响与唐前期相比当然不能同日而语。

唐武宗时期发生了著名的会昌灭佛事件,原来在唐朝能够传教并建立寺院的火祆教、景教、摩尼教等在对佛教的毁灭性打击活动中也被殃及,先后遭到取缔。摩尼教在此之前由于信奉该教的回鹘汗国的崩溃已经遭到打击,《僧史略》记载:"会昌三年,敕天下摩尼寺并废入宫(官)。京城女摩尼七十二人死。及在此国回纥诸摩尼等,配流诸道,死者大半。"圆仁《入唐求法巡礼行记》也记载:"(会昌三年)四月中旬,敕下,令杀天下摩尼师。"④ 之后,会昌五年(845年)八月,武宗下制曰:"显明外国之教,勒大秦穆

---

① 王钦若等. 1960. 册府元龟. 卷六一. 帝王部·立制度二. 北京:中华书局. 679
② 刘昫. 1975. 旧唐书. 卷一七. 文宗纪下. 北京:中华书局. 576
③ 李斌城. 2002. 唐代文化. 北京:中国社会科学出版社. 1746
④ 圆仁. 1986. 入唐求法巡礼行记. 卷三. 上海:上海古籍出版社. 160

护袄三千余人还俗,不杂中华之风。"① 但这场运动主要还是国家机器针对佛教等宗教信徒以及宗教场所的,此次灭佛通过疾风骤雨式的政府行为将黄河流域原有的宽松的信仰空间暂时打破。

尽管如此,这一时期的文明交流并非不存在,东亚的新罗和日本及南亚一些国家,以及唐朝周边的少数民族政权和唐朝仍保持着一定程度的交流。只是这一时期对外交往的通道由陆路转向了海路。法门寺地宫中出土的精美的伊斯兰玻璃器皿反映出,一直到晚唐时期精美的大食工艺品仍旧在长安宫廷中被大量使用,折射出唐后期唐与大食还存在着一定程度的联系,这种联系可能是通过海上丝绸之路来完成的。

虽然由于安史之乱的影响导致唐朝后期君臣上下对以粟特为代表的胡人有所猜疑,但从史料来看,安史之乱后这些外来移民仍旧在黄河流域一些城市定居和生活。这一时期的长安,仍有大量胡人从事各种职业。他们中的一批在神策军任职,从事宿卫宫禁和征讨四方的活动,许多人在代宗、德宗时期的多事之秋跟随皇帝出生入死、征讨叛乱,并因此被赐予爵位和封号,如在平定朱泚之乱中立下汗马功劳的波斯人李元谅、天竺人罗好心;许多人因此而在朝廷中担任重要的职务,何文哲、苏谅等许多胡人后裔到晚唐时期还在神策军担任职务;还有一些具有歌舞技艺的外来艺人仍在宫廷任职,表演乐舞。在医疗方面,唐后期也有许多外来医师的身影,如《杜阳杂编》卷中记载,咸通年间,同昌公主得病,"召术士米寶为灯法,乃以香蜡烛遗之"。这位施法的术士就是米国人;而同昌公主卒后受到牵连而被无辜杀害的医官就有康守商。长安还有许多经营国际贸易的胡商。根据日僧圆仁《入唐求法巡礼行记》的记载,直到会昌年间,长安各寺院还有许多来自异国的僧人。唐后期会昌灭佛之前,许多外来僧侣仍旧能够保持信仰自由,诸多外来宗教在这里仍旧能够传播宗教,吸纳外国信徒。这就不难理解为什么唐后期长安还聚集着大量的外来僧侣,景教徒还能够在长安树立《大秦景教流行中国碑》,而洛阳的粟特景教徒还主持宗教活动,摩尼教在回鹘的支持下甚至传播到了江淮地区。外来音乐和舞蹈仍旧出现在宫廷和官僚日常生活中,宫廷中还有如许多米嘉荣、曹纲等的外来艺术家。外来饮食也流行于黄河流域的日常生活中。因此,在趋于保守的大背景下,唐后期黄河流域的社会仍旧保持一定程度的开放风气。

四、影响领域的局限

前面我们详细论述了唐代黄河流域外来文明的情况,那么外来文明的影

---

① 王溥.1955.唐会要.卷四七.北京:中华书局.481

响体现在哪些方面呢?

根据这一时期黄河流域外来文明的事象来看：外来文明的进入的确对这一时期黄河流域的传统社会生活注入了新的活力。在唐代这样一个开放的时代，外来的音乐、歌舞、服饰、饮食、器物因其独特的异域风情、新奇的表现形式引起了唐朝上层社会的极大兴趣，而上流社会的趋之若鹜导致上行下效，也影响了民间对外来文明的态度和取舍，于是出现了"女为胡妇学胡妆，伎进胡音务胡乐"、"洛阳家家学胡乐"的风潮，在当时社会中一度产生了较大的影响。可以说，外来文明对黄河流域的影响还是非常广泛的。

同时，黄河文明在其发展过程中，因自身独特的地理环境——东方和南方的海洋，北方的蒙古戈壁，西北和西南的山脉与高原，逐渐发展成为内向的、超稳定的文明。① 唐代的黄河流域经济发达、交通便利，又历经数千年的文明的演进，作为华夏文明发源和发展的首善之区，外来文明对这里的影响又是有限的。从前面章节大量的论述中我们可以看到，黄河文明对外来文明的吸收以物质文明为主体，这些在文明中属于形而下的范畴，注重形而下的内动，如各种能够愉悦耳目的歌舞、制作精美的工艺品、各种工艺技术、新奇的饮食、难得一见的珍禽异兽和物种、模样怪异的外来贡人、有益健康的集体活动等，它们丰富、充实社会生活，满足日常生活需要，是愉悦身心的物质文明成果。从文献资料来看，这些外来文明的引入的确丰富了以皇帝为核心的上层官僚集团的生活，并满足了他们对新奇事物的追求，以及万方来朝、怀柔远人的大国心理。尤其是以皇帝为代表的上层官僚贵族统治集团，能够接触和享受到更多的外来文明成果，而中下级官吏也能够通过各种政治、社会活动以及自身的经济能力来感受外来文明。从这一时期大量描写，甚至是称赞外来文明的诗文中不难体会到外来事物对唐代官僚士大夫阶层生活所带来的影响。

然而，在精神层面上，宗教等具有精神内涵的文明成果以及反映异域观念和价值取向的社会习俗对黄河流域社会的影响却十分有限。

在文明交流中，离开原来生存土壤的属于精神文明范畴的思想文化在异地的传播是最为不易的。李约瑟曾指出：与技术相比，整套思想体系的传播似乎存在着先天的不可能性，因为思想体系无疑要受到各种独特的种族特征的限制。② 前面提到，这一时期黄河流域最具外来色彩的宗教是景教、火祆教以及摩尼教，虽然这三种宗教在统治者的宽容态度之下都在这一地区建立了寺院，也有一定数量的僧侣和信徒，但从文献资料以及石刻史料来看，三

---

① 鲁枢元，陈先德. 2001. 黄河文明丛书·黄河史. 郑州：河南人民出版社. 9~10
② 李约瑟. 1975. 中国科学技术史. 第一卷第二分册. 北京：科学出版社

教的信仰者还是局限于这一地区的外来移民中,并没有在汉族百姓中传播开来,在大量的汉族百姓中盛行的仍旧是佛教和道教,也就是说,外来宗教在黄河流域社会的影响还是有限的。

而唯识宗和密宗本身具有佛教的外衣,其传播本身具有深厚的基础,加之这两派的高僧都和皇室保持着密切的关系,这为它们的传播铺平了道路。然而由于唯识宗本身理论的烦琐和经院化,并极力照搬其印度的原始教义,不能和黄河流域的社会价值取向相适应,束缚了其在民间的广泛传播。而密宗则采取了另一条道路,一方面加强其与现实政治的联系,主张持法护国,维护皇权;另一方面用较为通俗、实用的理念和方法来争取世俗大众,最终该宗派在唐中后期的黄河流域获得了大的发展。许多外来僧侣很清晰地意识到统治者对于外来文明的态度是其未来命运的关键所在,因此,他们通过种种方式来讨好和取悦统治者以换取其支持。景教、佛教的唯识宗和密宗都利用了皇室的力量来巩固自身的地位。

必须承认,有些外来风俗的确也在这一时期黄河流域的社会生活中掀起过波澜,在一定的阶段还曾流行,然而,由于它们所蕴含的文化背景、内涵与黄河流域社会文化存在根本的差异,在特定的社会环境下,如君主的喜好、政治的需要等,某些现象可能会有暂时存在的空间,但在猎奇的新鲜感消失之后,它们在黄河流域地区的流行就只能是昙花一现了。

以武后和中宗时期盛行一时的泼寒胡戏为例。当泼寒胡戏在武后以及中宗时期在长安和洛阳风靡一时时,河东清源县尉吕元泰就上疏批评说:

> 比见坊邑相率为浑脱队,骏马胡服,名曰"苏莫遮"。旗鼓相当,军阵势也;腾逐喧噪,战争象也;锦绣夸竞,害女工也;征敛贫弱,伤政体也;胡服相欢,非雅乐也;浑脱为号,非美名也。安可以礼仪之朝,法戎房之俗?……夫乐者,动天地,感鬼神,移风易俗,布德思化。重犬戎之曲,不足以移风也;非宫商之度,不足以易俗也;无八佾之制,不足以布德也;非六代之乐,不足以施化也。

又曰:

> 君能谋事,则燠寒顺之,何必裸露形体,浇灌衢路,鼓舞跳跃,而索寒也?……夫阴阳不调,政令之失也;休咎之应,君臣之感也。理均影响,可不戒哉!①

景云二年(711年),右拾遗韩朝宗也谏曰:

> 窃惟王公贵人,国之藩翰,凡所举措,须合彝典。今之乞寒,

---

① 董浩等.1983.全唐文.卷二七〇.吕元泰.陈时政疏.北京:中华书局.2742

滥觞胡俗,臣参听物议,咸言非古。作事不法,无乃为戒。伏愿陛下三思,筹其所以。①

到了玄宗先天二年(713年)十月,由于蕃夷入朝,玄宗又准备举行这种活动,此前曾写诗歌颂泼寒胡戏盛况的中书令张说此时也上奏说:

今外蕃请和,选使朝谒,所望接以礼乐,示以兵威。虽曰戎夷,不可轻易,焉知无驹支之辩,由余之贤哉?且乞寒泼胡,未闻典故。裸体跳足,盛德何观。挥水投泥,失容斯甚。法殊鲁礼,褻比齐优。恐非干羽柔远之义,樽俎折冲之道,愿择刍言,特罢此戏。②

以上三人反对胡戏的理由都是该活动出自外国,不符合汉族传统的行为准则,有违礼教。在这种情势下,开元元年(713年)十月七日,玄宗终于诏令说:"腊月乞寒,外蕃所出。渐浸成俗,因循已久。自今已后,无问蕃汉,即宜禁断。"此禁令一下,不仅是汉人,连在华胡人也不能举行这样的活动,此后,盛极一时的泼寒胡戏便销声匿迹了。

再如前面提到,受到流行于突厥和中亚粟特地区的割耳风气的影响,黄河流域也有许多百姓割耳诉冤的情况。对此,唐朝政府态度十分坚决,多次明令禁止。早在贞观十三年(639年)八月,太宗就曾下令:"身体发肤,受之父母,不合毁伤。比来诉竞之人,即自刑害耳目,今后犯者,先决四十,然后依法。"③到开元十三年(725年),玄宗对此又加以重申。④但这种情况并没有得到遏制,文宗大和五年(831年),御史台就曾上奏:"近日截耳论诉,其徒实繁,且将自刑,以冀上达,未必皆负其屈,州府不与申论。"⑤但仅仅三年后,大和八年(834年),朝廷敕令中就又指出:"伏以先自毁伤,律令所禁。近日此类甚多,不至甚伤,徒惊物听。"⑥到了唐末的大中六年(852年)还有淡进通割耳称冤,因此宣宗下敕令指出:

劈耳称冤先决四十,然后依法勘当。近日无良之徒等,闲诣阙劈耳,每惊物听。皆为抱冤,及令推穷,多是虚妄,若不止绝,转恣凶狂。宜自今以后,应有人欲论诉事,自审看必有道理,即任自诣阙。及经台府披诉,当为尽理推勘,不令受冤。更不得辄有自卧阶前劈耳,有犯者,更准前敕处分后,配流远处,纵有道理,亦不

---

① 董诰等.1983.全唐文.卷三〇一.韩朝宗.谏作乞寒胡戏表.北京:中华书局.3058
② 王溥.1955.唐会要.卷三四.杂录.北京:中华书局.629
③ 王溥.1955.唐会要.卷四一.杂记.北京:中华书局.745
④ 王钦若等.1960.册府元龟.卷六一二.刑法部·定律令四.北京:中华书局.7348
⑤ 王钦若等.1960.册府元龟.卷五一六.宪官部·振举.北京:中华书局.6171~6172
⑥ 王钦若等.1960.册府元龟.卷六一三.刑法部·定律令五.北京:中华书局.7355

为审明。①

陈海涛指出，外来文明对唐代社会的影响，无一例外都集中表现在文化的表层范围之内，而在涉及传统伦理观念、道德思想等民族精神的深层面上，这些"胡化"现象对传统汉文化并未产生动摇，最终体现出的不是汉民族被"胡化"，而是异域民族的被"汉化"。至于奇珍异物等大量异域物质文化的传入，更不能从文化层面对汉文化传统构成冲击。② 正因为如此，张广达指出："唐代是中国封建社会生产力高度发达的盛世，一切典章制度已然自成体系，在自身高度发展的基础上，所有文化方面的引进都起着锦上添花的作用。"③ 由此可见，此时进入黄河流域的外来文明尽管丰富多彩，但其影响范围多体现在物质生活、应用技术等形而下的范畴，注重对其外在形式的吸收，而在思想观念领域，由于区域文化生态的差异，外来文明的渗透和影响就比较薄弱了。

第二节 黄河文化对外来文明的吸收

文化人类学家弗兰茨·博厄斯曾指出："人类的历史证明，一个社会集团，其文化的进步往往取决于它是否有机会吸取邻近社会集团的经验。一个社会集团所获得的种种发现可以传给其他社会集团；彼此之间的交流愈多样化，相互学习的机会也就愈多。"④ 从人类文明史的发展历程来看，不同地区的文明在自身发展和演进的历程中受到区域自然条件和社会条件的制约而具有自身的特点和内涵。因此，文明之间存在差异，人类社会的文明交流并非没有限度，几种文明在碰撞的过程中在吸收有利于自身发展的文明成果的同时，又在维护自身文明的优势和价值底线，这是由文明在发展过程中的特性所决定的。

不同文明在交流的过程中，会受到种种客观以及人为因素的制约，而外来文明要想在异地立足也必须和当地的文化传统相协调和一致，才可能被吸收。我们看到，唐代黄河文明在对外来文明保持宽容的同时，也结合自身的实际情况对外来文明进行了遴选和加工。

---

① 王钦若等.1960.册府元龟.卷一六○.帝王部·革弊.北京：中华书局.1933
② 陈海涛.2003-4-8.唐代胡汉文化关系再认识.光明日报
③ 张广达.1986.唐代的中外文化汇聚和晚清的中西文化冲突.中国社会科学，(3)：38
④ 斯塔夫里阿诺斯.1999.全球通史——1500年以前的世界.吴象婴，梁赤民译.上海：上海社会科学院出版社.57

首先，对提高生活品质有帮助的，具有实用性、技术性的成果，如前面提到的医药疗法、工艺技术、天文历算，以及饮食和歌舞等满足日常生活需要的外来文明，黄河文明较为全面地进行了吸收和融合。如来自波斯的马球运动。此运动虽然来自异国，但也得到了上层贵族的喜爱，在崇尚武功的唐代，此运动不仅能够娱乐生活，也能够达到强身健体的目的，最为重要的是，在军队中开展此项活动能够起到锻炼骑兵作战的作用，具有非常强的实用意义。因此，虽然也有大臣上书劝谏帝王不要身体力行进行这样的活动，但理由也不过是此运动过于激烈、较为危险："城诚狭，颇积往来之勤。马虽调，恐生衔橜之变。凭览则至乐，躬亲则非便。"[1] 因此，此项运动在当时的黄河流域各阶层中非常流行，成为喜闻乐见的游艺项目，流风余韵一直波及明代。

其次，对于不符合黄河流域传统价值观念的外来文明成果则予以淘汰。如这一时期黄河流域所出现的外来的宗教、风俗习惯等内容，凡是与本地区主流思想的价值观念有所抵触的就会很快被黄河文明所淘汰，仅仅是昙花一现罢了。这是因为黄河流域作为中古时期农业经济最发达、文化最为昌盛、传统观念也最根深蒂固的首善之区，经过秦汉魏晋的长期发展，以儒家理念为核心的价值观念及其相关制度体系已经形成。因而，其对异域文化并非全盘吸收，而是有选择地为我所用，一旦外来文明与其传统伦理道德与社会行为准则发生抵触，就毫不犹豫地大加鞭挞。

之所以出现这种情况是因为，在人类文明的发展过程中，除了原始社会外，每个社会文明都是在一定生产力和生产关系相互作用的基础上产生的，黄河文明也不例外。从黄河流域中下游的经济基础来看，有唐一代，这一地区仍旧是以传统农业经济生产方式为主的，而且，这里在唐中前期一直是唐朝最为富庶、农业和商业经济发达的地区；直到唐后期，在地方节度使的勉力经营之下，这里的许多地区仍具有一定的经济实力。良好的经济基础为黄河文明的稳定和进一步发展奠定了基础。而且，在至关重要的上层建筑领域，它并没有受到外来文明的影响，儒学在意识形态流域仍旧占据着主导地位。唐朝通过为孔子立庙、兴办学校、考订五经并以此开科取士等手段来巩固儒家思想的正统地位，直至唐后期还有开成石经的凿刻。同时，唐政府先后制订了《贞观礼》、《显庆礼》和《开元礼》来规范社会各阶层的行为。正如《旧唐书·礼仪志》所言：

　　故肆觐之礼立，则朝廷尊。郊庙之礼立，则人情肃。冠婚之礼

---

[1] 李昉等.1966.文苑英华.卷五九.阎宽.温汤御球赋.北京：中华书局.265

立，则长幼序。丧祭之礼立，则孝慈著；搜狩之礼立，则军旅振。享宴之礼立，则君臣笃。是知礼者，品汇之璇衡，人伦之绳墨，失之者辱，得之者荣，造物已还，不可须臾离也。

因而，在唐人日常的政治生活和社会生活中儒学仍占据着主导地位，儒家的风俗礼仪还是人们日常行为的规范。虽然唐朝后期的各类政治、经济、军事制度发生了变化，但这种变化并不是外来文明影响的结果。从前面对黄河流域外来文明的陈述我们也能够看到：外来文明中并没有属于制度文明的内容。可以说，黄河文明赖以产生和发展的经济基础与上层建筑并没有受到外来文明的影响而发生本质的变化。

而在各项国家制度方面，陈寅恪认为："总而言之，（隋唐）二代之制度因时间与地域参错综之关系，遂得演进，臻于美备，征诸史籍，其迹象明显，多可推寻，绝非偶然或突然所致者也。"在其名著《隋唐制度渊源略论稿》中，他从礼仪、职官、刑律、音乐、兵制、财政等方面系统分析了隋唐各种制度的渊源关系。他指出，隋唐时代典章制度的源头分别来自北魏北齐、梁陈、西魏北周，而其中的北魏北齐制度是由残存中原的汉魏制度、在江南地区历经东晋和南朝发展的汉魏制度以及保存在河西地区的中原制度文化，在北魏时期融合折中而成的。此制度其后被北齐沿袭，之后又被唐朝继承，而南朝梁、陈典章制度以及西魏、北周融合魏晋制度遗风与鲜卑旧俗的制度也对隋唐各类制度产生了一定程度的影响，只不过，其中西魏、北周的制度因素在唐代影响较弱罢了。[①] 这样，在上层建筑方面，唐代仅仅在音乐上吸收了较多的外来音乐成就补充到宫廷音乐之中。

在这样一种态势下，许多外来宗教不得不妥协以求得生存和发展，如密宗在黄河流域的传播就体现了外来文明在这里的转变。这和唐中后期的密宗高僧对密宗的改造密不可分。如不空早在孩提时代就跟随名僧善无畏来到唐朝，长期生活在长安与洛阳，因此具有深厚的中国传统文化的功底和素养，连唐代宗也称赞他"博通玄儒"，"妙印度之声明，洞中华之韵曲"。而不空的密宗思想，具有强烈的实用色彩。他传持密教，同时又顺应中国传统思想，讲求君臣、忠孝之道，维护中央集权。他将密宗与护国联系起来，极力尊崇和维护唐朝统治者的权威和利益，使密宗为现实政治服务，同时又以此来换取唐王朝对密宗的信赖与支持。由现存的《不空表制集》中不空的上表可以看出，不空非常关注时事政治，经常适时地上表奉承唐朝皇帝。而不空的这种理念恰好与唐后期统治者维护皇权的意图相一致。因此，玄宗之后的

---

① 陈寅恪.2000.隋唐制度渊源略论稿.北京：生活·读书·新知三联书店.3~4

唐朝皇帝大多数都推崇密宗，在他们的支持下，唐后期密宗信仰在黄河流域大行其道，流行于社会的各个阶层中。不仅是密宗，外来的摩尼教、景教僧侣也非常注重与上层统治者的关系，并借此来取得统治者对于本教的支持。[①] 而且，两种宗教也努力参与黄河流域的社会活动，如祈雨及社会救济等事务。尤其是，摩尼教早在开元年间就已经开始与佛教的融合，到唐后期更是借助回鹘的力量在黄河流域盛行，中间虽然经历了会昌年间的打击，然而到唐末已与民间的佛教信仰逐渐融合在一起了。

因此，在唐代黄河文明的发展进程中，它不断同化其他外来文明的要素，并使其融入自己的体系和结构中。在秦汉长期的历史发展过程中，滋生于黄河流域的黄河文明在物质和精神领域已经取得了较高的成就，而外来文明的进入更大程度上是为黄河文明注入了新的活力，丰富了黄河文明的外在形式，为黄河文明走向辉煌增添了一抹亮色。

---

① 林悟殊. 1998. 唐代三夷教政策略论. 见：荣新江. 唐研究. 第4卷. 北京：北京大学出版社

第五章
五代时期黄河流域的外来文明

唐朝末年，黄巢起义使得唐王朝遭到沉重打击，但是各藩镇势力在镇压起义军的过程中更加强大，政治局面更加混乱，黄河流域形成了朱温、李克用、李茂贞等大的割据势力。而以汴州为基地的朱温在这一时期注意开垦荒地，发展农业生产，力量逐渐壮大，先后消灭和吞并了秦宗权等藩镇，压制了李克用的势力，控制了黄河中下游大部分地区，最终在开平元年（907年）在汴州称帝，建立后梁。在此后短短的54年中，黄河中下游地区如走马灯一样先后被唐、晋、汉、周政权统治，中国历史进入了五代时期。五代时期可以说是唐后期藩镇割据局面的延续，在此期间，地方藩镇割据，统治集团内忧外患不断，政局动荡，生灵涂炭，使得本地区的经济遭到严重破坏。在一些特定的统治阶段，黄河中下游地区经济有一定程度的恢复，如唐末后梁初年的开封，"以夷门一镇，外严烽堠，内辟污莱，励以耕桑，薄其租赋，士虽苦战，民则乐输"①。后梁和后唐的河南尹张全义镇守洛阳期间，"（全义）善于抚纳，课部人披榛种艺，且耕且战，以粟易牛，岁滋垦辟，招复流散，待之如子。每农祥劝耕之始，全义必自立畎亩，饷以酒食，政宽事简，吏不敢欺。数年之间，京畿无闲田，编户五六万……"②。但这种安定的局面很快又被动荡的局势和频繁的战乱所打断。直到后周建立后，在太祖郭威以及世宗柴荣的努力下，本地区的经济才重新好转起来。尤其是这一时期的开封，随着漕运的发展，城市地位越来越重要。石敬瑭就指出："今汴州水陆要冲，山河形胜，乃万庚千厢之地，是四通八达之郊。"③到了后周时期，"东京华夷辐辏，水陆会通，时向隆平，日增繁盛"④。

而唐代长时期安流的黄河此时成为军阀混战的牺牲品，如后梁曾先后两次开决黄河来抵挡李存勖的晋军，贞明四年（918年），后梁将谢彦章在杨

---

① 洪迈.1978.容斋随笔.三笔.卷十.朱梁轻赋.上海：上海古籍出版社.529
② 薛居正.1976.旧五代史.卷六三.张全义传.北京：中华书局.839
③ 王钦若等.1960.册府元龟.卷一四.帝王部.都邑二.北京：中华书局.166
④ 王溥.1998.五代会要.卷二六.城郭.北京：中华书局.320

刘城"决河水弥漫数里,以限晋兵"①;龙德三年(923年),后梁灭亡前夕,段凝等"又自滑州南决破河堤,使水东注,曹、濮之间至于汶阳,弥漫不绝,以陷北军"②,导致这一时期黄河中下游地区多次洪水泛滥。据学者的统计,从后梁贞明四年至后周显德六年,黄河中下游较大规模的决口就有17次之多。③ 因而,在短暂的和平时期,治理黄河水害成为五代政权的当务之急。后唐建立后,多次修复河堤,后唐长兴元年(930年),滑州节度使张敬询"乃自酸枣县界至濮州,广堤防一丈五尺,东西二百里,民甚赖之"④。后周显德元年(954年),世宗命宰相李谷"诣澶、郓、齐,按视堤塞,役徒六万,三十日而毕"。黄河堤防的修筑和稳固有助于区域社会的安定和农业的恢复。

这一时期,活跃在黄河中下游地区的主要是沙陀人。沙陀本是西突厥别部处月种,唐代居住在今新疆博格达山以南,巴里坤湖以东的地区。唐德宗时期举族7000人迁徙甘州,之后依附吐蕃。元和三年(808年)背吐蕃归唐,唐政府将其安置在盐州,此后又跟随唐将范希朝至太原。"希朝乃料其劲骑千二百,号沙陀军,置军使,而处余众于定襄川。"⑤ 这样,沙陀人的势力进入唐河东地区。此后,沙陀多次参与唐朝平定藩镇之乱的战事。懿宗咸通年间,沙陀首领朱邪赤心讨伐庞勋有功,赐名李国昌。而其子李克用又因为率军征讨黄巢,收复长安而被唐朝拜为河东节度使。这样,以李克用为首的沙陀势力开始了对河东地区的统治。唐朝末年,李克用与朱温、李茂贞等成为重要的割据势力,互相攻伐。后梁建立后,李克用继续与后梁征战,并逐渐控制了河北州县,最终在同光元年由其子李存勖灭掉后梁而建立后唐,开始了对黄河中下游地区的统治。

后晋的建立者石敬瑭也是沙陀人,但根据《旧五代史·晋书·高祖纪》记载,其先世居住在甘州,而沙陀在德宗贞元年间投靠吐蕃后就被安置在甘州,其族源可能是在甘州依附沙陀的粟特人。其四代祖璟在元和年间跟随沙陀部归附唐朝,之后进入河东并一直生活在沙陀部落之中。其父臬捩鸡跟随李克用与李存勖屡立战功,后任刺史。而石敬瑭深受李嗣源的器重而成为其女婿,之后更助李嗣源取得帝位。李嗣源死后,他在契丹的帮助下推翻末帝李从珂而建立后晋。

---

① 司马光.1956.资治通鉴.卷二七〇.北京:中华书局.8824
② 薛居正.1976.旧五代史.卷二九.庄宗纪三.北京:中华书局.407
③ 岑仲勉.2004.黄河变迁史.北京:中华书局.338~340
④ 薛居正.1976.旧五代史.卷六一.张敬询传.北京:中华书局.821
⑤ 欧阳修,宋祁.1975.新唐书.卷二一八.沙陀传.北京:中华书局.6155

同样，后汉的建立者刘知远也是沙陀部人，生于太原。他与石敬瑭俱事唐明宗，后参与石敬瑭灭后唐。后晋开运三年（946年），契丹灭后晋，他在太原称帝，后趁契丹北还之际，进入汴京并建立后汉。

尽管五代政权中三个政权为沙陀人建立，然而这些很早就进入黄河流域河东地区的沙陀人经过长期汉地的生活，其原来游牧民族的生活习惯早已改变，已然是汉化的沙陀人，如李存勖以李唐的正统继承者自居，奉唐高祖李渊为祖；石敬瑭"本卫大夫碏、汉丞相奋之后"；而后汉的建立者刘知远也尊汉高祖刘邦为祖先。而且，这三个王朝的统治者也非常看重、宗奉儒家文化，如后唐庄宗李存勖，"帝洞晓音律，常令歌舞于前。十三习《春秋》，手自缮写，略通大义"①。石敬瑭也曾命人教授石重贵《礼记》。在婚姻上，三朝皇帝多与汉族通婚，在政治制度上也遵循唐朝统治制度和礼法。刘知远就曾经斥责当时推崇契丹服饰、鞍辔的风气为"胡风"，而要求百姓尊崇汉礼。在用人上沙陀统治者也能够不分彼此，许多汉族知识分子得到使用并担任重要职务。值得注意的是，沙陀部落中还有大量的沙陀化的粟特人。② 他们跟随沙陀部落进入中原地区后，许多在这一时期政权中担任重要的职务，如安重诲、康福等，在这一时期的政治生活中担当了重要的角色。而沙陀部落中的粟特人随着沙陀部落的汉化也逐渐汉化。因而，这三个王朝的统治者以及统治集团成员有许多沙陀及粟特人。当然，由于有沙陀的背景，他们的行为还保留着一些外族的礼俗，如后唐天成二年（927年）六月，唐明宗还在洛阳的白司马坂"祭突厥神，从北俗之礼也"，这一年的十一月，他还在开封"祭蕃神于郊外"。③ 天成二年十月，为了庆贺明宗平定汴封朱守殷的叛乱，青州节度使霍彦威遣人向明宗进献箭一对，明宗则赐霍彦威箭一对。宋代史官指出："传箭，番家之符信也，起军令众则使之，彦威本非蕃将，以臣传箭于君，非礼也。"后晋天福七年（942年），晋高祖石敬瑭去世后，少帝遣右骁卫将军石德超等"押先皇御马二匹，往相州西山扑祭，用北俗礼也"。但从整体上看，这些政权在许多方面已经突破了民族王朝的界限而成为中原王朝，而他们的进入也并没有对黄河流域的社会风气产生大的影响。

这一时期，政局动荡，五代政权的统治范围也大为缩小，主要限于黄河中下游地区，周边除了割据长江流域等处的十国之外，北方还有契丹、渤海，西方则有回鹘、归义军政权。和唐代相比，黄河中下游地区的对外交往

---

① 薛居正.1976.旧五代史.卷二七.唐书·庄帝纪一.北京：中华书局.366
② 刘惠琴，陈海涛.2001.唐末五代沙陀集团中的粟特人及其汉化.烟台师范学院学报，（2）：58~62
③ 薛居正.1976.《旧五代史》卷三八.唐书·明宗纪四.北京：中华书局.525、531

大为减少，但五代政权还是和北方的契丹、渤海，朝鲜半岛、中南半岛的一些政权，河西回鹘、归义军政权、吐蕃以及西域一些国家保持着较为密切的联系。这一时期，黄河流域的外来物品主要是靠朝贡贸易来进行的。

此时，由欧洲、中亚到西域、河西的交通线路基本上仍袭唐代丝绸之路之旧，然而，由河西进入黄河中下游地区的线路有所变化。原来经过陇西到达河西的线路基本断绝，因而这一时期河西与内地的交通主要通过灵州来沟通，即从长安到邠州，再经过庆州，北上入灵州，过黄河后再穿过腾格里沙漠后到达凉州。在河西各族政权以及五代地方政府的努力下，灵州道得以勉力维持，使得这一时期丝绸之路东段的畅通有所保障。因而，直到北宋咸平五年，党项李继迁攻陷灵州之前，灵州一直是通过丝绸之路进入黄河中下游地区的重镇。① 这样，来自中亚、西亚的商品被商人通过原来的丝绸之路贩运到西域后，再经由西域以及河西的各族政权通过朝贡贸易的方式将各种外来物品进贡到黄河流域。西域及河西各族割据政权无形中成为五代丝绸之路贸易的转输者，成为东西方交流的桥梁和中转站。

这其中河西地区的回鹘政权由于地处中西交通枢纽，与五代政权的交往最为频繁。这里物产丰富，"其地出玉、牦、绿野马、独峰驼、白貂鼠、羚羊角、硇砂、腽肭脐、金刚钻、红盐、麖氀、駒騠之革"。根据罗丰的统计，此时回鹘派遣的使团数量达30余次。② 而且，回鹘贡物的数量和种类都相当多。回鹘政权的朝贡带有很强的商业目的，他们携带大量外来货物进入黄河流域，不仅通过朝贡获得价值以及赏赐，同时还可以将黄河流域的各种商品通过丝绸之路运向西方获取利益。因而，唐末五代时期的回鹘人已经取代以往粟特人而操控了丝绸之路上的贸易。2001年，考古工作者在陕西宝鸡陵塬村发掘了唐末五代时期凤翔节度使李茂贞夫妇的墓，葬于后晋开运二年的其妻秦国太夫人刘氏墓西耳室南北壁就有两幅彩绘砖雕胡人牵驼图，生动刻画了胡人牵驼行进的场面，图画中的胡人高鼻深目，蓄络腮胡须，手牵缰绳，而身后的骆驼昂首平视，神态恭顺，体格健壮，驼背上披圆角方形毯，这些胡人可能就是当时活跃在丝绸之路上的回鹘商人。③

根据史书的记载，这一时期由河西进入黄河流域的贡物和唐代大致相同，有玉制品、马匹、白氀、鞍辔等。和唐代有所不同的是，玉料及其制品成为这一时期进入黄河流域的使臣进献的大宗物品。这一时期黄河流域社会

---

① 周伟洲.1991.五代时期的丝绸之路.文博，(1)：29~35
② 罗丰.五代、宋初灵州与"丝绸之路".胡汉之间——"丝绸之路"与西北历史考古.348~349
③ 宝鸡市考古研究所.2008.五代李茂贞夫妇墓.北京：科学出版社.53，59~60

对玉的需求大量增加，据史书记载，五代皇帝多次向臣下赏赐玉带，如梁太祖朱温就曾赏赐吴越王钱镠玉带一匣。同光元年（923年）八月，后梁将领康延孝领百骑投奔后唐，庄宗李存勖赐御衣玉带。因而许多使团都进献大量的玉料及其制品，如玉团、玉带、玉鞍辔等。史书中明确记载西域以及河西政权贡献物品名称的有44次，其中涉及玉团以及玉制品的就有24次。尤其是河西的回鹘政权，贡献玉非常频繁，如后晋少帝天福七年（942年），回鹘都督来朝献玉团100团、玉带1条；开运二年（945年）二月，回鹘可汗进玉团、玉鞍；后汉隐帝乾祐元年（948年）五月，回鹘可汗又贡献玉鞍辔、玉团73件；后周广顺元年（951年）二月，西州回鹘都督贡大小玉团6团，白玉环子、碧玉环子各1枚，玉带铰具69副，玉带1条；甘州回鹘可汗则遣摩尼僧进献玉团77块，玉带、玉鞍辔铰具各1副。① 回鹘所进献的玉可能多数都是产自于阗，经回鹘转输而进入黄河流域。除了回鹘之外，盛产美玉的于阗也数次献玉，如后晋天福七年（942年），于阗国王李圣天"遣都督刘再升献玉千斤及玉印、降魔杵等"。后晋天福三年（938年）冬，彰武军节度判官高居诲等随供奉官张匡邺出使于阗，他在《行程记》中详细记载了于阗玉河以及采玉之法，并指出"今中国所有，多自彼而来耳"②。

另外，白氎也是这一时期西北政权进献的大宗物品。从唐代的情况来看，由西域各国进献给唐朝白氎的情况并不多。然而到了五代时期，河西和西域诸政权向黄河流域进献白氎的情况大为增加了。根据《册府元龟》中的相关记载，贡品中有白氎的进贡有12次，主要由河西的回鹘政权所进献，有时进献的数量相当大。如天福七年十一月（942年），甘州回鹘进白布多达1万匹。③ 后周广顺元年（951年），西州回鹘遣使贡白氎布1329段。广顺三年（953年），甘州回鹘又进献白氎布770段。④

据《旧五代史》卷一三八《回鹘传》记载，后晋、后汉时期，回鹘使团每次到达京师，朝廷禁止百姓与之私下交易，回鹘人所携带的各种宝货都卖入官府，对于民间交易要予以问罪。这说明民间社会有对这些货物的需求。这种情况到后周时期有所改变，后周广顺元年（951年），周太祖郭威"命除去旧法，每回鹘来者，听私下交易，官中不得禁诘，由是玉之价直十损七八"。

由于回鹘以及归义军政权的转输，一些产自西亚及中亚的物品也被贡献

---

① 王钦若等.1960.册府元龟.卷九七二.外臣部·朝贡五.北京：中华书局.11425
② 苏颂.尚志钧辑校本.1994.本草图经.引行程记.合肥：安徽科技出版社.2~3
③ 王钦若等.1960.册府元龟.卷九七二.外臣部·朝贡五.北京：中华书局.11424
④ 王钦若等.1960.册府元龟.卷九七二.外臣部·朝贡五.北京：中华书局.11425

到此时的洛阳与开封，如后唐时期回鹘贡献的波斯宝绁玉带、后唐与后周时归义军政权贡献的波斯锦等。

五代时期由于疆域狭小，驯养有限，加之管理不善，"五代监牧多废，官失其守，国马无复蕃息"，因而国家掌握马匹数量有限。但内外战事频仍，对马匹的需求量甚大，许多都依靠朝贡贸易等方式来取得，因而马匹也是当时输入黄河中下游地区的大宗物品。回鹘、党项、契丹等都多次进贡马匹，占据河西地区水草丰美之地的回鹘就多次向五代政权贡献马匹，如同光二年（924 年）四月，回鹘就向后唐进贡方物，并进善马 9 匹；清泰二年（935 年）七月，回鹘进马 360 匹；后晋天福四年（939 年），回鹘又贡良马 100 匹。割据夏州的党项部落势力则常用马与内地贸易。后唐明宗时期，党项部落多奔赴洛阳贡马，除马价之外，赏赐甚厚。"马来无弩壮皆售，而所雠常过直，往来馆给，道路倍费。其每至京师，明宗为御殿见之，劳以酒食，既醉，连袂歌呼，道其土风以为乐，去又厚以赐赍，岁耗百万计。"① 当时后唐国用不足，于是遂禁止党项人入京，只准许在边境收购。天成四年（929 年）十月，党项首领来有行来朝，进马 40 匹。枢密使安重诲奏曰："吐浑、党项近日相次进马，皆给价直。对见之时，别赐缯帛，计其所费，不啻倍价，请止之。"明宗则认为："国家常苦马不足，每差纲收市，今番言自来。何费之有？外番朝贡，中国锡赐，朝廷常事，不可以止。自此番部羊马，不绝于路。"② 而作为游牧民族的契丹也盛产马匹，故而阿保机的妻子述律氏曾说："我有西楼羊马之富，其乐不可胜穷。"因而从后梁开始，契丹就多次进贡良马。根据《册府元龟》的记载，这一时期契丹贡献方物中明确记载献马的就有 17 次之多。另外，这一时期的各割据政权也向五代政权进贡外来名马，如后梁开平二年（908 年）正月，割据幽州的刘守文"进海东鹰鹘、蕃马、毡罽方物"③。

这时，朝鲜半岛上的王氏高丽政权则与五代政权保持交往，高丽使臣经常来到洛阳以及汴梁贡献方物。天成四年（929 年）八月，高丽使者朝贡"银香狮子银炉、金装版镂云星刀剑、马匹、金银、鹰绦鞲、白纻、白氎、头发、人参、香油、银镂剪刀、钳铍松子等"④。

五代政权位于北方，由于海路交通不便，因而与东南亚、西亚诸国联系很少，但这一时期的南方诸政权却通过海外贸易将获取的许多奇珍异宝进贡

---

① 欧阳修.1974.新五代史.四夷附录第三.北京：中华书局.912
② 王溥.1998.五代会要.卷二九.党项羌.北京：中华书局.354
③ 王钦若等.1960.册府元龟.卷一九七.闰位部·纳贡献.北京：中华书局.2380
④ 王溥.1998.五代会要.卷三〇.高丽.北京：中华书局.359

给五代政权。后梁开平元年(907年)十月,割据广州的刘隐"进龙脑、腰带、珍珠枕、玳瑁、香药等"。开平四年(910年)七月,"广州贡犀玉,献船上蔷薇水"①。"船上"说明此物是转贩而来的。蔷薇水是产自大食的香水,宋赵汝适《诸蕃志》卷下就指出:"蔷薇水,大食国香露也。"割据福建的王审知也在开平二年(908年)九月,"贡玳瑁、琉璃、犀象器并珍玩、香药、奇品海味,色类良多,价累千万"。这些贡物很明显也多是从海外贩运而来的。当然,东南亚诸国也有贡献,如后周显德五年(958年),占城国王因德漫遣使臣来到汴梁朝贡,其中"有洒衣蔷薇水一十五瓶,言出自西域,凡水之沾衣者,香而不黦。又贡猛火油一十四琉璃瓶"②。这其中的猛火油被认为是石油。

五代统治时间短促,但在许多方面,唐代吸收了外来文明内容的黄河文化成果被五代所继承,因而五代时期黄河流域社会生活中仍旧能够见到外来文明的身影。例如,在乐舞方面,1992年陕西彬县后周朔方节度使冯晖墓墓室东西两壁出土了彩绘砖雕《乐舞图》。砖雕中表演舞蹈的六人中就有两名络腮胡须的胡人舞者,而砖雕中演奏的乐器仍有竖箜篌、腰鼓、曲项琵琶、筚篥等唐代常见的外来乐器。可见,到五代时期乐舞中还有胡人舞者的存在,而外来乐器仍旧在大量地使用。结合乐舞中的方响、打鼓、拍板、横笛、笙、排箫等乐器,罗丰认为冯晖墓砖雕反映了唐代俗乐的情况,也表现出晚唐五代时期胡乐和俗乐逐渐融合,形成了新的胡俗乐的情况。③ 而1995年河北省曲阳县五代易定节度使王处直墓后室西壁的汉白玉浮雕刻画了乐队高髻女子奏乐的场景,其乐队乐器的配置与冯晖墓中的基本相同,其中的外来乐器有竖箜篌、筚篥、曲项琵琶、达蜡鼓等。④ 而陕西宝鸡李茂贞妻刘氏墓通道东西两侧的砖雕《伎乐图》中也有弹奏曲项琵琶、羯鼓和毛员鼓的乐人形象。

在天文学方面,唐代民间流行的是效仿天竺历法的小历,即符天历,而后晋石敬瑭时期颁布的调元历,是由当时的司天监马重绩制作的。王应麟认为:"《调元历》,盖仿曹士芛《小历》之旧。"因而,这部历法具有浓厚的天竺天文学的色彩。但这部新历法行用的时间并不长,"然行之五年,辄差不可用"。⑤ 后周显德二年(955年),大臣王朴在进呈新历的上表中指出:

---

① 王钦若等.1960.册府元龟.卷一九七.闰位部·纳贡献.北京:中华书局.2381
② 王溥.1998.五代会要.卷三〇.占城.北京:中华书局.367
③ 罗丰.2004.后周冯晖墓彩绘乐舞砖雕.胡汉之间——丝绸之路与西北历史考古.北京:文物出版社.299~325
④ 河北省文物研究所.1998.五代王处直墓.北京:文物出版社.39
⑤ 欧阳修.1974.新五代史.卷五八.司天考第一.北京:中华书局.671

"今古历书,皆无蚀神首尾之文,盖天竺胡僧之妖说也。只自司天卜祝小术,不能举其大体,遂为等接之法。"① 指的就是《调元历》的内容。另外,前面提到的自唐代传入黄河流域的古希腊天文学的影响还存在,如五代宋初官员刘熙古就撰有《续聿斯歌》一卷。②

唐代流行的马球风俗到了五代时期还在延续,梁太祖朱温就曾赏赐吴越王钱镠打球御马十匹。《新五代史》中有相关记载:

> 梁太祖即位。封镠吴越王兼淮南节度使。客有劝镠拒梁命者,镠笑曰:"吾岂失为孙仲谋邪。"遂受之。太祖尝问吴越进奏吏曰:"钱镠平生有所好乎?"吏曰:"好玉带、名马。"太祖笑曰:"真英雄也。"乃以玉带一匣、打球御马十匹赐之。③

后梁洛阳皇宫中还有球场殿、兴安球场、保宁球场。后唐庄宗也曾和臣子在洛阳鞠场击球。④ 后唐末帝李从珂年轻时,也与石敬瑭一起在太原击球。

五代时期,契丹势力逐渐强大,多次侵扰黄河中下游地区,甚至还派遣军队参与灭后唐以及推翻后晋政权,并在短时间内占领了黄河中下游地区,只是由于其残暴的统治导致这一地区人民强烈的反抗而最终撤出黄河流域。但这一时期契丹服饰和马具在黄河流域影响非常大,被称为"契丹样"。后汉高祖天福十二年(947年),左卫将军许敬迁上奏云:"臣伏见天下鞍辔、器械,并取契丹样装饰,以为美好,安有中国之人反效戎虏之俗?请下明诏毁弃,须依汉境旧仪。"其年闰七月,高祖刘知远敕曰:"近年中华兆人,浮薄不依汉礼,却慕胡风,果致狂戎来侵诸夏。应有契丹样鞍辔、器械、服装等并令逐处禁断。"⑤ 可见,当时黄河流域契丹样式的服饰等物品风行,但刘知远等人却认为契丹服饰的流行是契丹入侵中原地区的先兆,这和唐代将安史之乱归咎于胡服的盛行一样是没有任何根据的错误认识。

还有一些画家的画作也都涉及外来文明,李玄应和王道求都画有《拂菻图》。⑥ 宋代的《宣和画谱》卷三则记载五代画家王殷,"工画道释、士女,尤精外国人物"。他还绘制了《拂菻风俗图》、《拂菻士女图》、《拂菻妇女图》。可惜的是,我们今天已经无从得知这些绘画的内容,然而从这些名称上不难体会到画家对外来风情的好奇与关注。

唐代黄河流域存在的外来宗教尽管经历了会昌毁佛的运动,但一些地区

---

① 薛居正.1976.旧五代史.卷一四〇.历志二.北京:中华书局.1866
② 脱脱.1977.宋史.卷二六三.刘熙古传.北京:中华书局.9101
③ 欧阳修.1974.新五代史.卷六七.吴越世家.北京:中华书局.839
④ 薛居正.1976.旧五代史.卷三二.庄宗纪六.北京:中华书局.445
⑤ 王钦若等.1960.册府元龟.卷一六〇.帝王部·革弊二.北京:中华书局.1936
⑥ 郭若虚.1986.图画见闻志.卷二.四库全书本.台北:商务印书馆

直到五代时期还存在着外来信仰。张邦基《墨庄漫录》中就提到汴京城北的胡祆庙，庙祝史氏家藏五代官府发给史姓庙祝的牒文。"有曰温者，周显德三年（956年）端明殿学士、权知开封府王所给，王乃朴也；有曰贵者，其牒亦周显德五年（958年）枢密使、权知开封府王所给，亦朴也。"① 这说明该胡祆庙五代时期一直存在于开封。

关于五代开封祆庙的记载还见于其他文献，《邵氏闻见录》卷七记载，五代大臣范质在后汉、后周革鼎之际，隐居于开封民间，一日在封丘巷茶肆中，偶遇一相貌怪陋之人：

> 时暑中，公所执扇偶书"大暑去酷吏，清风来故人"诗二句。其人曰："世之酷吏冤狱，何止如大暑也，公他日当深究此弊。"因携其扇去。公惘然久之，后至祆庙后门，见一土偶短鬼，其貌肖茶肆中见者，扇亦在其手中，公心异焉。乱定，周祖物色得公，遂至大用。公见周祖首建议律条繁广，轻重无据，吏得以因缘为奸，周祖特诏详定，是为《刑统》。②

引文中的"封丘巷"应该就是开封城东北封丘门附近里巷，则这座祆庙也位于开封城东北，或许这座祆庙就是张邦基上文中提到的，范质碰到的神仙既然是祆庙后门的土偶，应该具有祆教的色彩。然而根据考古资料和唐人笔记的记载，祆庙一般是不设偶像的，而开封祆庙后门设置塑造神像，也从侧面说明了此时的祆庙越来越汉化了。而且，据笔记的记载，祆庙的神灵颇为灵验，说明五代时期开封当地人对祆神的信仰程度。

此时还有摩尼教僧侣进入黄河流域，周广顺元年（951年）二月，甘州回鹘"遣使并摩尼贡玉团七十有七，白氎、貂皮、牦牛尾、药物等"。此时的河东地区也有摩尼教僧侣和教徒存在。《册府元龟》卷九七六《外臣部·褒异三》记载，后唐明宗天成四年（929年）八月，当时的北京太原府上奏安葬摩尼和尚。当时的太原少尹李彦图本是唐武宗时归附唐朝的回鹘王子之后，在归顺李克用之后，被赐宅一区，并在其宅第旁边设有摩尼院，这名摩尼僧人就被专门安置于此。此摩尼教僧侣"先自本国来"，应当是会昌年间跟随回鹘入唐的。因此，既然太原有摩尼教僧侣存在，也说明居住在这里的回鹘后裔应该是信奉摩尼教的。另外，《大宋僧史略》卷下还记载，经历了会昌毁佛的活动之后，摩尼教"然而未尽根荄，时分蔓衍"。到了后梁贞明六年（920年）：

> 陈州末尼党类立母乙为天子，发兵讨之，生擒母乙。余党械送

---

① 张邦基.2002.墨庄漫录.卷四.北京：中华书局.110
② 邵伯温.1983.邵氏闻见录.卷七.北京：中华书局，62

阙下，斩于都市。初陈州里俗喜习左道，依浮图之教，自立一宗，号上上乘。不食荤茹，诱化庸民，糅杂淫秽，宵集昼散。因刺史惠王友能动多不法，由是妖贼啸聚，累讨未平。及贞明中，诛斩方尽。后唐、后晋时，复潜兴，推一人为主，百事禀从。或画一魔王踞座佛为其洗足云，佛止大乘，此乃上上乘也。盖影傍佛教，所谓相似道也。或有比丘，为饥冻故往往随之效利，有识者尚远离之。此法诱人直到地狱，慎之哉。①

对此，《旧五代史·梁末帝本纪》也有记载：

> 陈州里俗之人，喜习左道，依浮图氏之教，自立一宗，号曰上乘。不食荤茹，诱化庸民，揉杂淫秽，宵聚昼散。州县因循，遂致滋蔓。时刺史惠王友能恃戚藩之宠，动多不法，故奸慝之徒，望风影附。毋乙数辈，渐及千人，攻掠乡社，长吏不能诘。是岁秋，其众益盛，南通淮夷。朝廷累发州兵讨捕，反为贼所败。陈、颍、蔡三州大被其毒。群贼乃立毋乙为天子，其余豪首，各有树置。②

末尼即摩尼，这反映出，五代时期黄河流域的摩尼教信仰已经开始和佛教相结合，比附佛教教义，并在百姓中传播。上文中的"自立一宗"即是由于摩尼教和弥勒教的双重影响，而陈州（河南淮阳）是五代摩尼教的活动中心，早有群众基础，因此"末尼党类"的起义才会如此声势浩大。

在中国历史上，五代时期由于时间短暂被看做唐宋之间的一个过渡期，这一时期的黄河流域政局动荡，经济凋弊，仅仅和高丽、契丹以及西北回鹘等政权保持着往来，对外交流也大为减少。但五代在政治、经济等许多方面对唐朝多有继承，而五代对待外来文明的态度也是和唐后期逐渐趋向保守的观念相一致的。由于不断的内忧与外患，各民族矛盾的加剧和对立，五代统治者不再像唐朝统治者那样以博大的胸怀去接纳外来文化并加以吸收，而以正统自居，用"华夷之辨"来巩固自身的地位，并排斥外来文化。但正是在这一时期，唐朝外来文明的成果得到进一步巩固，进一步融入这一时期的社会生活中。这一时期，唐代那种大规模的外来移民的情况已经没有了，虽然五代时期黄河流域还有大量唐代外来移民的后裔，尤其是由河东地区进入中原的沙陀人，但他们由于长期生活在这里，学习和认同儒家文化，与汉族通婚，采用汉地的生活方式，已经彻底汉化而融合到汉民族中来。尽管这一时期政局动荡，通过这一时期的朝贡贸易，在黄河流域仍旧可以看到外来文明的成果。

---

① 赞宁．1990．大宋僧史略．卷下．大秦末尼．大正藏54册．东京：大藏经刊行会．0253
② 薛居正．1976．旧五代史．卷一〇．梁末帝本纪下．北京：中华书局．144

第六章
宋代黄河流域概况

北宋时期的行政区划经过了数次的演变，从持续时间最长的真宗天禧年间的十八路地区区划来看：北宋控制的黄河流域地区有位于黄河上中游地区的陕西路（秦凤路、永兴军路）、河东路，下游地区的京西北路、河北路、京东西路。其中最为重要的城市是东京开封和西京洛阳。北宋灭亡后，宋政权南迁杭州建立了小朝廷，金政权开始了在黄河流域的统治。这一时期，黄河中下游地区经济遭到严重破坏，经济中心的南移此时已经完成，而黄河流域的文化逐渐走向衰弱。因而，本书的宋代部分主要集中于北宋时代的黄河中下游地区。

这些地区大部分在唐末五代的战争中遭到严重破坏。北宋建国后，在较为稳定的政治环境中以及政府对农业的重视下，作为传统的农耕经济区，其传统优势仍旧存在。由于西夏的原因，北宋在黄河流域的控制区域比唐代大为缩小，畜牧业区的分离导致本地区的畜牧业有较大的损失，但在其他方面都有不同程度的发展，用程民生评价北方经济的话来说，就是："不仅与汉唐之盛有连续性，而且克绍箕裘，还达到了新的高度。"[①] 因而，黄河流域的生产力得到恢复和进一步的发展，这一地区的农业、手工业都非常发达。

宋代农业和手工业的发展促进了生产分工专业化和区域化局面的出现，这种趋势使得各地间的经济交流更加密切，推动了商业的发展。商品生产和货币关系渗透到各个领域，商业性城镇大量涌现，城市空前发展，其中就有开封这样的吸引了大量外国客商的国际性大都市，而此时黄河中下游的交通由于漕运的发达而更加便利。区域经济文化的繁荣和流动的频繁，为北宋的黄河流域吸纳外来文明提供了有力保障。

---

① 程民生. 1992. 宋代地域经济. 开封：河南大学出版社. 324

第一节 宋代黄河流域的经济

黄河文明是中华文明的源头之一,它以黄河中下游为核心向周边地区扩散。南宋之前,黄河流域一直是我国古代政治、经济、文化的中心。北宋时期,这里有东京开封、西京洛阳和北京大名,加之防御辽国和西夏的战略需要,北宋政治、经济、军事活动的重心集中在黄河流域,因而,这一地区的地位仍旧重要。京西路、京东路、河北路、河东路、永兴军路、秦凤路在宋人的眼中,都具有重要的政治、经济和军事意义,是最受重视的地区。①

一、农业的发展

由于历史上长期的开发与经营,尽管经历了唐末和五代的战乱,黄河流域的许多地区经济受到重创,但是经过北宋时期的恢复和经营,黄河流域的一些传统农业区仍然颇具优势,而且达到了新的高度。由于充分发挥了传统优势以及人的主观能动性,该地区的经济仍旧是发达的。这里许多地方自然条件优越,土地肥沃,农耕发达,虽然也有一些州县地势低洼,易受水涝而土地斥卤;其他山地或平原,或林木茂密,物产丰富,或宜于畜牧,但总体上农业基础优越。陕西路所处的许多地方自然条件也非常好,尤其是关中地区,"鄠、杜、南山,土地膏沃,二渠灌溉,兼有其利",汾州"地高气爽,土厚水深,其民淳且重,桑麻之沃,秔稻之富,流衍四境,汾之盛也"②;蒲州"地沃人富,自汉唐至今,为秦晋之都会"。③ 京东西路的郓州"其土沃衍,其民乐厚"④。京西北路的洛阳"泉甘土沃,风和气舒,自昔至今,人乐居之"⑤;孟州(河南孟州)"山水清远似江南"。河北路的南部地区德州和棣州"平原、厌次,沃野千里"⑥;怀州和卫州,"素号沃壤";相州也是一片肥沃富庶之地,"土厚水深,穜稑蔽野,桑麻耀林。顷必万秉,亩皆百金","物颗财阜"⑦;邢州与洺州由于漳河的原因,良田也非常多。在这一地区中,只有河东路囿于地理和气候条件,农耕基础稍差,但也物产丰富。

---

① 程民生.1992.宋代地域经济.开封:河南大学出版社.10~11
② 胡聘之.1988.山右石刻丛编.卷一五.汾州平遥县清虚观记.清光绪二十七年刻本
③ 范纯仁.1986.范忠宣集.卷一〇.薛氏乐安庄园亭记.四库全书本.台北:商务印书馆
④ 刘敞.1986.公是集.卷三六.东平乐郊池亭记.四库全书本.台北:商务印书馆
⑤ 李复.1986.潏水集.卷六.游归仁园记.四库全书本.台北:商务印书馆
⑥ 苏轼.1986.苏轼文集.卷三九.王荀龙知棣州制.北京:中华书局,1116
⑦ 赵鼎臣.1986.竹隐畸士集.卷一.邺都赋.四库全书本.台北:商务印书馆

两宋时期，由于冶铁技术的发展，我国古代的生产工具在质量上经历了熟铁钢刃化的重大变革。从种类来看，北宋墓葬出土有犁、锄、锂、耧、耙、镰等多种铁质农具，反映出农民对精耕细作的重视和耕作程序的增多。由于长期的战乱，宋初一段时间内耕牛缺乏，于是由朝廷主持制作、人力操作的踏犁，在北宋时流行于黄淮平原一带。《宋史》称："河朔戎寇之后，耕具颇阙，牛多瘠死。（景德）二年，内出踏犁式，诏河北转运使询于民间，如可用，则官造给之。"① 踏犁"可代牛耕之功半，比镢耕之功则倍"②。

另外，黄河流域的许多地区如河东、京西、京东、陕西都养马和牛，除了官方的牧监之外，民间养马也非常普遍。故而，宋祁指出："河北、陕西、河东，出马之地，民间皆宜畜马。"③ 牛、马、驴、骡等畜力使用普遍，为农业、手工业和交通运输提供了巨大的生产力。

精耕细作的农业生产体系使得这里的农民对土地资源的开发达到了古代技术条件所允许的最高水平。从搜集的宋代各地区粮食亩产量的数字来看，经过精细的耕作，黄河流域地区的亩产量一般约为一石，高的则达二到三石，最高亩产如巩州（甘肃陇西）是十余石。黄河流域某些地区的单位亩产量竟然高于南方许多地区。程民生指出，北方不少地区土地肥沃，又有优良的生产传统和技术，加以兼种五谷，杂粮占一定的比重，而杂粮作物本身就是高产的。但从质量上讲，北方的粮食质量总体上不如南方稻米，双方互有优劣。④

对于黄河流域而言，农业生产不仅时常受到战争威胁，也经历着环境恶化的考验。由唐至宋，气候转寒，造成了降水量的下降。这种变化虽然是全国性的，但南方的波动明显小于北方。剧烈的气候变动，加之对环境保护不利，北宋时黄河决口问题较前代更为严重，在北宋的167年中有73个年份有决溢的记载，平均两年多1次，而较大的改道和决溢一共有7次。几次大的决口造成的受灾面积几乎涵盖了黄河历史上所有泛溢过的地方，这在整个黄河灾害史上都是罕见的。因而，此时的黄河对于本地区农业生产来说是弊大于利。黄河水利建设对地方农业生产具有如此重大的意义，北宋政府此时开始倾注大量人力、物力对黄河浚修疏导和筑堤防范，尤其是水灾频繁的河北地区。因而，神宗熙宁二年（1069年），在王安石的主持下，仁宗时期因

---

① 脱脱.1977.宋史.卷一七三.食货志上一.北京：中华书局.4161，4162
② 徐松.1957.宋会要辑稿.食货一之十六.北京：中华书局.4809
③ 宋祁.1986.景文集.卷二九.又论京东西淮北州军民间养马法.四库全书本.台北：商务印书馆
④ 程民生.1992.宋代地域经济.开封：河南大学出版社.105~106

决口而分为两股的黄河被合流,"退滩内民田数万顷,尽成膏腴"①。而许多水利灌溉工程也在各地大量兴建。宋真宗景德初,阎承翰引唐河水32里到达定州,又引保州(河北保定)赵彬堰、徐河水入鸡距泉,形成良好的灌溉体系。"自是,朔方之民灌溉饶益,大蒙其利矣!"② 仁宗时期,河北转运使王沿"导相、卫、邢、赵水下天平、景祐诸渠,溉田数万顷"③。而在关中地区,从真宗一直到徽宗时期,地方官员主要围绕郑白渠建设了一系列的灌溉工程,收到了良好的效果,成就也超越了汉唐时代。河东地区则有仁宗时期的河东提点刑狱程师孟,筹集民间资金,沟通各地河流泉水,筑堰蓄水,使一万余顷田地受益。而东京开封府则引黄淤灌,"成淤田四十万顷以给京师"④,京东地区则依靠疏水复田和淤田使得大量良田重新恢复了生产。

宋代黄河流域的粮食作物主要是麦、粟、豆、稻、黍等。伴随着水利的兴修,原产于南方的水稻得以普遍推广。如孟州的河阳县在宋仁宗时期开始推广种植水稻,"河阳人大享其利"⑤。同样在仁宗时期,朝廷遣尚书职方员外郎沈厚载"出怀、卫、磁、相、邢、洺、镇、赵等州,教民种水田"⑥。因此,河北路、京西北路、京东路、河东路、陕西路等处,水稻种植大面积增加。

由以上分析可知,北宋时代的黄河流域许多地区平原广阔,土地开发历史悠久,可耕率高,且生产关系进步,地方人口劳动力素质高,畜力充足。在多种因素的共同作用下,黄河流域的农业生产,通过农民辛勤的耕作,最大限度地克服自然环境和时代环境的不利影响,与各地一道在土地上延续着东方封建时代的光芒。也正是由于粮食生产的保证,经济作物的种类和种植面积才有了扩大的可能,从而推动了黄河流域商业活动的发展。

二、经济作物的种植

粮食产量的提高使经济作物的种植面积得以扩大,促进了农业的区域化生产,提高了生产效率。宋代黄河流域的经济作物主要有蚕桑业、果木业与花卉业。其中,桑树是这里传统的经济作物,历史最悠久、影响也最大。而果木业与花卉业,则是随着城市繁荣而兴起的种植项目。

宋代经济作物种类众多,而黄河流域历史最悠久、影响最大的经济作

---

① 李焘.1995.续资治通鉴长编.卷二七八.北京:中华书局
② 脱脱.1977.宋史.卷九五.河渠志五.北京:中华书局.2365
③ 脱脱.1977.宋史.卷三〇〇.王沿传.北京:中华书局.9959
④ 黄震.1986.黄氏日抄.卷九.书侯水监行状.四库全书本.台北:商务印书馆
⑤ 陈襄.1986.古灵集.卷二五.陈襄行状.四库全书本.台北:商务印书馆
⑥ 脱脱.1977.宋史.卷一七三.食货志上一.北京:中华书局.4164

物,莫过于蚕桑。其中,河北路、京东路两地的蚕桑业历来发达,如《鸡肋集》卷六二《张洞传》称"河北东路民富桑蚕",这里的棣州"桑麻之富,衣被天下"①。而河北西路的洺州、相州桑蚕业也比较发达。另外,京东路也是黄河流域桑蚕业非常发达的地区,因而宋人对其有"青齐之国,沃野千里,麻桑之富,衣被天下"的评价。② 在河北、京东地区,桑蚕养殖的经济利益甚至超过了粮食种植,故而庄绰赞曰:"河朔、山东养蚕之利,逾于稼穑。"③ 此外,黄河流域的陕西、河东、京西地区的桑蚕业也有一定的规模,如陕西的长安,"耕桑最盛,古称陆海"④;河东的汾州"桑麻之沃……流衍四境,汾之盛也"⑤。正因为如此,宋代黄河流域的桑蚕业也是全国的重心所在。

果品作为一种高层次的消费品,不像粮食、蔬菜那样与生活密切相关,因此果木业的发展,需建立在社会经济达到一定高度的基础上。宋代粮食产量的提高以及商业的繁荣,为果木业的发展提供了广阔空间。北宋时期,黄河流域以开封为中心,形成全国果品种植和消费的巨大市场。此时黄河流域的果木业也非常发达。如京西地区梨树种植非常普遍,有许多优秀品种。如郑州有"语儿梨",洛阳有雪梨、夫梨、甘棠梨、凤栖梨等,是开封市场上的佳品。洛阳还出产昆仑桃和樱桃。洛阳的橙子曾为梅尧臣所称赞:"昔向南阳忆洛阳,秋橙初熟半林黄。"⑥ 此外,孟州出产楂子,河阴出产石榴,河阳出产查子,汝州出产栗子,都是当时的名产。京东地区则盛产枣、桃和杏。河北果木业以鹅梨最为著名,其中大名府(河北大名)的鹅梨是贡品,真定(河北正定)的梨也非常有名,而卫州出产的白桃也是著名的果品。陕西果木业也非常发达,果品种类繁多,且多名品。凤栖梨"肌肉细腻,红颊玉液"⑦;特产冰蜜梨,"味兼冰作质","老嫌冰熨齿,渴爱蜜过喉。色向瑶盘发,甘应蚁酒投"⑧。另外,咸阳的水梨、凤翔府的核桃、鄜州(陕西富县)及坊州(陕西黄陵)的榛子都负有盛名。葡萄自从唐太宗时期引入黄河流域后,就为人所识,唐代河东地区已经盛产葡萄并酿造出优质的葡萄

---

① 苏轼.1986.苏轼文集.卷三九.王荀龙知棣州制.北京:中华书局.1116
② 孙觌.1986.鸿庆居士集.卷二六.李祐除京东转运副使.四库全书本.台北:商务印书馆
③ 庄绰.1983.萧鲁阳点校.鸡肋编.卷上.北京:中华书局.9
④ 邵伯温.1983.邵氏闻见录.卷一七.北京:中华书局.186
⑤ 胡聘之.1988.山右石刻丛编.卷一五.汾州平遥县清虚观记.光绪二十七年刻本
⑥ 梅尧臣.1980.朱东润校注.梅尧臣集编年校注.卷二二.送王察推缜之邓州.上海:上海古籍出版社.625
⑦ 蔡絛.1983.冯惠民,沈锡麟点校.铁围山丛谈.卷六.北京:中华书局.116
⑧ 梅尧臣.1980.朱东润校注.梅尧臣集编年校注.卷一六.玉汝赠永兴冰蜜梨十颗.王道损赠永兴冰蜜梨四颗.上海:上海古籍出版社.378~379

酒。到了北宋时期，河东葡萄仍旧享誉全国，晋州、潞州、太原等都是著名产地，其中不乏百二子、紫粉头等优秀品种。另外，河东的晋州和绛州还盛产大枣。除了本地的特产外，此时黄河流域还种植有银杏、荔枝等南方的果木，为了适应东京这一全国最大城市的消费需要，它们也出现在了京西、开封一带的果园中。

我国虽然有着悠久的花卉种植历史，但是鲜花成为商品进入消费领域却是唐代中后期的事。到了宋代，人们对花卉的需求更加旺盛，花卉种植也异常兴盛。汴京"是月（三月）季春，万花烂漫。牡丹、芍药、棣棠、木香，种种上市，卖花者以马头竹篮铺排，歌叫之声，清奇可听"[①]。汴京每逢八、九、十月，菊花市场十分繁盛。"近时都下菊品至多，皆智者以他草接成，不复与时节相应，始八月尽十月，菊不绝于市，亦可怪也。"[②] 著名花都洛阳所产牡丹达到 90 多种，40 多年后，牡丹种类又增加到 109 种。

由于花卉养殖具有更高的经济收益，此地出现了很多置地专门种花的花农，如"有民门氏子者，善接花，以为生，买地于崇德寺前，治花圃"[③]。有些花农的花圃甚至达到了相当的规模，"植花如种黍粟，动以顷记"[④]。通过不同植物间的嫁接，传统花卉可以开出奇异的效果，那些技术精湛的"园户"或"花户"，通过接花的技术可以获得不菲的收入。洛阳牡丹盛开之日，天王园花园子成为花市，园户们"毕家于此"，进行买卖，"姚黄、魏紫一枝值千钱"。以植花牟利，充分说明了养花业的商业性质。

三、手工业概况

北宋时代，黄河流域的手工业也非常发达。由于便于采集和燃烧，宋代以前的手工业生产普遍使用木柴、木炭做燃料。但是，大量的砍伐木材会对森林造成严重损害，另外木材的过度消耗，也会给以木材为燃料的手工业带来困难。在传统燃料发生严重危机的情况下，煤作为一种新的燃料在宋代得到了重视。

黄河流域的采煤业在宋代已经比较发达。从开采技术上说，当时已采用"跳格式"的先内后外的方法，先把煤田分为若干小区，然后逐步分区将煤层开采出来。在开采规模上，北宋采煤业也达到了相当的高度。河南省鹤壁市曾发现北宋晚期的煤矿遗址，竖井直径 2.5 米，深达 46 米，井下到采煤

---

① 孟元老. 1982. 邓之诚注. 东京梦华录注. 卷七. 驾回仪卫. 北京：中华书局. 200
② 史铸. 1986. 百菊集谱. 卷五. 四库全书本. 台北：商务印书馆
③ 欧阳修. 1986. 洛阳牡丹记·花释名第二. 四库全书本. 台北：商务印书馆
④ 张邦基. 2002. 墨庄漫录. 卷九. 北京：中华书局. 251

面有巷道可通，4条较长的巷道总长500多米。根据煤矿的巷道和在遗址发现的辘轳、条筐以及生活用的瓷碗等情况推测，这应当是一个能容纳数百人的煤矿。①

从煤矿的分布来看，陕西路所在的西北地区煤矿非常多，故朱弁指出："然今西北处处有之，其为利甚博。"② 河东路产煤量也非常大。"（河东）地寒民贫，仰石炭为生。"这"生"的意思不仅包括开采出的煤作为家庭燃料使用，而且由于开采的数量非常多，其已转化成了用来出售的商品。此时由于生产生活中煤炭需求量的增加，河北的怀州九鼎渡已形成一个煤炭集散地或专业市场，辐射范围可达千里。而东京已成为一个巨大的煤炭消费市场，"昔汴都数百万家，尽仰石炭，无一家然薪者"③。

大量新燃料的使用促进了黄河流域金属制造业的发展。"河东民烧石炭，家有橐冶之具。"在冶炼技术上，北方也达到了很高的水平。河北磁州（河北磁县）采用加热煅法，把钢材中的杂质去掉，得到比较纯净的优质钢，据沈括言："此乃铁之精纯者，其色清明，磨莹之则黯黯然青而且黑，与常铁迥异。"④ 明道年间，开封宝相禅院铸造了一尊铁佛："作巨冶大橐，一鼓而就。手目千数，较无一阙；侍卫跗坐，严正森立。如有神物阴为之容，虽刻绘之工，所不能及。"造型如此精美，反映了当时冶铸艺术非常先进。⑤ 充足的燃料供应致使河东的铜器生产天下闻名。而陕西路、河北路、京东路的铁器生产也都非常出色，开封更是汇集了官营和私营的各种金属制作作坊，生产出大量精美的金属制品。

早在唐代，黄河流域中下游许多州县的纺织业就非常发达，到了北宋时期，这一优势产业得到了延续，主要表现在河北、京东和陕西地区。如河北地区的绫、绢、罗有"河朔衣被天下"的美誉；京东地区的绢、小绫、平罗品质出众，宋廷内藏库每年都大量收购并用其赏赐大臣；京西地区有许多州县上供纺织品。陕西的纺织业也非常发达，许多州县产绢、绫，又由于陕西畜牧业比较发达，毛纺织业在这里具有突出的优势和特色。

北宋时期，黄河流域的陶瓷业达到了鼎盛，这一时期许多著名的窑址都位于这一地区。

宋代五大名窑之一的定窑位于今河北省曲阳县的涧磁村及东燕川村、西

---

① 河南省文化局文物工作队.1960.河南鹤壁市古煤矿遗址调查简报.考古,（3）:39~41
② 朱弁.2002.曲洧旧闻.卷四.北京:中华书局.137
③ 庄绰.1987.鸡肋编.卷中.北京:中华书局.77
④ 沈括.1987.胡道静校注.梦溪笔谈校证.卷三.辩证一.上海:上海古籍出版社,135
⑤ 苏舜钦.1961.苏舜钦集.卷十三.上海:上海古籍出版社.180

唐宋时期黄河流域的外来文明

燕川村一带，以烧制白瓷为主。定窑白瓷胎质细薄，釉色洁白滋润，造型精美讲究，纹饰精美。定窑首先开创了覆烧工艺，大大节省了燃料，其瓷器产量和质量均有提高。除定窑外，黄河流域的汝窑和官窑也是当时的名窑。汝窑瓷器的胎体都较薄，胎质细腻，釉色天青。当时专为宫廷烧制的官窑的青瓷，釉色较淡，光泽晶莹，以造型和釉色见长。而禹县钧窑在北宋晚期达到鼎盛，属于北方的青瓷系统，但它又成功地烧造成一种铜红釉，在此基础上烧造出丰富多彩的彩色瓷器，在宋代五大名窑中以"釉俱五色、艳丽绝伦"而独树一帜，对后来的陶瓷业有深刻的影响。以河北路磁州为中心的磁州窑以生产日用瓷器为主，瓷胎坚硬、细腻，釉色白而微黄。永兴军路的耀州窑也以生产民用瓷器为主，坚固耐用。

在手工业的其他方面，东京开封和河东地区酿酒业非常发达，河东的葡萄酒闻名天下。沿黄的开封、河北、京东、京西、河东、陕西等地的酿酒业都非常发达，根据朱弁《曲洧旧闻》卷七的记载，当时天下的名酒，相当数量都出产在黄河流域。在文具制作方面，河北、河东、京西、京东地区以及开封的制墨业都较为发达。其中，都城开封是当时的制墨中心，《春渚纪闻》记载："崇宁以来，都下墨工如张孜、陈昱、关珪、弟琪、郭遇明，皆有声称，而精于样制。"[1] 而开封和京东地区的制笔业同样兴盛。另外，开封府作为都城所在，工程浩繁，故而建筑业在规模和技术方面也是其他地区望尘莫及的。

从整体上看，这一时期的黄河流域大部分地区在农业、手工业、商业等诸多方面都较为发达。学者通过对相关数据的分析也得出了这样的认识：北宋时期黄河流域的河北、陕西、京东、开封府都属于经济发达地区，只有河东和京西属于一般地区。[2] 尤其是北宋的首都开封位于黄河流域的下游地区，围绕开封形成的巨大的消费市场也对周边地区经济的发展起到了巨大的推进作用，这一点尤其重要。

第二节 宋代黄河流域城市的繁荣

宋代农业和手工业的高度成就促使各地间的经济交流更加频繁，商业的发展孕育了城市的繁荣。开封作为北宋都城，是当时全国最大的城市，也是 11～12 世纪世界上最大的城市。北宋时期，东京人口众多，"添十数万众不

---

[1] 何薳.1983.春渚纪闻.卷八.都下墨工.北京：中华书局.124
[2] 程民生.1992.宋代地域经济.开封：河南大学出版社.328

加多，减之不觉少"①。据学者统计，当时开封城内及城外九厢的人口当有百万左右。② 随着城市的发展，中国古代城市形态和市场管理发生了历史性变革，即坊市制由唐代的鼎盛走向宋代的衰落，表现出近代城市类型的特征。

坊是我国古代城市的基层居住单位，先秦时期即已存在，坊内不得经商；市为交易场所，设有专职官吏管理，地点和范围固定，对其开放的时间有严格限制。唐代前期的坊市制最为典型，市区规划整齐，交易时间聚散以时，城市生活实行严格的"夜禁"制度。中唐以后，商业的发展和人口的增加日益冲破坊市制度对交易地点和时间的限制，城市里坊中出现了店铺，百官市民的住宅区和商贾百工聚居的商业区之间的界限逐渐模糊。按时开关坊门、市门来维持治安的制度也随之被破坏。五代时期，这种现象进一步发展，为此朝廷下令规范，竟招来一片"怨谤之语"。

北宋初年，开封沿袭唐代的坊市制度，居民区和商业区仍保持着明显的区别。由于城市商业的发达，坊市制的崩溃早已成为一种趋势。对此现象，宋廷最初不能容忍，屡次发布禁令。开宝九年（976年）五月，宋太祖"宴从臣于会节园，还经通利坊，以道狭，撤侵街民舍益之"③。咸平五年（1002）二月，"京城衢巷狭隘，诏右侍禁、阁门祗候谢德权督广之。……因条上衢巷广袤及禁鼓昏晓，皆复长安旧制。乃诏开封府街司约远近置籍立表，令民自今无复侵占"④。

表木虽立，"侵街"却未终止，宋政府不得不一再下令规范。仁宗天圣二年（1024年）六月，"京城民舍侵占街衢者，令开封府榜示，限一岁，依元立表木毁拆"⑤。仁宗景祐元年（1034年）十一月又下诏："京旧城内侵街民舍在表柱外者，皆毁撤之。遣入内押班岑守素，与开封府一员专其事，权知开封府王博文请之也"⑥。这些诏书均意在维护坊市制，但根据《文献通考》的一条记载可知，宋政府的态度随着城市发展的趋势也发生了转变。"徽宗自崇宁来，言利之言殆析秋毫。其最甚若沿汴州县创增锁栅，以牟税利；官卖石炭，增卖二十余场，而天下市易务炭皆官自卖。名品琐碎，则有四脚、铺床、榨磨等钱，水磨钱、侵街房廊钱、庙园钱、淘沙金钱，不得而尽记也。"⑦ "侵街房廊钱"的征收，标志着面街设铺的合法性终于得到官方

---

① 孟元老.1982.邓之诚注.东京梦华录注.卷五.民俗.北京：中华书局.131
② 周宝珠.1992.宋代东京研究.开封：河南大学出版社.北京：中华书局.684
③ 李焘.1988.续资治通鉴长编.卷十七.北京：中华书局.370
④ 李焘.1988.续资治通鉴长编.卷五一.北京：中华书局.1114
⑤ 李焘.1988.续资治通鉴长编.卷一〇二.北京：中华书局.2358
⑥ 李焘.1988.续资治通鉴长编.卷一一五.北京：中华书局.2706
⑦ 马端临.1986.文献通考.卷十九.征榷考六.北京：中华书局.186

承认，北宋中前期竭力维持的坊市制遭到彻底的破坏。从此，延续了两千多年的里坊制崩溃，各种商业店铺争先恐后地布满全城的大街小巷。

作为全国最大的商业和金融中心，开封"人口上百万，富丽甲天下"，城内商业活动空前兴盛。"京师，天下富有大贾所聚。"来自全国各地，甚至中亚、欧洲的商人都云集于此，"资产百万者至多，十万以上比比皆是，然则器皿之用，蓄藏之货，何可胜算！"① 当时开封城内坐商多达两万余户，分属一百六十行。市内手工业作坊众多，街道两旁商店、旅社、货摊林立。市场上的商品有来自各地的粮食、水产、牛羊、果品、酒、茶、纸、书籍、瓷器、药材、金银器、生产工具等，还有来自高丽、日本和大食等国的货物。

市井则以东华门外最盛。"盖禁中买卖在此，凡饮食时新花果、鱼虾鳖蟹、鹑兔、脯腊、金玉珍玩衣着，无非天下之奇。"② 宣德门东的潘楼街"南通一巷，谓之'界身'，并是金银彩帛交易之所，屋宇雄壮，门面广阔，望之森然，每一交易，动辄千万，骇人闻见"③。相国寺每月的庙会十分热闹，"每月五次开放万姓交易"④。城内还有些地方通宵营业，如州桥夜市、朱雀门外御街、新封丘大街、马行街。其中，马行街"夜市直至三更尽，才五更又复开张，如要闹去处，通晓不绝"⑤。其余的坊巷院落纵横万数，有名的茶坊、酒店、勾肆不可胜计（图6-1）。

图6-1　张择端清明上河图（部分）

除了东京开封之外，此时的洛阳地位仍旧重要，是黄河流域地区仅次于东京的政治、经济、文化中心。作为北宋西京的洛阳也有规模宏大的宫城与

---

① 李焘.1988.续资治通鉴长编.卷八五.北京：中华书局.1956
② 孟元老.1982.邓之诚注.东京梦华录注.卷一大内.北京：中华书局.
③ 孟元老.1982.邓之诚注.东京梦华录注.卷二东角楼街巷.北京：中华书局.
④ 孟元老.1982.邓之诚注.东京梦华录注.卷三相国寺万姓交易.北京：中华书局.
⑤ 孟元老.1982.邓之诚注.东京梦华录注.卷三.北京：中华书局.112

皇城，也是北宋重要的经济中心，出产精美的织锦、瓷器，还盛产各种水果。另外，洛阳还具有重要的文化地位，有许多名人居住于此。徽宗崇宁年间，河南府"户一十二万七千七百六十七，口二十三万三千二百八十"。因此，司马光在《洛阳看花》诗中云："洛阳春日最繁华，红绿荫中十万家。"另外，河北南部地区的大名府也是这一时期黄河流域的重要城市和交通枢纽。大名府由于拱卫开封的需要被建为北京，并修建了宫城，成为北方重镇。这里交通便利，农业和手工业发达，北宋末年人口达56万余。

第三节　宋代黄河流域的交通运输

交通对于一个国家来说具有重要意义，它是维系中央与地方从属关系的基础，是全国乃至国家间物品流通的保证和文化交流不可缺少的条件。唐朝时黄河流域的对外交流主要依靠丝绸之路的畅通，海路的作用还不明显。但到了宋代，海路交通的地位在黄河流域对外交流中的重要性已经超过陆路。

北宋前期，由于河西地区的回鹘、于阗等政权与宋朝保持着频繁的贸易往来，宋朝以利用这些政权为媒介，经过灵州道和居延道，开展与天竺、大食和拂菻等国的交往。其中灵州道至关重要，通过灵州，可以沿环州（甘肃环县）至庆州（甘肃庆阳）、邠州至中原地区，也可以沿清水河至镇戎军（宁夏固原）、渭州至关中，或盐州、夏州到达关中。而灵州以西也可以较为顺畅地到达通往西域的凉州和甘州。[①] 如太祖年间，"回鹘、于阗皆遣使来贡方物。回鹘使者道由灵州，交易于市……"[②] 但陆路通道有着自身不可克服的缺点。此时以开封为起点，经过洛阳和长安的对外陆上交通途经西北内陆，又要越过峻岭和戈壁沙漠，气候都比较恶劣；依靠驼队运输，运量小却消耗大。而且，西夏的逐渐崛起也使得陆路受阻。如真宗时期，回鹘与西夏为争夺河西走廊战争不断，甘州回鹘的贡奉"多为夏州抄掠"[③]。到了仁宗时期，西夏完全控制了河西走廊，对往来的商贾征收重税："过夏地，夏人率十而指一，必得其最上品者。"[④] 天竺僧侣过境时也遭到勒索，"先是僧善称等九人至京师，贡梵经、佛骨及铜牙菩萨像，留京三月，（宋）仁宗赐束

---

① 罗丰.2004.五代宋初灵州与丝绸之路.胡汉之间——丝绸之路与西北历史考古.北京：文物出版社.328~344
② 李焘.1988.续资治通鉴长编.卷十.北京：中华书局.235
③ 李焘.1988.续资治通鉴长编.卷八五.北京：中华书局.1951
④ 洪皓.松漠纪闻.卷一.学津讨原本

帛遣还。抵夏州，元昊留于驿舍。求贝叶梵经，不得，羁之。由是西域贡僧遂绝"①。而大食和回鹘的商队也经常遭到西夏的劫掠，如大食，"其入贡路由沙州，涉夏国，抵秦州。乾兴初，赵德明请道其国中，不许。至天圣元年来贡，恐为西人钞略，乃诏自今取海路繇广州至京师"②。另外，宋朝诏令大食从海路入贡，也有出于自身安全的考虑。仁宗天圣元年（1023年）十一月，内侍省周文质上言：

  大食国北来皆泛海由广州入朝，今取道沙州入京，经历夏州境内，方至渭州。伏虑自今大食止于此路入，望申旧制，不得于西蕃出入。从之。③

尽管如此，还是有一些大食商人通过陆路进入黄河流域。根据西夏《天盛改旧新定律令》卷七中法律条文的记载，西夏有许多从事过境转贩贸易的大食国、西州国使人和商人④，而这些人的最终目的地应该就是黄河中下游的北宋统治区。大食商人从陆路出入，也有与西夏进行贸易的企图，而宋朝的禁令明显不愿大食商人与西夏往来。这样，来往的西域贡使和商队不得不绕道青唐（青海西宁），改走这一时期吐蕃唃厮啰部控制的青海故道。但此时陆路的中外经贸交流已经不是主流了。

而海路交通的发展和新的导航工具的使用关系密切。北宋朱彧《萍洲可谈》一书记载：北宋后期的海船上已经使用指南针，"舟师识地理，夜则观星，昼则观日，阴晦观指南针"⑤。这是我国关于指南针用于航海的最早记载。由于技术的进步，海船基本上采用了离岸远洋直航。而从这一时期东南亚、南亚以及西亚诸国使臣和商人不断从海上向宋朝政府朝贡，就不难看出此时海上航路的兴盛。由于造船技术和航道的改善，来自中国的货船不用在印度转换船只，而可直达波斯湾，这样航船已能横渡印度洋，从而沟通了从中国直达红海和东非的西洋航线。

宋代海上通道依传统可以分为东西两条航路，东路通往日本、朝鲜。这一路是从山东半岛的登州出发，横渡黄海到达朝鲜半岛的西岸，然后再通过对马海峡到日本九州。到了北宋后期，则多由明州（浙江宁波）起航到达高丽。西路多从泉州、广州出发，通向东南亚、阿拉伯、非洲东岸等南海诸国。通往印度洋的航线中三佛齐（印尼苏门答腊巨港）至关重要。"三佛齐

---

① 吴广成．龚式俊等校证．1995．西夏书事校证．卷一二．兰州：甘肃文化出版社．140
② 脱脱．1977．宋史．卷四九〇．大食传．北京：中华书局．14121
③ 徐松．1957．宋会要辑稿．蕃夷四之九一．北京：中华书局．7759
④ 史金波等译．2000，天盛改旧新定律令．卷七．敕禁门．北京：法律出版社．283~285
⑤ 朱彧．2007．萍洲可谈．卷二．北京：中华书局

国,在南海之中,诸蕃水道之要冲也。东自阇婆诸国,西自大食、故临诸国,无不由其境而入中国者。"① 有学者统计,当时通往印度洋的航线共有五条。② 另外,宋朝船只驶向东非的航路也有三条,都是从蓝里(印尼班达亚齐)出发的。一条到麻啰拔(阿拉伯半岛盖迈尔湾),再越过亚丁湾,到达非洲东岸;另一条抵达故临国(印度奎隆),然后直达非洲东海岸;最后一条从蓝里经马尔代夫群岛,直达非洲东海岸。③ 宋代开辟的至阿拉伯与东非的航线标志着我国航海事业已达繁荣时期。正是有了这些海港和海外通道,黄河流域和外来文明的联系空前加强了。

北宋时期黄河中下游地区交通最为突出的特色是内河航运非常发达。处于华北平原南端的开封,无山川之险,被称为"四战之地",然而北宋统治者不顾契丹威胁,依然建都在此,也自有道理。开封陆路和水路交通四通八达,联结各地,正所谓"八荒争凑,万国咸通",各地大量的物资非常便利地运输到这里。据《宋史·食货志》"漕运"条记载:"宋都大梁,有四河以通漕运,曰汴河,曰黄河,曰惠民河,曰广济河,而汴河所漕为多。"④ 其中,汴河自隋唐开始就是南北方物资运输的要道,通过汴河,可以连结富饶的江淮地区和四川地区。北宋对以汴河为主干的水运交通非常倚重,大臣张方平指出:

今仰食于官廪者,不惟三军,至于京师士庶以亿万计,大半待饱于军稍之余,故国家于漕事,至急至重。京,大也;师,重也。大众所聚,故谓之京师。有食则京师可立,汴河废则大众不可聚。汴河之于京师,乃是建国之本,非可与区区沟洫水利同言也。……大众之命,惟汴河是赖。⑤

通过汴河输入开封的物品,数量之众,无法计数。《宋史》记载:"岁漕江、淮、湖、浙米数百万,及至东南之产,百物众宝,不可胜计。又下西山之薪炭,以输京师之粟,以振河北之急,内外仰给焉。"⑥ 淳化二年(991年)汴水决浚仪县,太宗亲自到现场视察,并指出:"东京养甲兵数十万,居人百万家,天下转漕,仰给在此一渠水,朕安得不顾。"

另外,陕西地区的货物通过黄河运输,京东地区通过广济河,京西地区通过惠民河,大量物资被源源不断地输送到东京。因此,《宋史·河渠志》

---

① 周去非. 杨武泉校注. 1999. 岭外代答校注. 卷二. 外国门上. 北京:中华书局. 86
② 王小甫等. 2006. 古代中外文化交流史. 北京:高等教育出版社. 207~208
③ 耿引曾. 1997. 中国人与印度洋. 郑州:大象出版社. 49~53
④ 脱脱. 1977. 宋史. 卷一七五. 食货志上三. 北京:中华书局. 4250
⑤ 张方平. 1986. 乐全集. 卷二七. 论汴河利害事. 四库全书本. 台北:商务印书馆
⑥ 脱脱. 1977. 宋史. 卷九三. 河渠志三. 北京:中华书局. 2316~2317

有这样的说法:

> 惠民、金水、五丈、汴水四渠,派引脉分,咸会天邑,舳舻相接,赡给公私,所无匮乏。唯汴水横亘中国,首承大河,漕引江湖,利尽南海,半天下之财赋,并山泽之百货,悉由此路而进。①

而开封周边的京东地区、京西地区交通也极为便利。京东地区,"西抵大梁,南极淮、泗,东北至于海,有盐铁丝石之饶。……睢阳当漕舟之路,定陶乃东运之冲";京西地区,尤其是京西北路,"东暨汝、颍,西被陕服,南略鄢、郢,北抵河津。丝、枲、漆、纩之所出"②。庞大的交通网,正是黄河中下游对外交流的重要保证。

---

① 脱脱.1977.宋史.卷九三.河渠志三.北京:中华书局.2321
② 脱脱.1977.宋史.卷八五.地理志一.北京:中华书局.2112,2117

第七章
宋代黄河流域的对外关系概述

黄河流域是北宋时期政治、经济、文化的核心区域。尽管说由于国力的衰弱、民族矛盾的尖锐以及周边局势的变化使得北宋黄河流域的对外交流不如唐代频繁，但这一时期各种使臣的朝聘和朝贡仍旧存在，当时的东京开封府"八荒争凑、万国咸通。集四海之珍奇，皆在市易；会寰区之异味，悉在庖厨"①。在对外交往上，宋廷在开封府设置都亭驿接待辽国使者，都亭西驿接待西夏使臣，同文馆接待高丽使人，怀远驿则接待南蛮、西蕃、大食、于阗、回鹘等的使者。矗立在河南巩义北宋皇陵神道两侧那些高鼻深目、卷发虬髯，手捧珠宝盘、犀角、珊瑚等贡物的外族和外国使臣的石雕就证明了这一点。当时的开封有许多外国使臣，他们以朝贺或朝贡的名义来到开封，这里还有以朝贡名义从事贸易的外国商人。而民族政权的对峙以及陆上丝绸之路的阻隔在一定程度上促进了北宋海外贸易的发展，为这一时期黄河流域通过海路接触到外来文明创造了条件。

第一节 宋辽关系

潢河和土河一带的契丹族，于公元916年由耶律阿保机建契丹国，947年立国号为辽。五代中原混乱，在缺乏强大的中央王朝的历史空档期，契丹民族凭借武力迅速在北方崛起。到辽太宗时，疆域已"东至于海，西至金山，暨于流沙，北至胪朐河，南至白沟，幅员万里"②。北宋建国后，赵匡胤本着"先南后北"的统一策略，一方面对北汉采取战略守势，与辽互派使节；另一方面，宋也积极部署，对契丹、北汉的威胁严阵以待。

南方战事顺利结束后，宋太宗在太平兴国四年（979年）亲征北汉，辽

---

① 孟元老.1982.邓之诚注.东京梦华录注.序.北京：中华书局.4
② 脱脱等.1974.辽史.卷三十七.地理志一.北京：中华书局.438

出兵援汉,被宋击退,宋最终灭掉了北汉,辽宋失和。此后,宋军兵锋直指中原政权的传统国土——被契丹占据的幽云十六州,结果两次北伐均以失败告终。战争的失利迫使北宋放弃收复幽云十六州的计划,对契丹采取消极防御的态度,由攻势转为守势。景德元年(1004年),辽军大举攻宋,东京受到威胁。宰相寇准主战,宋真宗亲临澶州督战,辽军进攻受挫。第二年,双方订立盟约,约为兄弟之国,划定国界,宋向辽每年交纳岁币,开设榷场,史称澶渊之盟。澶渊之盟是宋辽实力均衡的条件下相互妥协的产物,此后,双方停止了大规模的军事行动,和平往来长达100多年。

在此期间,两国信使往来不断,在重要的节日以及皇帝和皇太后生辰、皇帝即位时,双方都会派出使臣祝贺。而皇帝或皇太后去世时,双方也派出使臣告哀、致祭。双方出使的使臣照例会携带大量送给对方皇帝和皇太后的礼物。其中,辽国使臣向宋朝赠送的礼物主要是马匹、丝毛织品、衣物、水果、野味、武器等。

两国对此都十分重视,这可以从他们对外交使节的遴选上看出来。在宋廷看来,出使事关国家形象,使臣需要具有良好的仪容风度,有胆识、有见地,还要有显赫的家世,正如仁宗诏曰:"其文臣,择有出身才望学问人;武臣,须达时务更职任者。"[1] 同样,辽派往宋境的使臣,也是才华出众,而且熟悉北宋情况的。

精挑细选的使臣进入宋境后,由接伴使陪同进京。北宋政府对辽使给予了高规格的接待,据《石林燕语》记载:"契丹馆于都亭驿,使命往来称国信使,高丽馆于同文馆,不称国信,其恩数仪制皆杀于契丹。"[2] 同时,宋廷还赏赐给辽使大量的银器、丝帛、食物、衣物等。苏颂也指出:"使者至都,上恩顾恤,靡所不至。或贸易货财,或须索供馈,或丐求珍异,许予多矣。"[3] 据统计,北宋时期,辽国使臣到东京共有300多次。

使节往来传递着和平,促进了双方的经济文化交流。不过出于幽云地区和澶渊之盟的阴影,宋对待辽的态度始终有些保守,这从宋对百姓禁止穿着胡服的禁令可窥一二。然而,总体上说,和平交往成为两国关系的主流,双方失和的时间只有43年,保持和平友好的时间长达122年。双方的友好关系在上层统治者身上也可以得到反映。宋真宗崩逝消息传来时,辽圣宗马上"集蕃汉大臣举哀,后妃以下皆为沾涕",当发现朝中大臣姓名与真宗犯讳

---

[1] 李焘.1988.续资治通鉴长编.卷一六一.北京:中华书局.3884
[2] 叶梦得.1984.石林燕语.北京:中华书局.95
[3] 苏颂.1988.王同策等点校.苏魏公文集.卷六六.华夷鲁卫信录总序.北京:中华书局,1004

时，大发雷霆："'汝充教坊首领，岂不知我兄皇讳字？'遂以笔抹其宣而止。"此后，他按照中原的习惯，勒令所有与真宗犯讳者全部改名。"燕京僧录亦犯真宗讳，勅更名圆融。寻下令国中应内外文武百僚、僧道、军人、百姓等犯真宗讳者，悉令改之。"① 宋仁宗崩逝的消息传到辽国，"燕境之人无远近皆聚哭，虏主（道宗）执使者手号恸曰：'四十二年不识兵革矣。'"② 这些史料至少透露出如下信息：宋辽之间的交往建立在双方均势的基础上，辽的军事实力强于宋，宋在经济和文化方面强于辽，没有均衡的实力，也就没有对话的平台。事实证明，在没有能力做到武力统一的情况下，和平友好是使双方共赢的最佳选择。

第二节 宋夏关系

唐末、五代时，党项族兴起于西北，建立了李氏政权，之后通过数代不断的征战，占据了黄河上游地区的大片土地。宋与之前后有一个半世纪的直接接触，期间大部分时间处于敌对和交战状态。宋太宗时，李继迁组织部众割据，与北宋发生长期战争。李德明在位期间，接受宋中央统治，出现和平发展的局面。元昊即位后公开称帝，建立西夏国，再度与宋发生战争。庆历四年（1044年），西夏与北宋签订"庆历和议"，表面取消帝号。以后，西夏与宋仍旧是时战时和。北宋时代，宋与西夏的关系最为复杂。

尽管西夏和宋之间战争频仍，但两国的贸易往来一直存在。如李继迁时期尽管多次与宋兵戎相见，但西夏仍多次向宋廷朝贡，贡献骆驼和名马。李德明时期，两国之间关系缓和，西夏除了多次向宋朝进贡名马和土特产之外，两国在边境设置榷场进行贸易。而对于西夏进入东京的使臣，宋朝政府将他们安置在都亭西驿，允许商人"就驿贸卖"，还允许他们到商铺购买各色物品。③

宝元元年（1038年），由于元昊称帝建国，宋夏关系趋于紧张，时战时和，而宋朝则屡次与之断绝和市。宋廷的制裁给西夏经济带来了严重困难，西夏所面临的困境正如御史大夫谋宁克任所指出的那样："国家自青、白两盐不通互市，膏腴诸壤浸就式微，兵行无百日之粮，仓储无三年之蓄。"④ 西夏的掠边也并不能给西夏人民带来多大的实惠。"虽夏人每入辄胜，而国小

---

① 叶隆礼.1985.契丹国志.卷七.圣宗天辅皇帝.上海古籍出版社.73~74
② 邵博.1983.邵氏闻见后录.卷一.北京：中华书局.5
③ 脱脱.1977.宋史.卷四八五.夏国传上.北京：中华书局.13999
④ 吴广成.1995.龚世俊等校证.西夏书事校证.卷三十二.兰州：甘肃文化出版社.371

民贫，疾于点集，卤获之利不补所耗，而岁赐和市之利皆绝，一绢之直八九千钱。"① "牛羊悉卖契丹，饮无茶，财用日乏，官民怨声载道。"②

西夏对宋和市的依赖反映了其经济的脆弱性。司马光对西夏的经济形式的分析认为："西夏所居，氐、羌旧壤，所产者不过羊马毡毯，其国中用之不尽。其势必推其余与他国贸易。其三面皆戎狄，鬻之不售，惟中国者，羊马毡毯之所输，而茶彩百货之所自来也。故其人如婴儿，而中国乳哺之矣。"③ 因此，他认定元昊时期西夏向北宋投降的主要原因在于西夏国内经济贫乏需要与北宋贸易；而元祐元年西夏乞降的原因也在于"久绝于上国，国中贫乏，使者往来得赐赉之物，且因为商贩也"④。

正是认识到西夏经济的脆弱性以及其经济对北宋的依赖性，宋廷常采取关闭榷场和互市的经济政策迫使西夏就范。由于李继迁发动对宋战争，太宗下令禁止与夏州政权通商贸易，从而使李继迁在经济上陷入困境。为此，李继迁上表卑词乞请互市，太宗允诺，于是继迁接连向宋贡马与骆驼。淳化五年（994年）七月，继迁"遣牙校贡马"，八月又"遣从弟延信贡骆驼名马，入朝谢罪……太宗召见延信，面加抚慰，厚赍遣还"⑤。至道元年（995年）一月，继迁"遣左押衙张捕以良马骆驼来贡"，咸平元年（998年）四月，继迁遣弟宥州团练使继瑗来贡骆驼名马⑥。嘉祐初年，西夏侵耕宋屈野河地，知并州庞籍建议禁绝宋夏之间的走私贸易，进而提出："非绝其互市，则内侵不已。且闻出兀臧讹庞之谋，若互市不通，其国必归罪讹庞。年岁间，然后可与计议。"⑦ 最后，因互市及走私贸易被禁引起西夏境内物价腾贵，加之内部统治者之间的内讧，西夏最终停止对宋屈野河地的侵耕。西夏经济的依赖性始终阻挠着西夏自立的政策，虽然其对宋的战争多有取胜的战绩，但是最后依然不得不乞和以求贸易。

第三节　宋与高丽的关系

公元918年，朝鲜半岛上的后高句丽国弓裔王的部将王建在同僚支持下

---

① 苏辙．1982．龙川别志．卷下．北京：中华书局．87
② 李焘．1988．续资治通鉴长编．卷一三八．北京：中华书局．3330
③ 司马光．1926．温国文正司马公文集．卷五〇．论西夏劄子．四部丛刊本．上海：商务印书馆
④ 李焘．1988．续资治通鉴长编．卷三六五．北京：中华书局．3374
⑤ 吴广成．1995．龚世俊等校证．西夏书事校证．卷五．兰州：甘肃文化出版社．62
⑥ 徐松．1957．宋会要辑稿．蕃夷七之十三．北京：中华书局．846
⑦ 脱脱．1977．宋史．卷一八六．北京：中华书局．4563

发动政变，被部将拥立为王，推翻弓裔，定都于自己的家乡松岳，并改称为开京（即今朝鲜开城），改国号为高丽。高丽建国后即向北扩张，先后灭新罗和后百济，将统治范围扩大到鸭绿江下游东岸，统一朝鲜半岛，建立了高丽王朝。

在宋辽较量中，两者都十分重视高丽的作用，对此，高丽只能奉行务实的外交政策，"以小事大"，确保本国利益。高丽对中原文明怀有深刻的认同感，高丽的文化源于隋唐，在心理上自然对宋朝更亲近。建隆三年（962年）十月，高丽王王昭遣其广评侍郎李兴佑、副使李励希、判官李彬等前来朝贡。[①] 第二年，高丽行宋太祖乾德年号，又被宋太祖册命为开府仪同三司、检校太师，九月，"遣使时赞等来贡，涉海，值大风，船破，溺死者七十余人，赞仅免，诏加劳恤"。在以后的30年里，双方往来十分密切。

而宋朝方面，则更注重与高丽发展外交关系的军事意义。北宋建立后，经过十余年的征战，基本上统一了全国，但后晋割给契丹的幽云十六州仍没有收复。北宋时期，尤其是在太祖和太宗前期，积极准备对契丹用兵，以收复幽云十六州故地。因而，北宋希望通过与高丽结盟以牵制契丹兵力。雍熙三年（986年），宋太宗为收复幽云十六州，决定北伐，并派监察御史韩国华携诏书到高丽要求派兵会战。高丽由于自身实力的限制，国小兵少，而且边境还时常有女真的侵扰，所以迁延不动。尽管高丽没有出兵相助北宋，契丹还是以高丽"越海事宋"为由，于辽圣宗统和十一年（993年）派东京留守萧恒德率军讨伐高丽。在契丹的军事压力下，高丽臣属契丹。

然而高丽深受汉文化的影响，并非诚心归顺辽朝，所以几次遣使赴宋表示归属之意。如高丽穆宗二年派遣吏部侍郎朱仁绍到宋。"帝特召见，仁绍自陈国人思慕华风，为契丹劫制之状，帝赐诏赍还。"[②] 淳化五年（994年）六月，又"遣使元郁来乞师，诉以契丹寇境"[③]。咸平六年（1004年），高丽派遣户部郎中李宣古到宋朝，报告契丹多次攻伐、索取不断的恶行，希望宋朝能够屯兵边境，牵制契丹。[④] 此时的北宋已经放弃了收复幽云地区的打算，将重点放在稳固国内秩序上，对于高丽使者也只是"优礼以还"。

辽深知高丽并非真心归顺，一直在寻找机会将其进一步征服。高丽穆宗十二年（1010年），高丽康兆发动政变，废黜并杀害了穆宗。辽以高丽弑君为借口，于第二年东征高丽。此后，辽又分别于开泰三年（1014年）、八年

---

① 脱脱.1977.宋史.卷四八七.高丽传.北京：中华书局.14042
② 郑麟趾.高丽史.卷三.奎章阁藏本
③ 脱脱.1977.宋史.卷四八七.高丽传.北京：中华书局.14042
④ 脱脱.1977.宋史.卷四八七.高丽传.北京：中华书局.14042

(1019年)大规模征伐高丽。高丽一面抵抗,一面寻求宋的支持,如大中祥符七年(1014年)八月,高丽派内史舍人尹征古向宋"献金线织成龙凤鞍幞、绣龙凤鞍幞各二、良马二十二匹,仍请归附如旧"①。第二年,高丽派遣郭元出使宋朝,抱怨辽连年入侵,希望宋朝出面调解。宋受自身实力所限,不敢贸然破坏澶渊之盟发兵援助高丽,唯恐招来事端,劝高丽与辽"自行修好"。经过三次战争后,高丽损失惨重,国内社会生产遭到严重破坏,无力再战,主动遣使赴辽议和,宋丽外交关系再次中断。

在宋辽对峙的情况下,宋朝对待高丽的态度有着更多政治和军事的考虑。高丽的频频觐见使北宋对其寄予了较大希望,想以高丽作为牵制辽的力量。熙宁元年(1068年),宋神宗委托商人黄慎拜见高丽国王,带去欲与高丽国复交的愿望。第二年,高丽国礼宾省回复,同意与宋复交。熙宁四年(1071年)三月,高丽派出以民官侍郎金悌为首的使节团出使宋朝,两国恢复往来。据文献记载:"元丰待高丽最厚,沿路亭传皆名高丽亭。高丽人泛海而至明州,则由二浙遡汴至都下,谓之南路;或至密州,则由京东陆行至京师,谓之东路。二路亭传一新。"②而对于高丽来使,北宋将其与夏国使同等对待,高丽来贡的物品,也一改"须下有司估准贡物乃给"的旧制,"高丽国王每朝贡,回赐浙绢万匹,须下有司估准贡物乃给,有伤事体。宜自今国王贡物不估直回赐,永为定数"③。政和年间,为了联丽抗辽,又将高丽的接待规格提高,"升其使为国信,礼在夏国上,与辽人皆隶枢密院;改引伴、押伴官为接送馆伴"④。

高丽使臣进入黄河流域的道路有两条,即前面所提到的东路和南路。在北宋前期,高丽入贡使者多取道东路,到了神宗以后则多取道南路进入开封。

高丽与宋之间的关系虽然受到辽的影响,时断时续,但双方的经济贸易关系却一直较为融洽。高丽以入宋"朝贡"为依托,以本国的金银宝器、毛棉纺织物、笔墨纸等文具以及人参、松子等土特产品换购宋的丝绸、瓷器、茶、糖等生活奢侈品或珍奇的手工艺品,与宋开展了频繁的官方贸易。特别是在熙宁四年(1071年)高丽与宋复交之后,朝贡贸易一度达到高潮。到北宋灭亡为止,几乎每年都有高丽使节前来朝贡并进行贸易活动。

---

① 郑麟趾.高丽史.卷四.奎章阁藏本
② 朱彧.2007.萍洲可谈.卷二.北京:中华书局.14
③ 李焘.1988.续资治通鉴长编.卷三〇二.北京:中华书局.7346
④ 脱脱.1977.宋史.卷四八七.高丽传.北京:中华书局.14049

第四节 宋与欧亚其他国家的关系

地处塔里木盆地南沿的于阗为唐代安西四镇之一,在吐蕃势力进入塔里木盆地后被吐蕃攻占。9世纪中叶,吐蕃内乱势衰,于阗获得了独立。建隆二年(961年)十二月,于阗国王李圣天遣使贡玉圭和玉枕。开宝四年(971年),其国僧吉祥奉国书来宋,欲以击破疏勒国缴获的一头舞象上贡,太祖许之。真宗景德元年后不久,于阗被黑汗王朝分裂出的东汗国所灭,大中祥符二年(1009年),其国黑韩王遣回鹘罗厮温等以方物来贡,此后数次来朝。神宗熙宁以后,"远不逾一二岁,近则岁再至"。元丰四年(1081年),于阗遣使入贡,"神宗尝问其使去国岁月,所经何国及有无钞略。对曰:'去国四年,道涂居其半,历黄头回纥、青唐,惟惧契丹钞略耳'"。可见于阗主要是通过陆路进入黄河中下游地区的,直至宋徽宗晚期,与北宋往来不绝。于阗向宋朝所贡物品主要有玉石、马匹、香药等,北宋所获得的玉石大多是由于阗进贡而来的。于阗还盛产乳香,"来辄群负,私与商贾牟利。不售,则归诸外府得善价,故其来益多"。神宗元丰初年,鉴于乳香属于奢侈品,"始诏惟赍表及方物马驴乃听以诣阙,乳香无用不许贡"①。

回鹘自公元9世纪衰弱西迁后,种落散居在西北各地,其中在高昌、龟兹等地的亦称西州回鹘。西州回鹘早在宋朝初年就常遣使团向内地朝廷朝贡,与宋关系往来密切。如高昌回鹘在宋初就遣使向宋朝进贡佛牙、琉璃器等。龟兹回鹘人自仁宗天圣至景祐年间,曾经五次入贡,此后又在宋熙宁和绍圣年间多次遣使入贡于宋。② 另外,散居在甘州、瓜州、沙州的回鹘也经常向宋朝入贡和贸易。一些回鹘商人还利用朝贡的机会到黄河流域各地经商。"回鹘使不常来,宣和中,间因入贡散而之陕西诸州,公为贸易,至留久不归。朝廷虑其习知边事,且往来皆经夏国,于播传非便,乃立法禁之。"③ 另外,还有许多回鹘商人久居京师。景德五年(1008年)秋天,真宗下诏曰:"西京回鹘人有久住京师者,无得私买蕃部系禁香药,违者论期其罪。"④

宋代的青藏高原处于割据状态,吐蕃各部族散布在青藏高原及周边各

---

① 脱脱.1977.宋史.卷四九〇.于阗传.北京:中华书局.14108~14109
② 脱脱.1977.宋史.卷四九〇.龟兹传.北京:中华书局.14123~14124
③ 脱脱.1977.宋史.卷四九〇.回鹘传.北京:中华书局.14117~14118
④ 徐松.1957.宋会要辑稿.蕃夷四之四.北京:中华书局.7715

地,"族种分散,大者数千家,小者百十家,无复统一矣。自仪、渭、泾、原、环、庆及镇戎、秦州暨于灵、夏皆有之,各有首领……"而各部族间与宋均有不同程度的交往,如"建隆二年(961年),灵武五部以橐驼良马致贡,来离等八族首长越嵬等护送入界,敕书奖谕"。乾德五年,"首领逋哥、督廷、督南、割野、麻里六人来贡马"。至道元年(995年),凉州蕃部当尊进贡良马,"引对慰抚,加赐当尊虎皮一,欢呼致谢"。咸平五年(1002年)十一月,西凉府六谷都首领潘罗支遣使贡马5000匹。① 这其中,和北宋联系密切的是河湟地区的唃厮啰。唃厮啰在大中祥符年间就数次入贡。由于唃厮啰地处河湟,战略位置重要,并多次击败元昊,北宋将其作为牵制西夏的力量。

宋与大理也保持着较为密切的联系。乾德三年(965年),宋太祖派遣王全斌进入四川,灭掉后蜀国,统一了四川,大理国立即派使臣送公文祝贺。从开宝元年至宝元元年(968~1038年),大理曾九次派遣使臣向宋朝廷"入贡"和要求通好,请求建立藩属关系,直到熙宁九年开始入贡,政和七年(1117年)二月,大理国王段和誉为宋封为云南节度使、大理国王。然而在复杂的政治形势下,加之南诏反唐的教训,宋对大理始终存在戒心。而且大理与宋地理较远,路程艰险,故贸易往来较少。

宋代所称的大食是与宋同时代的阿拔斯王朝。阿拔斯王朝中后期,帝国的东部和西部都出现了一些独立的王朝,哈里发的权力大大减弱,甚至成为傀儡。因此,宋代史料称其为"大食诸国"。"大食者,诸国之总名也。有国千余,所知名者,特数国耳。"② 宋与大食来往频繁,使节不断,从宋太祖开宝元年(968年)至宋徽宗政和六年(1116年)的148年中,朝贡40次。从文献记载来看,大食向北宋朝贡既有通过陆路,经过灵州之后到达开封的,也有通过海路到达的情况。

然而,随着西夏的兴起并最终控制了丝绸之路的咽喉通道,宋朝与西域的交通受到了阻碍。"先是,其入贡路繇沙州,涉夏国,抵秦州。乾兴初,赵德明请道其国中,不许。至天圣元年来贡,恐为西人钞略,乃诏自今取海路繇广州至京师。"因此,北宋后期,大食朝贡主要取道海路来到黄河流域。北宋后期,一些大食商人还希望到达内地贸易,"大食诸国商亦丐通入他州及京东贩易"。崇宁三年(1104年),宋廷批准了他们的请求,"令蕃商欲往他郡者,从舶司给券。毋杂禁物、奸人"③。

---

① 脱脱.1977.宋史.卷四九二.吐蕃传.北京:中华书局.14152~14156
② 周去非.1999.杨武泉校注.岭外代答校注.卷三.外国门下.北京:中华书局.99
③ 脱脱.1977.宋史.卷一八六.食货志下八.北京:中华书局.4561

拂菻在宋、元时代被用以称呼塞尔柱突厥人统治的小亚细亚。据文献记载，"元丰四年（1081年）十月，其王灭力伊灵改撒始遣大首领你厮都令厮孟判来献鞍马、刀剑、真珠"，使者详细介绍了本国情况。元祐六年（1091年），拂菻使臣两次来到宋朝，"诏别赐其王帛二百匹、白金瓶、袭衣、金束带"①。

宋代延续了和天竺之间的佛教交往，乾德三年（965年），去印度游历的沧州僧道圆偕于阗使者回到京师，太祖在便殿召见，询问西土风俗，道圆一一道出。乾德四年（966年）僧行勤等157人诣阙向太祖上言，愿意到西域求取佛经，此举得到了太祖的允许。开宝后，许多天竺僧人向宋廷进献佛经。天圣二年（1024年）九月，西印度僧爱贤、智信护等来献梵经，宋仁宗赐给他们紫方袍、束帛等物品。

此时的东南亚诸国也保持着和宋朝的友好往来。占城自9世纪以来就和中原政权交往密切，建隆二年（961年），其王释利因陀盘遣使莆诃散入宋来朝，此后往来不断。遇交趾侵略，占城亦多向宋求援。占城之南的真腊以象出名，政和六年（1116年）十二月，真腊国王遣使14人来贡。三佛齐自唐代便与中国有友好往来，宋代更是多次遣使入贡。此外，阇婆、注辇也均向宋有朝贡。

东亚的日本自隋唐以来和中国的交往就非常密切，但到北宋时期，日本处于藤原氏的统治之下，对外贸易采取消极的闭关锁国政策，严禁本国人私自出海，故宋日两朝基本上没有官方的外交往来。尽管如此，由于宋政府对海外贸易采取积极的态度，有不少宋船前往日本，两国之间的经贸往来始终不衰。在北宋统治的160余年间，宋船往来中日之间70多次。日本输出北宋的商品主要有沙金、水银、硫磺、锦、绢、布、扇、屏风、刀剑等。而此间也有一些日本僧人搭乘宋船入宋。如雍熙元年（984年）日僧奝然与其徒浮海而来，受到了宋太宗的热情接见。真宗景德元年（1004年），日僧寂照等8人入宋，被赐号圆通大师，又赐予紫方袍。② 宋神宗熙宁年间，日僧成寻等来到中国，游历了浙江天台山、山西五台山等佛教圣地，最后来到东京，并进献了银香炉、念珠、青色织物绫。成寻一行受到官方的热情接待，沿途被赐予马匹、羊叠等物。③

---

① 脱脱.1977.宋史.卷四九〇.拂菻传.北京：中华书局.14124~14125
② 脱脱.1977.宋史.卷四九一.日本国传.北京：中华书局.14131~14136
③ 成寻.1978.参天台五台山记.第四.东京：风间书房.130

第八章
宋代黄河流域外来物品的输入

北宋结束了五代十国的割据局面，实现了局部的统一。但此时的北方还存在着辽、西夏政权，因而在政治上呈现出多元政权并立的格局。北方少数民族政权与中原民族之间的政治对峙与经济互补，决定了它们不可分割的关系。而黄河文明作为农耕文明的代表与辽、夏发生着直接的交流。唐代居住在这一地区的大量外来移民及其后裔已经逐渐汉化，而北宋时代的黄河中下游地区很少有新的外来移民。但北宋政府出于政治、经济、军事等层面的考虑，这一时期的中外交流依然存在。因而，这一时期外来物品主要依靠边界的榷场、朝贡贸易以及海外贸易的方式进入。

民族政权的对峙使西方通过陆路进入中原的道路受到一定阻碍，黄河流域的对外交流因此受到影响。然而在各民族、各国之间的经济文化往来依然密切的情况下，传统交通线的受阻必然会引发新交通线的繁荣，宋代海外贸易的兴盛与此不无关系。从另一方面看，黄河流域对外交往的联系方式由陆路向海路转移，也是国家间大规模贸易发展的趋势。泉州、广州等沿海城市由于海外贸易的发展而逐渐繁荣，不过，黄河流域作为北宋时期全国政治、经济、文化的核心地区，仍然是世界瞭望华夏的一扇窗口。

第一节　民族政权对峙下黄河流域外来物品的输入

黄河流域中下游地区自古气候温和，适宜农作物生长，是中国农业文明的重要发源地。在它的北面，辽阔的草原为游牧民族的成长壮大提供了得天独厚的条件，较为恶劣的生存条件磨炼出他们的强悍意志，也使中原的农耕民族面临严峻的威胁。五代以降，中原王朝不再对北方游牧民族具有控制力，也导致了农耕区和北方游牧区的对立。但是政治的对立并不能隔断两者之间经济上的往来。游牧社会不能够形成一个自给自足的社会，如果没有与毗邻的农业区的密切联系，便难以生存和发展；而农耕区也需要大量来自北方的畜产品和生产原料,这体现了两者由于地域分工而产生的经济互补关系。对于游牧民族来说,这种经济交流尤为必要。因而,榷场贸易和走私贸易成为黄河中下游地区与北方以及西北游牧民族开展经济交流的重要方式。

一、通过榷场贸易进入黄河流域的物品

榷场,是辽、宋、西夏、金在疆土交界处设立的互市市场。榷,意为专卖。《金史·食货志五》云:"榷场,与敌国互市之所也。皆设场官,严厉禁,广屋宇以通二国之货,岁之所获亦大有助于经用焉。"① 对于各政权的统治者来说,榷场能够提供经济利益,并且有安边绥远的作用。不过由于政治和军事的对峙,贸易双方存在较强的戒备心理,都对各自输出的物品进行严格控制。

北宋建国之后,就开始与契丹进行边境贸易。太平兴国二年(997年),规定在宋境的"镇、易、雄、霸、沧州各置榷务,辇香药、犀象及茶与交易"。但是此后榷场贸易不断受到两国政治关系的影响而兴废无常,时开时禁。直到澶渊之盟后,双方的榷场贸易才完全恢复。辽先在涿州新城设置榷场,并派有榷场都监,后来又在振武军、朔州南等地再置榷场。宋则于景德二年(1005年)于雄州、霸州、安肃军置三榷场,继而在广信军(河北徐水)置场。此后两国之间的榷场贸易相当频繁,"终仁宗、英宗之世,契丹固守盟好,互市不绝"②。

辽宋榷场互市商品种类很多,辽向宋朝输出的物品有羊、马、驼、马具、皮革、毛毡、刀剑、湖盐等,以原料为主。双方交易物品不仅种类多,而且数量大。景德三年(1006年),"所入者有银钱、布、羊马、橐驼,岁获四十余万"③。其中,羊是契丹向黄河流域输出物品的大宗,"河北榷场博买契丹羊岁数万"④,主要供应北宋宫廷的需要。而汴京城百官所使用的牛羊也多来自契丹。另外,北宋后期,漕臣还从契丹大量购入北珠进奉朝廷,成交量高达300万缗。⑤

由于景德三年(1006年)党项族首领李德明与宋修好,景德四年(1007年)西夏与北宋在保安军(今陕西志丹)置榷场进行互市贸易,并于仁宗天圣年间增置镇戎军榷场和并代路和市,之后又在麟州(陕西神木)和

---

① 脱脱等.1975.金史.卷五〇.食货志五.北京:中华书局.1113
② 脱脱.1977.宋史.卷一八六.食货志下八.北京:中华书局.4563
③ 脱脱.1977.宋史.卷一八六.食货志下八.北京:中华书局.4562
④ 脱脱.1977.宋史.卷一七九.食货志下一.北京:中华书局.4355
⑤ 脱脱.1977.宋史.卷二八五.梁子美传.北京:中华书局.9625

河东吴堡、宁星先后置场。为了保证榷场有足够的资金正常贸易，宋政府还往往给予一定的贷款。不过宋夏之间经常处于交战状态，因而边境的榷场关闭很频繁，多次因战争废罢。宋夏之间经过榷场贸易的物品种类颇多，宋从西夏输入的主要有驼马、牛羊、毛织品、药物等。另外，宋朝还规定："非官市者听与民交易，入贡至京者纵其为市。"① 许多西夏商人因此还到开封进行贸易活动。

二、辽、西夏走私进入黄河流域的物品

由于政治和军事上的原因，交易双方均是按照大利于我、不利或小利于人的原则来制定与把握官方贸易的，因而一些重要物资被列入禁品。当榷场贸易满足不了双方日益扩大的需求的时候，经济交流便会以走私贸易的形式表现出来。其中，盐、马匹、粮食为北宋时期进入黄河流域重要的走私物品。

北宋时，与西夏接壤的陕西地区规定只能运销山西解池出产的食盐，时称之为解盐。价格比较昂贵，口感也不是很好。当时西夏盛产青白盐，"青盐价贱而味甘，故食解盐者殊少"②。当时青白盐一斤售价15钱，宋朝官盐售价38~39钱，在巨额利润的驱使下，青白盐走私迅速蔓延，非常猖獗。另外，辽境内也有几个大的咸水湖，其出产的湖盐盐味比解盐甘美，而且价格便宜，从而引发大规模走私："代州宝兴军之民，私市契丹骨堆渡及桃山盐。"③ "北人或自海口载盐入界河，涉雄、霸，入涿、易，边吏因循不能止。"④

北宋时期走私的另外一项重要物品是马匹。中原由于自然条件的限制，在发展畜牧业上有天然的缺陷，北宋政府对于马匹的需求是榷场贸易远远不能满足的，而战马又是冷兵器时代重要的战略物资，因此往往被辽和西夏列入禁运范围，造成边境走私。如大中祥符七年（1014年）六月，河北缘边安抚司"言民有自北界市马三匹至者，已牒送顺义军。上曰：'如闻彼国每擒获鬻马出界人，皆戮之，远配其家，甚可悯也。宜令安抚司，自今如有此类，俟夜遣人牵至境上，解羁纵之'"⑤。辽国官员耶律唐古"严立科条，禁奸民鬻马于宋、夏界。因陈弭私贩，安边境之要。太后嘉之，诏边郡遵行，

---

① 脱脱.1977.宋史.卷一八六.食货志下八.北京：中华书局.4563
② 李焘.1988.续资治通鉴长编.卷一四六.北京：中华书局.3536
③ 脱脱.1977.宋史.卷一八一.食货志下三.北京：中华书局.4415
④ 马端临.1986.文献通考.卷三四六.四裔考·契丹下.北京：中华书局.2711
⑤ 李焘.1988.续资治通鉴长编.卷八二.北京：中华书局.1880

著为令"①。由此可见辽国禁马之严,但当时仍旧有走私的情况。

另外,当时也有走私粮食的情况,如景德二年(1005年)四月二十五日,知雄州李云则上言:"契丹常禁止国中谷食无得出境,其民有冒禁来诣榷场求市籴。"②

第二节 朝贡贸易和海外贸易中黄河流域外来物品的输入

北宋时期,黄河流域仍为全国的政治、经济和文化的核心区,特殊的地理位置使这里可以最先接触到各种各样的外来物品。而且,在北宋都城开封及其周边城市汇聚了大量高级官吏和富商巨贾,从而形成了奢侈品流通的巨大市场,而东京也成为当时外来物品最大的销售中心,大量外来货物也源源不断地被运输到这里。

这一时期外来货物进入黄河流域的途径主要有两种,即朝贡贸易和海外贸易。

作为一个基本完成统一的中原王朝,北宋在军事上以"积弱"著称,但就是在这样一个朝代却是"二圣(太祖、太宗)以来,四夷朝贡曾无虚岁"。③

在朝贡体系中,外国以朝贡为媒介来献"方物",宋朝则根据贡物价值的估价以"赐物"的形式回赠藩属国。只是北宋皇帝赐予藩属国的物品,往往高于其所献物的实际价值。如天圣六年(1023年),交州所进香药估价3600贯,朝廷则回赐4000贯。在巨额赏赐的诱惑下,各国贡使纷至沓来,此时的朝贡,与它产生的本意已经相距甚远,藩属国对宗主国的朝贡,不是建立在国家实力上的臣服,而是经济利益的诱惑。

而北宋统治者更注重的是其政治和军事上的意义,因而不惜以巨额财政支出为代价,以朝贡为载体,维护着表面的天朝之威。如宋太宗就曾派遣宦官携诏书、金帛等前往海外国家,邀其朝贡。宋真宗也曾经以"天书屡降"的闹剧营造出万国来朝的气氛。不加限制、赏赐无度的回赐给北宋造成了巨大的负担,但是也使大量异域物品进入黄河流域。如太平兴国年间,宋朝平定岭南后,"并海商人遂浮舶贩易外国物,阇婆、三佛齐、渤泥、占城诸国

---

① 脱脱.1974.辽史.卷九一.耶律唐古传.北京:中华书局.1362
② 徐松.1957.宋会要辑稿.食货三八之二七.北京:中华书局.5480
③ 徐松.1957.宋会要辑稿.蕃夷七之二〇.北京:中华书局.7849

亦岁至朝贡,由是犀象、香药、珍异充溢府库"①。可以说,朝贡贸易是当时黄河流域获取外来物品的主要方式和渠道。通过朝贡以及对外贸易,宋朝政府积累了大量的财富,故史书记载:"天圣以来,象犀、珠玉、香药、宝货充牣府库……"②靖康元年(1126年)十二月,金兵从开封皇宫掠走了大量的奇珍异宝,其中有相当数量的外来珍宝,如玉623斤,北珠40斤,玛瑙1200斤,水晶15 000斤,龙脑120斤,花犀21 840斤,象牙1460座,珊瑚600斤,琉璃盏120只,相关工艺品也数量众多。③可见北宋皇室外来物品聚集之宏富。

根据《宋史》的记载,经常向宋廷朝贡的有高丽、交趾、占城、大食、于阗、三佛齐、回鹘等国。据学者统计,高丽在北宋时期朝贡41次,交趾45次,占城56次,三佛齐33次,大食40次,于阗34次,回鹘41次。④除此之外,"层檀、日本、大理、注辇、蒲甘、龟兹、佛泥、拂菻、真腊、罗殿、渤泥、邈黎、阇婆、甘眉流诸国入贡,或一再,或三四,不常至"⑤。另外,西夏也曾在一段时间里向宋朝贡。需要指出的是,在朝贡活动中,许多使臣都会携带大量商品到开封以及周边地区来进行贸易,而一些贡使本身就是商人。如西夏的使臣就经常利用贡使的机会在东京进行贸易活动。大中祥符八年(1015年),西夏使臣在东京"卖甘草、苁蓉甚多,人数比常年亦倍"⑥。仁宗时期,"和藩日久,岁遣人至京师贸易,出入民间如家"⑦。到了哲宗元祐年间,"既通和市,复许入贡,使者一至,赐予不赀,贩易而归,获利无算"⑧。而回鹘商人也多是如此,史料记载:"回鹘使不常来,宣和中,间因入贡散而之陕西诸州,公为贸易,至留久不归。朝廷虑其习知边事,且往来皆经夏国,于播传非便,乃立法禁之。"⑨

宋代,除了朝贡贸易使得大量的外来物品进入黄河流域之外,海外贸易是另一条重要的途径。有宋一代,对海外贸易非常支持和重视,早在太宗雍熙年间,就"遣内侍八人赍敕书金帛,分四路招致海南诸蕃"⑩。宋廷还在广州(广东广州)、杭州(浙江杭州)、明州(浙江宁波)、泉州(福建泉

---

① 脱脱.1977.宋史.卷二六八.张逊传.北京:中华书局.9222~9223
② 脱脱.1977.宋史.卷一八六.食货志下八.北京:中华书局.4559
③ 李心传.1986.建炎以来系年要录.卷二.四库全书本.台北:商务印书馆
④ 周宝珠.1992.宋代东京研究.开封:河南大学出版社.583~587
⑤ 脱脱.1977.宋史.卷一一九.礼志.北京:中华书局.2813
⑥ 徐松.1957.宋会要辑稿.食货三八之二九.北京:中华书局.5481
⑦ 苏舜钦.1961.苏舜钦集.卷一六.韩亿行状.上海:中华书局.242
⑧ 李焘.1988.续资治通鉴长编.卷四○四.北京:中华书局.9855
⑨ 脱脱.1977.宋史.卷四九○.回鹘传.北京:中华书局.14117~14118
⑩ 脱脱.1977.宋史.卷一八六.食货志下八.北京:中华书局.4559

州)等地设置了市舶司,专门管理海外贸易。宋代海外贸易的范围比唐代有了明显的扩大。"凡大食、古逻、阇婆、占城、勃泥、麻逸、三佛齐诸蕃并通货易,以金银、缗钱、铅锡、杂色帛、瓷器,市香药、犀象、珊瑚、琥珀、珠琲、镔铁、鼊皮、玳瑁、玛瑙、车渠、水精、蕃布、乌樠、苏木等物。"① 而且在贸易品种类、数量上都有了大量的增加。

海外贸易的货物,其中属于朝廷专卖的,经过抽解和博买之后则通过陆路和水路辗转运往东京。如《宋史·食货志上三》记载:"广南金银、香药、犀象、百货,陆运至虔州而后水运。"其他市舶司的禁榷物,也是这样被运往开封的。除了供应上层统治者使用之外,多余的部分则在当地或运往周边地区销售。而经过抽解的非专卖货物,则任由商人在当地贩卖。许多外来物品通过海外贸易也进入黄河流域社会中来,而外商也可以在市舶司批准的情况下,到各地贩卖外来商品。宋末的崇宁三年(1104年),徽宗下诏:"应蕃国及土生蕃客愿往他州或东京贩易物货者,仰经提举市舶司陈状,本司勘验诣实,给与公凭。"② 颁此诏令的原因是当时来到广州的大食国商人希望到各地贸易,"未有条约,故有是诏",可见之前并不允许外商私下进入宋朝内地贸易。

根据文献的记载,北宋时期由朝贡以及海外贸易进入黄河流域的外来物品主要有以下几大类。

一、服饰织物

服饰类是高丽向宋输出的主要物品之一,包括御衣、罽锦袍、龙凤袍、袭衣等,主要是献给宋朝皇帝和王公贵族们穿戴的服饰,如太平兴国七年(982年),高丽使节使金全贡上金银线罽锦袍褥;熙宁四年(1071年),高丽民官侍郎金梯来朝贡时带来黄罽衫、销金红罗夹复服、红罽便服各一件③。除了衣物外,高丽进贡物品中还包括罽锦、彩缯、白棉布、中布、刀布、细布、幞头纱、色罗、生罗等。赵汝适在《诸蕃志》卷上《新罗国》条中就记载其出产大小布、毛施布。天禧三年(1019年)高丽进奉使礼宾卿崔元信等入见,贡纻布,又进中布2000端。元丰三年(1080年),高丽使臣就进贡色罗100匹、色绫100匹、生罗300匹、生绫300匹、帽子纱20枚。④ 高丽的竺布由芒麻织成,洁白如玉且经久耐用,在当时享有盛誉。如宣和六

---

① 脱脱.1977.宋史.卷一八六.食货志下八.北京:中华书局.4558
② 徐松.1957.宋会要辑稿.职官四二之八.北京:中华书局.3367
③ 郑麟趾.高丽史.卷九.文宗三.奎章阁藏本
④ 郑麟趾.高丽史.卷九.文宗三.奎章阁藏本

年（1124年），高丽使臣入宋携带的物品就有"紫大纹罗一匹、生大纹罗二匹、白蹙大绫一匹、生花绫二匹、白细苎布三匹"①。除了高丽之外，还有许多国家向宋朝进贡织物，如大食"市肆多金银绫锦。工匠技术，咸精其能"。至道元年（995年），大食国舶主蒲押陀黎赉蒲希密进贡了蕃锦二段，驼毛褥面三段，白越诺三段。大中祥符四年（1011年），大食国使臣陀罗离进贡绣丝、红丝、碧黄绵、细越诺、红驼毛、间金线璧衣等。②

二、奇珍异宝

这类物品包括金银器皿、犀角象牙、各类材质的工艺品以及各类珠宝。据《高丽史》和《宋史·高丽传》中的记载，高丽朝贡礼品单上几乎都记有"金银器"字样，具体有金花银器、金盘、金盏、金合、金腰带、金注子、金罗等。如熙宁四年（1071年），高丽民官侍郎金悌进贡40两金腰带1条，30两金束带1条，60两金合2副，40两金盘盏2副，60两金注子1副，150两金镯锣1双。元丰三年（1080年），高丽国王王徽遣使进献了金腰带2条、金花银器2000两，金镯锣1面，贡使则进献金合2副、盘盏2副、注子2副。③宣和六年（1124年），高丽使臣携带的物品中有一面13两的白成级花银盘。靖康元年（1126年）十二月，金兵攻破开封后，从皇宫中掠夺的还有高丽进奉的生金甲、金头盔各6副。④

而象牙和犀角也是各国进献非常多的物品，宋人主要用此来制作带饰、衣饰以及器皿，象牙则用来制作官笏，两者也兼作药用。当时东京开封就有犀玉工专门从事犀角的鉴别与制作工作。而朝贡中，占城多次向宋朝进贡象牙和犀角，至道元年（995年），占城王进献犀角10株，象牙30株；天禧二年（1018年），又进贡象牙72株、犀角86株。⑤大食也多次向宋朝进贡象牙。宋人对各国的象牙有如下的评价："象牙出大食诸国、真腊及占城二国，以大食者为上，真腊、占城者为下。……其株端直，其色洁白，其纹细箐者，大食出也。真腊、占城所产，株小色红，重不过数十斤至二三十斤。"⑥西域的于阗也多次向宋廷进贡珠玉、珊瑚、翡翠、象牙、琥珀等物品。三佛齐国上贡象牙、水晶指环、琉璃瓶、珊瑚树、珍珠等物。⑦南海的阇婆国曾

---

① 张世南.1981.游宦纪闻.卷六.北京：中华书局.56
② 脱脱.1977.宋史.卷四九〇.大食传.北京：中华书局.14119~14122
③ 郑麟趾.高丽史.卷九.文宗三.奎章阁藏本
④ 李心传.1986.建炎以来系年要录.卷二.四库全书本
⑤ 脱脱.1977.宋史.卷四八九.占城传.北京：中华书局.14081~14083
⑥ 赵汝适.1996.杨博文校释.诸蕃志校释.卷上.北京：中华书局,207
⑦ 脱脱.1977.宋史.卷四八九.三佛齐传.北京：中华书局.14089

进贡玳瑁槟榔盘、七宝饰檀香亭子、象牙、珍珠、玳瑁。大中祥符八年（1015年）九月，注辇国遣使娑里三文进献真珠衫及帽各一、真珠21 100两、象牙60株。三文等又献珠6600两。①

此外，北宋时期外国进献玻璃器皿也非常频繁，如大食就多次进献玻璃器皿。太宗雍熙元年（984年），大食国人花茶就向宋朝进献了玻璃器。大中祥符四年（1011年），大食又遣归德将军陀罗进献碧白琉璃酒器。而且，大食进贡的许多药物和食物也都是用玻璃瓶封装的。② 这一时期进入黄河流域的玻璃器，许多是由他国转输而来的。如与大食有贸易往来的西域的于阗与回鹘都曾经向宋朝进贡过玻璃器皿。太祖开宝五年（972年），三佛齐就进贡了琉璃瓶。熙宁五年（1072年），占城国进贡琉璃珊瑚酒器。熙宁十年（1077年），注辇国王地华加罗遣使奇罗罗进贡了琉璃大洗盘。③ 这些玻璃制品无疑也来自大食。

20世纪70年代在河北定县静志寺五号塔基中出土了8件玻璃器，这些器物是在宋太祖开宝年间埋入地下的，分别是刻花瓶、方形瓶、细颈瓶5件，碗1件，直筒杯2件。也可以看出当时外来玻璃器数量之多。安家瑶认为，这些器物从制作工艺上看都是大食制作的伊斯兰玻璃器皿。④ 周去非《岭外代答》卷二《大食诸国》中就指出大食出产琉璃，这里的琉璃就是指玻璃器。《铁围山丛谈》卷五谓："大食国蔷薇水虽贮琉璃缶中，蜡密封其外，然香犹透彻，闻数十步，洒着人衣袂，经十数日不歇也。"⑤

在外来玻璃器工艺技术的影响之下，北宋时期黄河流域制作的本土玻璃器皿的数量也大为增加了，如静志寺北宋塔基地宫中就出土了多件当时自产的玻璃器。而宋人对于外来玻璃器和本国自产的玻璃器有这样的评价："然中国所铸有与西域异者，铸之中国则色甚光鲜而质则轻脆，沃以热酒，随手破裂。至其来自海舶者，制差朴钝而色亦微暗，其可异者，虽百沸汤注之，与磁银无异，了不损动，是名蕃琉璃也。"⑥ 赵汝适则进一步指出造成这种差异的原因："琉璃出大食诸国，烧炼之法与中国同。其法用铅硝石膏烧成，大食则添入南鹏砂，故滋润不烈，最耐寒暑，宿水不坏，以此贵重于中国。"

---

① 脱脱.1977.宋史.卷四八九.注辇传.北京：中华书局.14097
② 脱脱.1977.宋史.卷四九〇.大食传.北京：中华书局.14121
③ 脱脱.1977.宋史.卷四八九.占城传.三佛齐传.注辇传.北京：中华书局.14077~14099
④ 安家瑶.1984.中国的早期玻璃器皿.考古学报，(4)：421~422；河北定县博物馆.1972.河北定县发现两座宋代塔基.文物，(8)：47
⑤ 蔡绦.1987.铁围山丛谈.卷六.北京：中华书局.97~98
⑥ 程大昌.1986.演繁露.卷三.四库全书本.台北：商务印书馆

大食玻璃器皿品质出众,经久耐用,颇受当时士人喜爱。① 北宋孔平仲有诗赞曰:"手持苍翠玉,终日看无足。秋天长在眼,春水忽盈掬。莹然无尘埃,可以清心曲。有酒自此倾,金樽莫相渎。"② 说明了当时士人对外来玻璃器的喜爱。

宋代时期,产自西域的玉料仍旧是宋朝周边诸政权贡献的主要物品,尤其是北宋前期,主要是由于阗和甘州回鹘进贡的。早在太祖建隆二年(961年)十二月壬辰,"回鹘可汗景琼遣使贡物,自是甘州回鹘贡良马、美玉、珊瑚、琥珀之类不绝"。乾德三年(965年)十二月,甘州回鹘可汗、于阗国王等遣使来朝,一次就进献"玉五百团"。开宝二年(969年),"于阗贡玉"。另外,西北一些政权也向宋朝进献过美玉,如真宗咸平二年(999年)二月十五日,"沙州节度使曹延禄遣使贡美玉、良马"。

由于材质优良,色泽美观,这些玉往往用于制作各种宝器以及贵族服饰、车马上的配饰。太平兴国二年(977年)冬,宋太宗就曾"遣殿直张璨赍诏谕甘、沙州回鹘可汗外甥,赐以器币,招致名马美玉,以备车骑琮璜之用"。因此,太平兴国五年(980年),甘、沙州回鹘可汗夜落纥密礼遏就遣使臣裴溢的等四人,"以橐驼、名马、珊瑚、琥珀来献"③。宋人张世南指出:"国朝礼器及乘舆服饰多是于阗玉。大抵今世所宝,多出西北部落,西夏五台山、于阗国。"他还详细描述了不同颜色玉的区别:"玉分五色,白如截肪,黄如蒸栗,黑如点漆,红如鸡冠,或如胭脂。惟青碧一色,高下最多,端带白色者,浆水又分九色:上之上、之中、之下;中之上、之中、之下;下之上、之中、之下。"这说明当时人对于西方美玉的鉴赏非常谙熟。据记载,北宋宫廷中还有专门鉴定于阗玉的器具:"宣和殿有玉等子,以诸色玉次第排定。凡玉至则以等子比之,高下自见。"④

直到北宋后期,宫廷仍旧用于阗玉料制作各种器物。《宋史》也有相关记载:"政和七年,从于阗得大玉逾二尺,色如截肪。徽宗又制一宝,赤螭钮,文曰'范围天地,幽赞神明,保合太和,万寿无疆'。"⑤ 而徽宗出行时,侍从也携带于阗玉拳保护:"出侍左右宦者,必携从二物,以备不虞。其一玉拳,一则铁棒也。玉拳真于阗玉,大倍常人手拳。红锦为组以系之。"⑥ 而于阗玉也是当时佩戴在贵族子弟服饰上的物品。因而,周端臣

---

① 赵汝适.1996.杨博文校释.诸蕃志校释.卷三.北京:中华书局.129
② 孔文仲等.1986.清江三孔集.卷二十二.海南碧琉璃瓶.四库全书本.台北:商务印书馆
③ 脱脱.1977.宋史.卷四九〇.回鹘传.北京:中华书局.14114
④ 张世南.1981.游宦纪闻.卷五.北京:中华书局.46
⑤ 脱脱.1977.宋史.卷一五四.舆服志六.北京:中华书局.3586
⑥ 蔡絛.1987.铁围山丛谈.卷一.北京:中华书局.3

《西京少年行》云:"西京少年儿,生长豪贵族。光浮两脸红,春留双鬓绿。常骑大宛马,多佩于阗玉。"①

螺钿器是盛唐时代黄河流域制作非常精美的工艺品,之后其制作技术传播到日本并传承下来。北宋时期日本制作的螺钿器皿非常精美,被赞曰:"物象百态,颇极工巧,非若今市人所售者。"② 端拱元年(958年),日本僧人奝然遣其弟子嘉因来到东京,向宋廷进献了一批礼物,其中就有螺钿花形平函、螺钿梳函一对、螺钿书案一张、螺钿书几一张、螺钿鞍辔一副。③ 宣和六年(1124年),高丽使臣入宋朝贡时携带了螺钿砚匣一副、螺钿笔匣一副,也很可能是日本的制品。④

这一时期进贡的物品中还有许多制作精美的武器,包括各种各样的刀和剑、匕首、盔甲、箭、弓等。这些武器均贵重,或由特殊材质精心装饰,也是统治阶级喜欢随身佩带的装饰物,如高丽进献过金银饰刀剑弓矢、银饰刀剑;至道三年(997年),占城进贡银装剑五口、银缠枪五条、弓弩各五张及箭等;淳化(992年)三年,阇婆国进献的犀装剑、金银装剑。拂菻也在元丰四年进贡过刀剑。

三、动物

各国进贡的物品中既有马匹等常用的畜力,也有犀牛、大象之类的珍禽异兽。高丽产名马,其马耐力很强。高丽经常把马作为贡品带到宋,如太平兴国二年(977年)和七年(982年),高丽就两次向宋朝进贡良马;大中祥符七年(1014年),高丽使臣尹证古又进贡了"细马二疋、散马二十疋"⑤。在元丰三年的一次朝贡中,高丽使臣还进贡了细马2匹,散马6匹。向宋朝进贡名马的还有于阗、回鹘等国。其中乾德三年,回鹘一次就向宋朝贡名马1000匹,橐驼500匹。⑥

此外,一些热带和亚热带的动物,如孔雀、犀、象、狮子,也时常出现在上贡的表单中,作为皇家观赏和玩乐之用。它们主要来自东南亚的交趾以及占城。特别是大象,进贡的数量相当多。根据《宋史》的记载,宋代驯象都来自交趾和占城。⑦ 如乾德四年(966年)占城贡犀、象;大中祥符八年

---

① 陈起.1986.江湖后集.卷三.四库全书本.台北:商务印书馆
② 方勺.1983.泊宅编.卷三.北京:中华书局.16
③ 脱脱.1977.宋史.卷四九一.日本传.北京:中华书局.14136
④ 张世南.1981.游宦纪闻.卷六.北京:中华书局.56
⑤ 脱脱.1977.宋史.卷四八七.高丽传.北京:中华书局.14037~14045
⑥ 徐松.1957.宋会要辑稿.蕃夷四之二.北京:中华书局.7714
⑦ 脱脱.1977.宋史.卷四八八.交趾传.14058;卷四八九.占城传.北京:中华书局.14080

(1015年),占城遣使波轮诃罗帝来汴京进贡,"诃罗帝因上言有弟陶珠顷自交州押驯象赴阙,今幸得见,欲携以还。许之,仍赐陶珠衣币装钱"①。这些驯象大多由陆路运往开封府。宋代太仆寺下设养象所,"在玉津园东北,掌豢养驯象"。真宗天禧年间,养象所有大象46头,可能是由于天气以及喂养不当,后仅剩3头,因而宋廷"望下交州取以足数"②。进贡的大象可以作为皇家玩赏之用,景德年间,交州进贡的4头驯象,"皆能拜舞山呼中节"③。再如大中祥符五年(1012年)四月,真宗就将各国进献的珍禽异兽"列于外苑";另外,大象本身也是宋代皇帝仪仗队伍中重要的组成部分。太平兴国六年(981年),"养象所奏:诏以象十于南郊引驾,开宝九年南郊时,其象止在六引前排列"④。大象的使用也使北宋的皇陵规制产生了一些变化。北宋诸帝陵墓从宋太宗的永熙陵开始,神道两侧都有驯象的石刻以及驯象人。这些石象厚重高大,神态沉稳,身披锦绣。此设置为北宋皇陵所创,并对后世的陵墓神道石刻产生了一定的影响。关于这些石像的设置,杨宽认为"该是由于他们在想象中,感到石马、石虎、石羊的警卫力量不足,需要加强"⑤。这些石象都设置在神道石刻的最前列,也起到为死去的皇帝导驾领队的作用。而驯象旁侍立的驯象人皆卷发、深目,也都是来自异域的外国人。⑥ 杨亿指出,真宗时期进贡的驯象,"每陈卤簿,必加莲盆严饰,令昆仑奴乘以前导",则这些外国人就是来自东南亚的昆仑奴(图8-1)。另外,当时御苑中还有外国进献的驯犀、狮子和孔雀。景德年间,交州进献过驯犀,"性绝躁,留养苑中,数日死"⑦。大中祥符四年(1011年)十一月,占城国进贡狮子,"诏畜于苑中"⑧。真宗天禧年间,"时西域献狮子,蓄于御苑,日给羊肉十五斤"⑨。元丰年间,西域的于阗也进贡过狮子。建隆二年(961年),占城曾向宋朝进贡4只孔雀。太宗淳化三年(992年),阇婆国也进献过白鹦鹉。仁宗天圣三年(1025年),于阗还进贡过独峰骆驼。

---

① 脱脱.1977.宋史.卷四八九.占城传.北京:中华书局.14083
② 徐松.1957.宋会要辑稿.职官二三之三.养象所.北京:中华书局.2884
③ 杨亿.1993.杨文公谈苑.上海:上海古籍出版社.164
④ 脱脱.1977.宋史.卷一四八.仪卫志六.北京:中华书局.3461
⑤ 杨宽.2003.中国古代陵寝制度史研究.上海:上海人民出版社.90
⑥ 河南文物考古研究所.1997.北宋皇陵.郑州:中州古籍出版社.455
⑦ 杨亿.1993.杨文公谈苑.上海:上海古籍出版社.164
⑧ 宋史.卷八.真宗纪三.150;卷四八九.占城传.北京:中华书局.14083
⑨ 彭乘.2002.墨客挥犀.卷九.北京:中华书局.386

图 8-1 河南巩义永昭陵前的驯象与驯象人

四、文化用品

文化用品主要包括纸、墨、毛笔、折扇等。北宋社会重文轻武,此时的黄河流域也是文化的核心区,文化事业相当发达。这里文人雅士云集,连许多皇帝也擅长诗文和书法。因而,文化用品也是这一时期重要的外来贡物和商品。这些主要来自东亚的高丽和日本。其中,高丽纸色白、质厚,有绵性。《负暄野录》卷下就记载:"高丽纸,类蜀中冷金,缜实而莹。"高丽墨在宋朝也曾得到很高的评价,梅尧臣在《答祖择之遗新罗墨》中就指出:"海上老松苑,霹雳烧瘦龙。胡人犀皮胶,团煤烟膏浓。色夺阳乌翅,来涉溟渤重。……且作异土玩,不愧西域笫。"[1]则高丽墨经宋代制墨名家潘谷的改造后,越发好用。元代陆友在《墨史》中介绍了高丽墨的改进:"高丽贡墨,猛州为上,顺州次之。旧作大挺,不善合胶,脆软不光。后稍得胶法,作小挺,差胜。然其烟极轻细,往时潘谷尝取高丽墨,再杵入胶,遂为绝等。"[2]可见,当时高丽的文具深受文士的喜爱,而这些文具也是高丽进贡宋朝的重要物品。元丰三年(1080 年),高丽王为感谢神宗遣医官为其治病,遣使进贡物中就有大纸 2000 幅、墨 400 挺。另据《游宦纪闻》卷六记载,

---

[1] 梅尧臣.1980.朱东润校注.梅尧臣集编年校注.卷一八.上海:上海古籍出版社.426
[2] 陆友.1986.墨史.卷下.四库全书本.台北:商务印书馆

宣和六年（1124年），高丽使臣李资德等入贡，所携带的物品也有"大纸八十幅、黄毛笔二十管、松烟墨二十挺"①。

日本出产的折扇非常精美。雍熙元年（984年），日本国僧人奝然与其弟子五六人来到东京，数年后，奝然归国。② 端拱元年（988年），奝然遣弟子奉表来谢，礼单当中便包括"金银蒔绘扇筥一合，纳桧扇二十枚、蝙蝠扇二枚"。日本扇进入中国后，以其精美和方便大受欢迎。苏辙《杨主簿日本扇》吟诵道：

扇从日本来，风非日本风。风非扇中出，问风本何从？风亦不自知，当复问太空。空若是风穴，既自与物同。同物岂空性，是物非风宗。但执日本扇，风来自无穷。③

日本折扇为当时士人竞相珍藏，不仅是因为其扇制作精美、使用方便，更由于其扇面上绝美的绘画。文人江少虞于熙宁末在汴京游览相国寺后曾这样描写他所见到的日本扇："琴漆柄，以鸦青纸厚如饼，折为旋风扇。淡粉画平远山水，薄傅以五彩。近岸为寒芦衰蓼，鸥鹭伫立，景物如八、九月间。舣小舟，渔人披簑钓其上。天末隐隐有微云飞鸟之状。意思深远，笔势精妙，中国之善画者或不能也。索价绝高，余时苦贫，无以置之，每以为恨。其后再访都市，不复有矣。"④ 如果不是以画工见胜，高丽仿制日本扇时，也不会专门聘请日本画匠绘制扇面了。"画折扇，金银涂饰，复绘其国山林人马女子之形，丽人不能之，云是日本作，观其所馈衣物，信然。"⑤

北宋境内日本扇的数量十分稀少，北宋士人手中的折扇，更多地是来自于高丽的仿制。张世南《游宦纪闻》卷六记载，宣和六年（1124年）九月，高丽国使臣李资德、金富辙入贡携带的物品中就有松扇三合、折叠扇二只。⑥ 虽然为仿制，但高丽扇也自有特点，制作扇骨别有工巧。赵彦卫《云麓漫钞》卷四引《鸡林志》云："高丽叠纸为扇，铜兽靥环，加以银饰，亦有画人物者。"而高丽扇对宋朝制扇工艺技术也产生了影响，赵彦卫指出："今人用折叠扇，以蒸竹为骨，夹以绫罗，贵家或以象牙为骨，饰以金银，盖出于高丽。……中国转加华侈云。"⑦

---

① 张世南.1981.游宦纪闻.卷六.北京：中华书局.56
② 脱脱.1977.宋史.卷四九一.日本国传.14131
③ 苏辙.1990.苏辙集.栾城集卷十三.北京：中华书局，260
④ 江少虞.1981.宋朝事实类苑.卷六〇.风俗杂志.上海：上海古籍出版社.799~800
⑤ 徐兢.1986.宣和奉使高丽图经.卷二九.供张二.四库全书本.台北：商务印书馆
⑥ 张世南.1981.游宦纪闻.卷六.北京：中华书局.55~56
⑦ 赵彦卫.1996.云麓漫钞.卷四.北京：中华书局，68

五、香药

这其中包括香料和药材。香药一直是古代朝贡贸易的重要物品，而北宋时期也是域外香药输入的高峰期。这一时期黄河流域的香药来源非常广泛，从西域的于阗、回鹘，到东南亚的占城、交趾、三佛齐以及西亚的大食等国都有进献。建隆三年（962年），占城王遣使向宋朝进贡"乳香千斤"；至道元年（995年），占城王又进贡"龙脑二斤，沉香百斤，夹笺黄熟香九十斤，檀香百六十斤，山得鸡二万四千三百双，胡椒二百斤"；天禧二年（1018年），又贡"乳香五十斤、丁香花八十斤、豆蔻六十五斤、沉香百斤、笺香二百斤、别笺一剂六十八斤、茴香百斤、槟榔千五百斤"[①]。而交趾和于阗也多次向宋廷进贡香药。

另外，西亚的大食也曾多次向宋廷进贡香药。如雍熙元年（984年），大食人花茶来献拣香、白龙脑、白沙糖、蔷薇水。淳化四年（993年），大食一次就曾贡上"象牙五十株、乳香千八百斤、蔷薇水百瓶"。至道元年（995年），大食国舶主蒲押陀黎赍蒲希密来献"白龙脑一百两、腽肭脐五十对、龙盐一银合、眼药二十小琉璃瓶、白沙糖三琉璃瓮、千年枣、舶上五味子各六琉璃瓶，舶上褊桃一琉璃瓶，蔷薇水二十琉璃瓶，乳香山子一坐"。在宋人的眼中，大食本身就盛产各种香药，如乳香，"一名熏陆香，出大食国之麻罗拔、施曷、奴发三国深山穷谷中"；龙涎香，"出大食国近海旁"；木香，"出大食国罗抹国，施曷、奴发亦有之"[②]。

在香药中，乳香被进贡的非常多，用于祭祀、饮食、药用等方面。而西域的于阗则盛产乳香，"来辄群负，私与商贾牟利。不售，则归诸外府得善价，故其来益多"，以至于元丰初年，神宗诏令于阗："始诏惟赍表及方物马驴乃听以诣阙，乳香无用不许贡。"[③]

香料在当时上层生活中占有十分重要的地位。熏香之风在中国古代宫廷和贵族上层早已流行，长期以来香文化积累，宋代贵族官僚在日常生活中大量使用焚香，如宋徽宗时，"朝元宫殿前大石香鼎二，制作高雅。闻熙春阁前元有十余座，徽宗每宴熙春，则用此烧香于阁下，香烟蟠结凡数里，有临春、结绮之意也"[④]。宫廷中收藏了许多价格昂贵、奇异的外来香料。"宣和

---

① 脱脱.1977.宋史.卷四八九.占城传.北京：中华书局.14079~14083
② 脱脱.1977.宋史.卷四九〇.大食传.北京：中华书局.14119~14122
③ 脱脱.1977.宋史.卷四九〇.于阗传.北京：中华书局.14109
④ 周密.1988.癸辛杂识.别集卷上.北京：中华书局.218

间，宫中贵异香——广南笃耨、龙涎、亚悉、金颜、雪香、褐香、软香之类。"① 当时宫廷还制作了香药蜡烛，据叶绍翁的记载："宣、政其盛时，宫中以河阳花蜡烛无香为恨。遂加龙涎、沉脑屑灌蜡烛，列两行，数百枝，焰明而香瀜，钧天之所无也。"②

宫廷的内香药库在宫城内横门南廊，"掌出纳蕃国贡献市舶香药、宝石"③，共有28库，收储香药的目的则是"以备内中须索"。之后由于香药储藏日多，在天禧五年库房迁往皇城东华门内东宫南屋，设置内香药库。之后又有了外香药库和经拣香药库。④ 另外位于左银台门外的内藏库也收储香药，只不过收藏的是龙脑等质量最为上乘的香药。

与宫廷比，一些权贵在生活中使用焚香也是有过而无不及，如权臣蔡京会见官员，"谕女童使焚香，久之不至，坐客皆窃怪之。已而，报云香满，蔡使卷帘，则见香气自他室而出，霭若云雾，濛濛满坐，几不相睹，而无烟火之烈。既归，衣冠芳馥，数日不歇"⑤。另外，许多贵妇出行也佩戴香毬，陆游曾写道："京师承平时，宗室戚里岁时入禁中，妇女上犊车，皆用二小鬟持香毬在旁，而袖中又自持两小香毬。车驰过，香烟如云，数里不绝，尘土皆香。"⑥

香药本身具有很高的药用价值，因而当时在许多饮食中也添加香药。东京开封在端午节时有香糖果子，其制作方法是，用"樱子、白团、紫苏、菖蒲、木瓜，并皆茸切，以香药相和，用梅红匣子盛裹"⑦。香药还用来制作药酒，祛病健身，沈括《梦溪笔谈》卷九记载：

> 王文正太尉气羸多病，真宗面赐药酒一注缾，令空腹饮之，可以和气血，辟外邪。文正饮之，大觉安健，因对称谢。上曰："此苏合香酒也，每一斗酒以苏合香丸一两同煮，极能调五脏，却腹中诸疾，每冒寒夙兴，则饮一杯。"因各出数杯赐近臣。自此臣庶之家，皆仿为之。苏合香丸盛行于时，此方本出《广济方》，谓之白术丸。后人亦编入《千金》、《外台》，治疾有殊效。予于《良方》叙之甚详。然昔人未知用之。钱文僖公集《箧中方》苏合香丸注

---

① 张邦基.2002. 墨庄漫录. 卷二. 北京：中华书局.66
② 叶绍翁.1989. 四朝闻见录. 乙集. 北京：中华书局.83
③ 徐松.1957. 宋会要辑稿. 食货五二之五. 北京：中华书局.5701
④ 林天蔚.1986. 宋代香药贸易史. 台北：中国文化大学出版部.251~252
⑤ 庄绰.1983. 鸡肋编. 卷下. 北京：中华书局.111
⑥ 陆游.1979. 老学庵笔记. 卷一. 北京：中华书局.4
⑦ 孟元老.1982. 邓之诚注. 东京梦华录注. 卷八. 北京：中华书局

云：此药本出禁中，祥符中尝赐近臣，即谓此也。①

此外，香料还广泛地运用于祭祀、饮食、馈赠、装饰、文房用具等方面，成为官僚贵族乃至普通民众不可或缺之物，极大地丰富了他们的生活。②北宋时期，在黄河流域形成了以宋皇室为核心下及社会大众的巨大消费群体，这些都促进了香药的输入。

许多香药具有药用价值，因而也是当时这一地区百姓日常所需要的。太平兴国七年（982年），由于"在京及诸州府人民或少药物使用"，太宗命令将丁香、龙脑、沉香、木香、檀香、没药、安息香、琥珀、石脂、硫磺等37种药物开禁，允许官、商买卖。③元丰二年（1079年），神宗遣翰林医官为高丽王王徽治病，赏赐高丽王的药物就有产自西戎的天竺黄、安息香，另外还有龙脑80两，可见北宋时期外来香药使用的普遍。④据《东京梦华录》的记载，当时的东京就有许多销售香药的商铺，如潘楼街的鹰店就有许多香药铺席，东华门外也有李家香铺，马行街也有许多香药铺。

总之，从朝贡的物品来看，各政权朝贡的物品许多是专门用来满足北宋上层统治者特别是皇室生活需要的奢侈品，并不进入市场流通领域。而通过海外贸易进入黄河流域的外来物品受众则广泛得多，其中一部分物品如香药、文具、织物也满足了社会其他阶层的需要，为这里的社会生活增添了新的色彩。

---

① 沈括.1987.胡道静校注.梦溪笔谈校证.卷九.上海：上海古籍出版社.359
② 林天蔚.1986.宋代香药贸易史.台北：中国文化大学出版部.301~321
③ 徐松.1957.宋会要辑稿.职官四四之二.北京：中华书局.3364
④ 郑麟趾.高丽史.卷九.文宗三.奎章阁藏本

第九章
外来文明与宋代黄河流域社会生活

虽然宋代黄河流域的对外交流在深度和广度上无法和开放的唐代比拟,但在宋代黄河流域的社会生活中仍旧能够看到外来文明的身影。它们都对这一时期黄河流域的社会生活产生了一定的影响。

第一节 外来文明与开封社会

此时的东京开封可以说是一座国际化的大都市,作为北宋时代全国的政治、经济和文化中心,这里浓缩了全国物质文明与精神文明的精华,它不一定是外来使节和商人来华的第一站,却是外来文明的终极汇聚地。这里还居留着许多外来使节以及以朝贡名义进入的各国商人,而大量的外来物品也被输送过来,以满足各阶层的消费需求。从周宝珠《宋代东京研究》的附录《世界各国使臣、商人、宗教徒等在东京活动编年纪实》所记载的情况就不难想见当年的东京对外文化交往的盛况。① 因而,此时的开封是外来文明最为集中,也深受外来文明影响的地区。

一、马球

唐及五代风行一时的马球,在北宋时期的黄河流域继续自身的传承和发展,依然受到社会各阶层的喜爱。经过改进和规范,马球上升为五礼中军礼的一部分,在重要的典礼活动中还经常举行马球比赛。《宋史》中就详细记载了军礼中帝王与群臣击球的规则:

> 打球,本军中戏。太宗令有司详定其仪。三月,会鞠大明殿。有司除地,竖木东西为球门,高丈余,首刻金龙,下施石莲华坐,加以采缋。左右分朋主之,以承旨二人守门,卫士二人持小红旗唱

---

① 周玉珠.1992.宋代东京研究.开封:河南大学出版社.633~664

筹，御龙官锦绣衣持哥舒棒，周卫球场。殿阶下，东西建日月旗。教坊设《龟兹部》鼓乐于两廊，鼓各五。又于东西球门旗下各设鼓五。阁门豫定分朋状取裁。亲王、近臣、节度观察防御团练使、刺史、驸马都尉、诸司使副使、供奉官、殿直悉预。其两朋官，宗室、节度以下服异色绣衣，左朋黄襕，右朋紫襕。打球供奉官左朋服紫绣，右朋服绯绣，乌皮靴，冠以华插脚折上巾。天厩院供驯习马并鞍勒。帝乘马出，教坊大合《凉州曲》，诸司使以下前导，从臣奉迎。既御殿，群臣谢，宣召以次上马，马皆结尾，分朋自两厢入，序立于西厢。帝乘马当庭西南驻。内侍发金合，出朱漆球掷殿前。通事舍人奏云："御朋打东门。"帝击球，教坊作乐奏鼓。球既度，飐旗、鸣钲、止鼓。帝回马，从臣奉觞上寿，贡物以贺。赐酒，即列拜，饮毕上马。帝再击之，始命诸王大臣驰马争击。旗下擂鼓。将及门，逐厢急鼓。球度，杀鼓三通。球门两旁置绣旗二十四，而设虚架于殿东西阶下。每朋得筹，既插一旗架上以识之。帝得筹，乐少止，从官呼万岁。群臣得筹则唱好，得筹者下马称谢。凡三筹毕，乃御殿召从臣饮。又有步击者，乘驴骡击者，时令供奉者朋戏以为乐云。①

司马光《击球》诗中也饶有兴致地描述了当时宫中击球的场面：

  肃奉承轺命，仍陪戏马游。朋分初回出，势合复相收。顾盼华星激，索回紫电流。良因重嘉好，礼接使臣优。②

孟元老在《东京梦华录》中还描述了开封金明池宝津楼前的马球表演：

  先设彩结小球门于殿前，有花装男子百余人，皆裹角子向后拳曲花幞头，半着红，半着青锦袄子，义襕束带，丝鞋，各跨雕鞍花鞯驴子，分为两队。各有朋头一名，各执彩画球杖，谓之"小打"。一朋头用杖击弄球子，如缀球子方坠地，两朋争占，供与朋头，左朋击球子过门入盂为胜，右朋向前争占，不令入盂，互相追逐，得筹谢恩而退。续有黄院子引出宫监百馀，亦如小打者，但加之珠翠装饰，玉带红靴，各跨小马，谓之"大打"。人人乘骑精熟，驰骤如神，雅态轻盈，妍姿绰约，人间但见其图画矣。③

由于上层统治者对于马球的喜爱，流风所及，许多宫人也喜好马球。宋

---

① 脱脱.1977.宋史.卷一二一.礼志二四.北京：中华书局.2841~2842
② 司马光.1926.温国文正司马公文集.卷七.四部丛刊本.上海：商务印书馆
③ 孟元老.1982.邓之诚注.东京梦华录注.卷七.驾登宝津楼诸军呈百戏.北京：中华书局.196

代王珪的《华阳集》中，有诗句描述北宋宫廷女子打马球时的情形："内苑宫人学打球，青丝飞控紫骅骝，朝朝结束防宣唤，一样珍珠络辔头。"① 此外，北宋宫廷教坊中的女弟子队中还有打球乐队，"衣四色窄绣罗襦，系银带，裹顺风脚簇花幞头，执球杖"。她们用马球的器具表演相关的舞蹈。②

当时许多的官员也都喜欢马球。如太祖时期的大臣郭从义，"善击球，尝侍太祖于便殿，命击之。从义易衣跨驴，驰骤殿庭，周旋击拂，曲尽其妙，既罢，上赐坐，谓之曰：'卿技固精矣，然非将相所为。'从义大惭"③。仁宗时大臣张方平出使契丹，面见契丹皇帝时，"骑而击球于前，酌玉卮饮之……"④ 上层统治者对马球的喜爱一直持续到南宋时期。

二、音乐和舞蹈

在音乐方面，唐代传入的外来音乐此时已经与汉地音乐相互吸收，融为一体，因而这时的宴乐、散乐、雅乐中都有外来音乐的成分。北宋时代虽然没有新的外来乐器的引入，但唐代流行的外来乐器在这一时期被继续使用。当时宫廷教坊所吹奏的十八调中仍旧使用觱篥、羯鼓、腰鼓、鸡娄鼓等外来乐器。在一些重要的宫廷宴会中也使用这些乐器，如"每春秋圣节三大宴：其第一、皇帝升坐，宰相进酒，庭中吹觱栗，以众乐和之"⑤。《东京梦华录》记载，北宋末年，每年十月十二日宰执、亲王、宗室百官为徽宗上寿仪式中演奏时也有竖箜篌、觱篥、羯鼓等乐器。宋朝宫廷的教坊奏乐中还有《龟兹部》。位于今天开封城东南郊、兴建于北宋太宗年间的兴慈塔（即繁塔），其二层内壁上嵌有20方伎乐塑像砖。塑像砖上刻画的就是一些菩萨手执觱篥、羯鼓、曲项琵琶等外来乐器进行演奏的形象，有学者指出，其内容反映的就是北宋时宫廷的龟兹乐队。⑥ 外来乐器在宋代墓葬壁画中也有所反映，1984 年发掘的河南登封箭沟村宋代墓葬墓室东壁的伎乐图中就有手持觱篥和腰鼓的奏乐者。⑦

另外，教坊中还有表演乐舞的舞蹈队——小儿队。

> 小儿队凡七十二人：一曰柘枝队，衣五色绣罗宽袍，戴胡帽，系银带；二曰剑器队，衣五色绣罗襦，裹交脚幞头，红罗绣抹额，

---

① 王珪.1986.华阳集.卷五.四库全书本.台北：商务印书馆
② 脱脱.1977.宋史.卷一四二.乐志一七.北京：中华书局.3350
③ 脱脱.1977.宋史.卷二五二.郭从义传.北京：中华书局.8851
④ 脱脱.1977.宋史.卷三一八.张方平传.北京：中华书局.10354
⑤ 脱脱.1977.宋史.卷一四二.乐志一七.北京：中华书局.3348~3349
⑥ 赵为民，黄砚如.1988.开封宋代繁塔伎乐砖析评.河南大学学报，(4)：46~47
⑦ 郑州市文物考古研究所.2005.郑州宋金壁画墓.北京：科学出版社.150

带器仗;三曰婆罗门队,紫罗僧衣,绯挂子,执锡钚拄杖;四曰醉胡腾队,衣红锦襦,系银鞢韄,戴毡帽;五曰诨臣万岁乐队,衣紫绯绿罗宽衫,诨裹簇花幞头;六曰儿童感圣乐队,衣青罗生色衫,系勒帛,总两角;七曰玉兔浑脱队,四色绣罗襦,系银带,冠玉兔冠;八曰异域朝天队,衣锦袄,系银束带,冠夷冠,执宝盘;九曰儿童解红队,衣紫绯绣襦,系银带,冠花砌凤冠,绶带;十曰射雕回鹘队,衣盘雕锦襦,系银鞢韄,射雕盘。①

从上面乐舞队的名称和服饰来看,许多都是唐五代教坊外来音乐舞蹈的流风遗韵,可见这一时期外来乐舞因素的影响依然存在。

另据文献记载,徽宗宣和年间的开封,"时街巷鄙人多歌蕃曲,名曰:《异国朝》、《四国朝》、《六国朝》、《蛮牌序》、《蓬蓬花》等,其言至俚,一时士大夫亦皆歌之"②,可见当时开封社会外来风气之流行。

三、饮食

《东京梦华录》中还记载,当时宫廷饮宴过程中还食用胡饼、太平馎饦等食物,其中太平馎饦明显是源自于馎饦。而东京的许多饭铺和酒楼中也出售胡饼。③据黄朝英《靖康缃素记》卷二记载:"市井有鬻胡饼者,不晓名之所谓,乃易其名为炉饼。"正是由于胡饼已经成为当时社会常见的食品,出售者也不知其渊源,才会根据其谐音改变其名称。另外,《太平圣惠方》卷九六记载,具有食疗效用的验方中还有"猪肝馎饦方"、"羊肾馎饦方"、"羊肝馎饦方"。可见到了宋代,馎饦有了进一步的发展,当时还出现了具有药用性质的馎饦制品。

四、外来服饰

北宋黄河流域最常见的外来服饰主要来自北方的契丹。为了适应北方寒冷的气候及骑射生活,契丹族的服装多以圆领、紧身、窄袖、长袍为主要特征。沈括在《梦溪笔谈》中记载了他出使辽时见到的契丹服装的一些情况:

> 窄袖利于驰射,短衣长靿,皆便于涉草。胡人乐茂草,常寝处其间,予使北时皆见之,虽王庭亦在深荐中。予至胡庭日,新雨过,涉草,衣袴皆濡,唯胡人都无所沾。带衣所垂蹀躞,盖欲佩带

---

① 脱脱.1977.宋史.卷一四二.乐志一七.北京:中华书局.3350
② 曾敏行.1986.独醒杂志.卷五.四库全书本.台北:商务印书馆
③ 孟元老.1982.邓之诚注.东京梦华录注.卷二.北京:中华书局.220~222,73

弓剑、忿悦、算囊、刀砺之类。①

而此时由于和契丹频繁的交往，北宋人衣着受到契丹人服饰的影响。东京城中的官员、百姓穿着北方游牧民族服饰的情况逐渐普遍。因而，庆历八年（1048年）二月二十七日，仁宗皇帝下诏曰："闻士庶仿效胡人衣装，裹番样头巾，著青绿及乘骑番鞍辔。妇人多以铜绿、兔褐之类为衣。宜令开封府限一月内止绝，如违，并行重断。"②铜绿、兔褐是北方少数民族喜欢的颜色，周密《癸辛杂识》记载："茶褐、黑绿诸间色，本皆胡服，自开燕山始有至东都者。"③可见北宋官方对胡服反感之深。尽管如此，民间男女仍有着胡服者。

到了徽宗年间，东京社会着胡服的情况越来越普遍。大观四年（1110年），朝廷下诏："京城内近日有衣装杂以外裔形制之人，以戴毡笠子、著战袍、系番束带之类，开封府宜严行禁止。"④政和七年（1117年），徽宗再次下诏："敢为契丹服若毡笠、钓墩之类者，以违御笔论。"⑤宣和元年（1119年）正月，徽宗又一次下诏："先王之法坏，胡乱中华，遂服胡服，习尚既久，人不知耻，未之有禁，非用夏变夷之道，应敢胡服，若毡笠墊之类者，以违御笔论。"⑥这些不断发布的禁令从另一方面说明了当时外来服饰流行的情况。

除了实用的因素外，各民族之间对美的追求也促使双方的服饰风格相互影响，尤其是女性的妆饰。据袁裒《枫窗小牍》记载，徽宗初，"汴京闺阁，妆抹凡数变。崇宁间，少尝记忆，作大鬓方额；政宣之际，又尚急扎垂肩。宣和已后，多梳云尖巧额，髩撑金凤。小家至为剪纸衬发，膏沐芳香，花靴弓履，穷极金翠，一袜一领，费至千钱。今闻敌中闺饰复尔，如瘦金莲方、莹面丸、遍体香，皆自北传南者"⑦。因此，政和年间，教坊判官袁褊就有"浅淡梳妆，爱学女真梳掠"的词句。⑧由此可见，在北宋末期，由于北方女真的兴起，其妆饰方法也对宋朝妇女产生了影响。

另外，当时梳妆还使用玫瑰油，据《墨庄漫录》记载：

玫瑰油出北虏，其色莹白，其香芬馥，不可名状，用为试妆。

---

① 沈括.1987.胡道静校证.梦溪笔谈校证.卷一.故事一.上海：上海古籍出版社.23
② 徐松.1957.宋会要辑稿.舆服四.北京：中华书局.1797
③ 周密.1988.癸辛杂识.别集卷上.北京：中华书局.255
④ 吴曾.1960.能改斋漫录.卷一三.诏禁外制衣装.上海：上海古籍出版社.383
⑤ 脱脱.1977.宋史.卷一五三.舆服志.北京：中华书局.3577
⑥ 徐松.1957.宋会要辑稿.舆服四.北京：中华书局.1797
⑦ 袁裒.1986.枫窗小牍.卷上.四库全书本.台北：商务印书馆
⑧ 张钪.1986.词苑丛谈.卷七.四库全书本.台北：商务印书馆

法用众香煎炼，北人贵重之，每报聘礼物中只一合，奉使者例获一小罍，其法秘不传也。宣和间，周武仲宪之使虏，过磁州。时叶著宣远为守，祝周云："回日愿以此油分饷。"既反命，以油赠之。叶云："今不须矣，近禁中厚赂虏使，遂得其法，煎成赐近臣，色香胜北来者。妇翁蔡京新寄数合。"且云："公还朝必有取者，今反献一合。"周亦不受也。北人方物不过一合，贵惜如此。而贵近之家赠遗若此之多，足知其侈靡之甚也。①

由以上叙述可知，随着民族交往的加深，各族之间的文化也不断互相渗透。这一时期，北方契丹、女真等民族的服饰和妆饰传播日益广泛，甚至盛行于东京开封。穿着胡服，不仅在中下层成为习气，也影响到社会上层，以至于政府不得不一再诏令禁止。这也反映出北宋政府对汉人禁着胡服的规定收效甚微，各民族文化的交流与影响是官方禁令所不能阻止的。

当时开封的市场上，有许多出售外来物品的商铺。如相国寺就有出售日本扇、香药的商铺。"又相国寺杂货物处，凡物稍异者，皆以番名之。有两刀相并而鞘曰番刀，有笛皆寻常差长大曰番笛，及市井间多以绢画番国士马以博塞。"② 而当时的学者认为这些情况是反常的，将其作为宋末动乱的前兆，但这些社会风情正是当年开封社会外来风气的真实写照，也映衬出开封的国际化色彩。

第二节　香药对黄河流域医学的影响

前面提到，宋时大量的香药汇集在黄河流域并在日常生活中使用，故而这些香药在这一时期的医学书籍中也得以体现。宋初编纂的《开宝本草》收900多种药，其中就有龙脑香、苏合香、安息香等进口香料30种，另外还有许多外来药物，如质汗、没药、阿魏等。③《太平圣惠方》中也记录了多种香疗方法，仅卷四十八"诸心痛门"以香药命名的医方就有沉香散3首、沉香丸1首、木香散6首、木香丸6首、丁香丸1首；《圣济总录》中仅"诸风"一门，即有乳香丸8种、乳香散3种、乳香丹1种、木香汤1种、没药丸5种、没药散2种、安息香丸2种。当时的许多方书中也选用了大量的香药和香疗方。

---

① 张邦基.2002.墨庄漫录.卷三.北京：中华书局.97
② 曾敏行.1986.独醒杂志.卷五.四库全书本.台北：商务印书馆
③ 卢多逊，李昉.1998.开宝本草.合肥：安徽科学技术出版社

因此，宋代在修撰本草典籍时对外来药物也非常重视。嘉祐二年（1057年），仁宗在下令修《本草》的诏书中指出："其蕃夷所产药，即令询问榷场市舶商客，亦依此供析，并取逐一味各二两，或一二枚封角，因入京人差赍送，当所投纳，以凭照证。"①

大量香药的输入使得人们对于香药的药用价值有了进一步的认知，如沉香、降真香等香药以往人们并不确知其药用价值，直到宋代才被认识到。而这也为此时的医学变革提供了可能。由于香药具有挥发性，煎熬容易破坏其有效成分，所以必须根据治疗目的和药性药效，制成丸、散、膏、丹等，于是此时的药物剂型也发生了变化，丸、散盛极一时，比重增大，而传统的汤剂减少。以《太平惠民和剂局方》为例，丸、散跃居第一、二位，汤剂退居第三。这说明这一时期外来药物在传统中医中使用越来越普遍。②

五代时期传入黄河流域的蔷薇水，在北宋时期仍有大量的入贡。其中，宋太祖开宝七年，东南亚的三佛齐国就进贡了蔷薇水。只是此物并非产自东南亚，而是从西方的大食转输而来的。周去非《岭外代答》卷三《大食诸国》中就指出大食出产蔷薇水③，赵汝适《诸蕃志》卷下也称："蔷薇水，大食国花露也。"④而大食在太宗和真宗时期通过海路数次进贡蔷薇水，淳化四年（993年），大食副酋长李亚勿一次就进献蔷薇水100瓶。宋人对此物也非常熟悉，蔡絛在《铁围山丛谈》中对此有明确记载："旧说蔷薇水乃外国采蔷薇花上露水，殆不然，实用白金为甑，采蔷薇花蒸气成水，则屡采屡蒸，积而为香，此所以不败，但异域蔷薇花气馨烈非常，故大食国蔷薇水虽贮琉璃缶中，蜡密封其外，然香犹透彻闻数十步，洒着人衣袂，经十数日不歇也。"⑤大食蔷薇水对露剂药物在我国的传播起了重要推动作用，还促进了中药制剂中多种花露剂的出现。

此外，阿拉伯医学家阿维森纳发明的丸衣法，也传入北宋时期的黄河流域。其用金银箔为丸衣的方法在宋朝得以推广，又发展到用朱砂、青黛、矾红、麝香等为丸衣，最后创制了蜡丸。⑥而阿拉伯的一些治疗方式也随之传入黄河流域，如《太平圣惠方》的眼科方中就载有"大食国胡商灌顶油法"。

---

① 唐慎微.1993.证类本草.北京：华夏出版社，661
② 马建春.2008.中世纪阿拉伯伊斯兰医药学的东传.收入氏著.大食·西域与古代中国.上海：上海古籍出版社
③ 周去非.1999.杨武泉校注.岭外代答校注.卷三.大食诸国.北京：中华书局.99
④ 赵汝适.1996.杨博文校.诸蕃志校释.卷下.北京：中华书局.172
⑤ 蔡絛.1987.铁围山丛谈.卷五.北京：中华书局.97
⑥ 张其凡.2004.宋代史.下册.澳门：澳亚周刊出版有限公司.1079

第三节　黄河流域的外来作物与植物

占城稻是以其原产地，位于今越南中南部的占城为名的。不过这种作物非仅指占城国种植的稻，而是东南亚各国普遍有的稻种。此种稻耕作粗放，无灌溉设施，任其自然生长。《岭外代答》卷三"惰农"条云："其耕也仅取破块，不复深易。乃就田点种，更不移秧。既种之后，旱不求水，涝不疏决，既无粪壤，又不籽耘，一任于天。"① 其早熟、高产、抗旱、耐寒的特性可能就是在这种特定的自然环境和粗放的耕作方式中形成的。与汉地的水稻相比，"稻比中国者穗长而无芒，粒差小，不择地而生"②。

占城稻大约在五代到北宋初传入福建。而占城稻进入黄河流域则是在真宗大中祥符年间。宋真宗大中祥符五年（1012 年）江淮两浙诸路大旱，政府派人到福建一次便可取得占城稻三万斛，以备灾荒，并且给出种法，"令民择田之高仰者分给种之"，还把种植方法雕版印刷，"揭榜示民"以扩大种植。③ 此后，大中祥符六年（1013 年）九月，真宗又亲自与近臣在玉宸殿共同观看运送到京城的占城稻种，"又遣内侍持稻示百官于都堂"④，曰："……此稻耐旱，不择地，颇省民力，可喻诸道广种植之。"⑤ 可见当时的汴京已经出现了占城稻的种植。天禧二年（1018 年）冬十月，真宗"御玉宸殿，召近臣观刈占城稻，遂宴安福殿"⑥。真宗还多次在观看占城稻之后赋诗并命令大臣奉和，"（天禧）五年十月，出玉宸殿新撰《占城稻颂》，示辅臣、近臣"。因而，晏殊有这样的上表："灵苗嘉谷，观瑞颖于星田。仙翰宝章，捧宸辞于龙检。掩兰菊于汉篇，越茨梁于周《雅》。禹稼蕃滋，尧文炳蔚。"⑦ 另外，真宗还曾将收获后的稻种分赐给大臣们。

关于此事，《湘山野录》则有这样的记载："真宗深念稼穑，闻占城稻耐旱，西天菉豆子多而粒大，各遣使以珍货求其种。占城得种二十石，至今

---

① 周去非.1999.杨武泉校注.岭外代答校注.卷三.惰农.北京：中华书局.146
② 脱脱.1977.宋史.卷一七三.食货志上一.北京：中华书局.4162
③ 徐松.1957.宋会要辑稿.食货一之一七.北京：中华书局.4810
④ 李焘.1988.续资治通鉴长编.卷七七.北京：中华书局.1764
⑤ 王应麟.1987.玉海.卷七十七.南京、上海：江苏古籍出版社、上海书店.1424
⑥ 脱脱.1977.宋史.卷八.真宗纪三.北京：中华书局.166
⑦ 王应麟.1987.玉海.卷三〇.天禧玉宸殿观麦诗、瑞穀歌.南京：江苏古籍出版社.上海：上海书店.588

在处播之。"① 对此，有学者认为，该记载与正史记载不同，是将真宗推广占城稻和引种占城稻混为一谈，因而史料有误。② 然而，文莹还记载："西天中印土得菉豆种二石，不知今之菉豆是否？"则当时还得到了天竺出产的菉豆种二石，而且这些菉豆还与占城稻一起种植在宫内后苑，"秋成日宣近臣尝之，仍赐占稻及西天菉豆御诗"。对于此事，王应麟《玉海》中也有相应记载："(天禧三年) 十月壬辰，召宗室近臣观西天菉豆、小香、占城稻，上作七言诗三首赐之，属和"③。此事在《续资治通鉴长编》卷九四中也有记载："(天禧三年十月) 壬辰，诏宗室、近臣于后苑，观西天菉豆、小香、占城稻，上作诗赐之，属和。"④ 因而，当时真宗在宫廷后苑中引种占城稻和西天菉豆是事实，文莹《湘山野录》的记载并不能轻易否定。从真宗统治时期频繁的中外交流来看，笔者认为开封宫苑中的占城稻种以及印度的菉豆种应该是真宗通过其他途径得到的，并非得之于福建。

另外，据文献记载，还有其他果树被引进并在东京种植，如巴榄子，"如杏核，色白，褊而尖长。来自西蕃，比年近畿人种之亦生。树似樱桃，枝小而极低"⑤。而产自大食的木香在京城也有种植，最早种植于大内。据《曲洧旧闻》卷三记载："京师初无此花。始，禁中有数架。花时民间或得之相赠遗，号禁花，今则盛矣。"⑥

第四节 外来天文学的影响

唐代传入黄河流域的外来天文学在宋代还有一定的影响，如开封胙城人楚衍，"明相法及《聿斯经》，善推步、阴阳、星历之数，间语休咎无不中"⑦。前面提到，聿斯经正是从波斯、印度转输而来的西方古希腊天文学理念。而从宋代的目录学著作中，我们还可以看到相当数量的相关著作。从修订于宋仁宗时期的王尧臣《崇文总目》中，我们还可以看到唐代以来流传在黄河流域的一系列有关聿斯经的著作，如《都利聿斯经》、《新修聿斯四门

---

① 文莹.1984.湘山野录.卷下.北京：中华书局，57
② 黄桂.1998.关于占城稻若干问题探析.中国社会经济史研究，(4)：19~20
③ 王应麟.1987.玉海.卷七十七.南京：江苏古籍出版社.上海：上海书店.1425
④ 李焘.1988.续资治通鉴长编.卷九四.北京：中华书局.2168
⑤ 朱弁.2002.曲洧旧闻.卷四.北京：中华书局.134
⑥ 朱弁.2002.曲洧旧闻.卷三.木香.北京：中华书局.129
⑦ 脱脱.1977.宋史.卷四六二.楚衍传.北京：中华书局.13518

经》、《都利聿斯诀》、《聿斯钞略旨》。① 结合欧阳修《新唐书·艺文志》的记载，后两部都应当是五代或北宋时期编纂的，可见在当时的天文学领域外来理念的影响仍旧存在。

根据美国哥伦比亚大学东亚图书馆收藏的、成书于明朝成化年间的《怀宁马氏宗谱》中的《志尚公弁言》记载："吾族系出西域鲁穆。始祖讳系鲁穆文字，汉译马依泽公，遂以马授姓。宋太祖建极，初召修历，公精历学，建隆二年，应召入中国，修天文。越二年，成书，由王处讷上之。诏曰可。授公钦天监监正，袭侯爵。"这样，在北宋太祖建隆二年（961年），西域人马伊泽携三子马额、马怀、马忆入华，他们在宋朝的司天监长期担任高官，参与了王处讷《应天历》的撰修，并因此而获得世袭侯爵。《宋史·天文志》也曾记载，北宋初年，"太宗之世，召天下伎术有能明天文者，试隶司天台"。马氏入宋虽早，但由此可见，当时是广招技能之士入司天台的。而《应天历》在中国历史上首次引入了外来的星期日制度，这体现出伊斯兰天文学对宋代天文学的影响，研究者认为，这可能与马伊泽家族入华有一定的联系。②

第五节　外来宗教信仰

一、祆教祠庙

自唐朝祆教进入黄河流域以来，祆教徒在多个城市建立了祆庙。尽管唐政府不允许寻常百姓信仰祆教，而且祆教在会昌灭佛时遭到牵连而被取缔，但其信仰并未断绝，"根株未尽"③。到了北宋时期，黄河流域的一些城市还有承载祆教信仰的祆庙存在。只是随着祆庙在黄河流域存在时间越来越久，其自身外来宗教的色彩越来越淡薄。

《宋史》卷一〇二《礼志》载：

> 建隆元年，太祖平泽、潞，仍祭祆庙、泰山、城隍、征扬州、河东，并用此礼。初，学士院不设配位，及是问礼官，言："祭必有配，报如常祀。当设配坐。"又诸神祠、天齐、五龙用中祠，祆

---

① 王尧臣.1986.崇文总目.卷八.四库全书本.台北：商务印书馆
② 白寿彝.1999.中国通史.五代辽宋夏金时期下.上海：上海人民出版社.2187；马建春.2008.伊斯兰天文学在古代中国的实践与影响.见：大食·西域与古代中国.上海：上海古籍出版社.265
③ 姚宽.1997.西溪丛语.卷上.北京：中华书局.42

祠、城隍用羊一、八笾、八豆。①

《宋会要辑稿》礼十八《祈雨》载：

国朝凡水旱灾异，有祈报之礼。祈用酒脯醢，报如常祀……京城……五龙堂、城隍庙、祆祠……以上并敕建遣官……大中祥符二年二月诏：如闻近岁命官祈雨……又诸神祠，天齐、五龙用中祠例，祆祠、城隍用羊、八笾、八豆。既设牲牢礼料，其御厨食、翰林、酒、纸钱、驼马等，更不复用。②

以上史料表明，北宋初年，宋太祖在征讨四方时就曾经祭祀祆庙，之后，宋廷对祆庙、祆祠的祭祀逐渐制度化和规范化。祆神信仰不再像唐代那样极具外来色彩而局限于外来人口的信仰圈子，而演变成为中国本土神仙信仰的一部分，祆庙也纳入全国祠祀的管理范围之内。和一般的民间杂神相比，祆庙的地位也得到了提高。除了少数学者了解其来源之外，无论是官府还是民众，都将其作为传统民间神祇来看待。这时的祆教已经没有了外来宗教的痕迹，祆神享受官方和民众的祭祀与崇拜，而祭祀者未必知道这祆神应与琐罗亚斯德教的阿胡拉·马兹达神相对应。因此，有学者指出："宋代的祆庙、祆祠已与中国的泰山、城隍等传统祠庙，一起被纳入官方轨道，按官方规定的标准享受祭祀，这说明祆神已进入了中国的万神殿，且位居上座。"③

本书前面章节多次提及，唐末五代时期存在于汴州的祆庙在北宋时期仍旧香火不断，张邦基《墨庄漫录》卷四记载：

东京城北有祆庙。……京师人畏其威灵，甚重之。……自唐以来，祆神已祀于汴矣，而其祝乃能世继其职，逾二百年，斯亦异矣。④

可见，这座历史悠久的祆教祠庙在当时开封百姓日常生活中占据了一定的地位，也反映出祆教在当时人眼里具有神圣、神秘的色彩。关于城北的这座祆庙，其他文献也有提及。宋人姚宽曾引用宋敏求《东京记》中的记载："宁远坊有祆神庙。"⑤周宝珠指出，宁远坊属于城北厢，在封丘门外，正好位于开封城东北。⑥孟元老《东京梦华录》卷三还记载："马行北去，旧封

---

① 脱脱.1977.宋史.卷一〇二.礼志.北京：中华书局.2497，2501
② 徐松.1957.宋会要辑稿.礼一八之二.北京：中华书局.733
③ 林悟殊.1999.波斯琐罗亚斯德教与中国古代的祆神崇拜.欧亚学刊.第1辑.北京：中华书局.206
④ 张邦基.2002.墨庄漫录.卷四.北京：中华书局.110~111
⑤ 姚宽.1997.西溪丛语.卷上.北京：中华书局.42
⑥ 周宝珠.1992.宋代东京研究.开封：河南大学出版社.565

丘门外,祆庙、斜街州北瓦子。"① 旧封丘门位于开封城北,应该也是指这座祆庙。

另外,东京宫城右掖门外还有一所祆庙,据《东京梦华录》卷三的记载:"大内西去,右掖门、祆庙,直南浚仪桥,街西尚书省东门,至省前横街,南即御史台,西即郊社。"② 对于东京祆庙的祭祀活动,宋代文献中都没有专门记载。有学者指出:"如果不是作者疏忽的话,则默示我们,当时的祭祆活动无大异于其他民间诸神的祭祀,无甚特色值得一书。"③

到了北宋中期,开封地区的祆教信仰仍旧流行。董逌《广川画跋》中曾有如下记载:

> 元祐八年(1093年)七月,常君彦辅就开宝寺之文殊院,遇寒热疾,大惧不良。及夜,祷于祆神祠。明日,良愈。乃祀于庭,又图像归事之。属某书,且使教知神之休也。祆祠,世所以奉梵相也。其相希异,即经所谓摩醯首罗。有大神威,普救一切苦,能摄伏四方,以卫佛法。④

文中记载,常彦辅在佛寺得病之后在祆祠祈祷得以痊愈,说明在当时一些人的眼中,祆神是非常灵验的,为此常彦辅专门绘制了祆神的画像并进行祭祀,可见当时开封的士人对于祆神信仰的态度。或许,常彦辅祈祷的这所祆祠就是东京城北的祆祠。

除了开封城的祆祠之外,黄河流域的其他地区也有祆祠存在。如这一时期的河东地区,姜伯勤指出,古代山西是中土最早流行祆教的乡土。⑤ 今天山西介休外城顺城关大街的东端,有一座国家级重点文物保护单位,名祆神楼,全楼为三单元,呈"凸"字形,总深度20米。祆神楼北面有相传建于宋代的祆神庙,庙内有一块清朝康熙十三年(1674年)立的《重建三结义庙碑记》,根据碑刻记载:"(三结义庙)其初非三结义庙也,盖宋文潞公特为祆神建耳。"⑥ 则该庙的创建者是宋代著名的政治家文彦博。文彦博是汾州介休人,宋仁宗时贝州王则发动了叛乱,他主动请缨挂帅,平定了这场叛

---

① 孟元老.1982.邓之诚注.东京梦华录注.卷三.大内西右掖门外街巷.北京:中华书局.82
② 孟元老.1982.邓之诚注.东京梦华录注.卷三.马行街北诸医铺.北京:中华书局.82
③ 林悟殊.1999.波斯琐罗亚斯德教与中国古代的祆神崇拜.欧亚学刊.第1辑.北京:中华书局.206
④ 董逌.1986.广川画跋.卷四.书常彦辅祆神像.四库全书本.台北:商务印书馆
⑤ 姜伯勤.2004.论宋元明时期山西介休的祆神楼.中国祆教艺术史研究.十七章.北京:生活·读书·新知三联书店,276
⑥ 姜伯勤.2004.论宋元明时期山西介休的祆神楼.中国祆教艺术史研究.北京:生活·读书·新知三联书店.273

乱，为纪念这件事，修建此庙。而姜伯勤认为，建立此神庙的目的是祈求征战胜利，因为祆神庙中均供奉名为韦雷特拉格纳的胜利之神。[1] 由此可见，当时这一地区也存在着祆教信仰，这座祆神楼为进一步研究祆教在宋代黄河流域的发展提供了珍贵的实物遗存。

中国民众并不关心祆神所谓何人、源自何处，只看重他是否可以满足世俗社会的各种愿望，从这点来讲，祆神与中国民间诸神没有多大区别；他们也并不关心祆教的义理，接纳的只是祆教的部分习俗。既然其汇入汉族民俗，就容易长期延存，所以在强调中华文化本位的宋朝，文彦博还会在其家乡建立祆祠。只是，此时的祆教其内容已经完全湮灭在汉文化的洪流中了。

二、东京开封的犹太教

在北宋时代的开封城，除了外国使者和僧侣等外国人外，还曾居住着一批来自异国的犹太移民。可见这一时期黄河流域的开封城还存在着犹太教信仰。

北宋时期，这些犹太人随着阿拉伯人、波斯人通过丝绸之路来到当时闻名于世的国际大都市——东京（河南开封）。据明弘治二年（1489年）《重建清真寺记》记载："噫！教道相传，授受有自来矣。出自天竺，奉命而来。有李、俺、艾、高、穆、赵、金、周、张、石、黄、李、聂、金、张、左、白等七十姓等，进贡西洋布于宋。"[2] 这是犹太人定居开封最直接确凿的证据。而宋帝为"怀柔远人"，特发敕令，赞其"归我中夏，遵守祖风"，并恩准其"留遗汴梁"，则这批犹太人是奉天竺之命、以朝贡布匹的名义来到开封的。之后，宋朝皇帝批准他们在京城定居落脚。索引史料，《宋史》卷六《真宗纪》记载，咸平元年（998年）春正月，"辛巳，僧你尾尼等自西天来朝，称七年始达"[3]。因此，有学者认为，这批犹太人应当是在真宗咸平元年来到开封的。[4]

关于这批犹太人的宗教信仰，文献中没有明确记载。然而，根据《重建清真寺记》的记载："隆兴元年癸未，列微·五思达领掌其教，俺都剌始建寺焉。"[5] 隆兴元年（1163年）时的开封已被金王朝占领，宋朝廷逃往江南

---

① 姜伯勤.2004.论宋元明时期山西介休的祆神楼.中国祆教艺术史研究.北京：生活·读书·新知三联书店.277

② 陈垣.1980.开封一赐乐业教考.陈垣学术论文集（一）.北京：中华书局.257~258

③ 脱脱.1977.宋史.卷六.真宗纪一.北京：中华书局.106

④ 魏千志.1993.中国犹太人定居开封时间考.史学月刊，（3）：38~39

⑤ 陈垣.1980.开封一赐乐业教考.陈垣学术论文集（一）.北京：中华书局.258

并停驻在临安。开封的犹太人才在土市子街东南（今开封市教经胡同）建立了一座规模巨大的犹太会堂。或许是因为北宋政府的限制，他们在北宋时期一直没有能够建立自己的宗教场所。但从碑刻的记载来看，迁居开封的犹太人中间一直坚持着犹太教的信仰，因而在金朝统治开封初年有力量建立犹太会堂，使这种外来信仰薪火相传，绵延不绝。

结　　语

唐宋时代黄河文明的昌盛是和这一时期黄河流域地区政治、经济、交通等客观条件的优越密不可分的。

提起大唐，浮现在人们脑海里的无疑是它的强大和开放。而这一时期的黄河流域经济繁荣、社会稳定、文化昌盛，上层统治集团具有包容天下、挥斥方遒的气魄，因而这里成为各族和各国向往的地方。加之陆上丝绸之路以及其他通道的畅通，东西方的政治、经济、文化交流空前加强。因而，此时的黄河流域社会承袭了北朝以来这一地区的开放风气，诸多城市外来移民和商人众多，众多外来文明也异彩纷呈地在这里展现，黄河中下游地区成为多元文化汇聚的大舞台。作为东西两京的长安和洛阳，如黄河流域的两颗明珠，散发着诱人的魅力。信心满满的唐代君臣以空前的气魄兼容并包，接纳外来的文明成果。所有这些为多姿多彩的外来文明，提供了最适宜的环境。这一时期黄河流域的外来文明既是多元的，又是多样的，它的影响范围相当广泛，渗透到社会生活的许多方面，既有满足生理需要的饮食和服装，也有满足精神需求的乐舞和宗教信仰等。唐代黄河文明对异域文明的选择和吸收，是中国文化史上的瑰丽篇章，古老的黄河文明在这样一种因缘际会中获得了审视自己并广泛了解和接触外来文明的机会。在与外来文明的碰撞过程中，外来文明的因素被不断地吸收进来，使这一时期的黄河文明更加的完善与壮大。尽管唐代黄河流域社会对外来文明并非照单全收，而是张弛有度地为我所用，但这一时期的黄河文明，由于吸收了外来文明的新鲜血液而更加壮大，正如融合多种元素而潇洒飘逸的霓裳羽衣舞，舞动出的是一个大国优雅而开放的气度。

唐末五代的黄河流域虽然饱经战乱，却凭借积淀的农业传统在宋代得到较好的恢复，并将古代农业的精耕细作施展到无以复加的程度。而本地区亦有着发达的手工业，产出精美的丝织品、瓷器。因而，此时的黄河流域在经济和商业上仍旧达到了新的高度。尤其是此时的政治、经济和文化中心北宋都城开封，人口众多、商业繁荣、交通便利，因而取代了之前的长安和洛阳，成为这一时期黄河流域对外交流的中心城市。

宋在经济和文化上与唐同样华丽耀眼，军事实力却大为逊色，外患的不断威胁使它在对外交往中少了一份从容和大气。北宋的统治区域基本局限在农耕地区，与游牧地区的政权处于对峙状态，民族之间的对立和冲突在一定程度上减弱了魏晋南北朝以来的民族融合之风。民族矛盾的尖锐强化了中原的汉本位思想，夷夏之观被强化，北宋政权对于外来移民和风俗习惯颇多忌讳。北宋时期进入、居住在黄河中下游地区的新的外来移民数量已经非常少，唐五代时期进入黄河流域的外来移民此时已经和当地居民融合，已经完全汉化，不再在外来文明的引入中承担角色。此时进入到这里的主要是一些居住在开封的外族和外国的使者及朝贡的商人。由于宋朝政府出于战略考虑而制订的限制，黄河流域其他地区已经很少外来商贾的踪迹。因此，北宋时期黄河流域的外来文明对当时社会的影响较之唐代，无论是深度和广度都有大幅度的减少。

但此时黄河文明的昌盛使得统治者仍旧拥有一定的自信，出于政治和贸易的需要，黄河流域的对外交流仍旧是频繁的。尤其是这一时期的国际大都市开封，外国使节和以朝贡名义进入的外商人数众多，开封的宫廷和市场充斥着大量诸如香药、服饰、饮食、文具等的外来物品。相当数量的外来香药、奇珍异宝都是经由海路，以朝贡和海外贸易的方式进入到黄河流域的，这些物品愉悦着黄河流域社会各阶层。不过，此时外来文明的影响主要体现在物质层面，目的在于满足各阶层日常生活的需求，并没有对这一时期的黄河文明产生深层次的影响。另外，随着区域社会的发展，唐代进入黄河流域的外来文明已经融入这一地区的社会文化之中，如逐渐保守的宋代黄河流域社会在许多重要场合还能见到马球和外来乐舞，外来的天文学观念、医药方剂仍在宋代科学技术中占据一席之地。而此时的祆庙经黄河流域本土文化的改造，与其原始样貌相差甚远，祆神成为中国本土神仙信仰的一部分。

但从宏观的历史角度看，北宋却是中国历史上对外文明交流的一个重要转折点。宋代以前，黄河流域与外界的交流以陆路为主，而在宋代，西北军事形势的变化、民族政权对峙导致陆路交通的阻隔，因而，陆路交通在中外交流中逐渐退居次席。而此时航海技术的进步带来海上经贸、文化交流的兴盛，北宋时期接触的外来文明有着更广的地域范围，它突破车马陆路的限制，将视线投入更加广阔的大洋，来自南亚和西亚、中亚的特产通过海路源源不断地进入中国，而对外交流的中心也逐步向沿海地区城市转移。北宋时期积累的航海经验，酝酿了新一轮的中外交流盛世的到来。然而，黄河流域的传统文明，却在汉唐的辉煌之后，在北宋闪耀出绚烂的余晖，随着此后国家政治、经济中心的转移而走向衰落。

参考文献

爱德华·伯恩斯，菲利普·李·拉尔夫等〔美〕.1987.世界文明史.北京：商务印书馆
白居易（唐）.1979.白居易集.北京：中华书局
白寿彝.1999.中国通史.上海：上海人民出版社
宝鸡市考古研究所.2008.五代李茂贞夫妇墓.北京：科学出版社
北京大学考古学系.1998.北京大学赛克勒考古与艺术博物馆藏品选.北京：科学出版社
布罗代尔〔法〕.2003.文明史纲.桂林：广西师范大学出版社
蔡鸿生.1998.唐代九姓胡与突厥文化.北京：中华书局
蔡絛（宋）.1987.铁围山丛谈.北京：中华书局
曹寅（清）.1999.全唐诗.北京：中华书局
陈寅恪.1982.金明馆丛稿二编.上海：上海古籍出版社
陈寅恪.1997.唐代政治史述论稿.上海：上海古籍出版社
陈寅恪.2000.寒柳堂集.北京：生活·读书·新知三联书店
陈寅恪.2000.隋唐制度渊源略论稿.北京：生活·读书·新知三联书店
陈垣.1980.陈垣学术论文集（一）.北京：中华书局
程民生.1999.宋代地域经济.开封：河南大学出版社
道宣（唐）.续高僧传.大正藏本第50册.东京：大藏经刊行会
董诰等（清）.1983.全唐文.北京：中华书局
杜环（唐）.张一纯笺注.2000.经行记笺注.北京：中华书局
杜文玉.2007.唐史论丛.第九辑.西安：三秦出版社
杜佑（唐）.1988.通典.北京：中华书局
段安节（宋）.乐府杂录.四库全书本.台北：商务印书馆
段成式（唐）.1981.酉阳杂俎.北京：中华书局
范晔（刘宋）.1972.后汉书.北京：中华书局
范振安，霍宏伟.1999.洛阳泉志.兰州：兰州大学出版社
方豪.1987.中西交通史.长沙：岳麓书社
封演（唐）.2005.封氏闻见注校注.赵贞信校注.北京：中华书局
福泽谕吉〔日〕.1982.文明论概论.北京：商务印书馆
甘肃省博物馆.2008.甘肃丝绸之路文明.北京：科学出版社
葛承雍.2006.唐韵胡音与外来文明.北京：中华书局

郭若虚（宋）．图画见闻志．四库全书本

郭玉堂．2005．洛阳出土石刻时地记．郑州：大象出版社

韩建武，胡小丽．2006．岁月存照——陕西古代墓俑．西安：三秦出版社

韩香．2006．隋唐长安与外来文明．北京：中国社会科学出版社

河北省文物研究所．1998．五代王处直墓．北京：文物出版社

河南省考古研究所．1997．北宋皇陵．郑州：中州古籍出版社

河南省文物考古研究所．2002．巩义黄冶唐三彩．郑州：大象出版社

河南省郑州考古研究所．2007．河南唐三彩与唐青花．北京：科学出版社

侯仁之．1984．黄河文明．北京：华艺出版社

胡聘之（清）．1988．山右石刻丛编．清光绪二十七年刻本

黄纯艳．2003．宋代海外贸易．北京：社科文献出版社

黄正建．1998．唐代衣食住行研究．北京：首都师范大学出版社

慧超（唐）．2000．往五天竺国传笺释．张毅笺释．北京：中华书局

慧立，彦悰（唐）．2000．大慈恩寺三藏法师传．孙毓棠，谢方点校．北京：中华书局

计有功（宋）．1987．唐诗纪事．上海：上海古籍出版社

冀东山．2006．神韵与辉煌——陕西历史博物馆国宝鉴赏（玉杂器卷/唐墓壁画卷/陶瓷器卷/金银器卷/陶俑卷）．西安：三秦出版社

翦伯赞．1983．中国史纲要．北京：北京人民出版社

江少虞（宋）．1981．宋朝事实类苑．上海：上海古籍出版社

江晓原．1991．天学真原．沈阳：辽宁教育出版社

李斌城．2002．唐代文化．北京：中国社会科学出版社

李炳武．1998．中华国宝：陕西珍贵文物集成（唐三彩卷/金银器卷/玉器卷）．西安：陕西人民教育出版社

李焘（宋）．1988．续资治通鉴长编．北京：中华书局

李昉等（宋）．1961．太平广记．北京：中华书局

李昉等（宋）．1966．文苑英华．北京：中华书局

李华瑞．1998．宋夏关系史．石家庄：河北人民出版社

李吉甫（唐）．1983．元和郡县图志．北京：中华书局

李林甫等（唐）．1992．唐六典．北京：中华书局

李时珍（明）．1975~1979．本草纲目．北京：人民卫生出版社

李蔚．1997．简明西夏史．北京：人民出版社

李献奇，郭引强．1996．洛阳新获墓志．北京：文物出版社

李心传（宋）．1986．建炎以来系年要录．四库全书本．台北：商务印书馆

李云泉．2004．朝贡制度史论——中国古代对外关系体制研究．北京：新华出版社

林天蔚．1986．宋代香药贸易史．台北：中国文化大学出版部

林悟殊．1997．摩尼教及其东渐．台北：淑馨出版社

林正秋．1997．宋代生活风俗研究．北京：中国商业出版社

令狐德棻等（唐）．1971．周书．北京：中华书局

刘𫗦，张鷟（唐）.1997.隋唐嘉话·朝野佥载.北京：中华书局
刘景龙，李玉昆.1998.龙门石窟碑刻题记汇录.北京：中国大百科全书出版社
刘俊文.1992.日本学者研究中国史论著选译.第一卷.通论.北京：中华书局
刘肃（唐）.1984.大唐新语.北京：中华书局
刘昫等（五代）.1975.旧唐书.北京：中华书局
刘禹锡（唐）.1990.刘禹锡集.北京：中华书局
柳诒徵.1988.中国文化史.北京：中国大百科全书出版社
卢多逊，李昉（宋）.1998.开宝本草.合肥：安徽科学技术出版社
鲁枢元，陈先德.2001.黄河文明丛书·黄河史.郑州：河南人民出版社
吕建福.1995.中国密教史.北京：中国社会科学出版社
罗丰.1996.固原南郊隋唐墓地.北京：文物出版社
罗丰.2004.胡汉之间——丝绸之路与西北历史考古.北京：文物出版社
洛阳地方志编辑委员会办公室.1992.洛阳——丝绸之路的起点.郑州：中州古籍出版社
洛阳市文物工作队.1990.洛阳出土文物集粹.北京：朝华出版社
洛阳文物局.1999.耕耘论丛.北京：科学出版社
马端临（元）.1986.文献通考.北京：中华书局
马缟（五代）.1998.中华古今注.沈阳：辽宁教育出版社
马建春.2008.大食·西域与古代中国.上海：上海古籍出版社
马克垚等.2004.世界文明史.北京：北京大学出版社
芒福德〔美〕.2005.城市发展史.北京：中国建筑工业出版社
孟元老（宋）.1982.东京梦华录注.邓之诚注.北京：中华书局
木宫泰彦〔日〕.1983.日中文化交流史.北京：商务印书馆
欧阳修（宋）.1976.新五代史.北京：中华书局
欧阳修，宋祁（宋）.1975.新唐书.北京：中华书局
彭乘（宋）.2002.墨客挥犀.北京：中华书局
漆侠.1988.宋代经济史.上海：上海人民出版社
齐东方.1999.唐代金银器研究.北京：中国社会科学出版社
仇兆鳌.（清）.1979.杜诗详注.北京：中华书局
仁井田陞〔日〕.1989.唐令拾遗.长春：长春出版社
荣新江.1995~2004.唐研究.北京：北京大学出版社
荣新江.2001.中古中国与外来文明.北京：生活·读书·新知三联书店
荣新江，张志清.2005.从撒马尔干到长安.北京：北京图书馆出版社
荣新江，华澜，张志清.2005.法国汉学：粟特人在中国——历史、考古、语言的新探索.第十辑.北京：中华书局
芮传明.1998.古突厥碑铭研究.上海：上海古籍出版社
山西省博物馆.1999.山西省博物馆馆藏文物精华.太原：山西人民出版社
陕西考古研究所.1995.陕西新出土文物选萃.重庆：重庆出版社
陕西历史博物馆，昭陵博物馆.1991.昭陵文物精华.西安：陕西人民美术出版社

上海古籍出版社.2000.唐五代笔记小说大观.上海：上海古籍出版社

邵伯温（宋）.1983.邵氏闻见录.北京：中华书局

邵博（宋）.1983.邵氏闻见后录.北京：中华书局

沈从文.2005.中国古代服饰研究.上海：上海书店出版社

沈括（宋）.1987.梦溪笔谈校证.胡道静校证.上海：上海古籍出版社

史念海.1998.唐代历史地理研究.北京：中国社会科学出版社

国家文物局.1996.中国文物精华大辞典·陶瓷卷.上海：上海辞书出版社

司马光（宋）.1956.资治通鉴.北京：中华书局

斯塔夫里阿诺斯〔美〕.1988.全球通史——1500年以前的世界.上海：上海社会科学院出版社

宋敏求（宋）.长安志.光绪十七年思贤讲舍刊本

宋敏求（宋）1959.唐大诏令集.北京：商务印书馆

苏秉琦.1999.中国文明起源新探.北京：生活·读书·新知三联书店

苏轼（宋）.1986.苏轼文集.北京：中华书局

苏辙（宋）.1990.苏辙集.北京：中华书局

孙光宪（五代）.2002.北梦琐言.北京：中华书局

孙机.1996.中国圣火：中国古文物与东西文化交流中的若干问题.沈阳：辽宁教育出版社

孙机.2001.中国古代舆服论丛.修订本.北京：文物出版社

孙敏，王丽芬.2004.洛阳古代音乐文化史迹.北京：文物出版社

唐慎微（宋）.1993.证类本草.北京：华夏出版社

脱脱（元）.1974.辽史.北京：中华书局

脱脱（元）.1975.金史.北京：中华书局

脱脱（元）.1977.宋史.北京：中华书局

汪圣铎.1995.两宋财政史.北京：中华书局

王谠（宋）.1987.唐语林校证.周勋初校证.北京：中华书局

王定保（五代）.2002.唐摭言校注.姜汉椿校.上海：上海社会科学院出版社

王溥（宋）.1955.唐会要.北京：中华书局

王溥（宋）.1998.五代会要.北京：中华书局

王钦若等（宋）.1960.册府元龟.北京：中华书局

王仁裕（五代）.2006.开元天宝遗事.北京：中华书局

王绣.2001.洛阳文物精粹.郑州：河南美术出版社

王绣.2005.魅力洛阳——河洛地区文物考古成果精华.郑州：大象出版社

王应麟（宋）.1987.玉海.南京：江苏古籍出版社，上海：上海书店

王振国.2006.龙门石窟与洛阳佛教文化.郑州：中州古籍出版社

王仲荦.2003.隋唐五代史.上海：上海人民出版社

魏收（北齐）.1973.魏书.北京：中华书局

魏征等（唐）.1973.隋书.北京：中华书局

温玉成.1993.中国石窟与文化艺术.上海：上海人民美术出版社

文莹（宋）.1984.湘山野录.北京：中华书局

翁俊雄.2001.唐代区域经济研究.北京：首都师范大学出版社

吴钢.1994~2006.全唐文补遗.第1~9辑.西安：三秦出版社

吴广成（清）.1995.西夏书事校证.龚式俊等校证.兰州：甘肃文化出版社

吴松第.1997.中国移民史：隋唐五代卷.福州：福建人民出版社

吴曾（宋）.1979.能改斋漫录.上海：上海古籍出版社

武汉水利电力学院.1987.中国水利史稿.北京：中国水利电力出版社

西安博物院.2008.西安博物院.北京：世界图书出版公司

向达.1957.唐代长安与西域文明.北京：生活·读书·新知三联书店

谢弗〔美〕.1995.唐代的外来文明.北京：中国社会科学出版社

新文丰出版公司编辑部.石刻史料新编.1977.台北：新文丰出版有限公司

徐松（清）.1957.宋会要辑稿.北京：中华书局

徐松（清）.1985.唐两京城坊考.北京：中华书局

徐松（清）.1994.河南志.北京：中华书局

玄奘，辩机（唐）.1985.大唐西域记校注.季羡林等校.北京：中华书局

薛居正等（宋）.1976.旧五代史.北京：中华书局

严耕望.1969.唐史研究丛稿.香港：香港新亚研究所

杨伯达.2005.中国玉器全集.石家庄：河北美术出版社

杨亿（宋）.1993.杨文公谈苑.上海：上海古籍出版社

杨作龙，韩石萍.2005.洛阳考古集成：隋唐五代宋卷.北京：北京图书馆出版社

姚宽（宋）.1997.西溪丛语.北京：中华书局

姚汝能（唐）.2006.安禄山事迹.北京：中华书局

姚瀛艇.1992.宋代文化史.开封：河南大学出版社

叶隆礼（宋）.1985.契丹国志.上海：上海古籍出版社

叶绍翁（宋）.1989.四朝闻见录.北京：中华书局

佚名（宋）.1986.宣和画谱.四库全书本.台北：商务印书馆

阴法鲁，许树安.1989.中国古代文化史.北京：北京大学出版社

元结（唐）.1986.元次山集.四库全书本.台北：商务印书馆

袁褧（宋）.1986.枫窗小牍.四库全书本.台北：商务印书馆

圆仁〔日〕.1986.入唐求法巡礼行记.上海：上海古籍出版社

圆珍〔日〕.2004.行历抄校注.白化文，李鼎霞校注.石家庄：花山文艺出版社

赞宁（宋）.1987.宋高僧传.北京：中华书局

曾敏行（宋）.1986.独醒杂志.四库全书本.台北：商务印书馆

张邦基（宋）.2002.墨庄漫录·过庭录·可书.北京：中华书局

张博泉.1984.金史简编.沈阳：辽宁人民出版社

张广达.1995.西域史地丛稿初编.上海：上海古籍出版社

张国刚，吴莉苇.2006.中西文化关系史.北京：高等教育出版社

张礼（宋）.2006.游城南记校注.史念海,曹尔琴校注.西安:三秦出版社
张彦远（唐）.1986.历代名画记.四库全书本.台北:商务印书馆
长孙无忌等（唐）.1983.唐律疏议.北京:中华书局
赵力光.1995.鸳鸯七志斋藏石.西安:三秦出版社
赵力光.2007.西安碑林博物馆新藏墓志汇编.北京:线装书局
赵汝适（宋）.1996.诸蕃志校释.杨博文校释.北京:中华书局
赵振华.2002.洛阳出土墓志研究文集.北京:朝华出版社
真人元开〔日〕.1979.唐大和上东征传.汪向荣校.北京:中华书局
郑处诲,裴庭裕（唐）.1994.明皇杂录.东观奏记.北京:中华书局
郑麟趾（朝）.高丽史.奎章阁藏本
郑州市文物考古研究所.2005.郑州宋金壁画墓.北京:科学出版社
中国古代史论丛编委会.1982.中国古代史论丛.第3辑.福州:福建人民出版社
中国科学院考古所.1959.唐长安大明宫.北京:科学出版社
中国社会科学院.1980.唐长安城郊隋唐墓.北京:文物出版社
中国社会科学院考古所.2001.偃师杏园唐墓.北京:科学出版社
中山大学.1989.纪念陈寅恪教授国际学术研讨会文集.广州:中山大学出版社
周宝珠.1992.宋代东京研究.开封:河南大学出版社
周宝珠,陈振.2007.中国历史·宋史.北京:人民出版社
周春生.2006.文明史概论.上海:上海教育出版社
周剑曙,郭宏涛.2007.偃师文物精粹.北京:北京图书馆出版社
周立,高虎.2006.中国洛阳出土唐三彩全集.郑州:大象出版社
周立,俞凉亘.2005.洛阳陶俑.北京:北京图书馆出版社
周密（宋）.1986.云烟过眼录.四库全书本.台北:商务印书馆
周去非（宋）.1999.岭外代答校注.杨武泉校注.北京:中华书局
周绍良,赵超.1992.唐代墓志汇编.上海:上海古籍出版社
周绍良,赵超.2000.唐代墓志汇编续集.上海:上海古籍出版社
朱弁（宋）.2002.曲洧旧闻.北京:中华书局
朱瑞熙,张邦炜.1998.辽宋西夏金社会生活史.北京:中国社会科学出版社
朱彧（宋）.2007.萍洲可谈.北京:中华书局
庄绰（宋）.1983.鸡肋编.北京:中华书局